Andrea Baumgartl

Andrea Baumgartl

WIR SIND HIER WIR SIND LAUT FRIDAYS FOR FUTURE

KERBER PHOTO

Fotografien von / Photographs by
Andrea Baumgartl

Mit Texten von / With contributions by

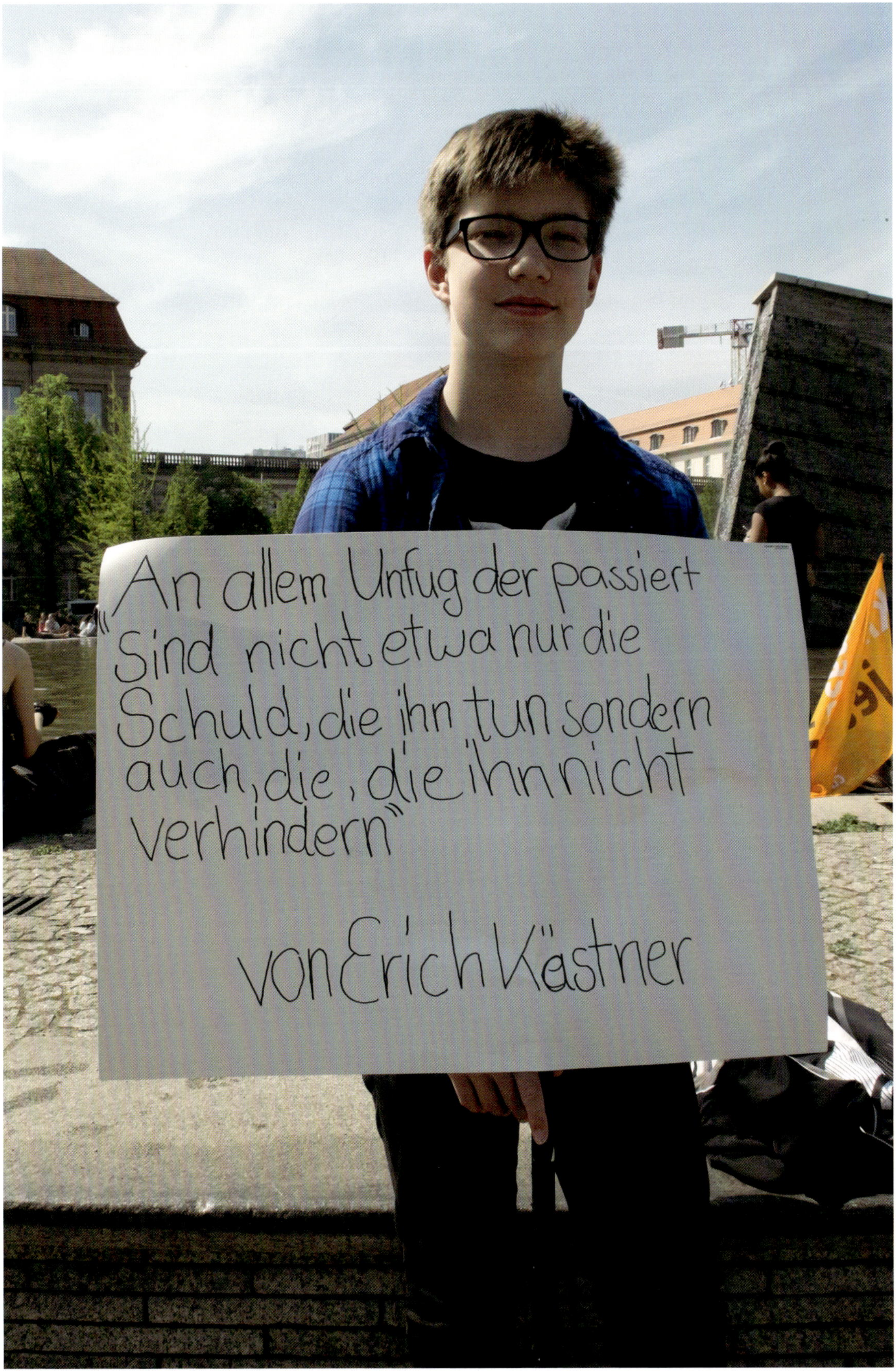
„An allem Unfug der passiert
Sind nicht etwa nur die
Schuld, die ihn tun sondern
auch, die, die ihn nicht
verhindern"
von Erich Kästner

ALS KIN
DAS
LEBEN
GESPIELT
SPAETER
DAS
WICH
TIGSTE
VER
GESSEN

Julia Axthelm
POETRY SLAM
„FRIDAYS FOR FUTURE"-KUNDGEBUNG
AM 18. OKTOBER 2019 IN BERLIN

Als Kind das Leben
gespielt und später das
Wichtigste vergessen

Geboren,
laute Geräusche an Ohren,
das Licht der Welt
grellt,
große Hand, die einen hält,
erste Stunde
als Mensch
auf der Welt.

Schnell gelernt zu lieben,
die vertrauten Gesichter der Eltern, die sich ins Blickfeld schieben,
ruhigen Atem, wenn sie neben einem liegen.

So viel gelernt in diesen Tagen und Stunden,
dem Gedächtnis längst entschwunden.
So viel gespürt, gehört, gesehen, gerochen und gefragt,
woher das alles kommt, was das alles ist.

Und damit den besten Freund entdeckt:
die Welt.

Auf der Wiese krabbelnd,
sich mit Grashalmen kabbelnd,

durch die Luft springend,
mit der Schwerkraft ringend,
auf diese Weise, neugierig leise,
lachend erwachend den besten Freund gefunden und sofort geliebt.
Manchmal verwirrt,
denn je größer man wird,
desto mehr sieht man, liebt man,
lernt man kennen.
Und lernt allmählich,
die bloße Erde
von den darauf Weilenden zu trennen.
Oder zumindest diese gewisse Spezies, Mensch, ein wenig zu separieren,
skeptisch zu inspizieren.

Denn es lässt einen auflauschen,
hört man die Eltern auf einmal ernste Worte tauschen,
über Tiernutzung
und Umweltverschmutzung,
und erfährt, roden bedeutet Bäume töten,
erfährt von Abgasen und Tieren in Nöten.

Und Sorge kommt auf, um die geliebte Erde,
in kindlichem Eifer werden Pläne geschmiedet,
der kindliche Eifer, die kindliche Sicht, spar Strom, spar Wasser, ein Tag
ohne Licht.

Man sieht zu und sieht immer mehr Krisen auf immer weniger Wiesen.
Je älter ich werde, desto kaputter die Erde,
und ich frage,
ist es schon so weit,
dass es wahr ist,
wenn ich sage:
Mein bester Freund
liegt im Sterben.

Kinder.
Sie spielen.
Lieblich.
„Ich lieb dich",
sagt ein kleines Kind
im Park zur Erde.
„Ich krieg dich",
ruft ein kleines Kind
im Park
zu einem anderen kleinen Kind
und tötet es im Spiel.

Plastikgewehre im Kinderzimmer,
Papiergeld wandert durch Kinderhände,
Profitgedanken in Kinderköpfen.
Ich gewinne,
Du verlierst,
in einem Zimmer brummt das Kind lauthals an der Autorennbahn,
im Hinterhof nebenan pflanzen Kinder einen Samen.

An der Straßenecke setzt sich ein erwachsen gewordenes Kind hinter das Steuer des SUVs,
tausend Kilometer weiter das Militärkommando: „Schieß!"

Plastikgewehre werden geladene Waffen und Papiergeld wird ein Konto.
Gewinnen und verlieren bedeutet höher-schneller-weiter und stagnieren.

Früher war Feuer-Wasser-Sturm nur ein Spiel.
Aber wahrscheinlich wurde es in der Schule gespielt, weil zu Hause zu viel Monopoly gespielt wurde.

Monopoly wird das richtige Leben,
und Feuer-Wasser-Sturm mit dazu.

In Anzügen wollen sie Profitstreben leben,
aber die Anzüge können wegsehen,
wenn hunderttausend Kilometer weiter
die Flammen schon die Kronen lecken,
wenn Wellen schon die Dächer decken,
müssen nicht dort Gemüse anbauen,
wo Schornsteine aus dem Wasser schauen,
und sie sind auch kein Eisbär,
der im Meer
ertrinkt.
Sie sind nur triebgesteuerte Menschen,
denen Profit und Besitzen ein Locklied singt.
Und mit ihren Händen greifen sie nach Geld,
weil in ihrer Welt Geld gilt,
es in den Händen zu halten,
in den kalten, erwachsen gewordenen Kinderhänden,
die statt Kletterbäumen und Freigeisterträumen
nun
Gesetzesentwürfe in den Händen halten,
mit denen sie unsere Zukunft, unser Leben verwalten.
Kinderherzen erkalten und erwachsen gewordene Kinderaugen
prüfen, ob die Gesetze ihren Interessen taugen.
An ihren Interessen bemessen, können die Kraftwerke gern weiterhin
Kohle fressen,
können wir Co_2-Neutralität und damit unsere Zukunft vergessen,
weil sie sich zieren, zu demonstrieren,
dass man seine Denkweise auch überdenken kann,
und sich lieber im Nachhinein damit blamieren,
ihren Namen unter das Todesurteil für unsere Erde geschrieben zu haben,
diese Buchstaben, die ihnen vorhalten werden:
Du hast deinen Luxus
einer lebenswerten Zukunft vorgezogen,
Du bist gegen deine eigene Lebensgrundlage in den Krieg gezogen,
Du hast gesagt: „Jaja, toll macht ihr das",

zu den Kindern, die sich heiser geschrien haben, „wir wollen eine Zukunft haben",
zu denen hast du gesagt, „ach toll",
und dann nichts weiter Sinnvolles getan,
weil es so viel einfacher war,
einfach zu unterschreiben,
dass nicht alle Dörfer bleiben,
nicht alle Wälder bleiben,
dass die Meere irgendwann voll Plastik und ertrunkener Eisbären treiben,
und weil Du wahrscheinlich eh nicht mehr auf der Erde verweilst,
wenn es Zeit wäre, dass du mitteilst:
„Ach ja, das war wohl eine dumme Idee, diese Gesetze vom Klimakabinett."
Wenn es Zeit wäre, das mitzuteilen,
dann wird es eh jeder verstanden haben,
und dann wird jeder die Ängste spüren,
die an manchen Herzen schon jetzt Tag für Tag rühren.
Die Angst und die Enttäuschung darüber,
wie vielen Leuten es egal zu sein scheint,
dass getötet, zerstört und damit einfach nicht aufgehört wird.
Die Verzweiflung, weil es für so viele Menschen unmöglich zu sein scheint,
diesen Satz zu sagen:
„Ja, ich bin mit meiner Denkweise auf dem Holzpfad, auf diese Weise wird es keine lebenswerte Zukunft geben."
Ich glaube, es ist ein enormer Anteil von Menschen, die genau das im tiefsten Inneren wissen.
Wenn ihr das aussprechen würdet, das wäre keine Blamage,
es wäre unglaubliche Courage,
die es euch ersparen würde, später mit eurer Unterschrift Teil der Tatenlosen zu sein.

Die erwachsenen Augen lesen den Gesetzesentwurf,
der vorgaukelt, die Zukunft retten zu wollen.
Er wird dafür nicht reichen, und der Lesende weiß das.
Der Lesende weiß auch, dass alle anderen es wissen.

Doch was soll er noch mit Zukunft und was soll er noch ändern,
sein Ruf bei der Jugend ist eh schon zerschlissen,
die Umweltverschmutzung hat er auch auf dem Gewissen.
Er könnte kurz innehalten und übers Gewinnen nachdenken.
Er könnte es einmal wagen, den Blick zu den Kindern zu senken.
Könnte einmal überlegen, wie viel Bedeutung man Geld beimessen kann,
könnte einmal fragen:
Was genau passiert denn dann?
Wenn er dieses Gesetz unterschreibt?
Wenn er jetzt kurz innehalten würde, würde ihm einfallen, dass an jedem
Kindertag
auch er gern auf der Wiese lag,
und sein bester Freund auf der Welt wohl die Welt selber war.
Wenn er jetzt kurz aus dem Fenster in den Himmel schauen würde
und ihm auffallen würde, wie wunderbar, wie wunderbar das Leben ist.
Ein erwachsenes Kind vergisst, vergisst das alles und unterschreibt.
Unterschreibt das Todesurteil für seinen ehemals besten Freund.

Lebensfreude
und Liebe,
Gefühle, die mich
Visionen spinnen lassen,
die mein Herz fassen und mich wissen lassen,
dass ich das erhalten will.

Dass ich nicht still zusehen kann, nicht stumm bleiben kann,
wenn um uns herum Menschen entscheiden,
dass sie die Anstrengung, etwas zu verändern, um jeden Preis vermeiden,
selbst wenn der Preis die Erde ist.
Ihr unterschreibt mit eurem Namen jeden Schritt in Richtung Elend,
weil ihr keine Visionen mehr kennt.
Und wir schreien euch an, hört ihr das nicht, weil niemand das ertragen
kann, zuzusehen,
wie Menschen das Leben der Erde verkaufen gehen.

Eure Namen werden unter dem Urteil über unsere Erde und wir werden auf der Straße stehen,
weil in uns genug Hoffnung lebt, nicht aufzugeben, solange noch etwas zu ändern ist.

In Gedanken an eine Apokalypse werde ich selbst dann noch genug Hoffnung haben,
mir zu wünschen, dass an der Metapher „sich in Tränen auflösen" etwas Wahres ist,
um nicht dabei zuzusehen, wie etwas, das man so sehr liebt, sein Ende nimmt.
Und ihr im letzten Moment noch euren Kontostand abstimmt.

Julia Axthelm › 2002 in Berlin geboren › Schülerin am Heinz-Berggruen-Gymnasium, Berlin. Künstlerisch und philosophisch tätig.

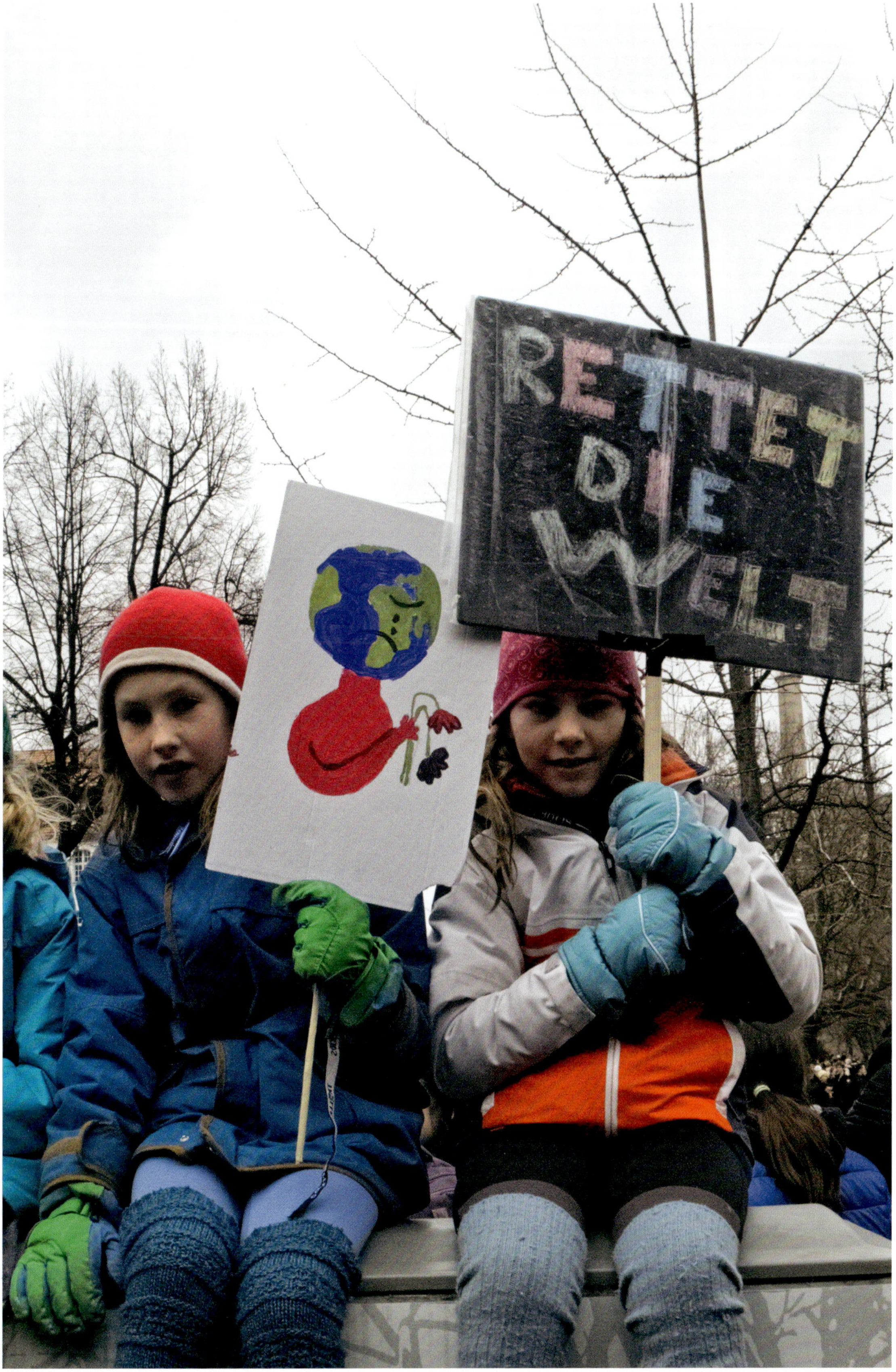
RETTET
DIE
WELT

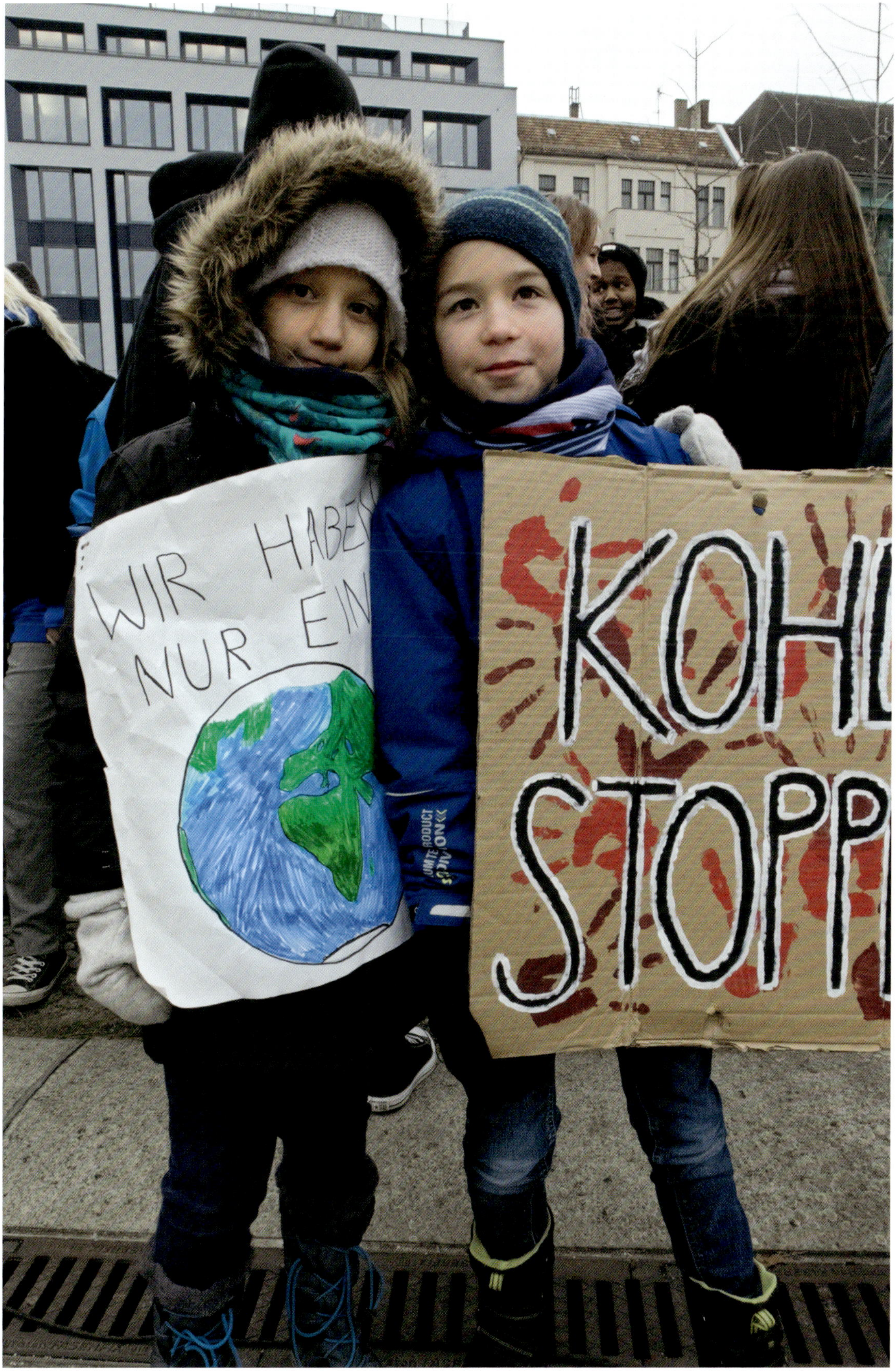
WIR HABE
NUR EIN
KOH
STOPP

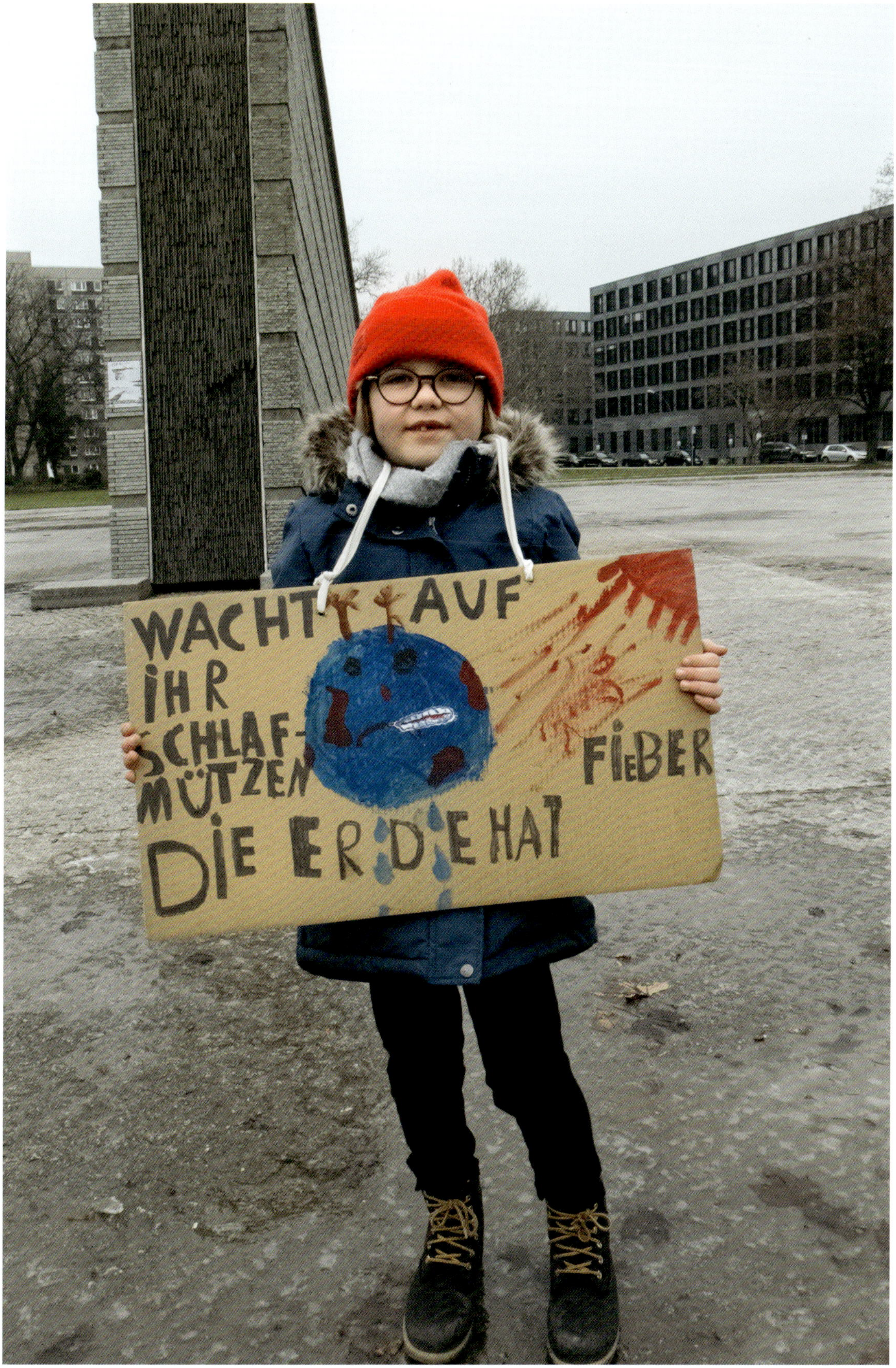
WACHT AUF
IHR
SCHLAF-
MÜTZEN
DIE ERDE HAT
FIEBER

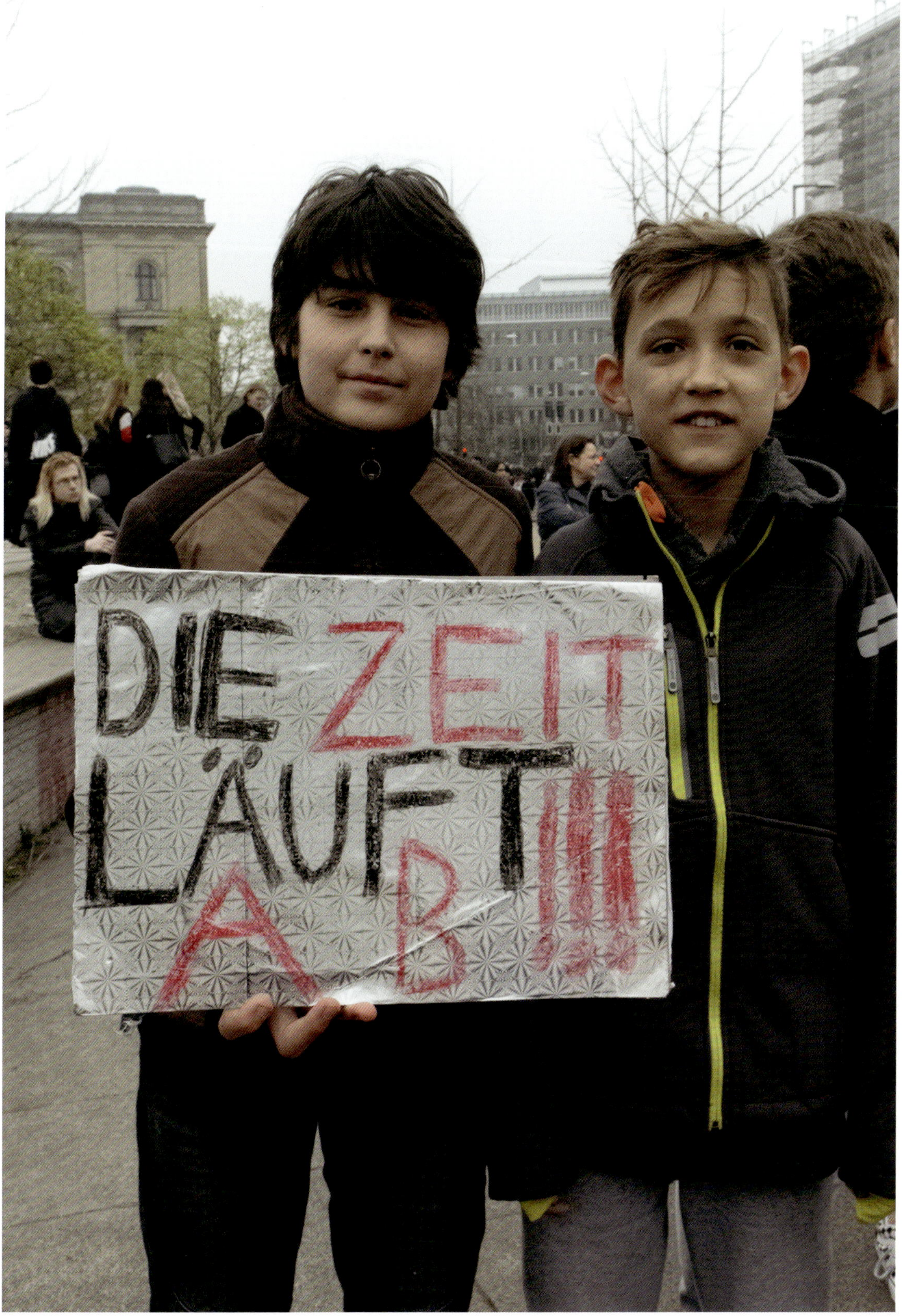
DIE ZEIT
LÄUFT
AB!!!

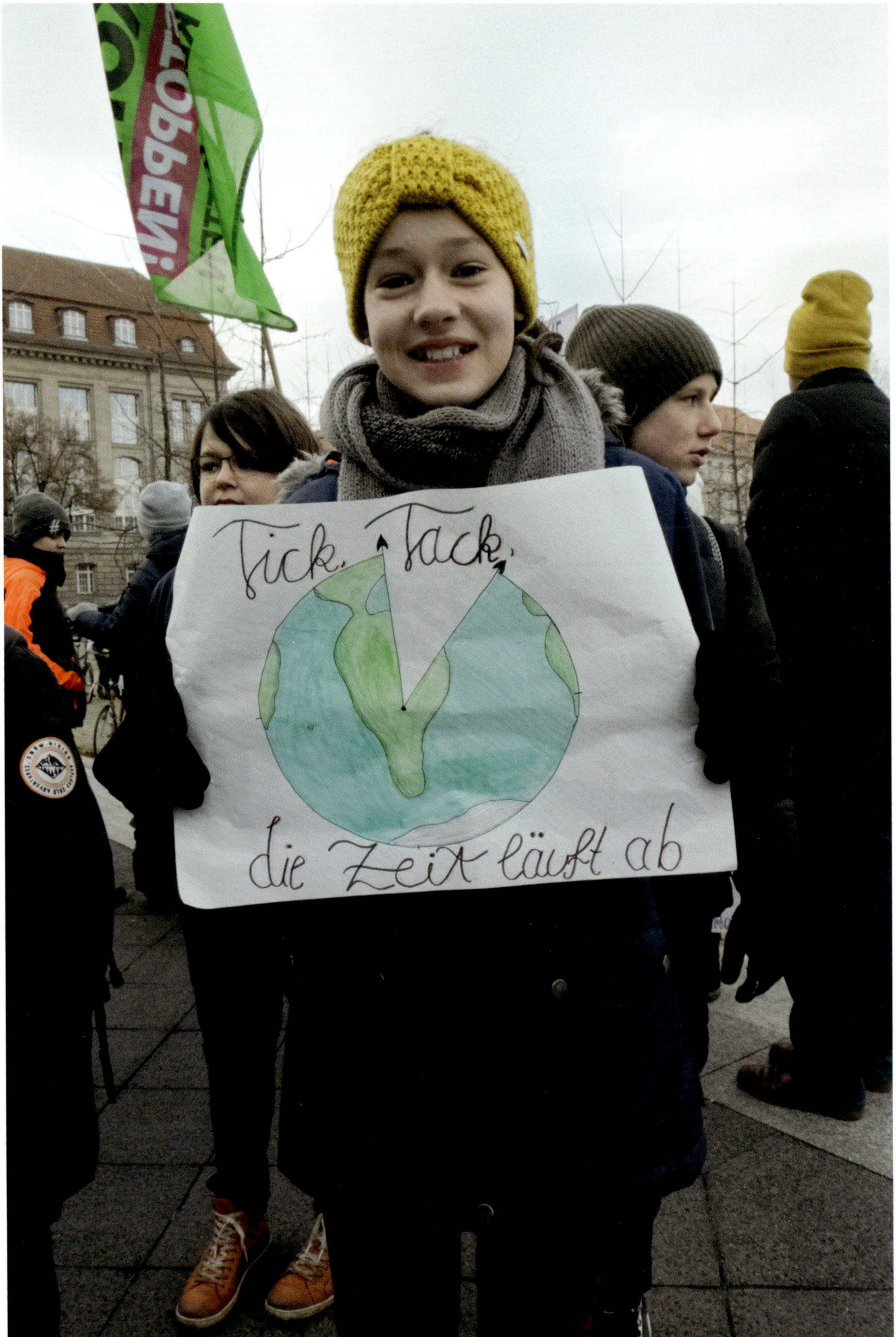
Tick, Tack,
die Zeit läuft ab

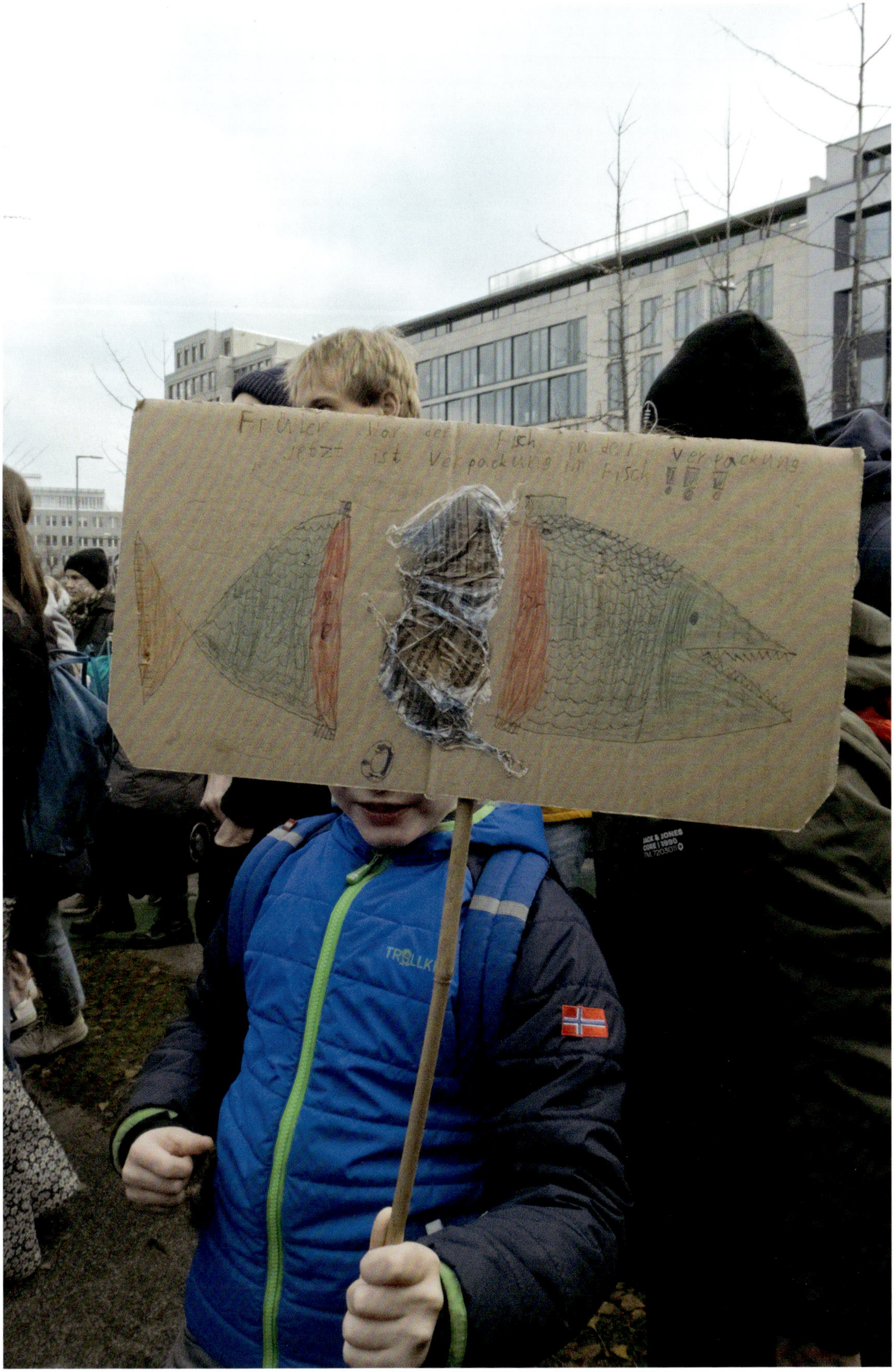
Früher war der Fisch in der Verpackung
jetzt ist Verpackung im Fisch !!!

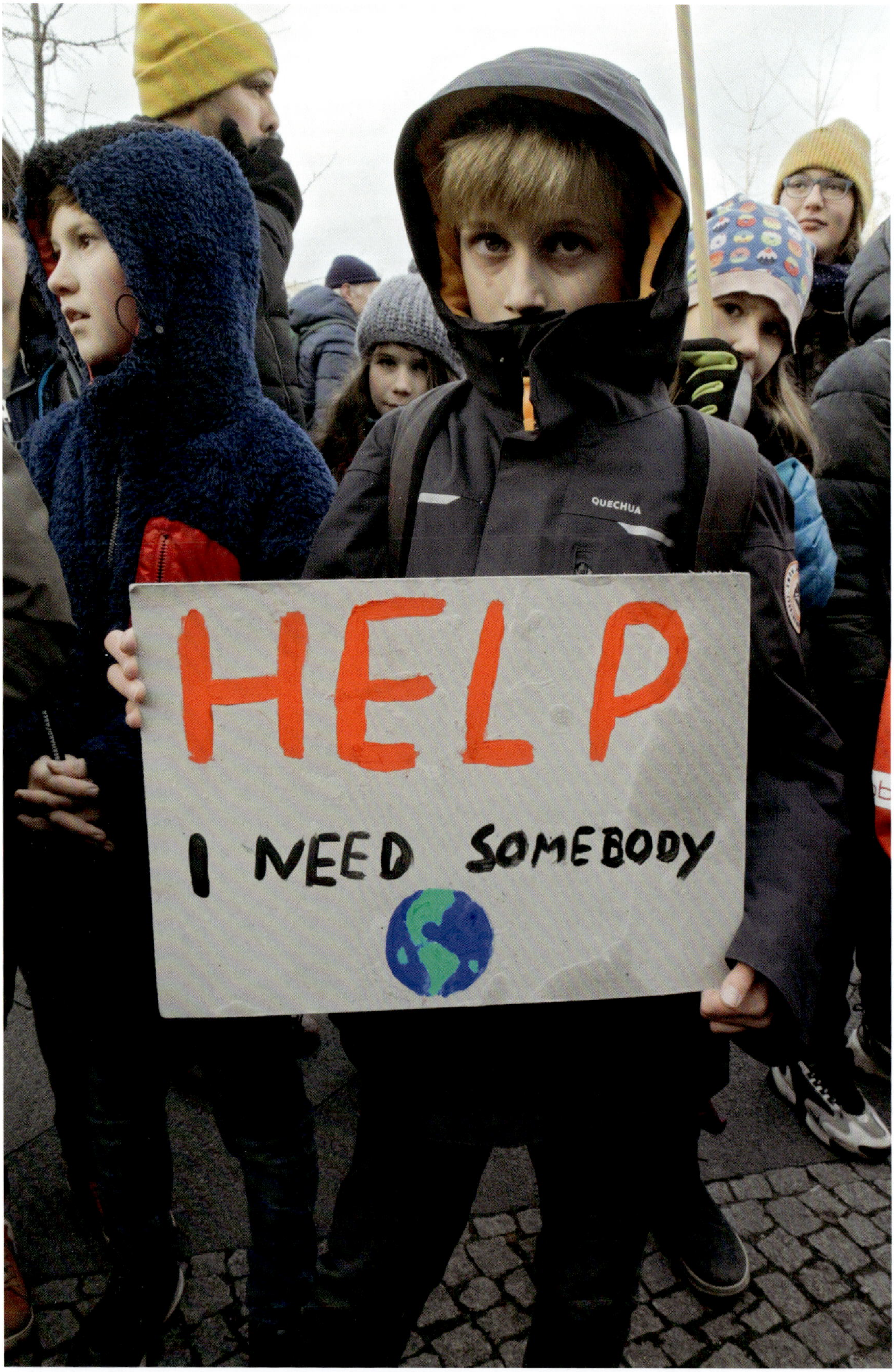
HELP
I NEED SOMEBODY

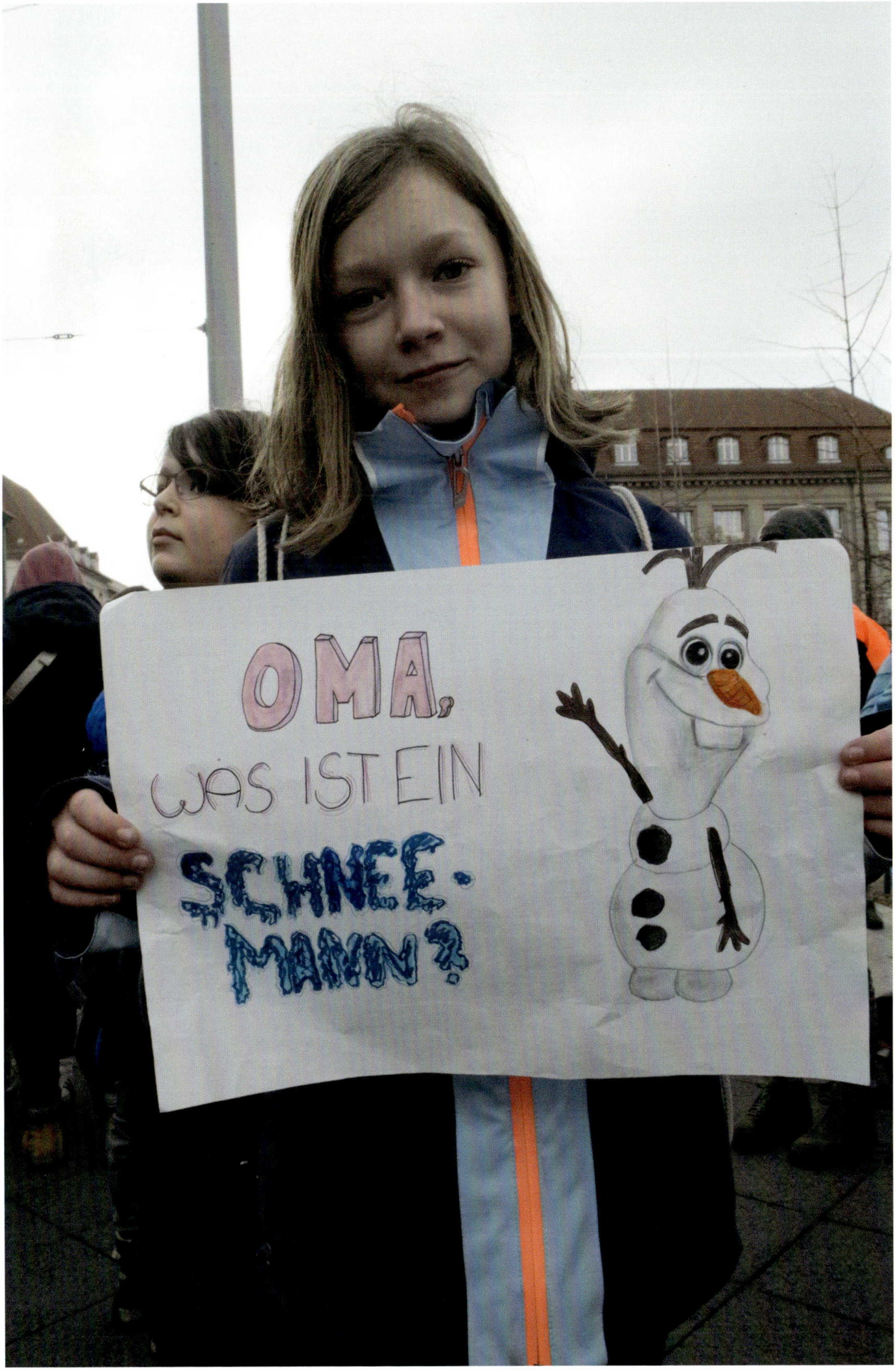
OMA,
WAS IST EIN
SCHNEE-
MANN?

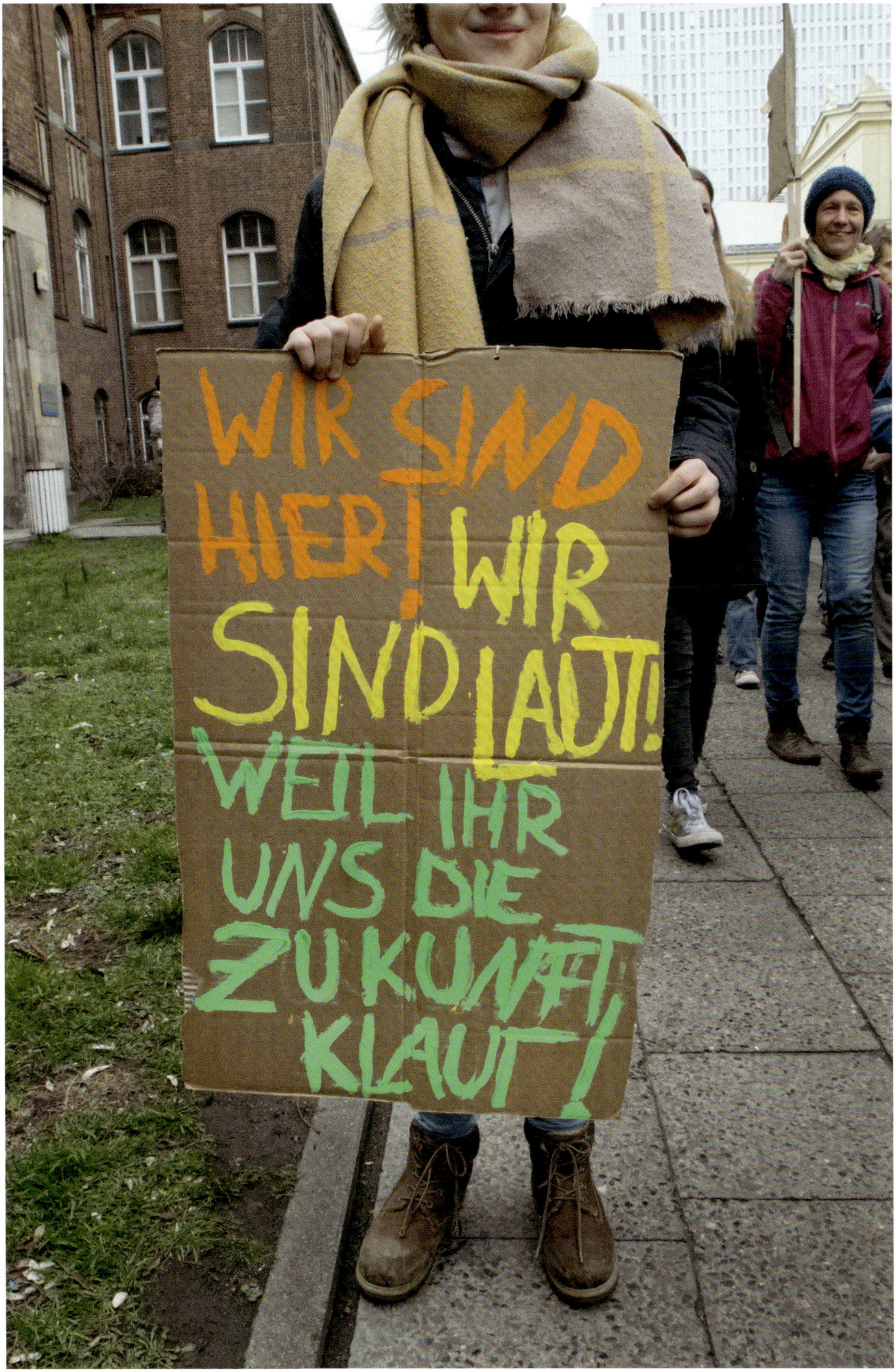
WIR SIND HIER! WIR SIND LAUT! WEIL IHR UNS DIE ZUKUNFT KLAUT!

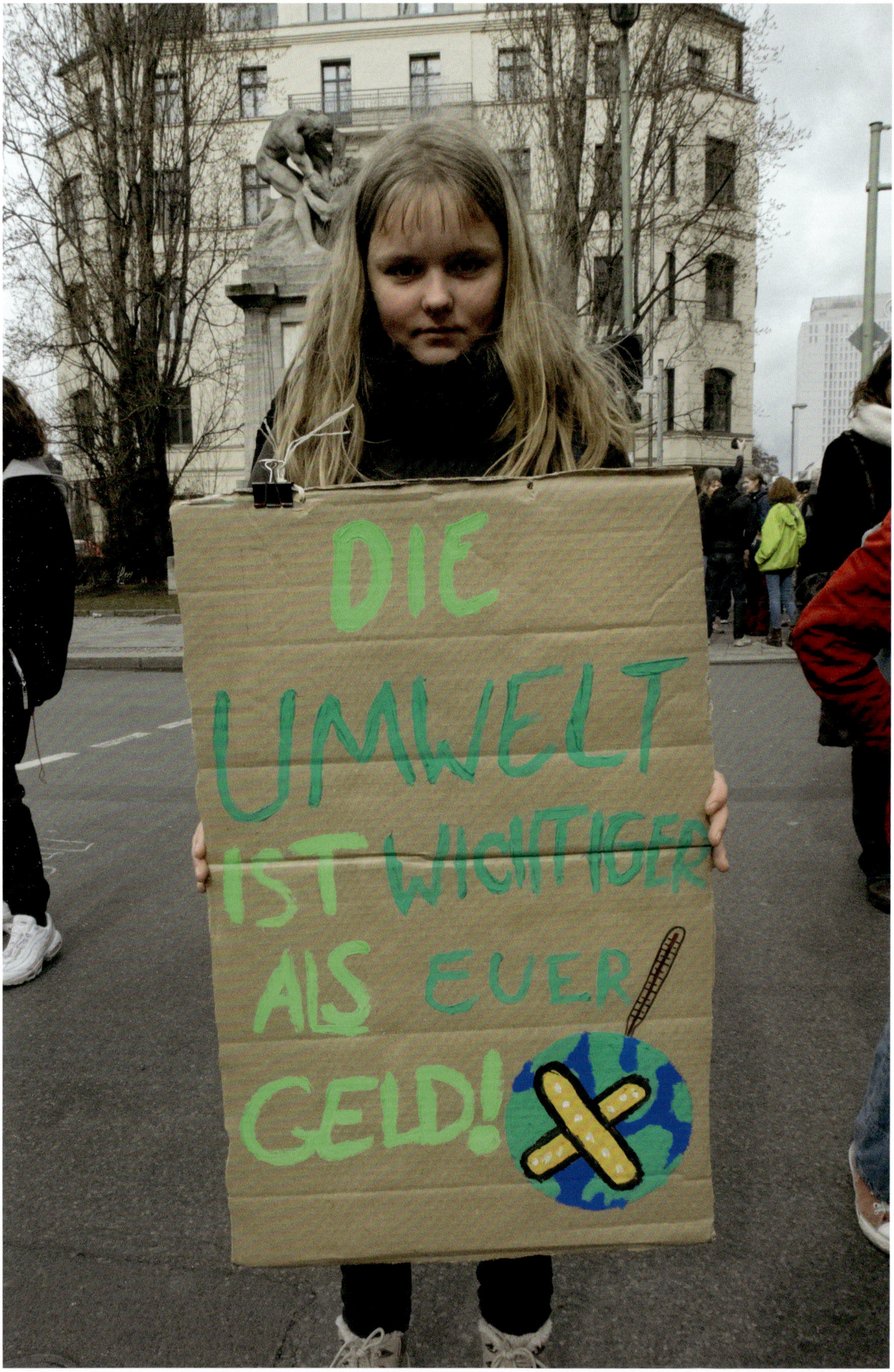
DIE
UMWELT
IST WICHTIGER
ALS EUER
GELD!

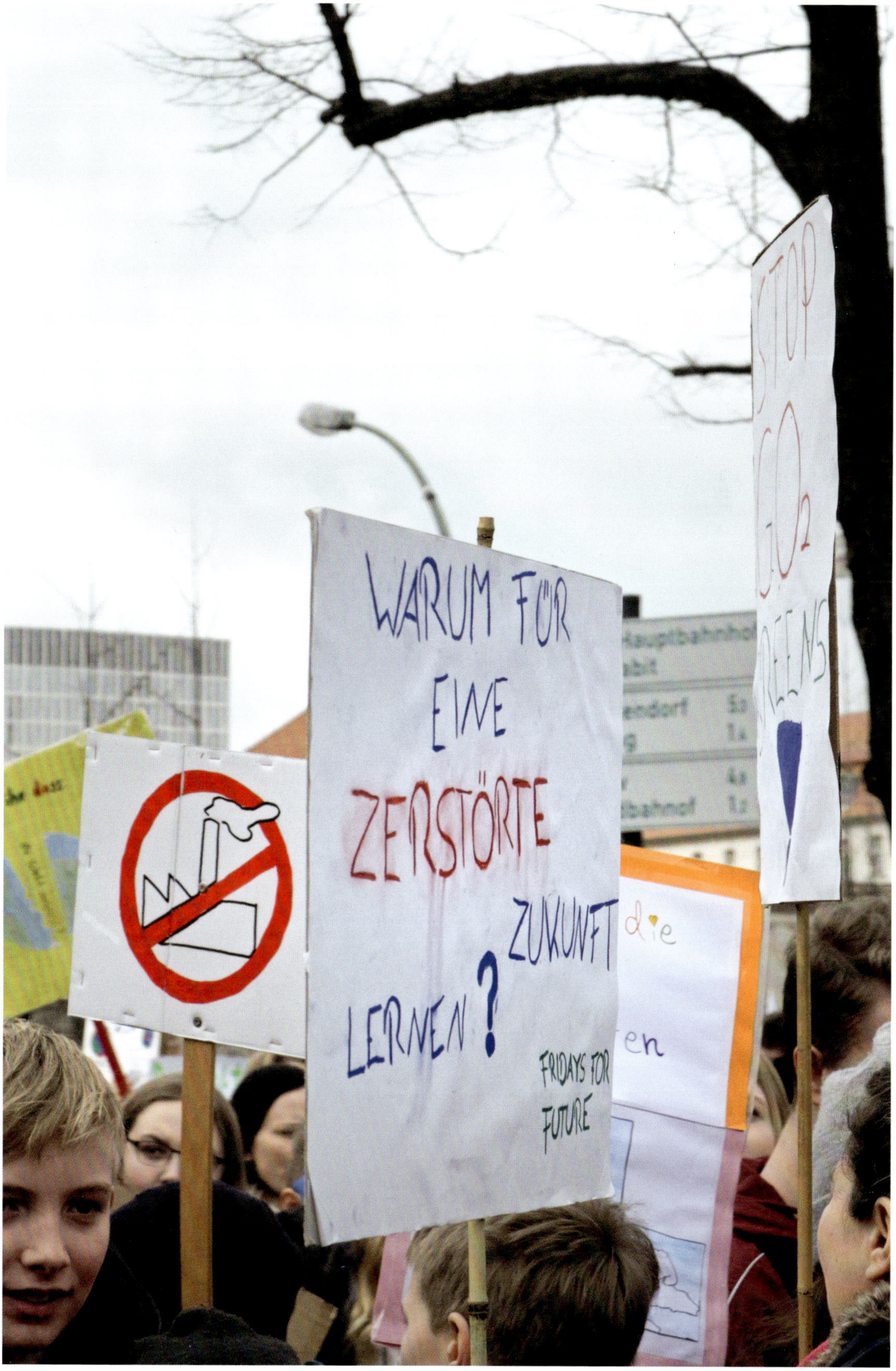
WARUM FÜR EINE ZERSTÖRTE ZUKUNFT LERNEN?
FRIDAYS FOR FUTURE
STOP
CO2

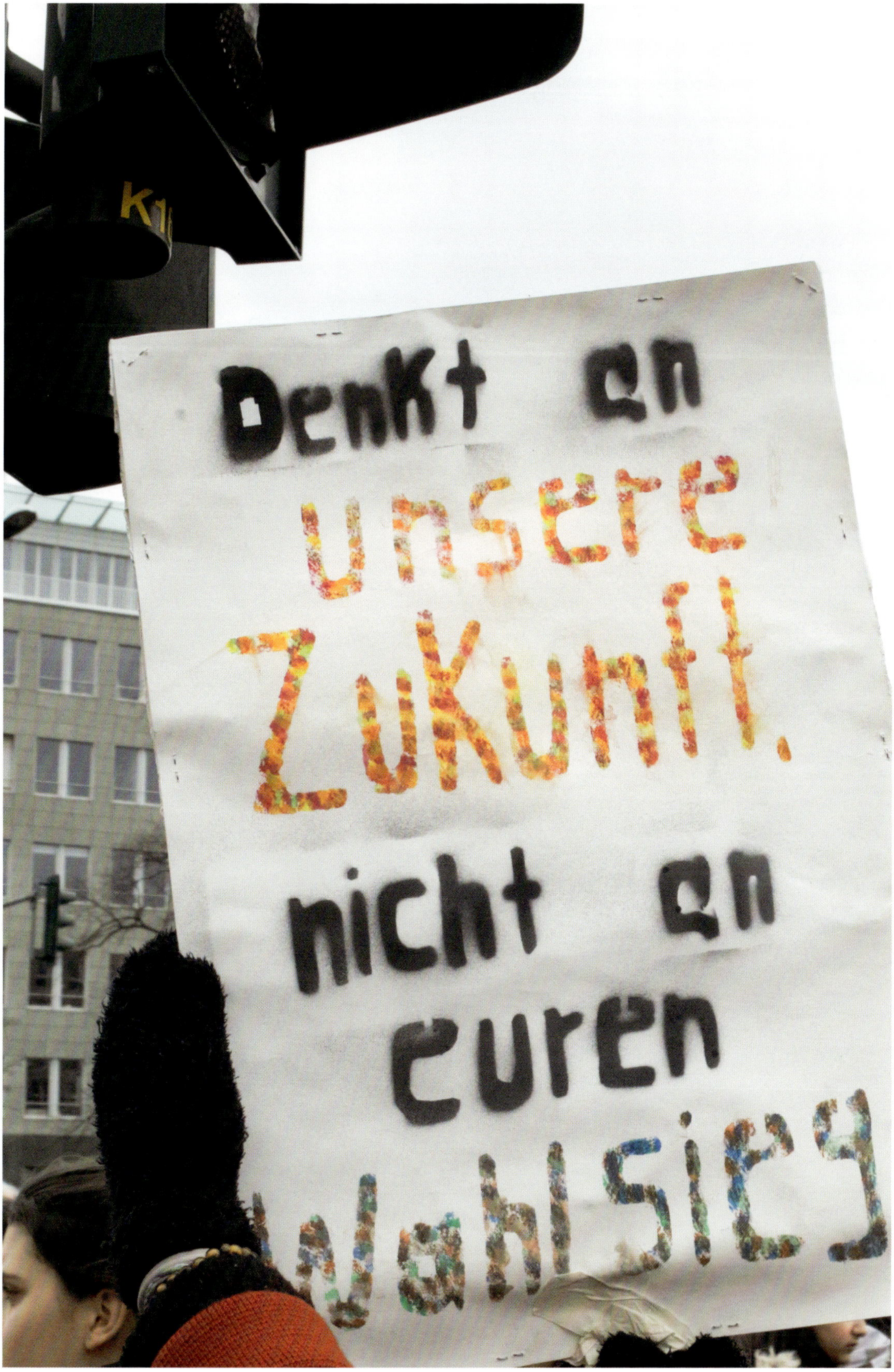
Denkt an
unsere
Zukunft.
nicht an
euren
Wahlsieg

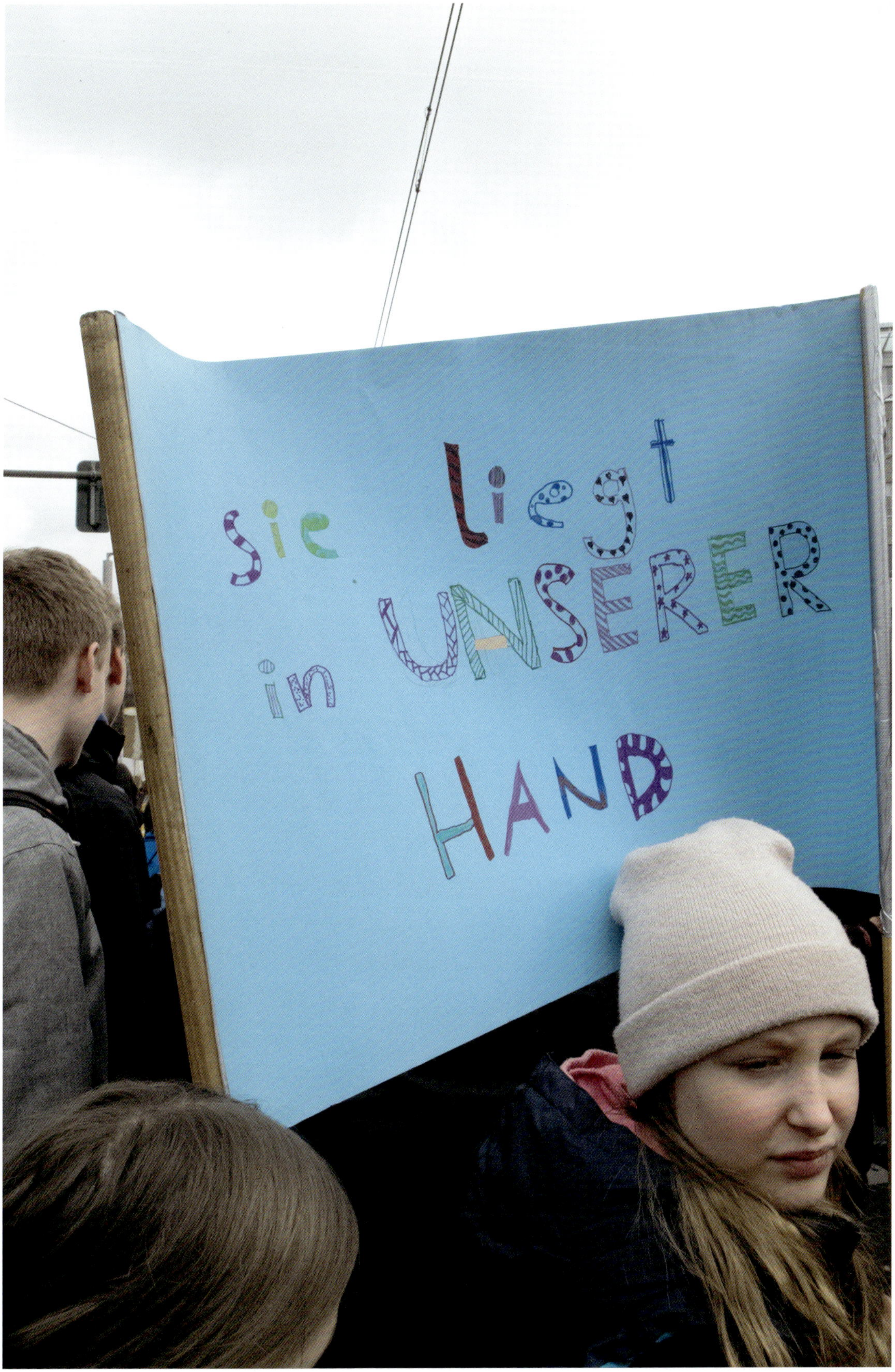
sie liegt
in UNSERER
HAND

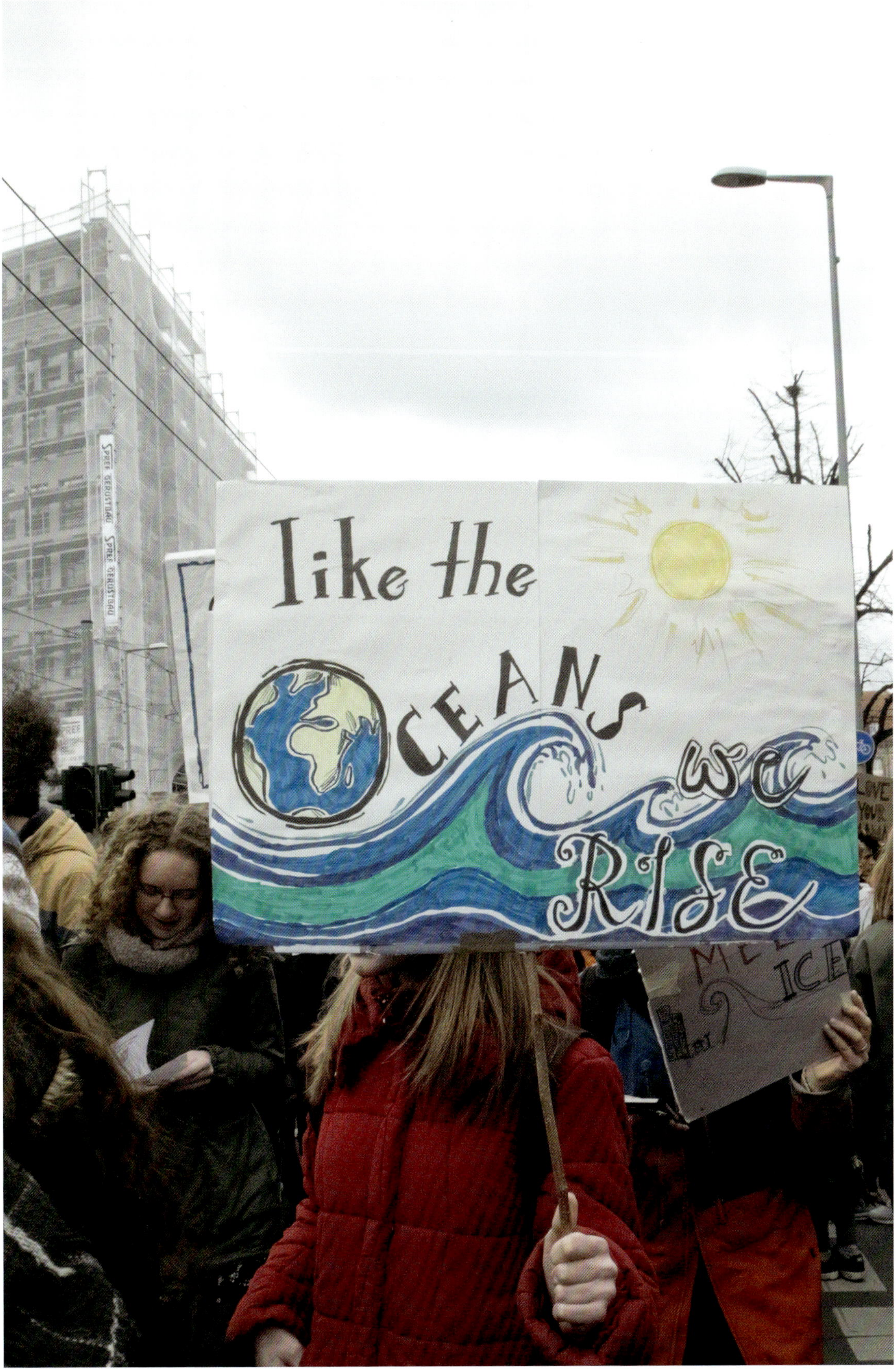
like the
OCEANS
we
RISE

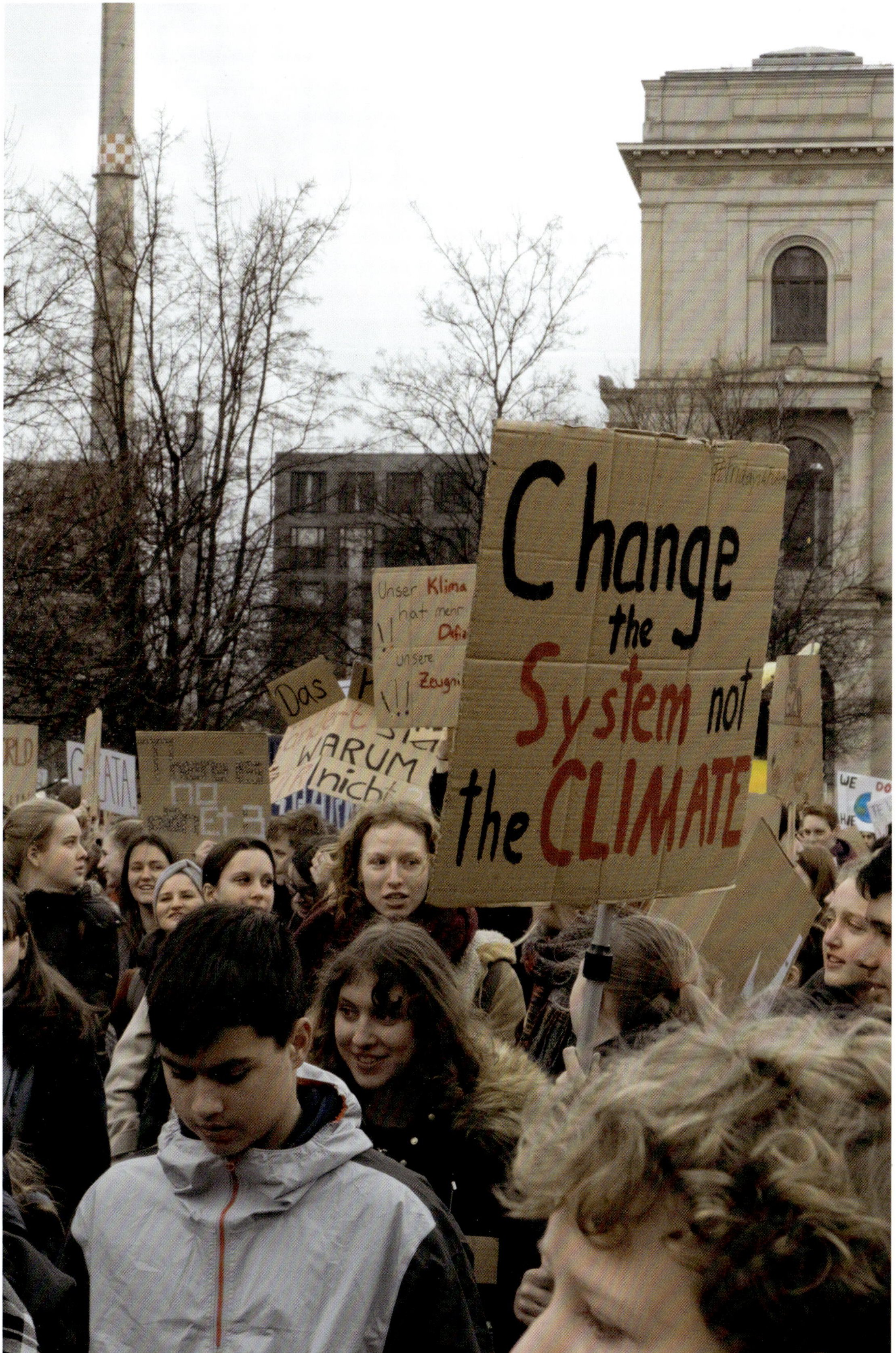
Change the System not the CLIMATE
Unser Klima
Das
WARUM nicht

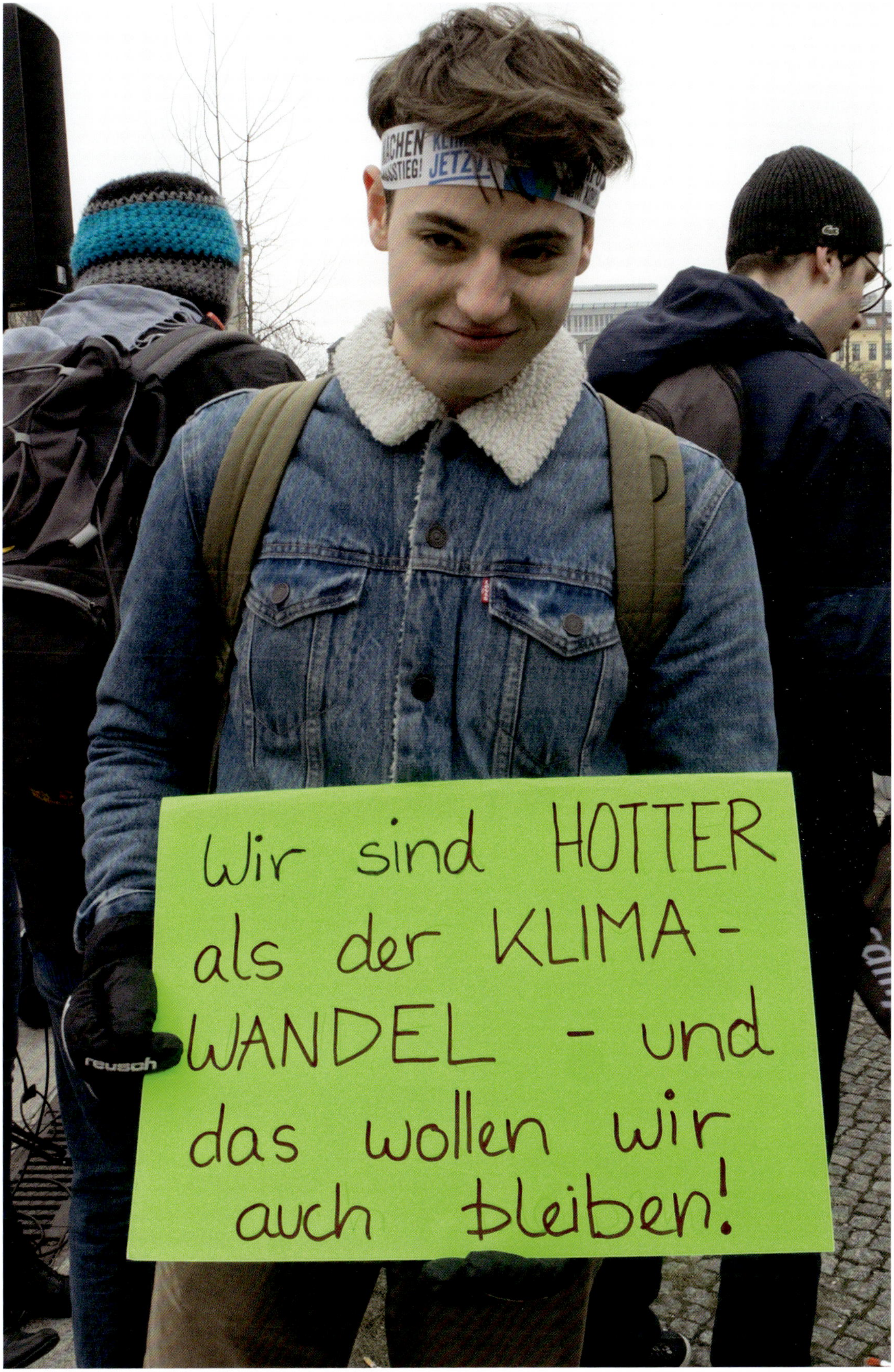
Wir sind HOTTER
als der KLIMA-
WANDEL - und
das wollen wir
auch bleiben!
reusch

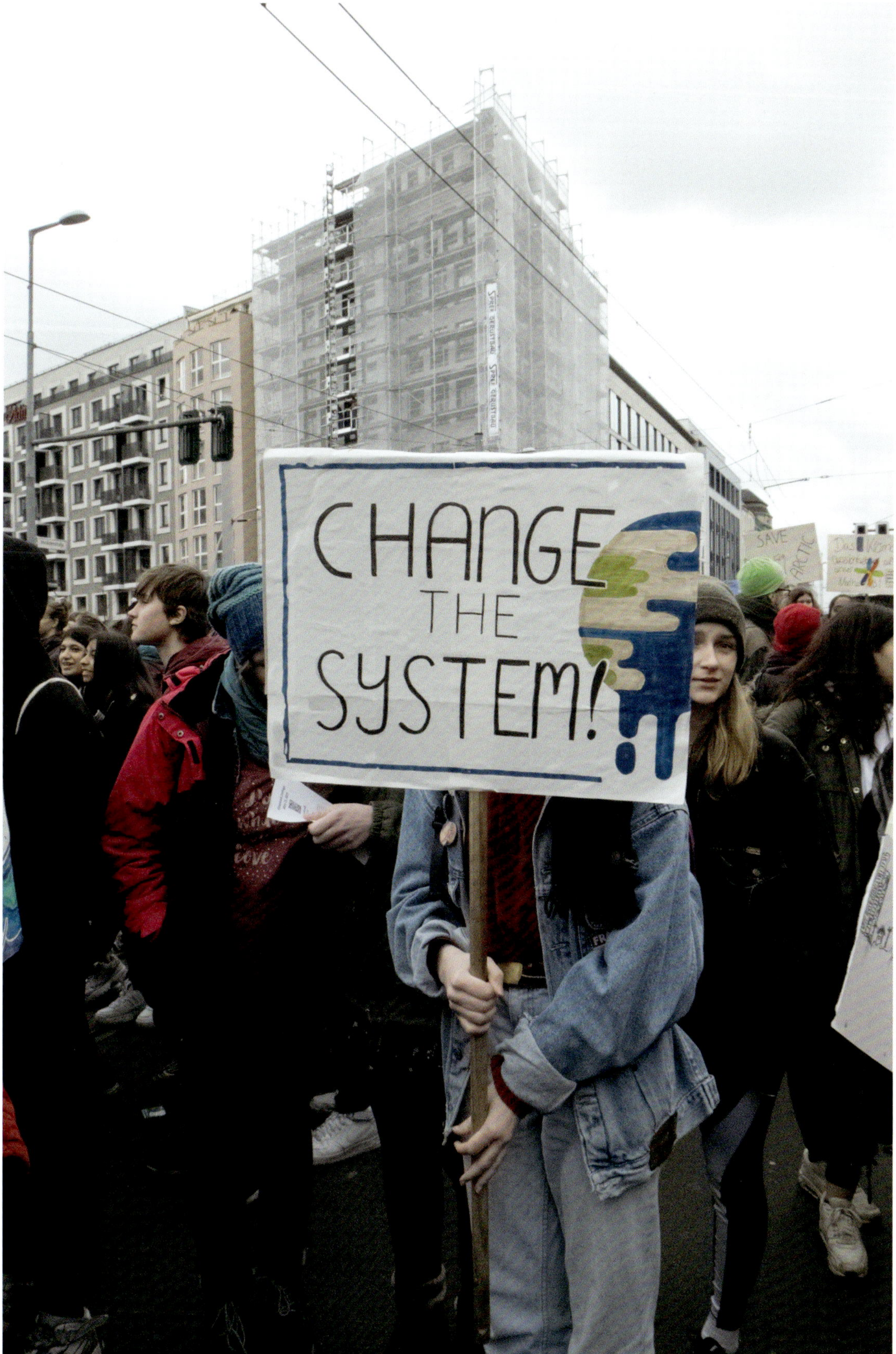
CHANGE
THE
SYSTEM!

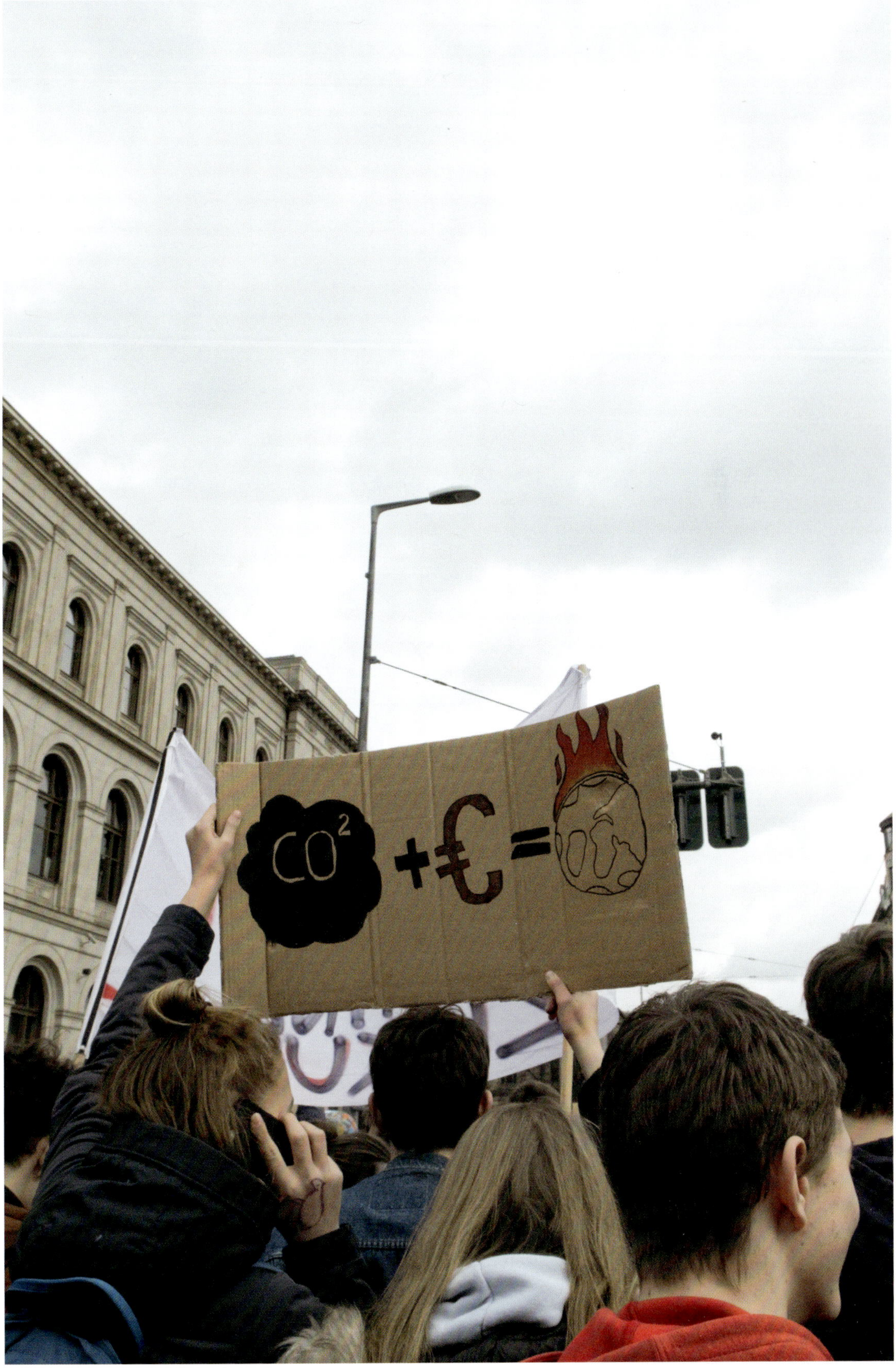
CO² + € =

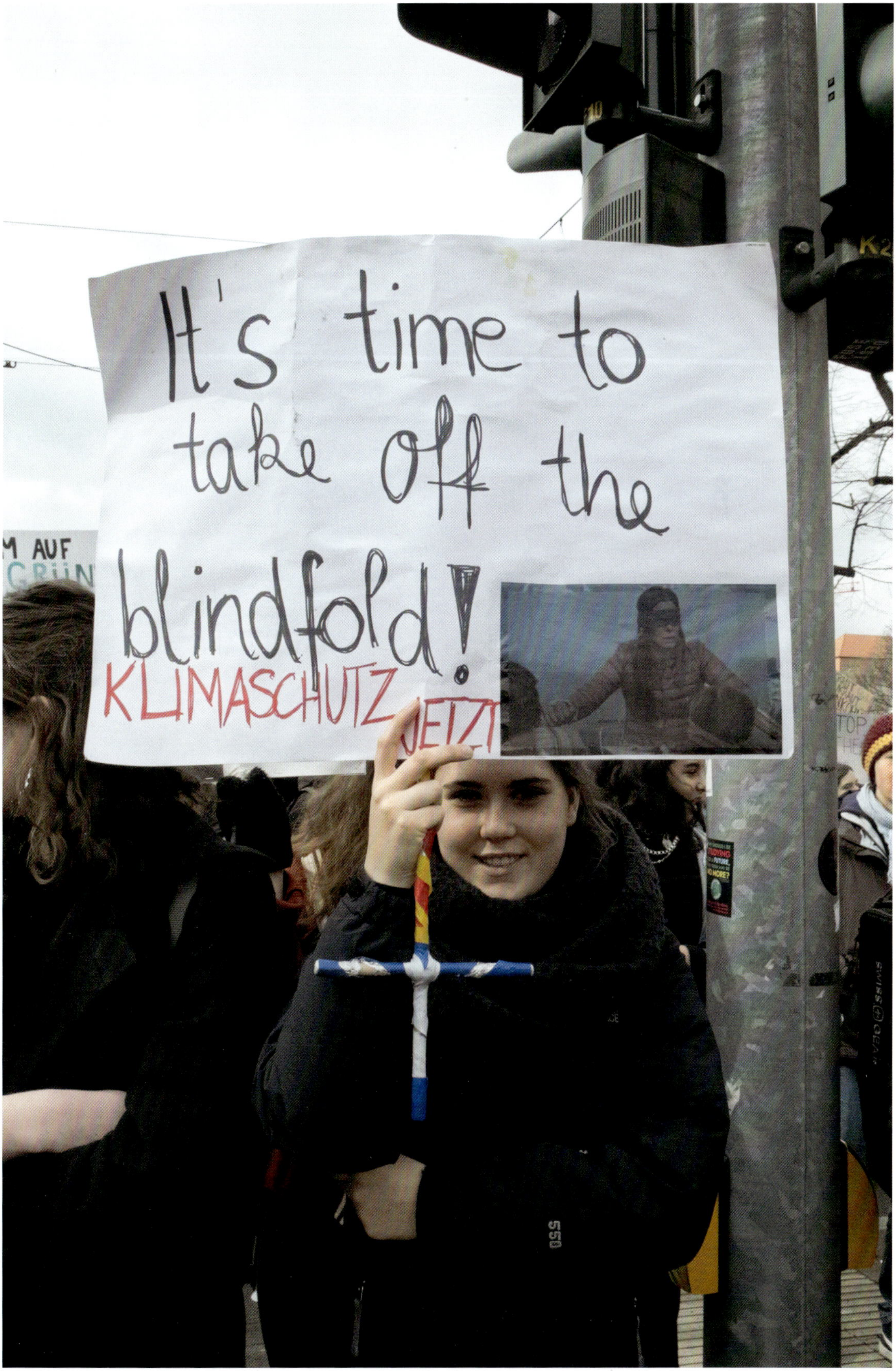
It's time to take off the blindfold!
KLIMASCHUTZ JETZT

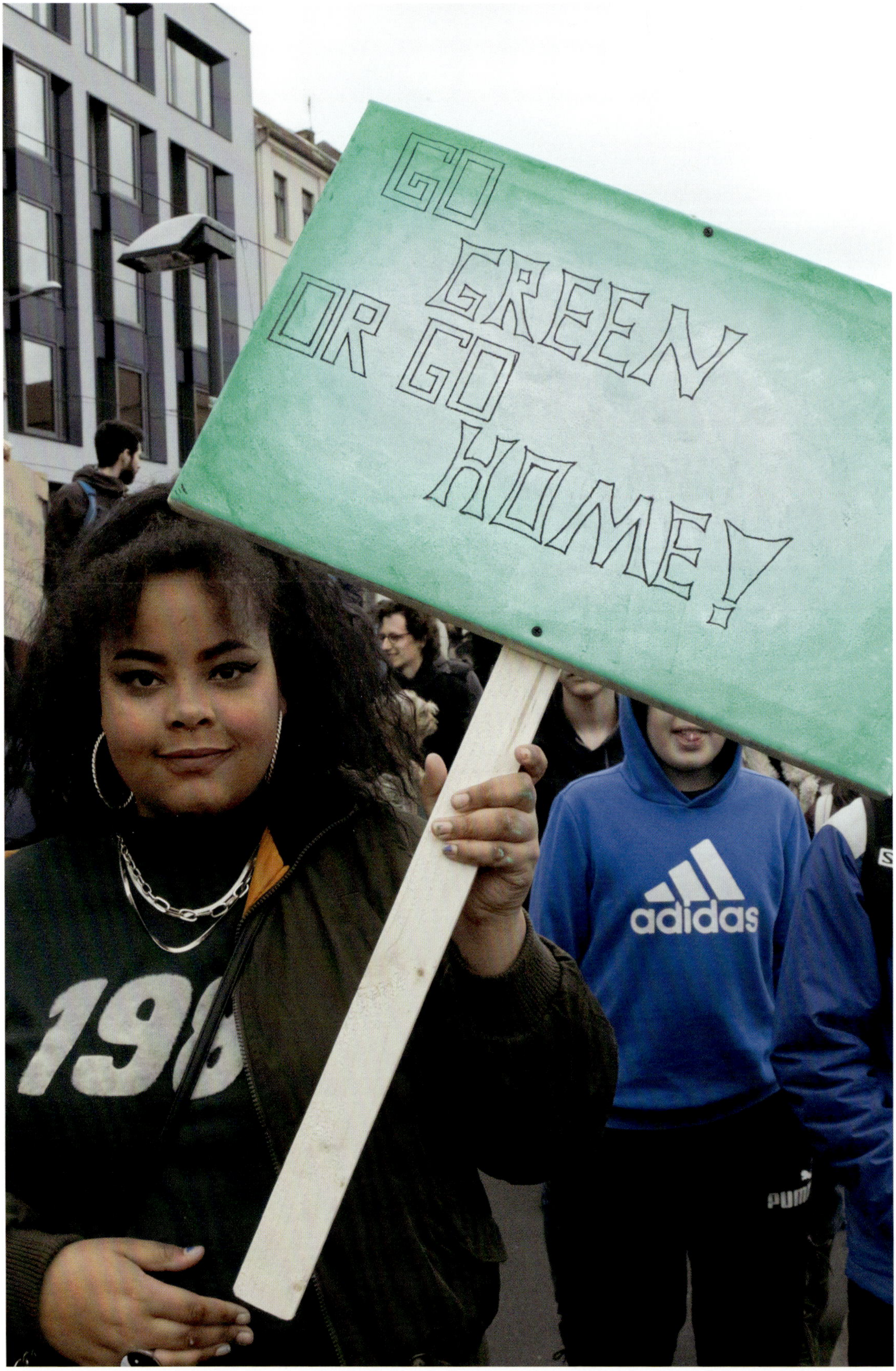
GO GREEN
OR GO
HOME!
adidas

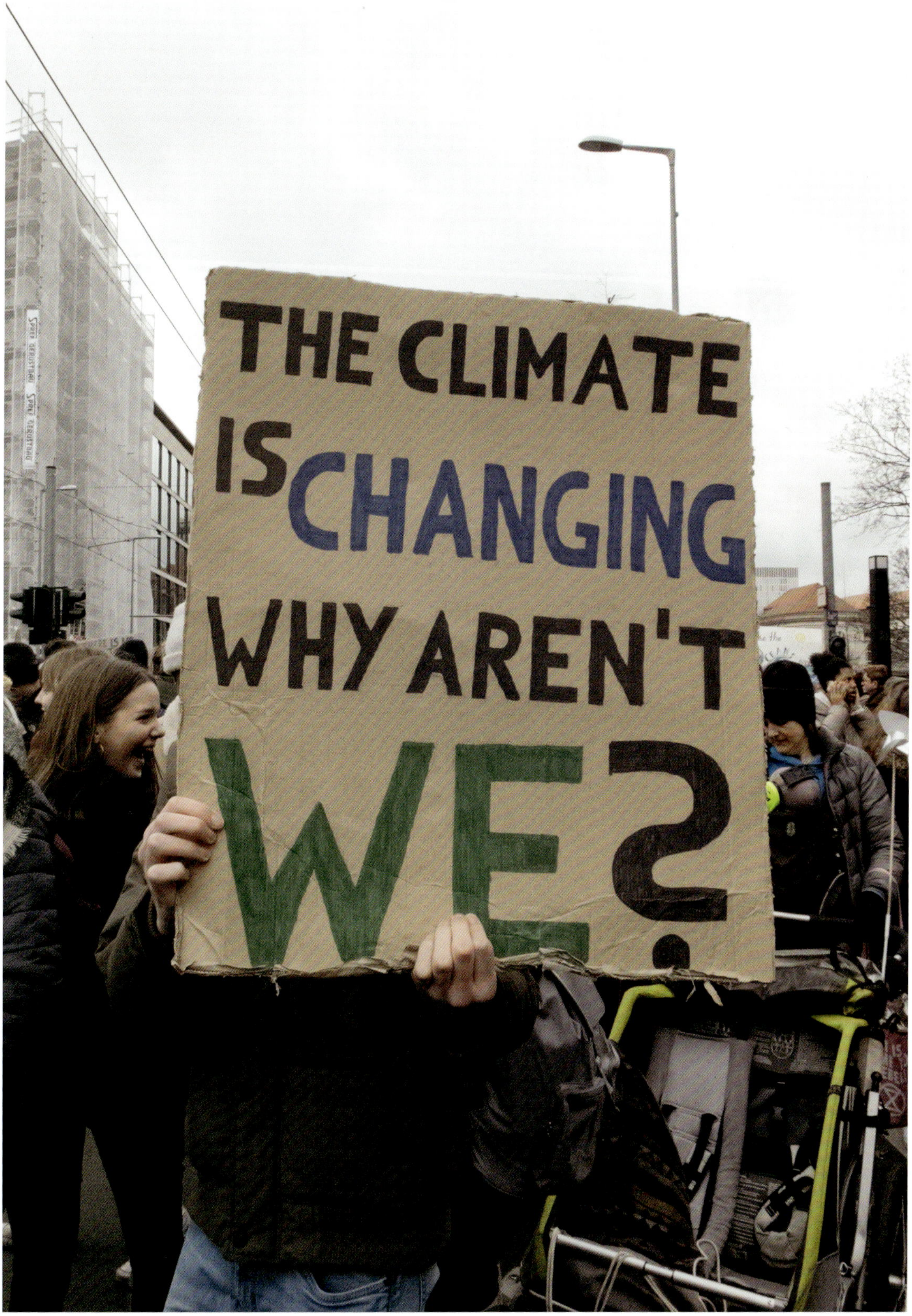
THE CLIMATE
IS CHANGING
WHY AREN'T
WE?

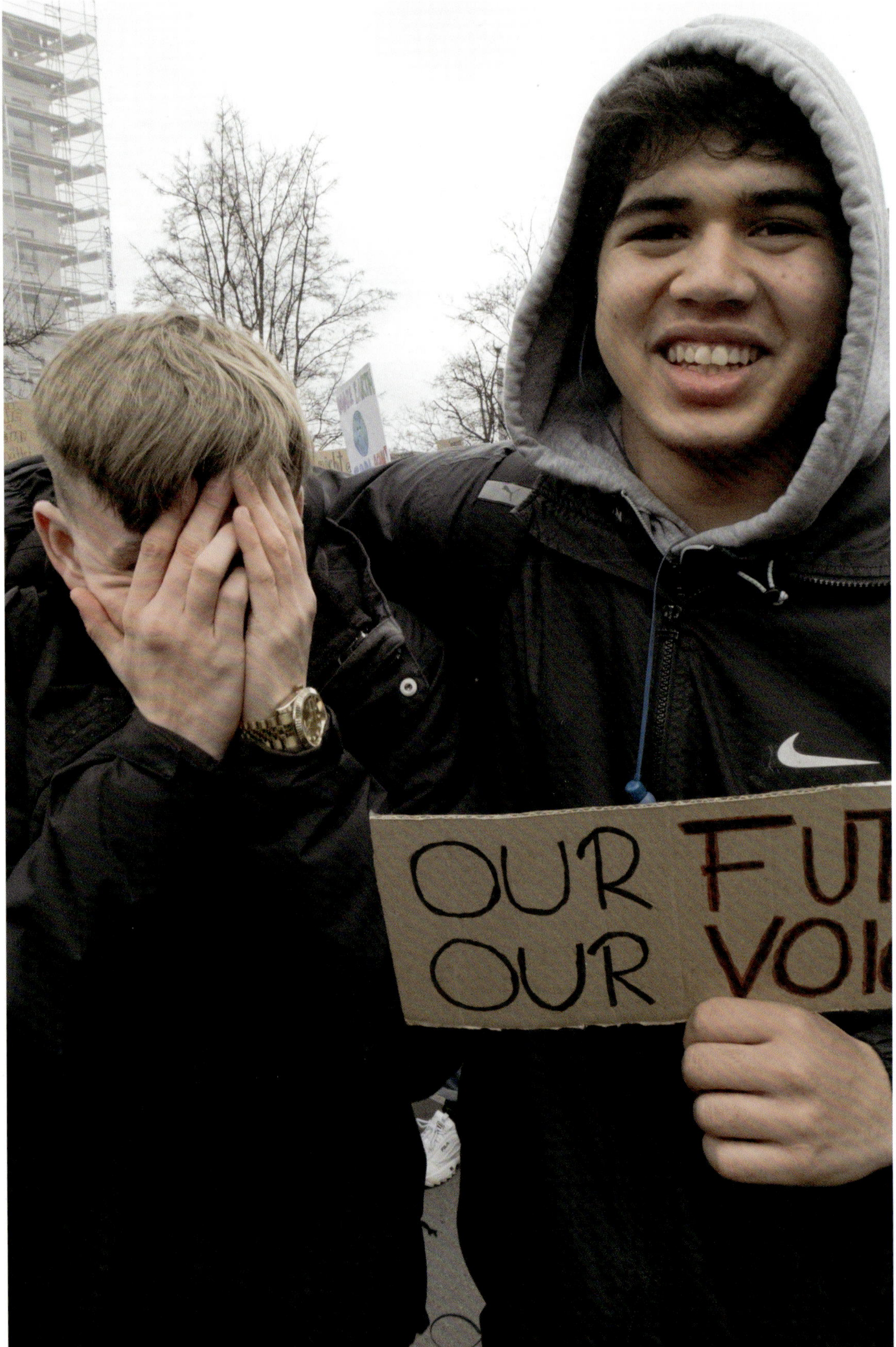
OUR FUT
OUR VOI

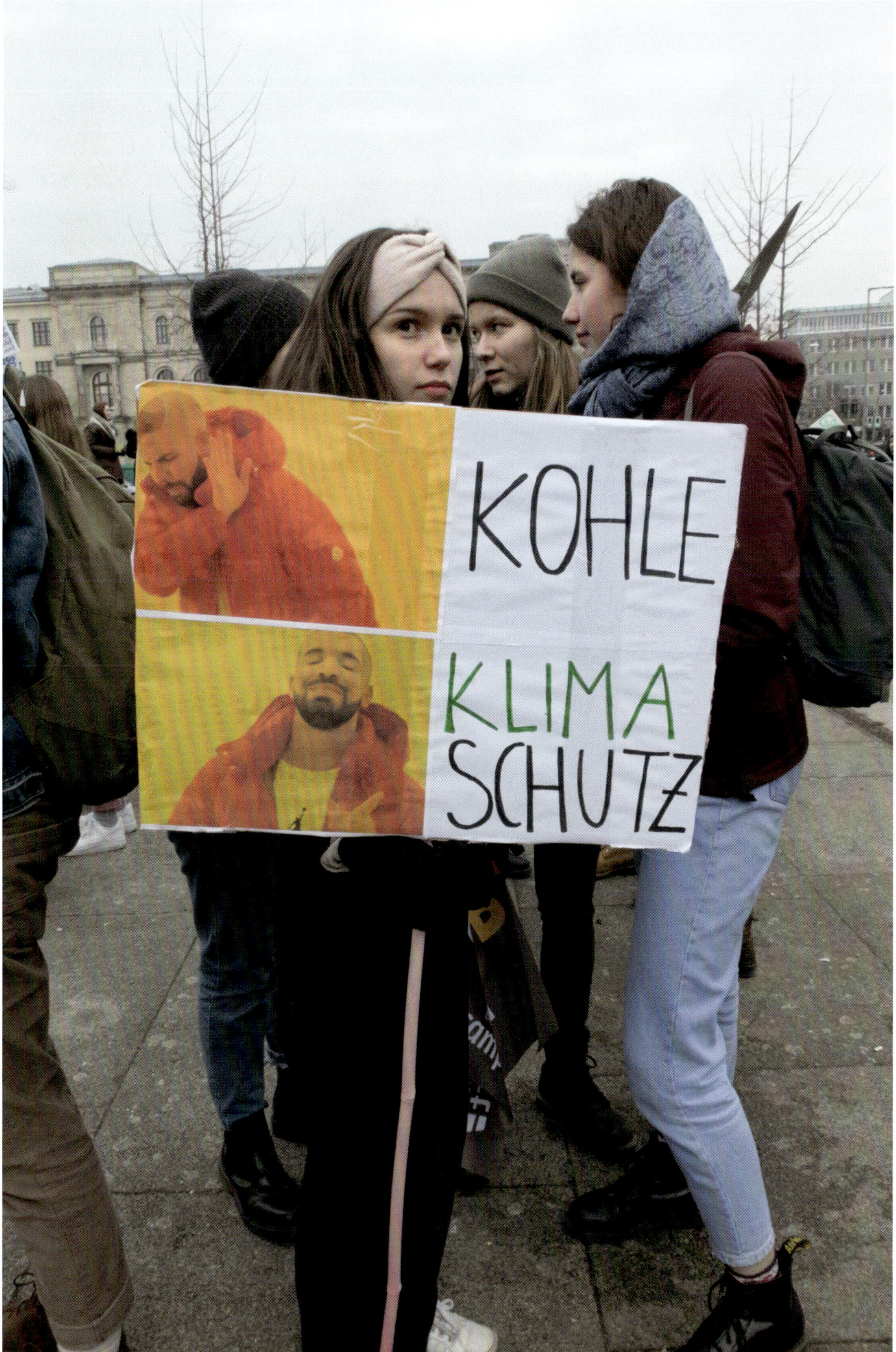
KOHLE
KLIMA
SCHUTZ

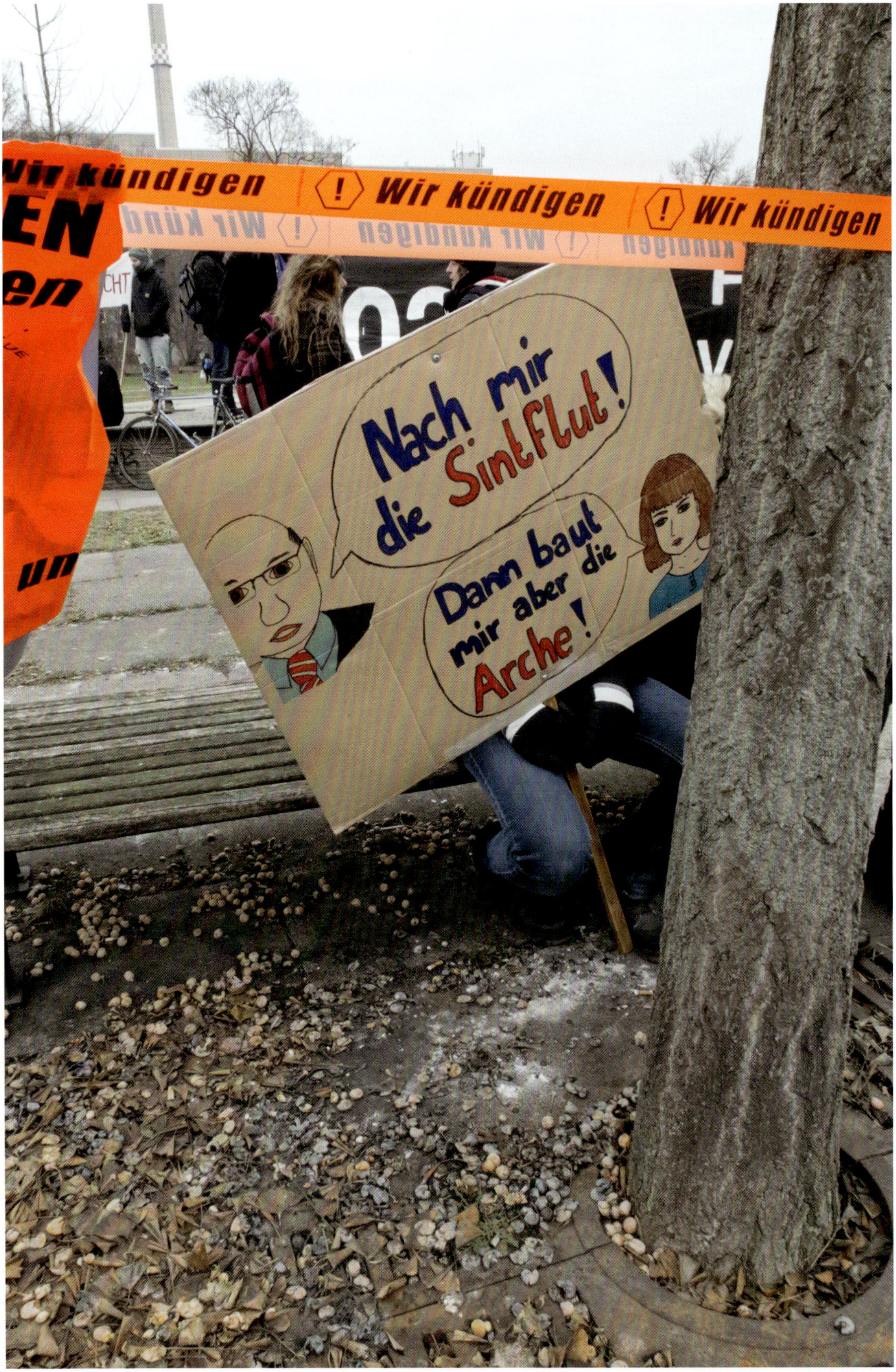
Wir kündigen
Wir kündigen
Wir kündigen
Nach mir die Sintflut!
Dann baut mir aber die Arche!

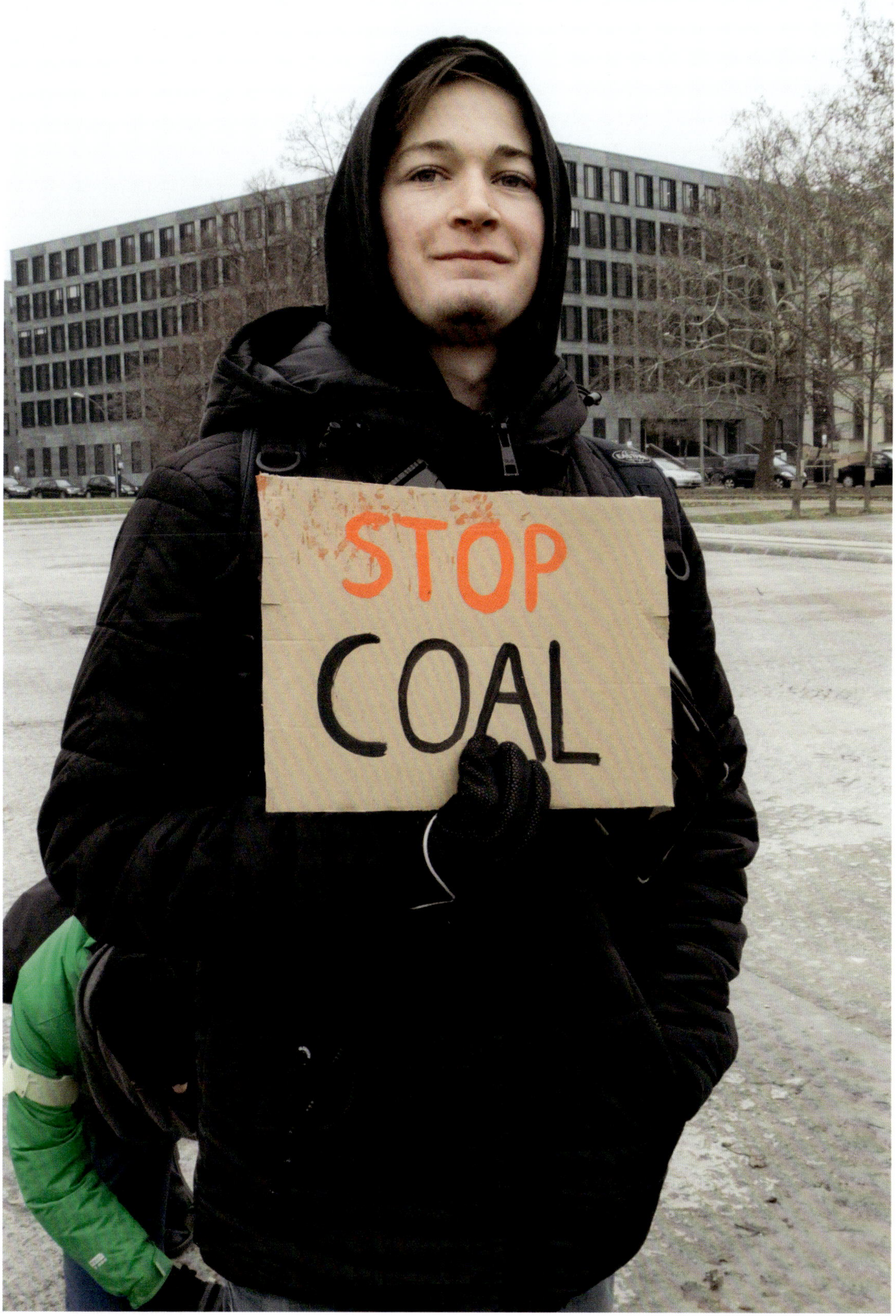
STOP
COAL

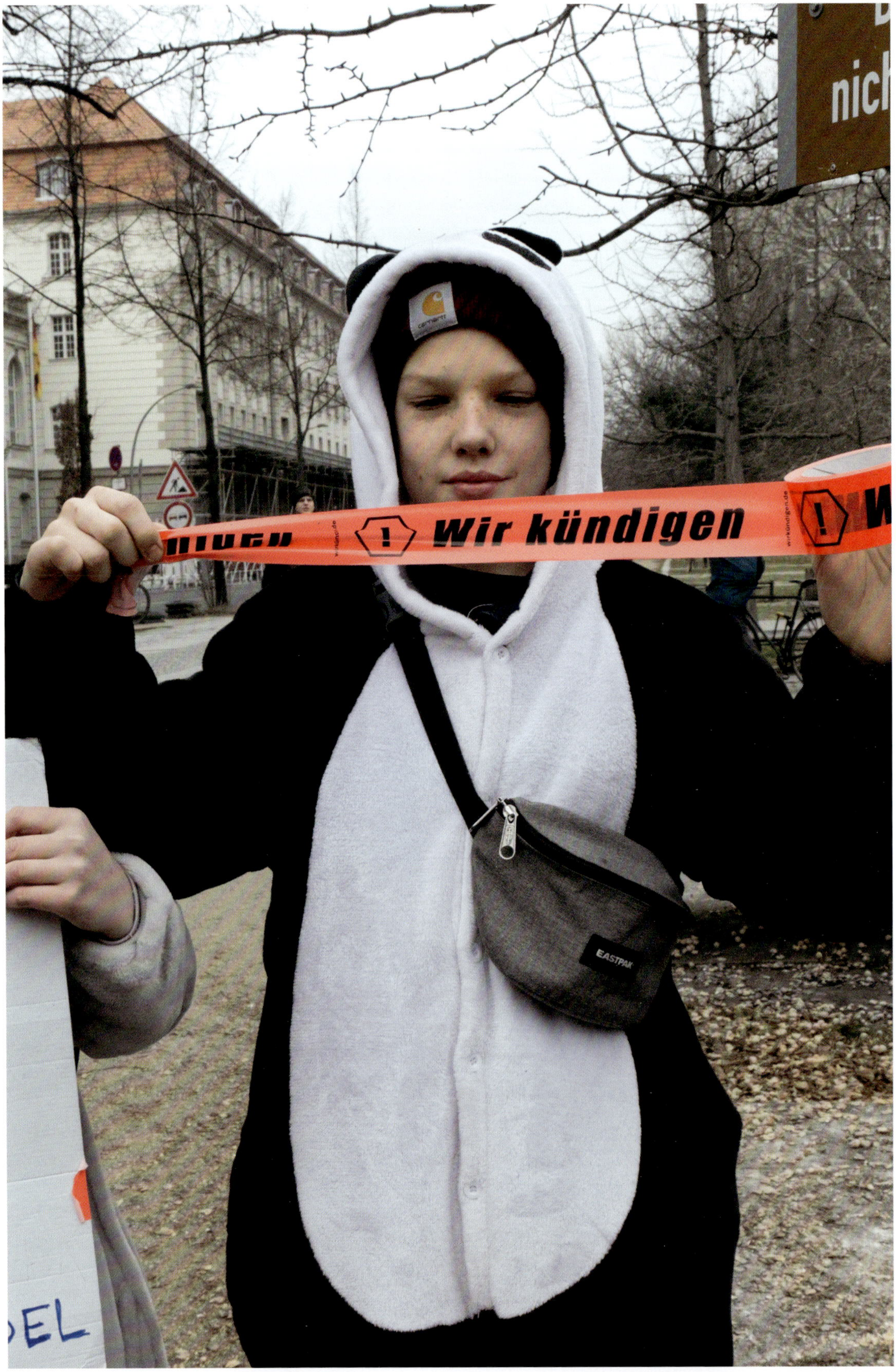
Wir kündigen
EASTPAK

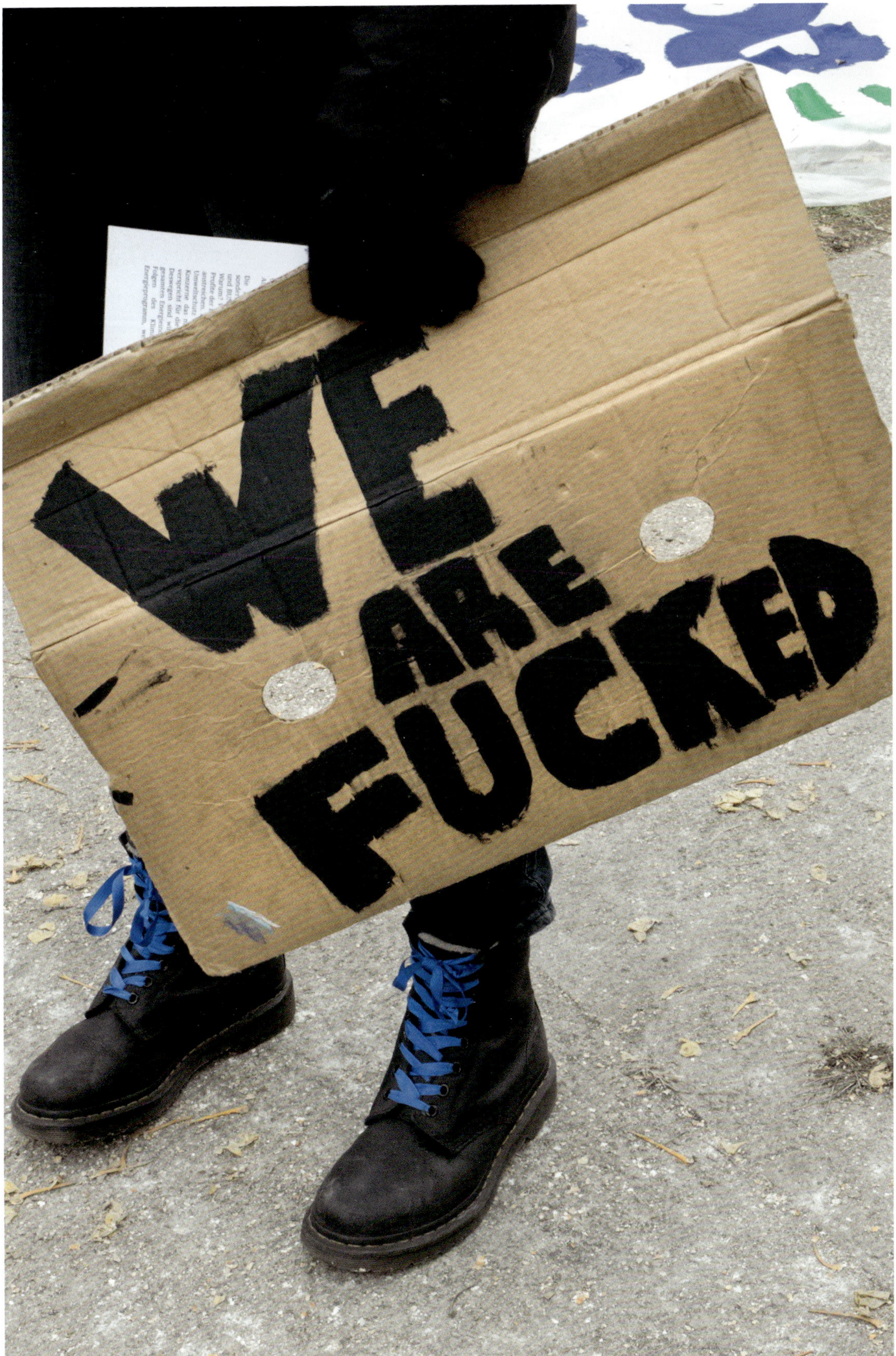
WE
ARE
FUCKED

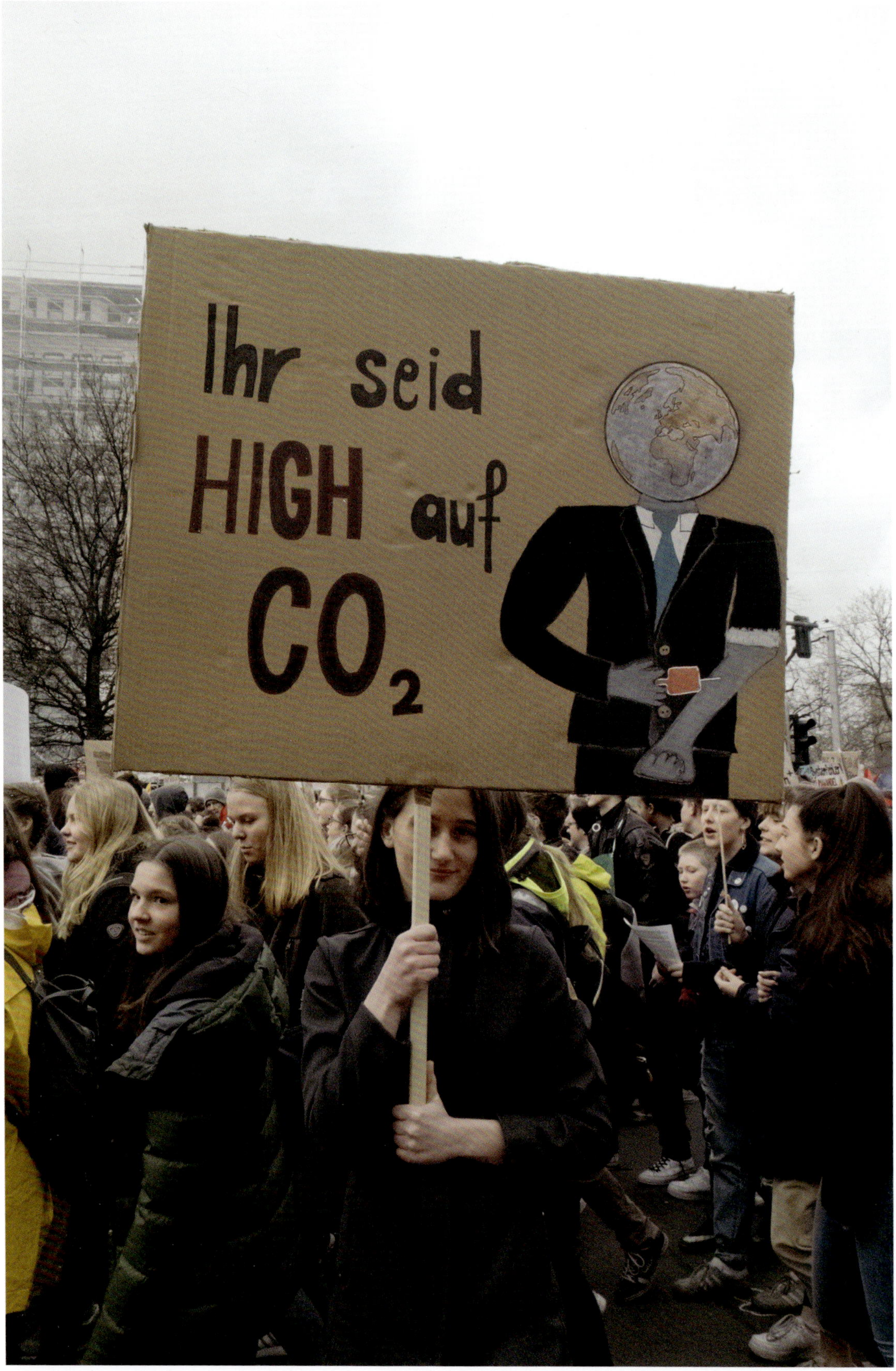
Ihr seid
HIGH auf
CO_2

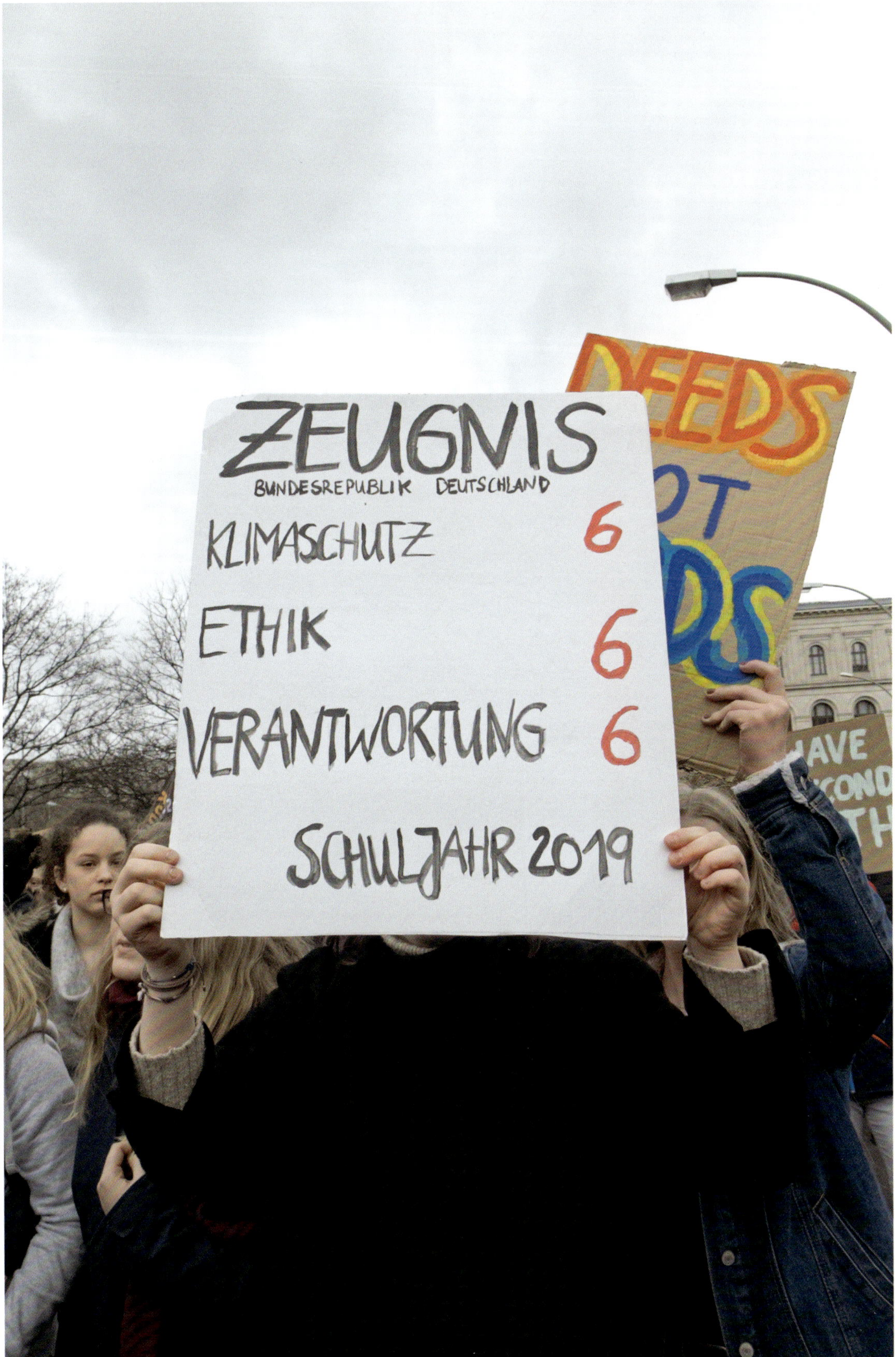
ZEUGNIS
BUNDESREPUBLIK DEUTSCHLAND
KLIMASCHUTZ 6
ETHIK 6
VERANTWORTUNG 6
SCHULJAHR 2019

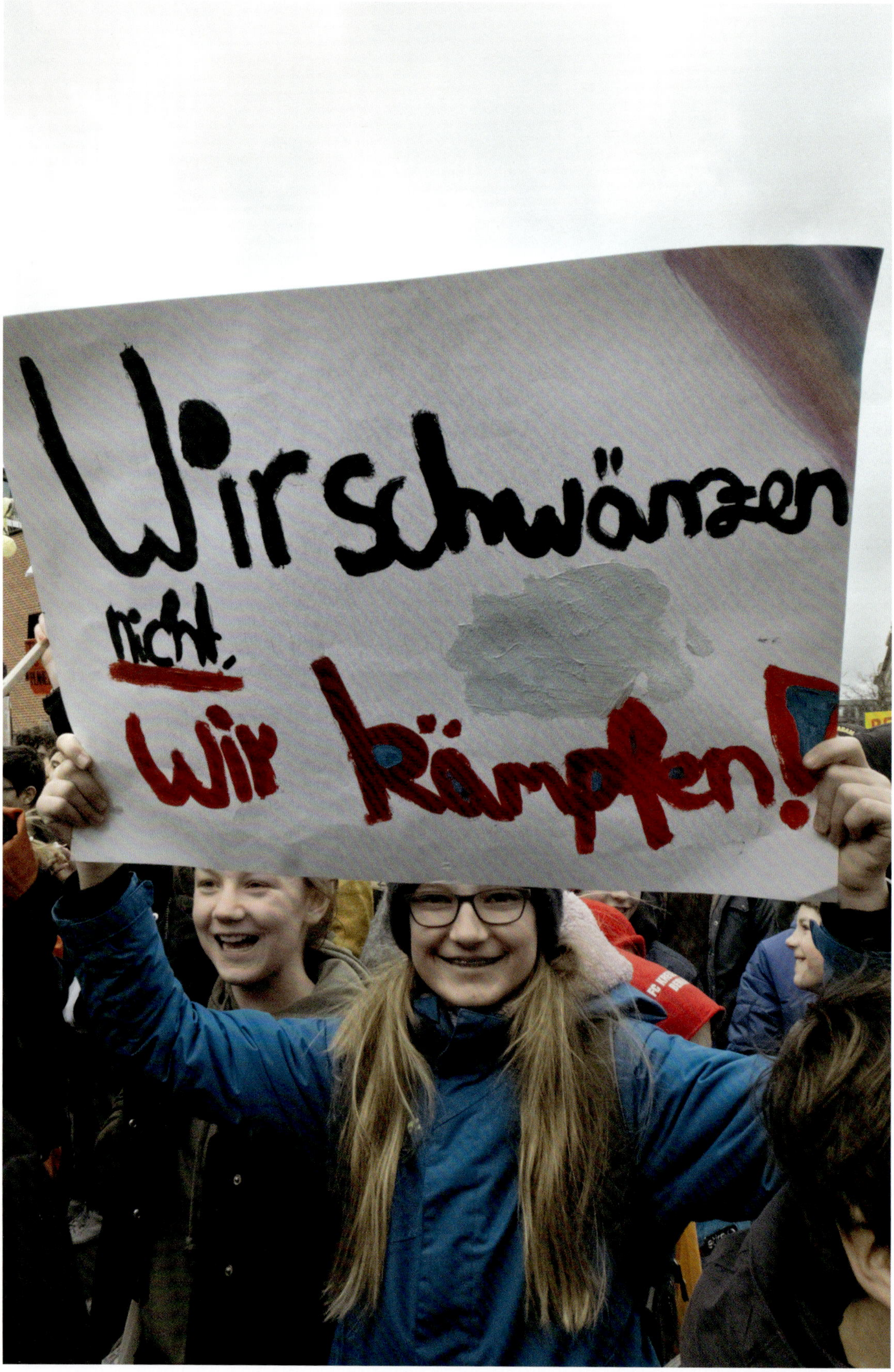
Wir schwänzen
nicht.
Wir kämpfen!

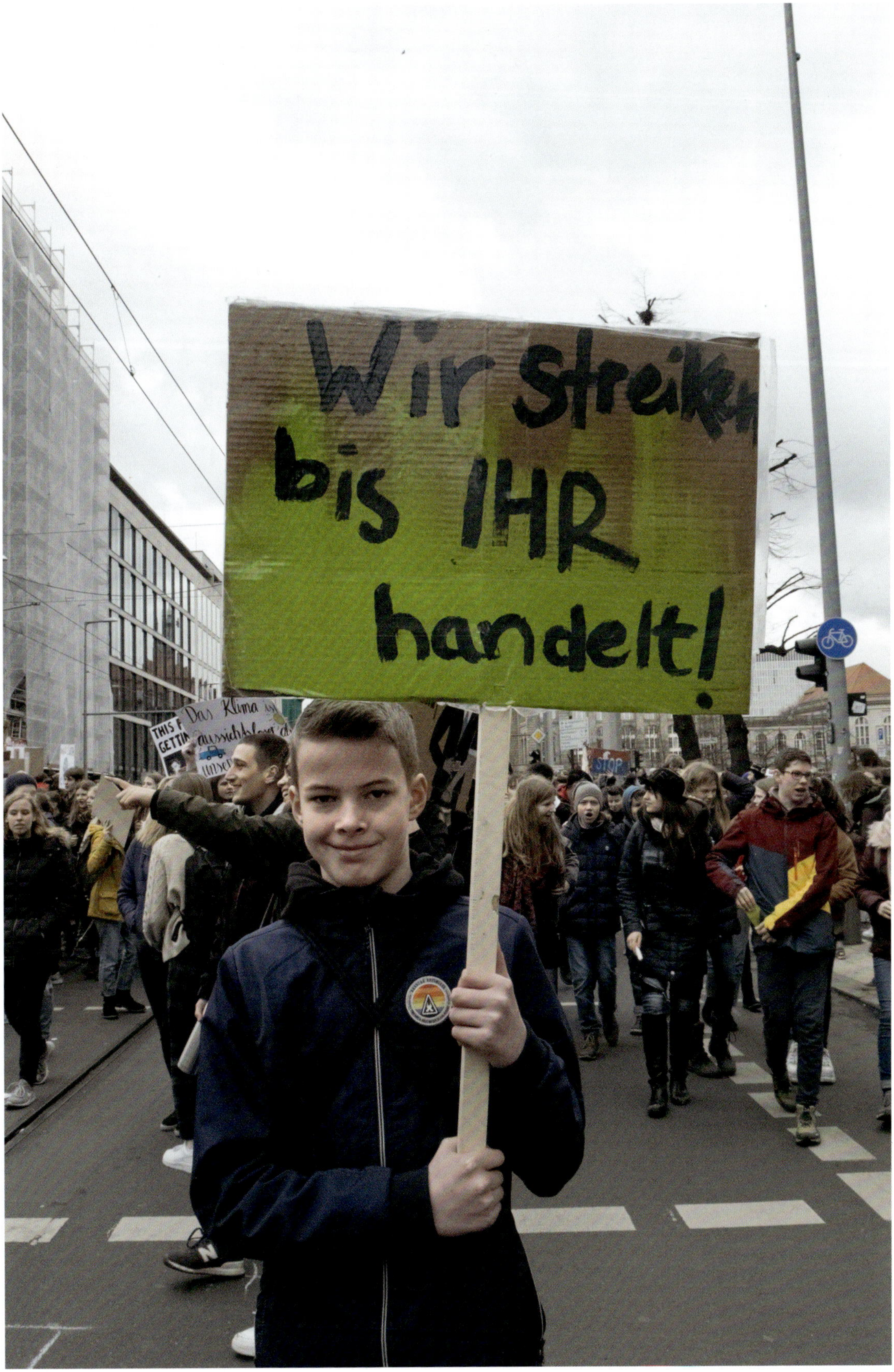
Wir streiken
bis IHR
handelt!

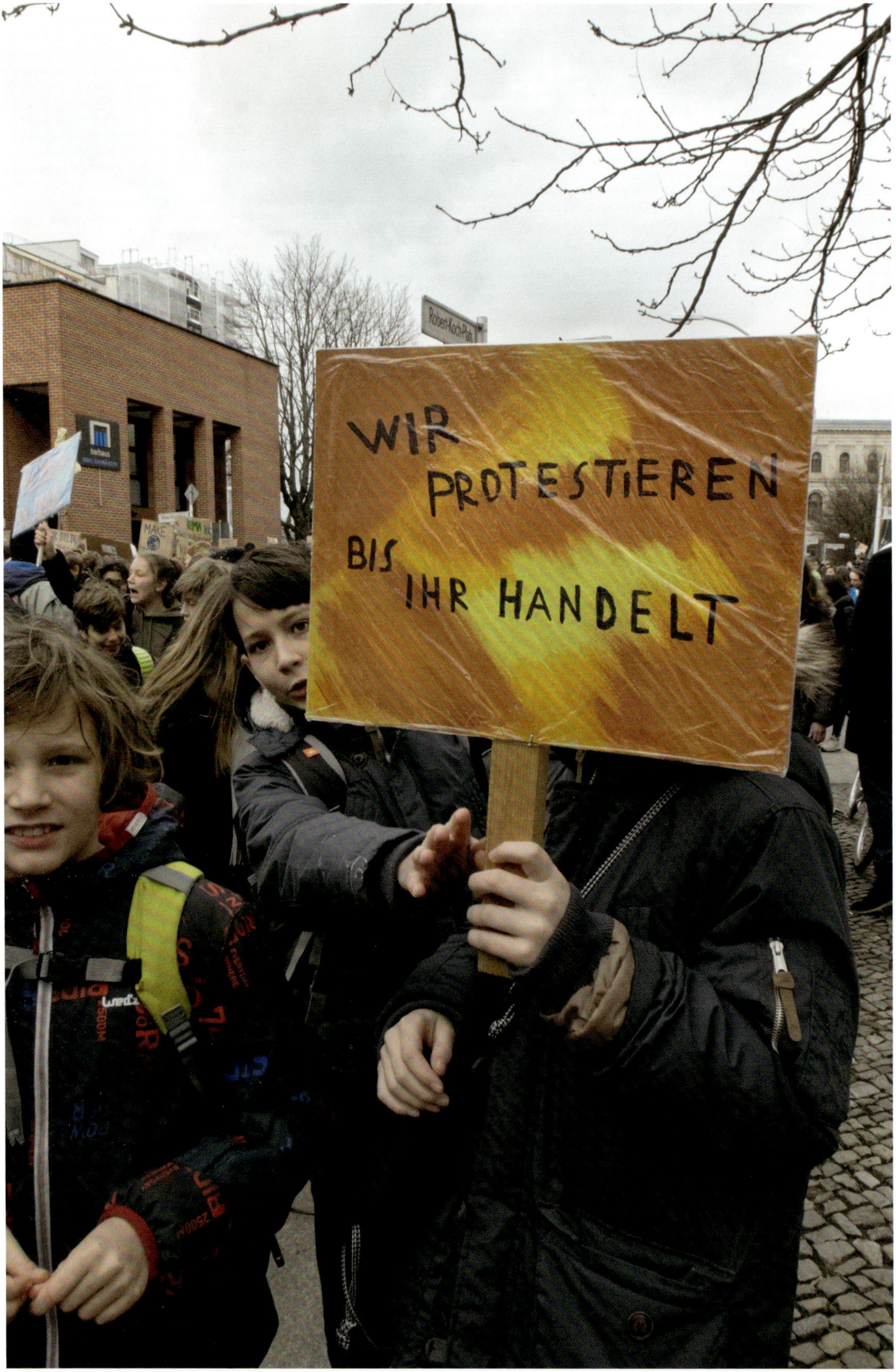
WIR
PROTESTIEREN
BIS IHR HANDELT

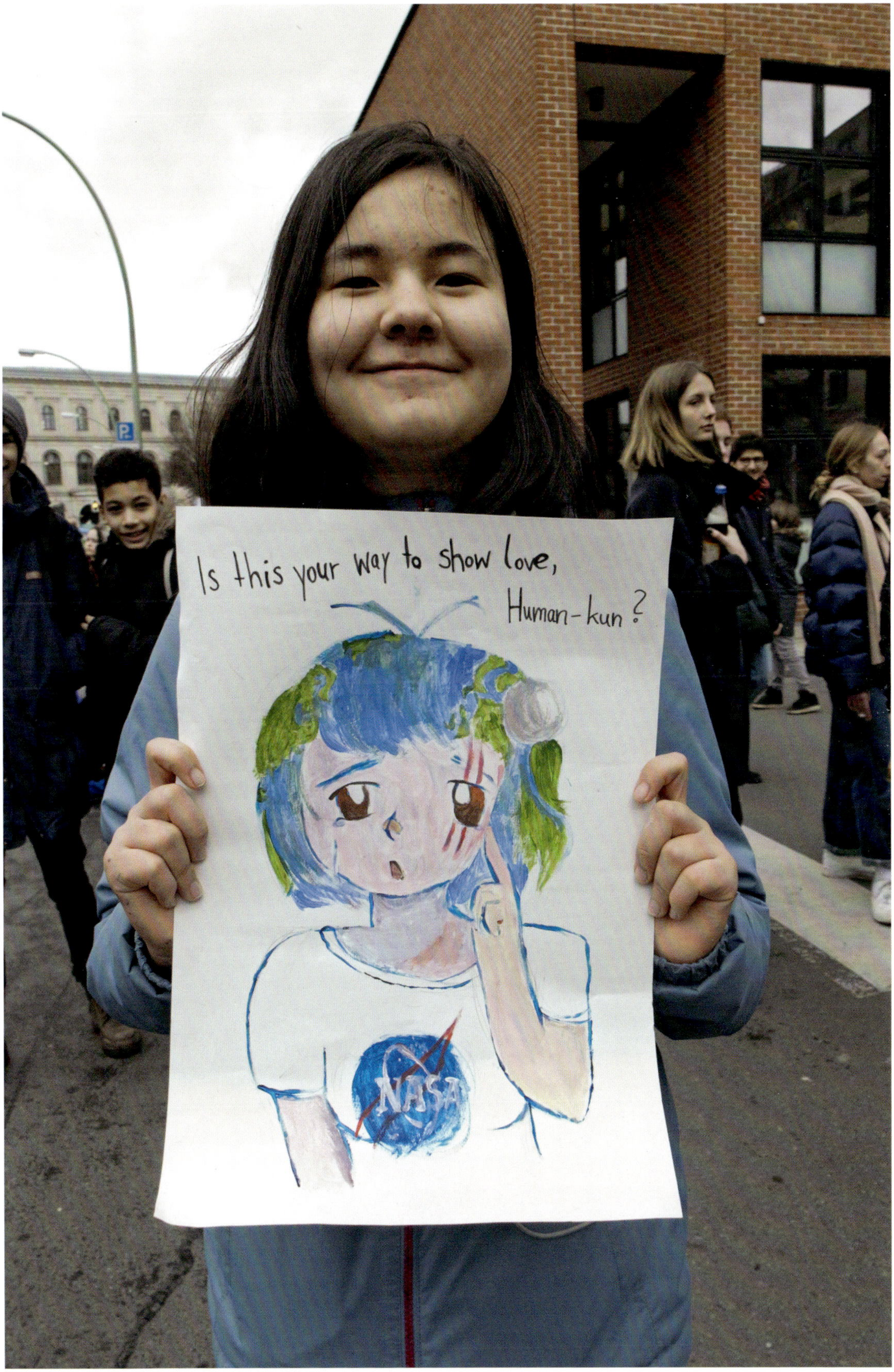
Is this your way to show love,
Human-kun?
NASA

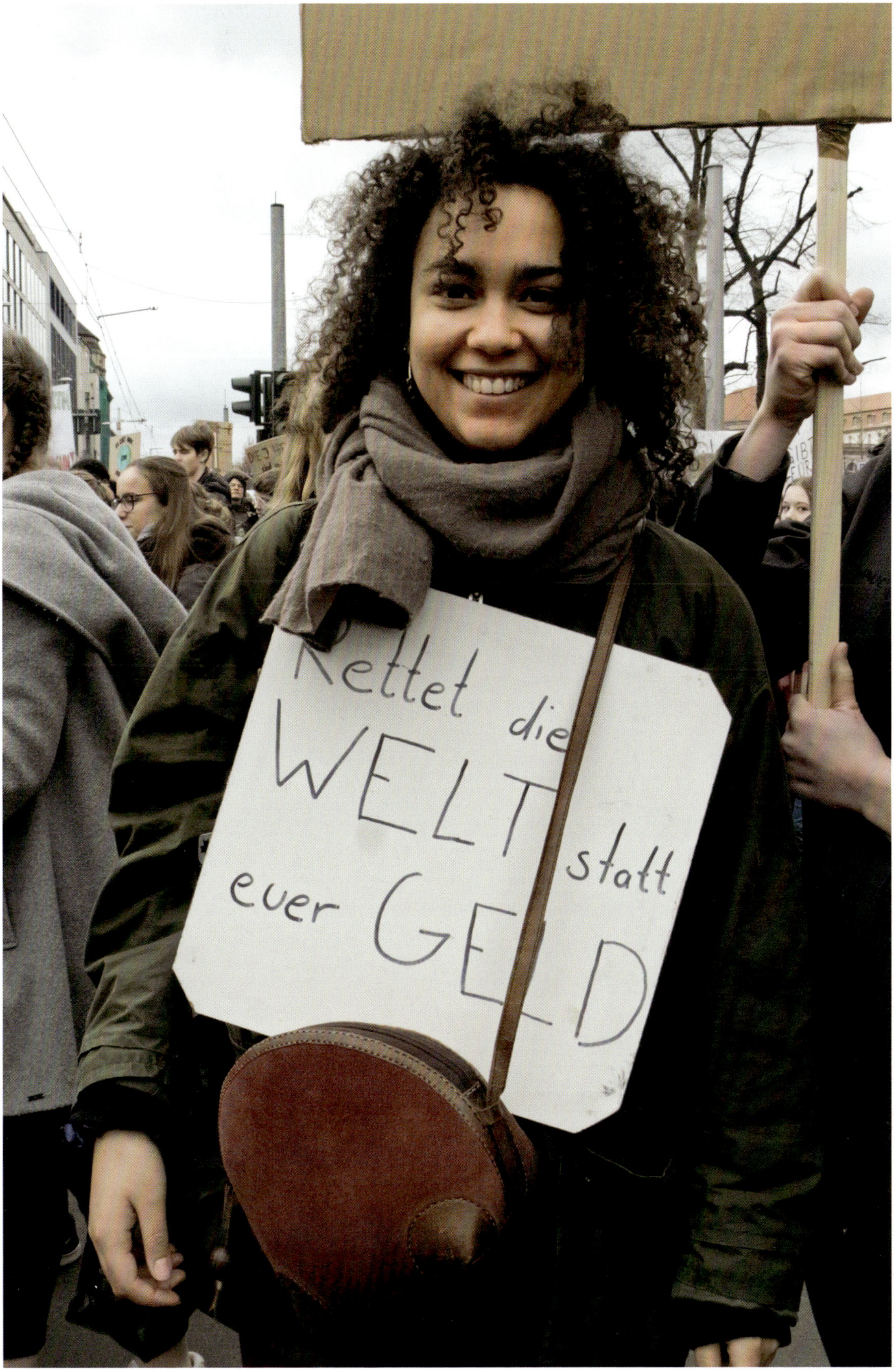
Rettet die
WELT statt
euer GELD

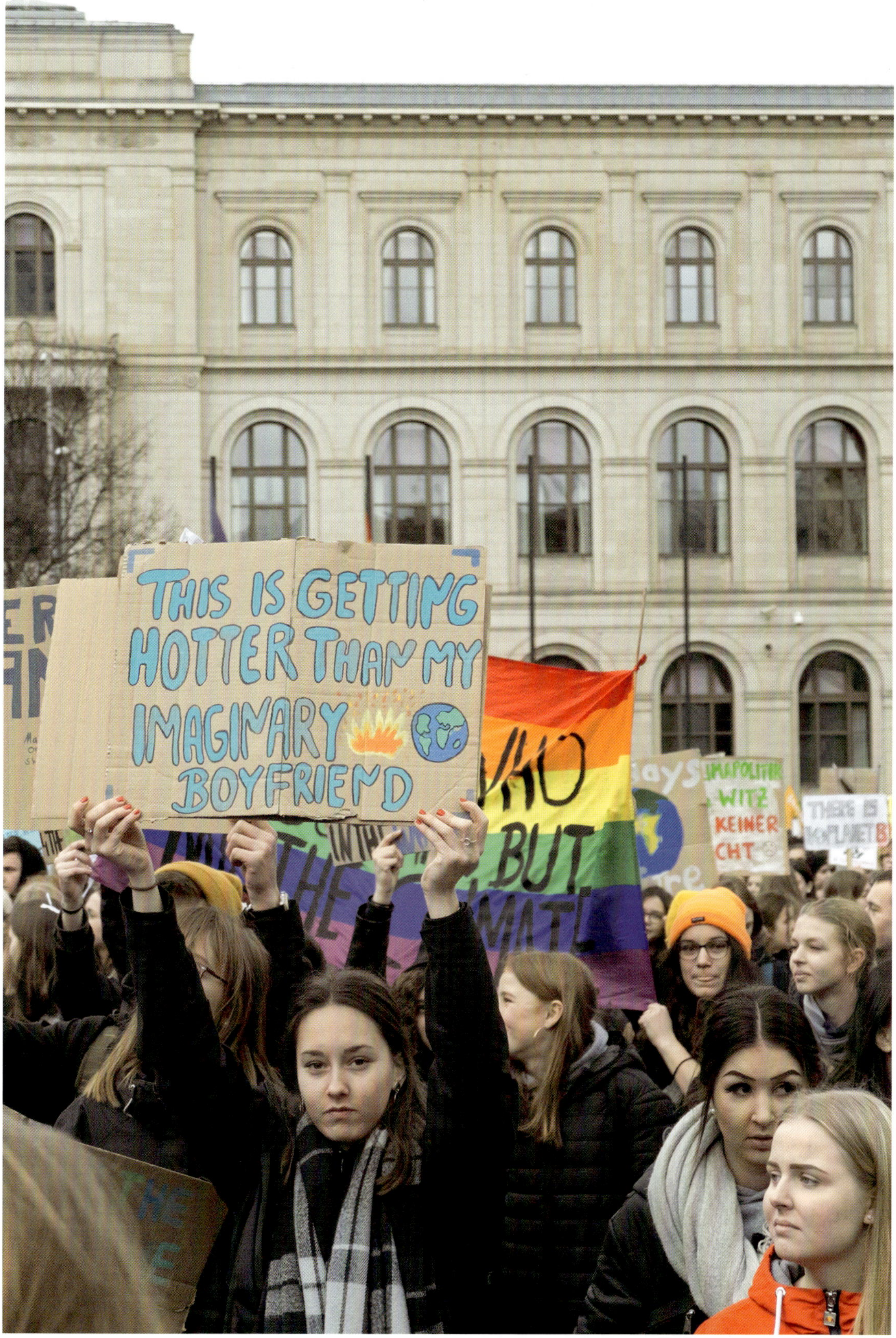
THIS IS GETTING HOTTER THAN MY IMAGINARY BOYFRIEND
WITZ
KEINER

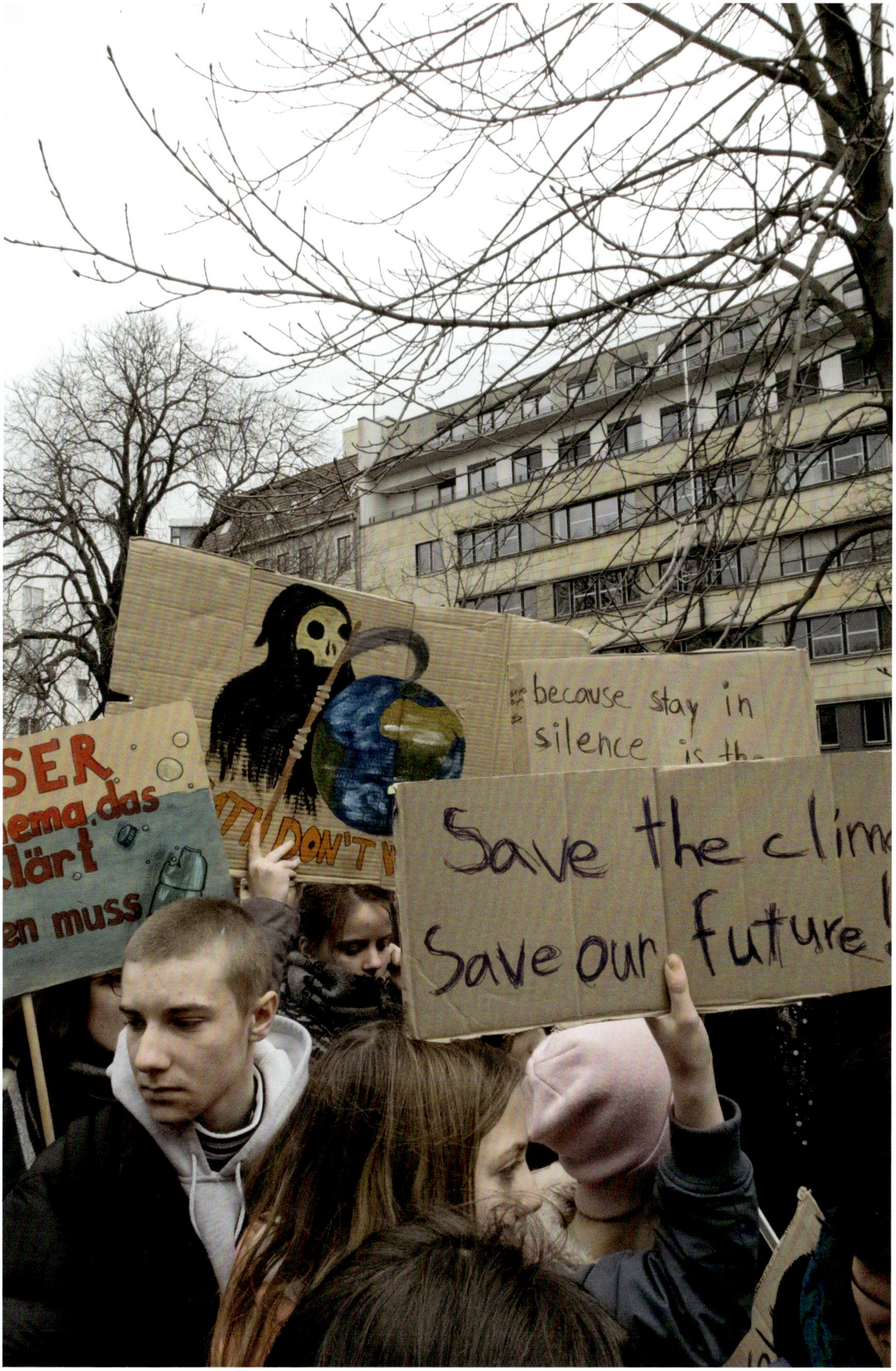
SER
ema das
lärt
en muss
DON'T
because stay in
silence
Save the clim
Save our future

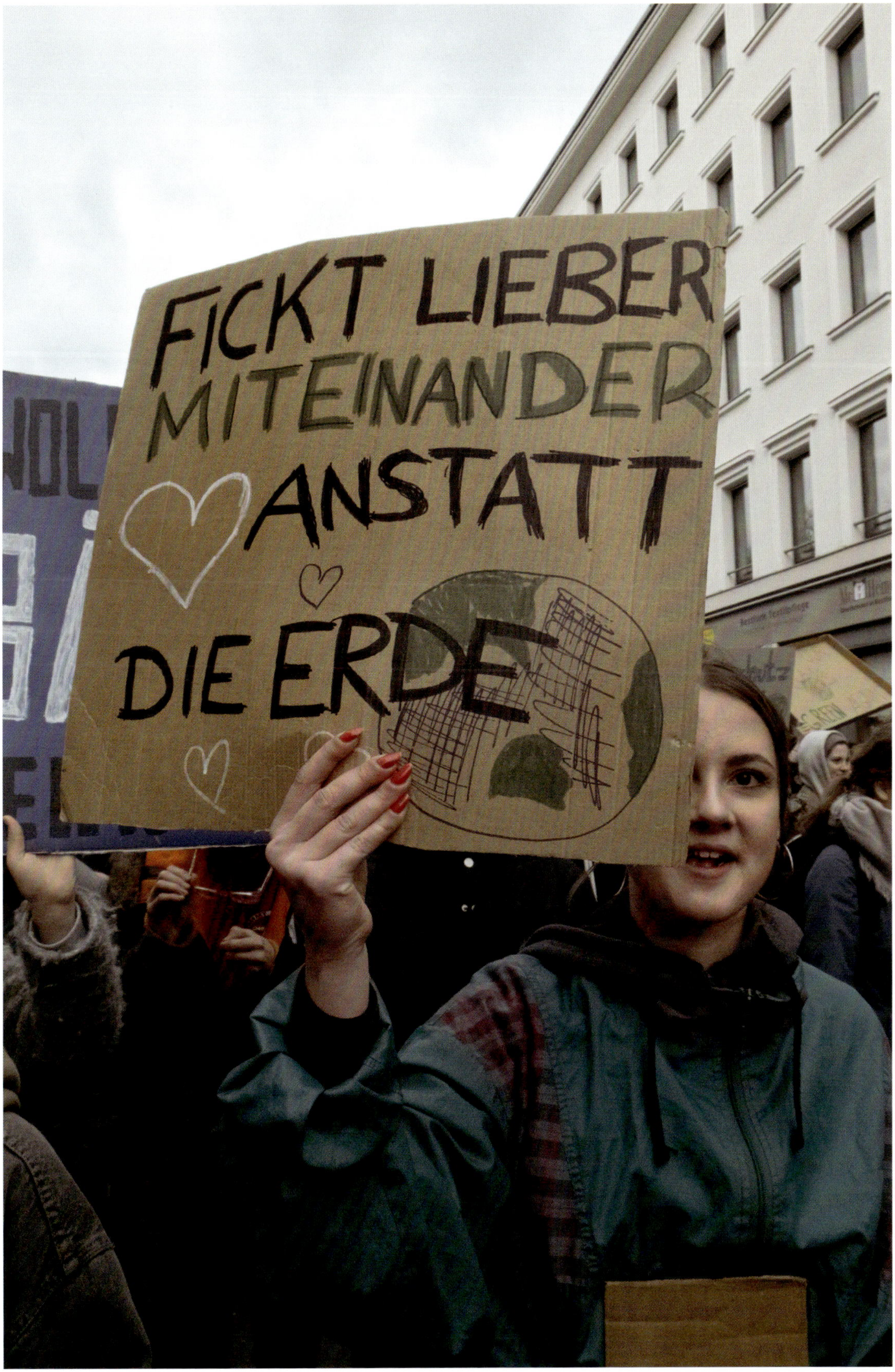
FICKT LIEBER
MITEINANDER
ANSTATT
DIE ERDE

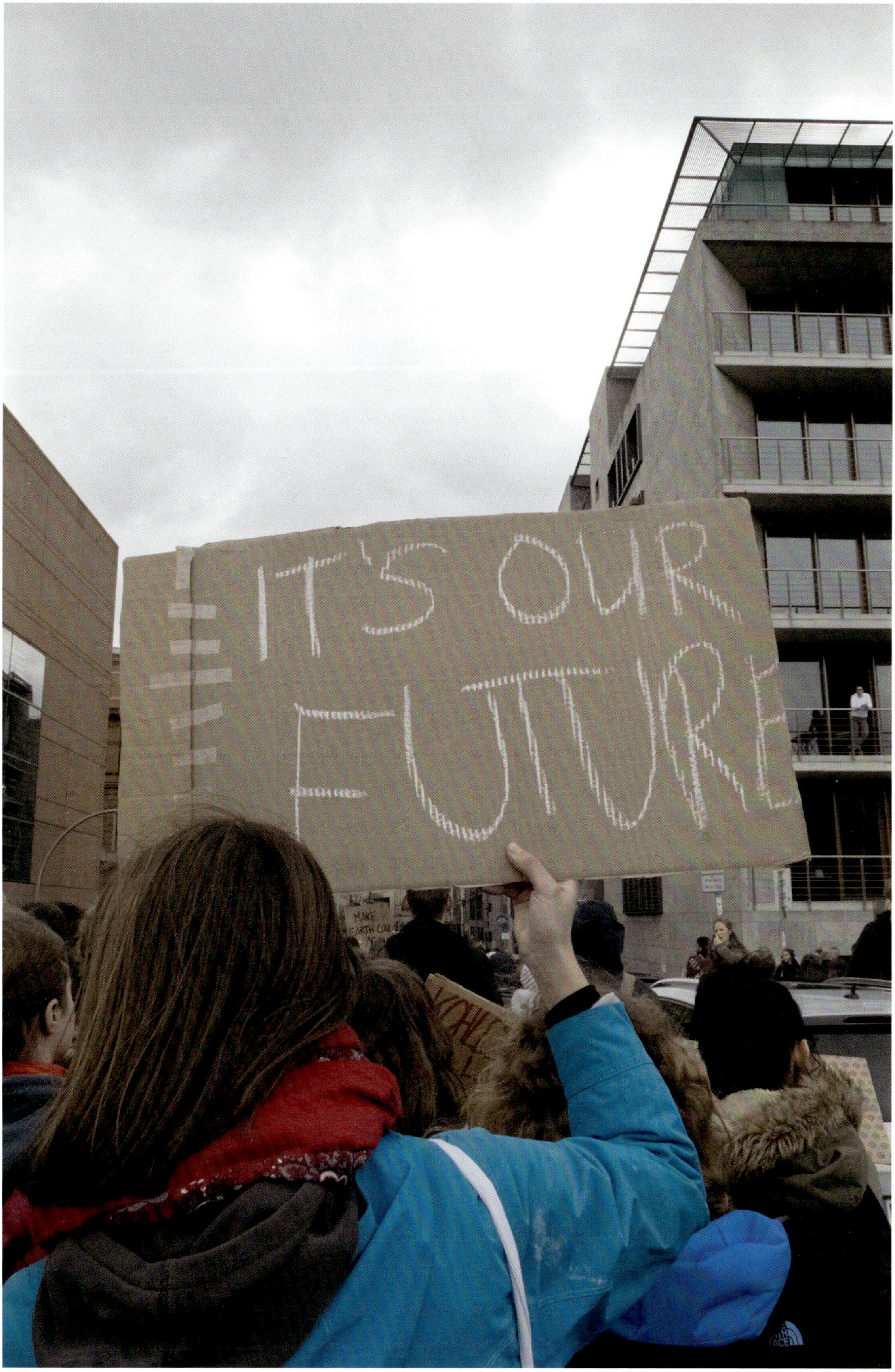
IT'S OUR
FUTURE

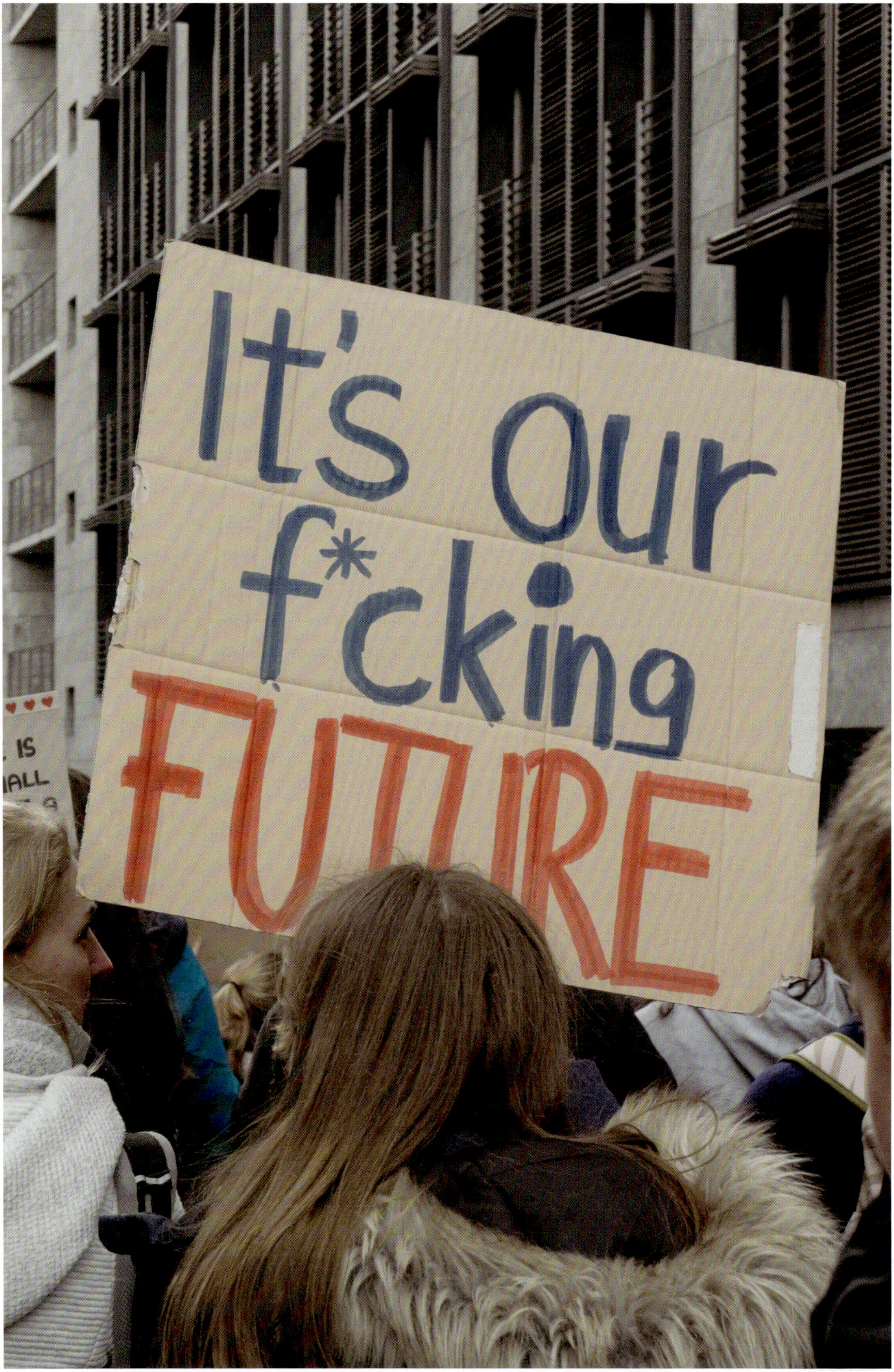
It's our
f*cking
FUTURE

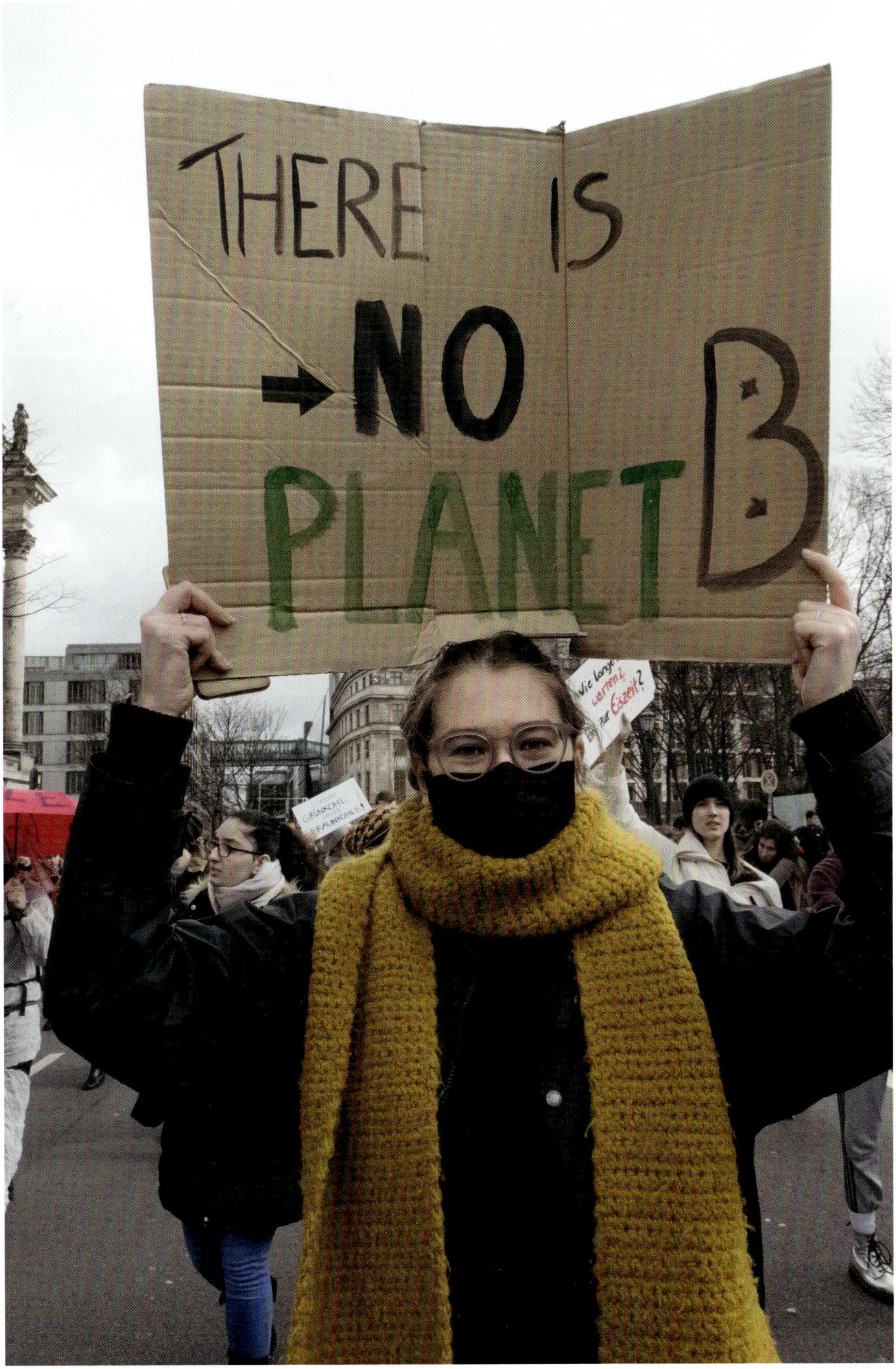
THERE IS
NO
PLANET B

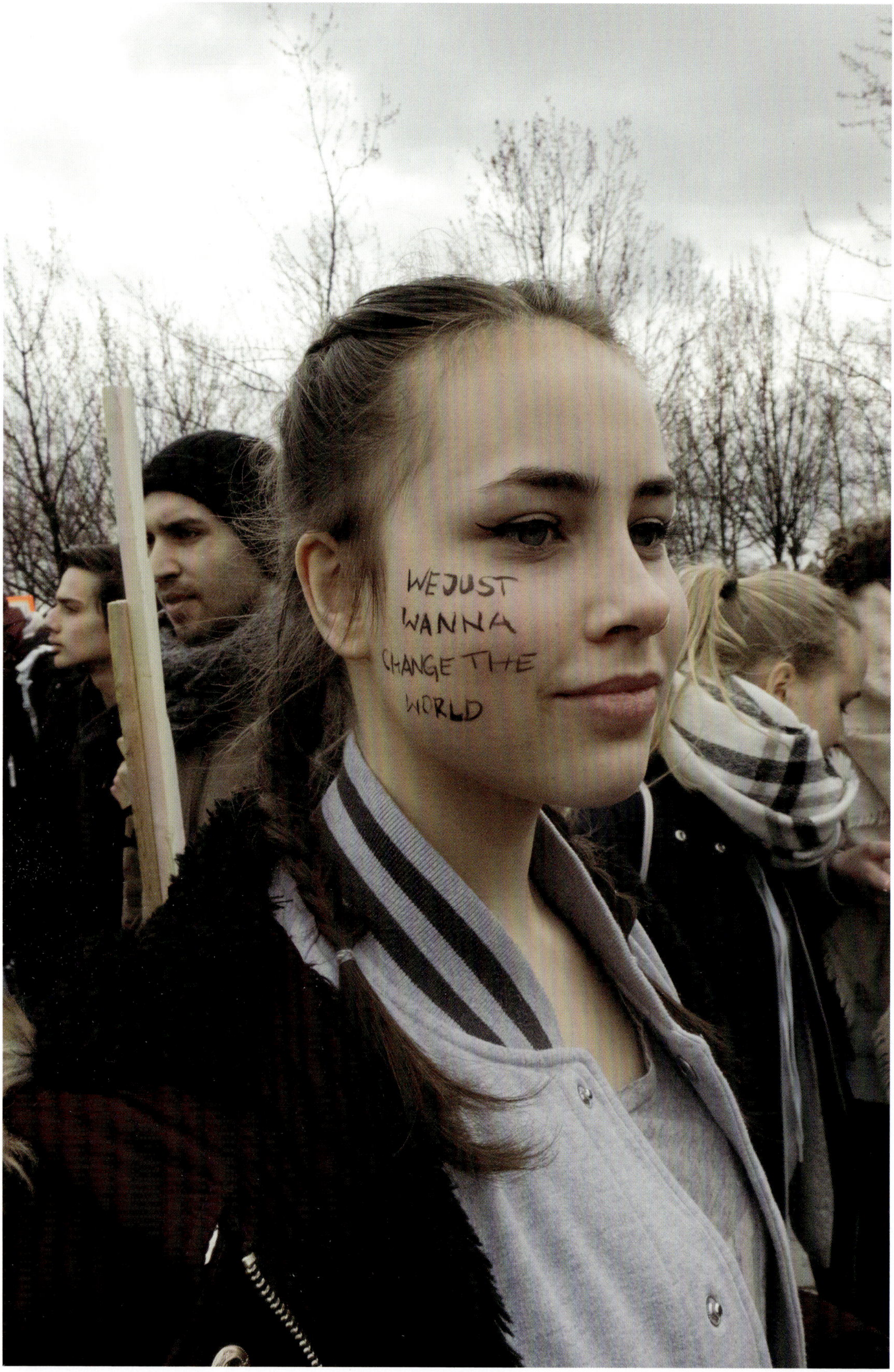
WE JUST
WANNA
CHANGE THE
WORLD

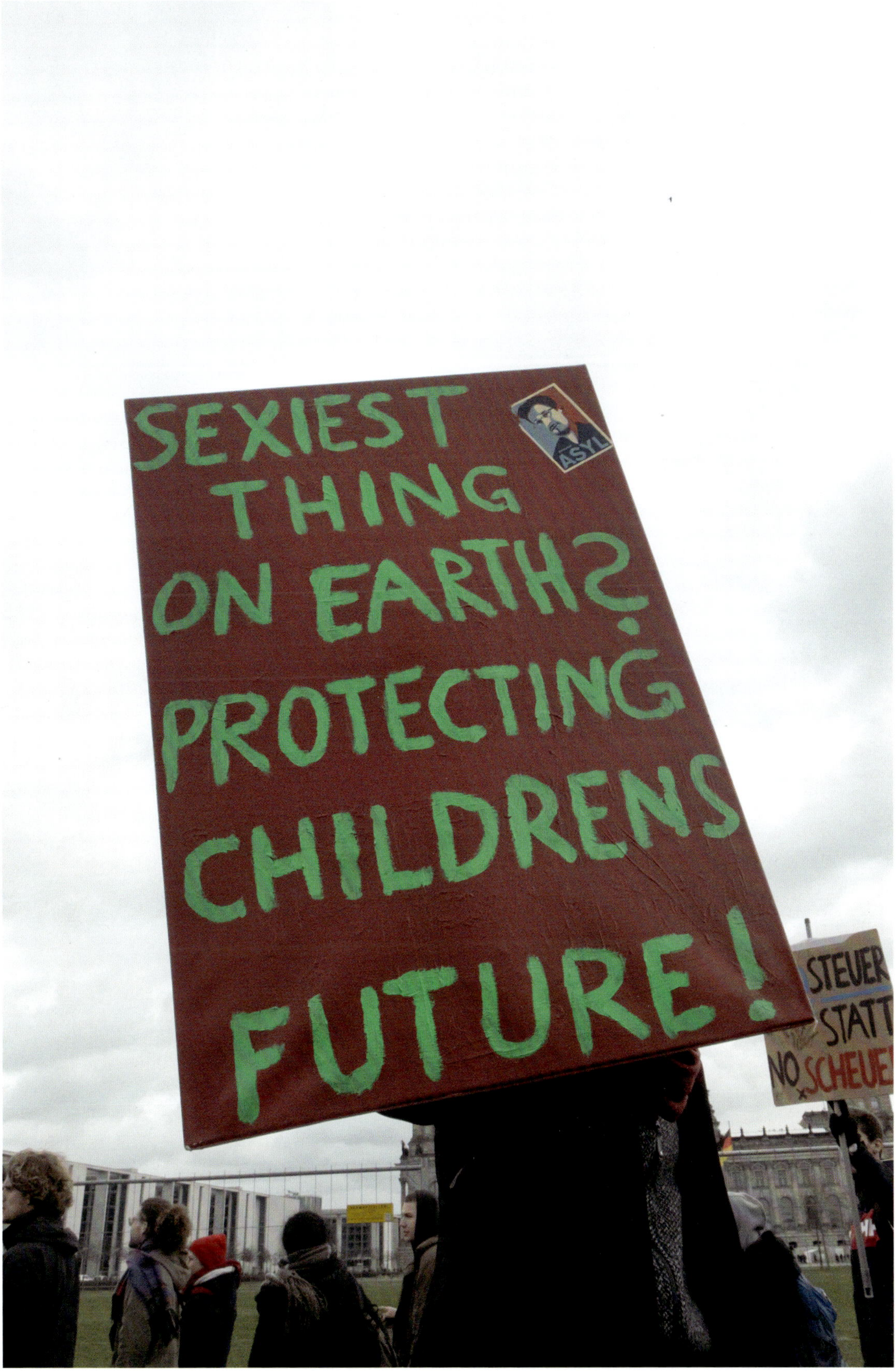
SEXIEST
THING
ON EARTH?
PROTECTING
CHILDRENS
FUTURE!
ASYL
STEUER
STATT

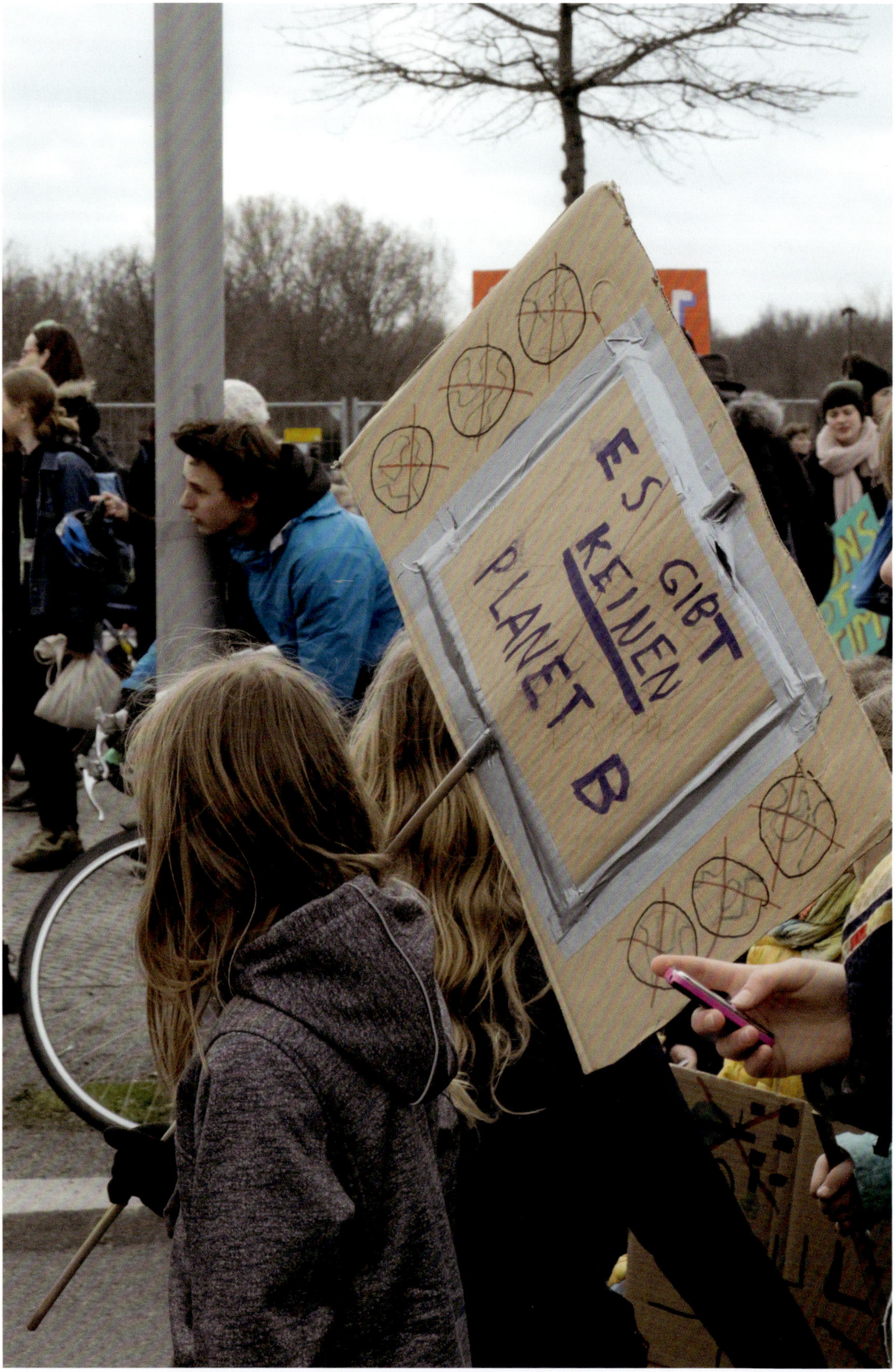
ES GIBT
KEINEN
PLANET B

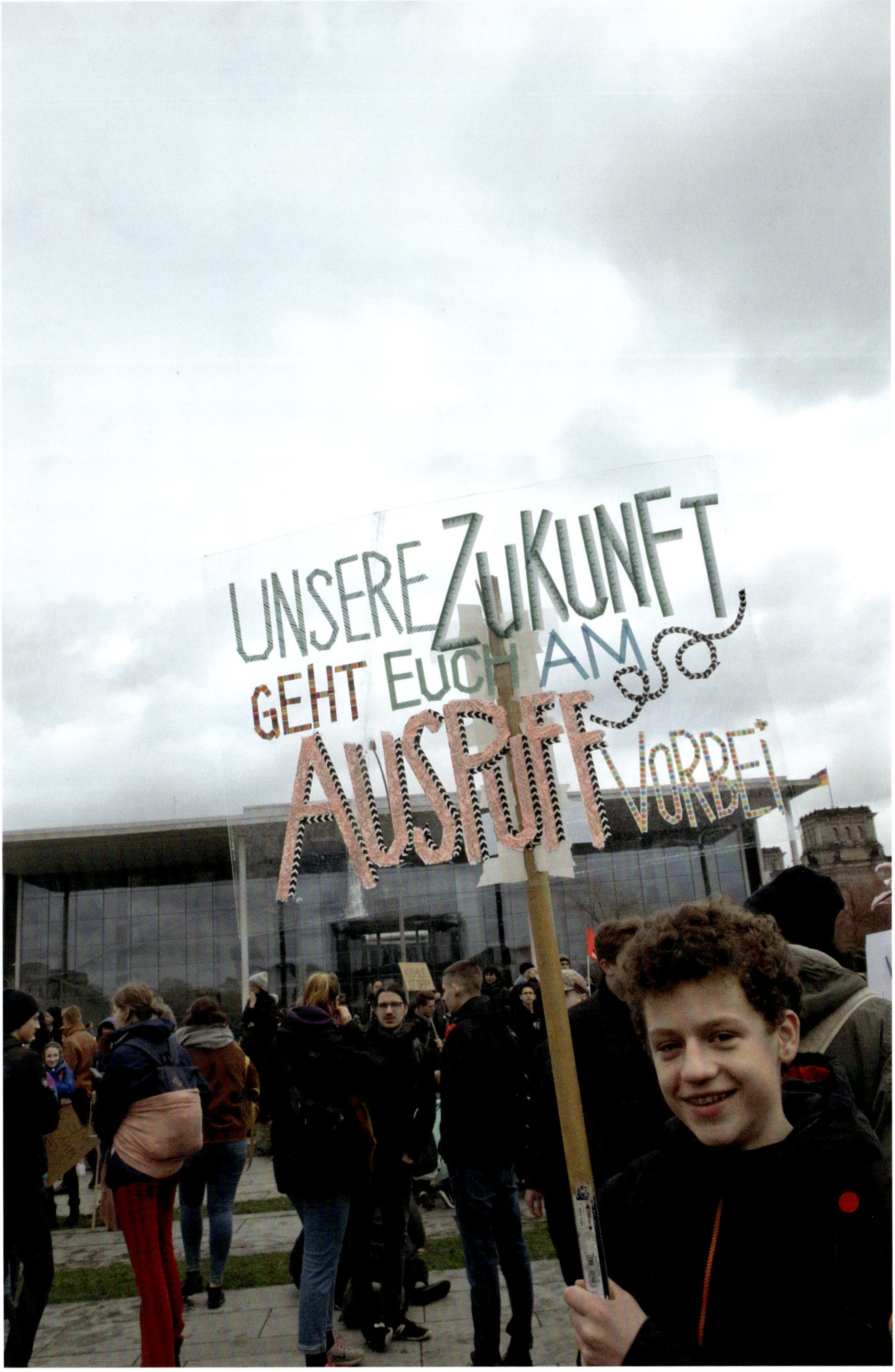
UNSERE ZUKUNFT
GEHT EUCH AM
AUSPUFF VORBEI

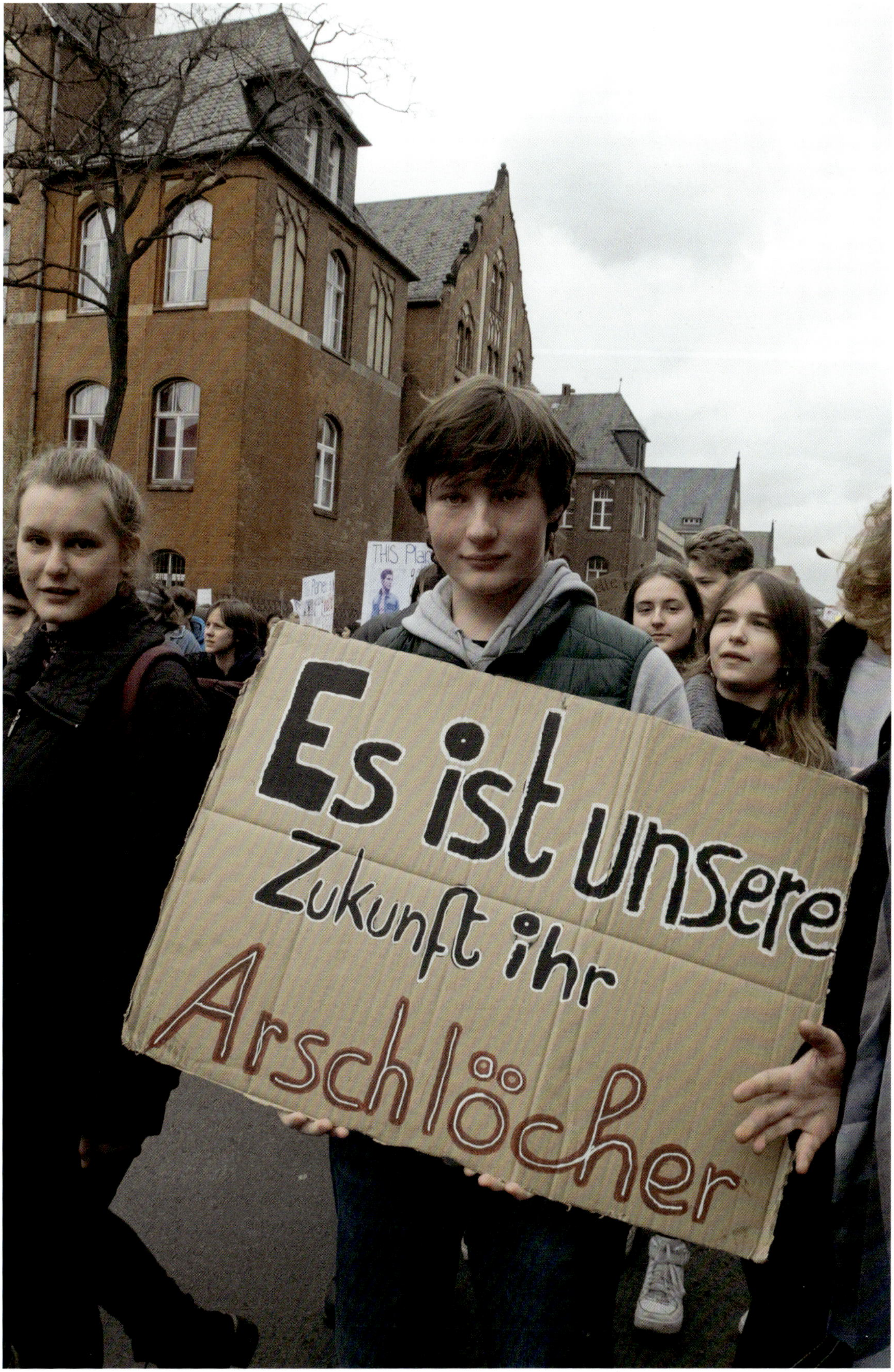
Es ist unsere
Zukunft ihr
Arschlöcher

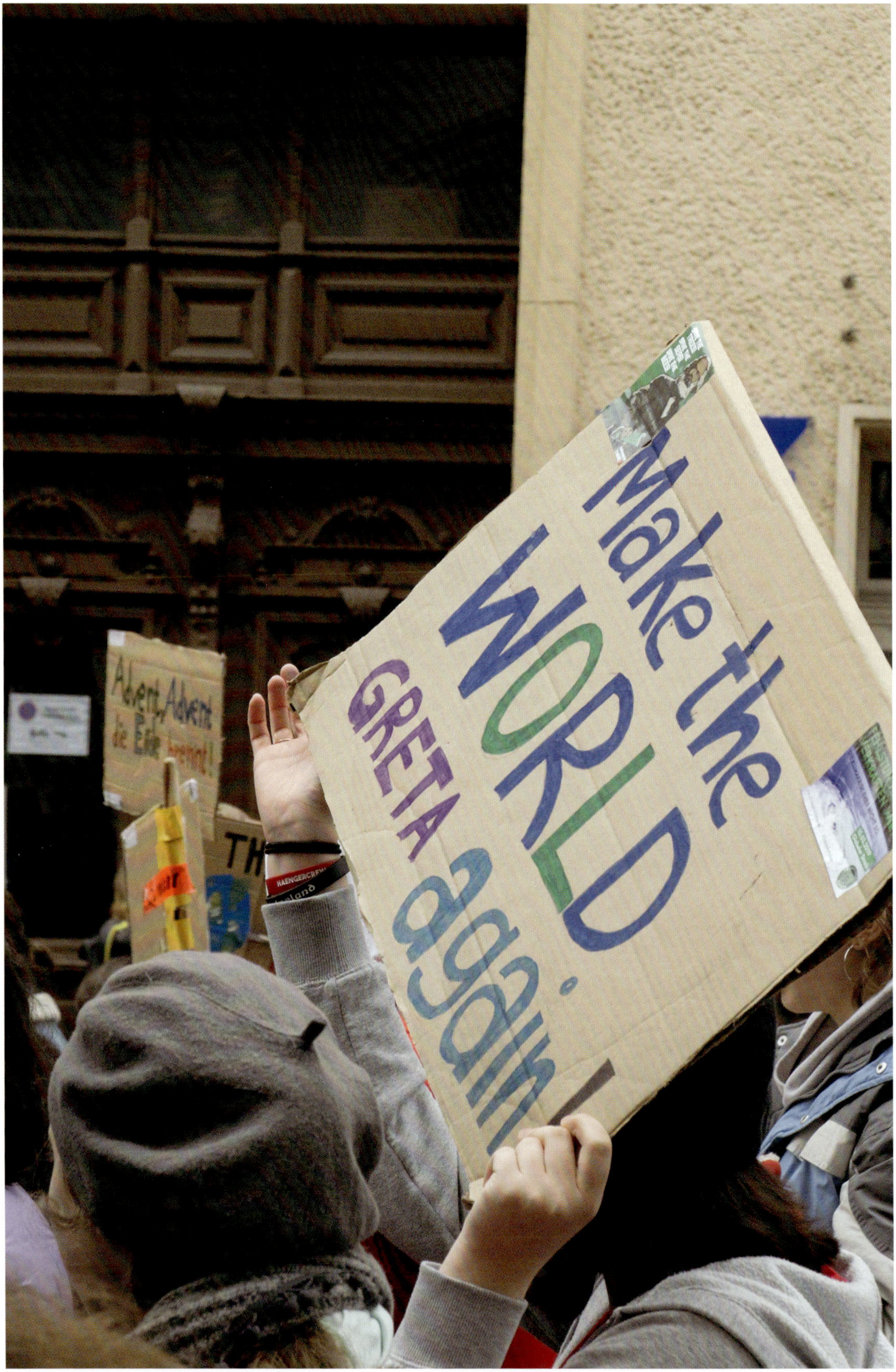
Make the
WORLD
GRETA again!

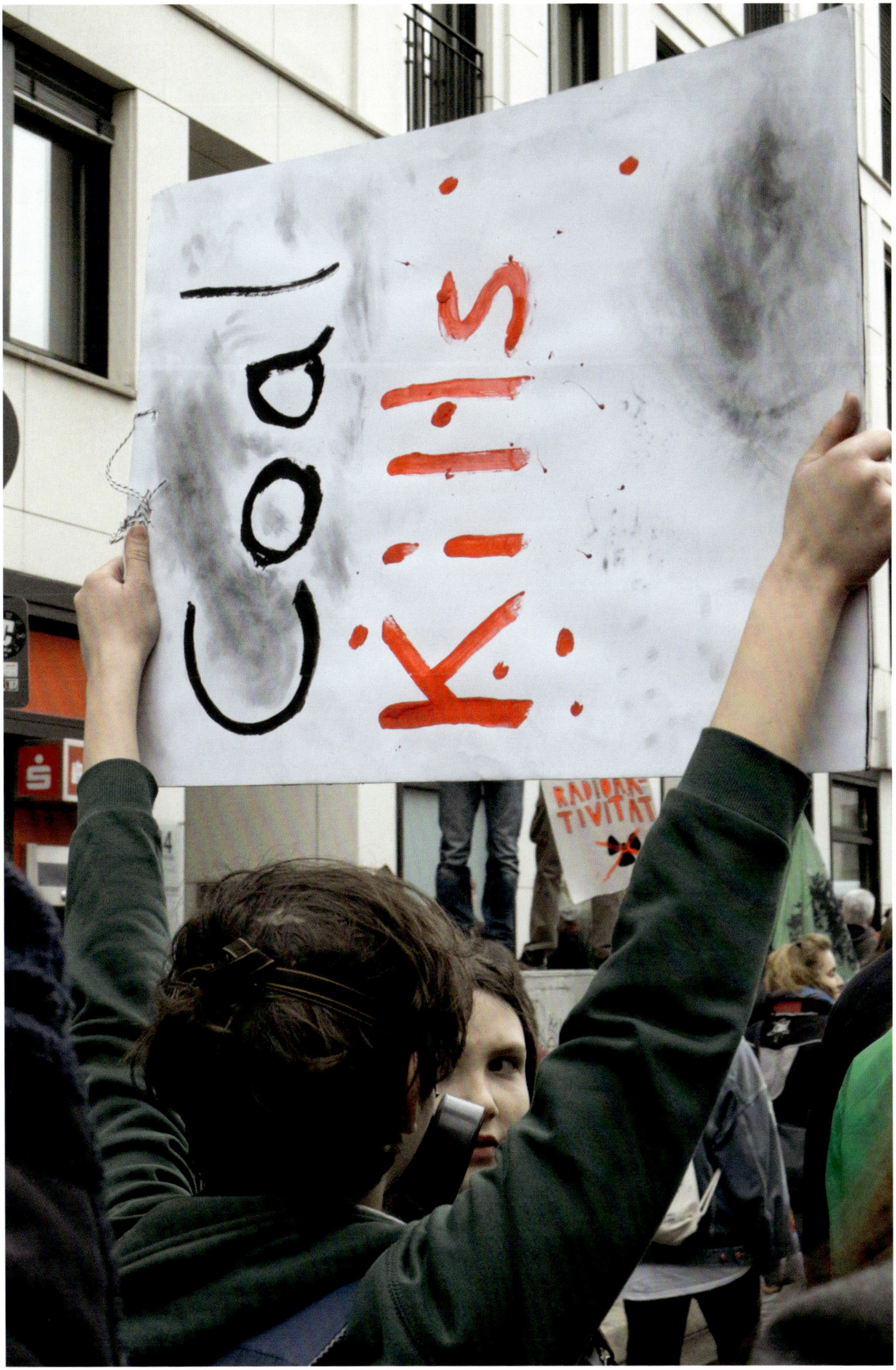
Coal
Kills
RADIOAK-
TIVITÄT

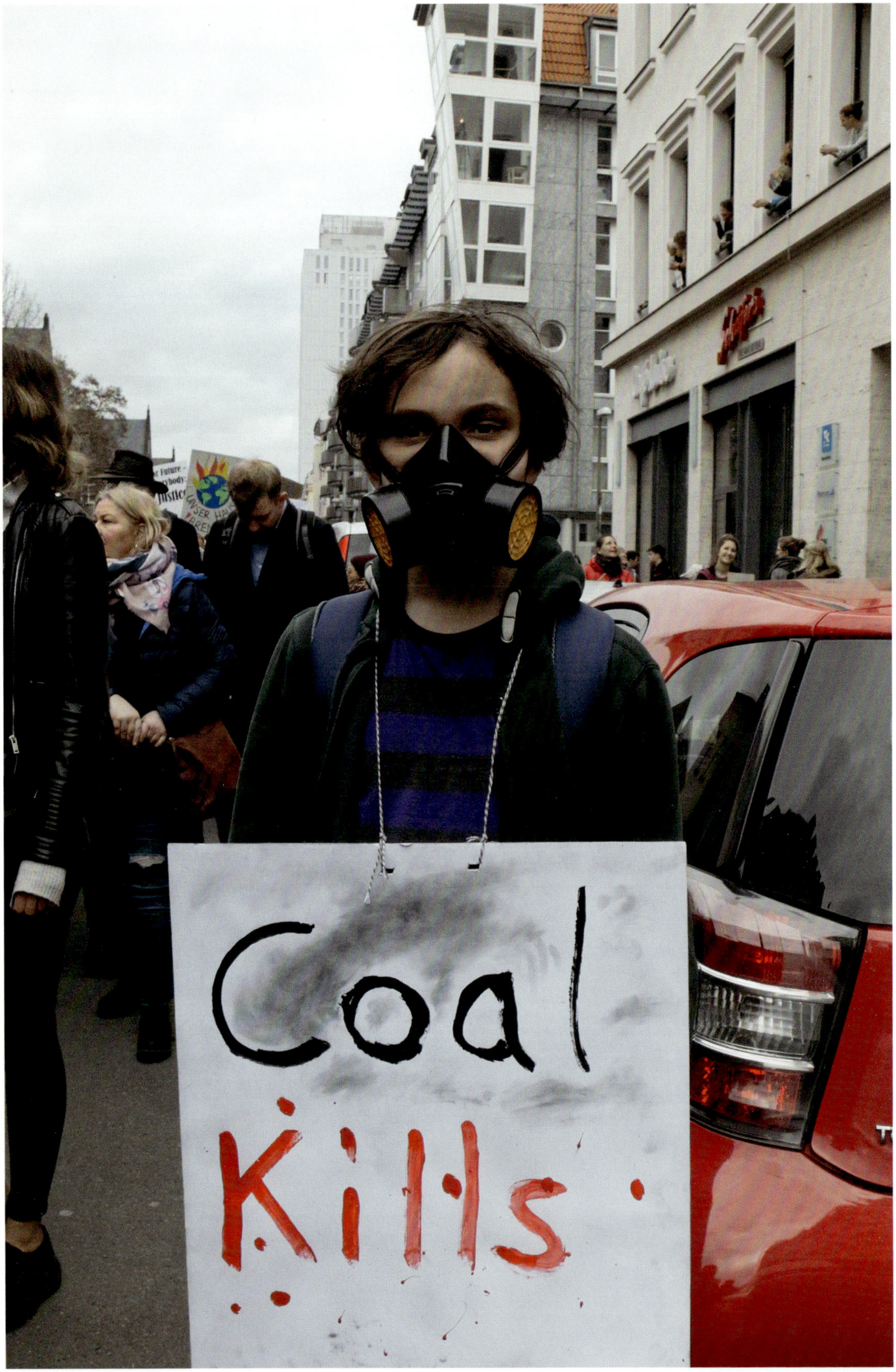
Coal
Kills

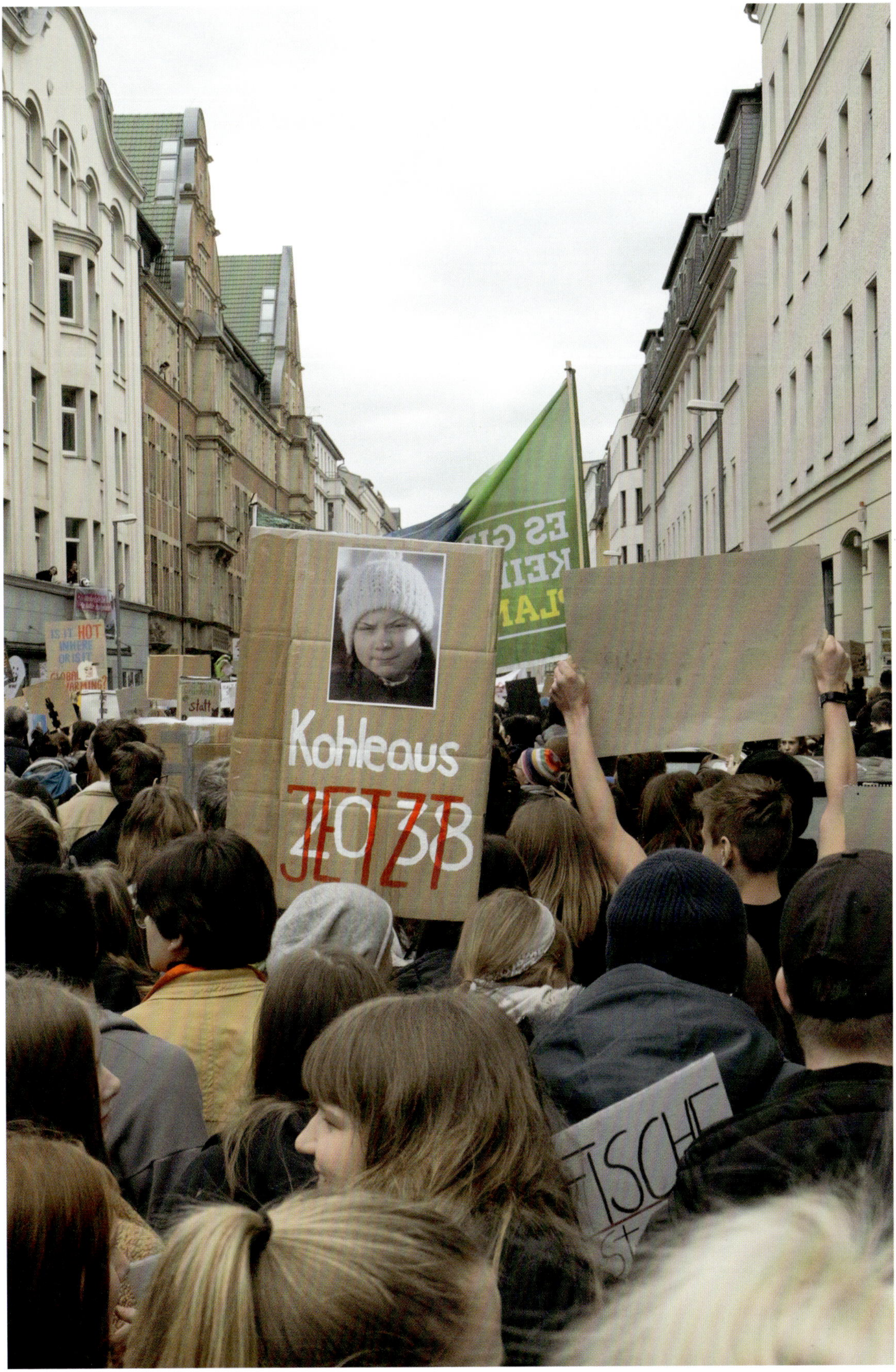
Kohleaus
2038
JETZT

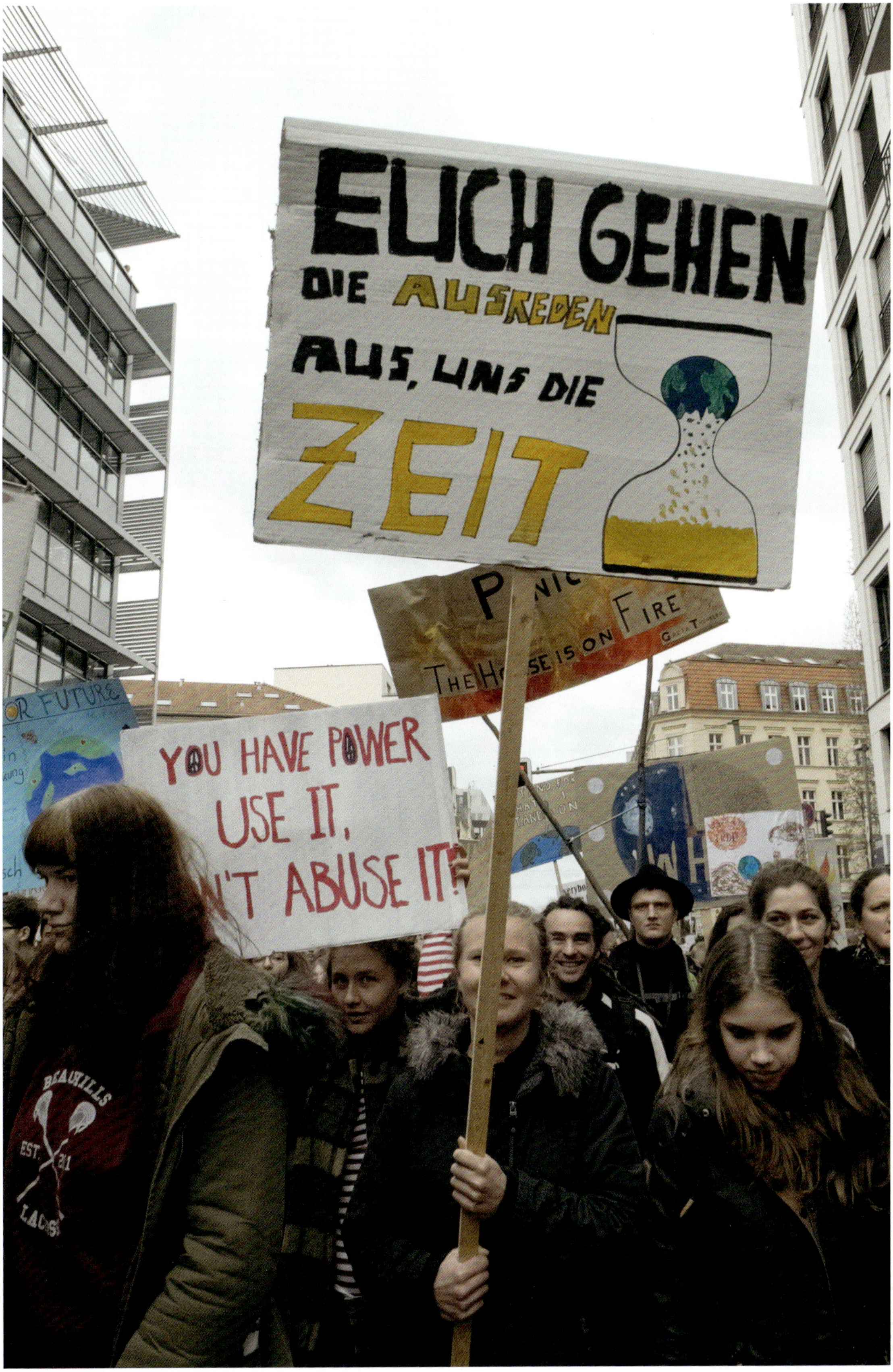
EUCH GEHEN
DIE AUSREDEN
AUS, UNS DIE
ZEIT
YOU HAVE POWER
USE IT,
N'T ABUSE IT!
FIRE
IS ON

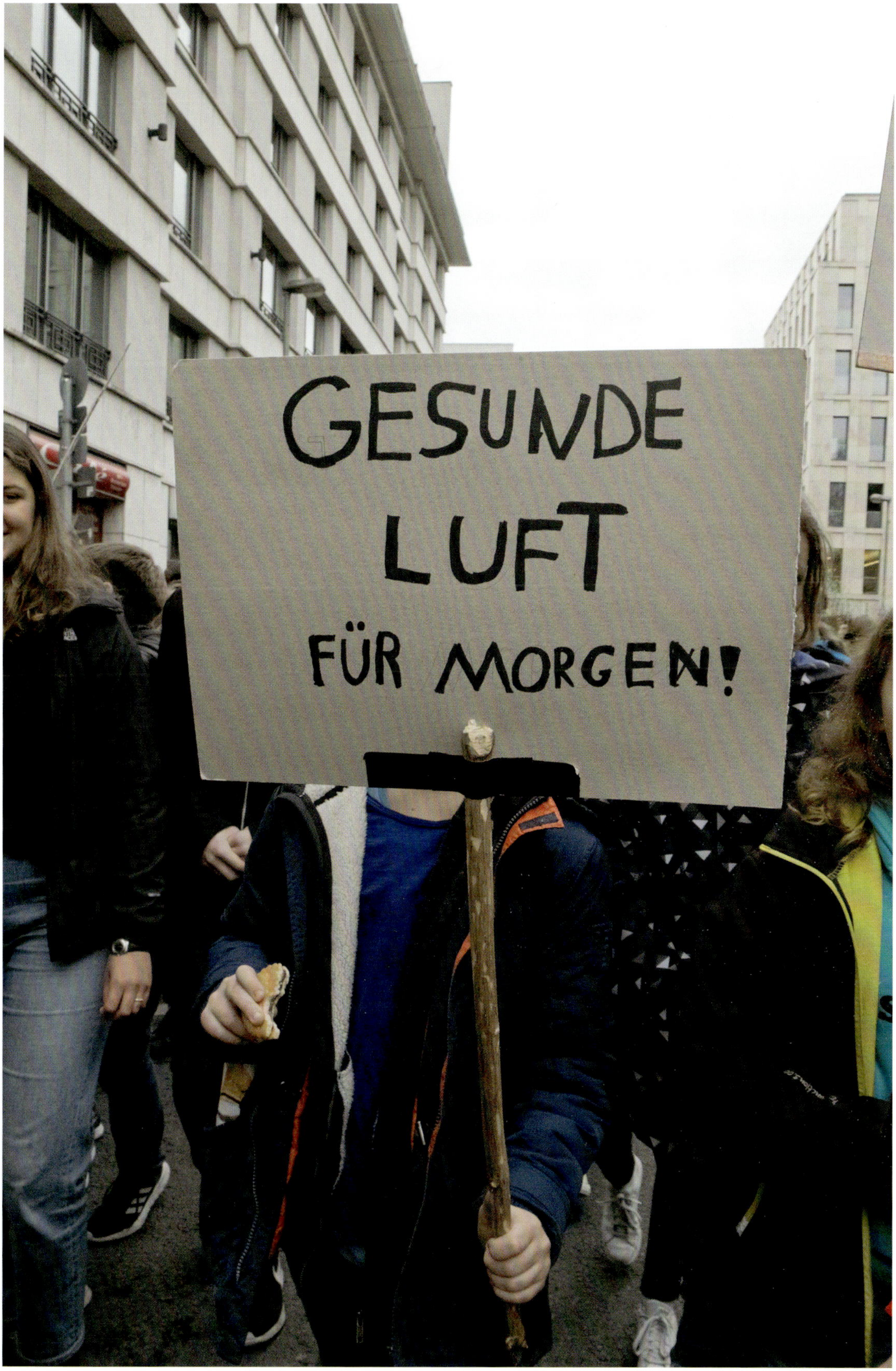
GESUNDE
LUFT
FÜR MORGEN!

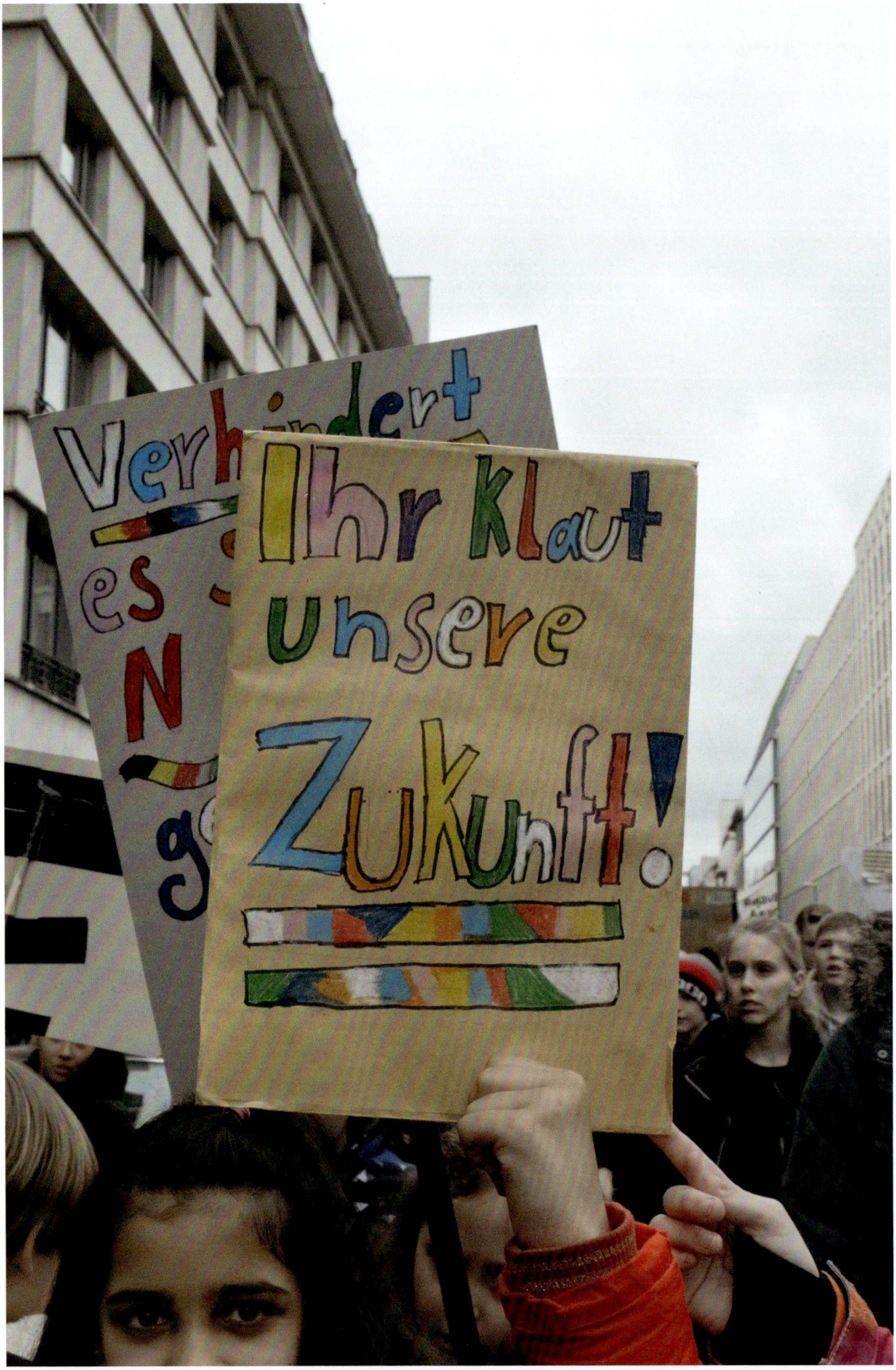
Verhindert
Ihr klaut unsere Zukunft!

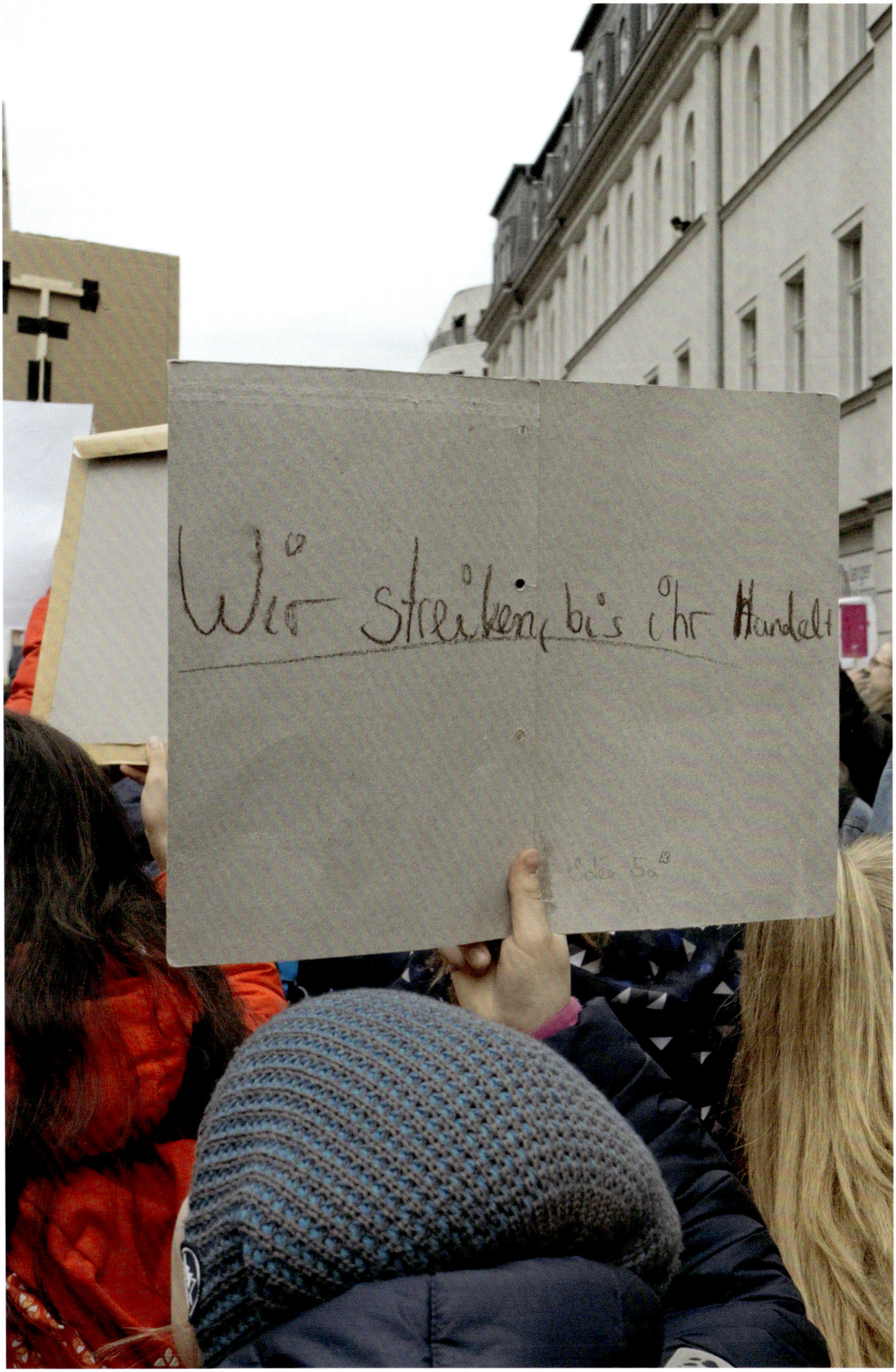
Wir streiken, bis ihr Handelt

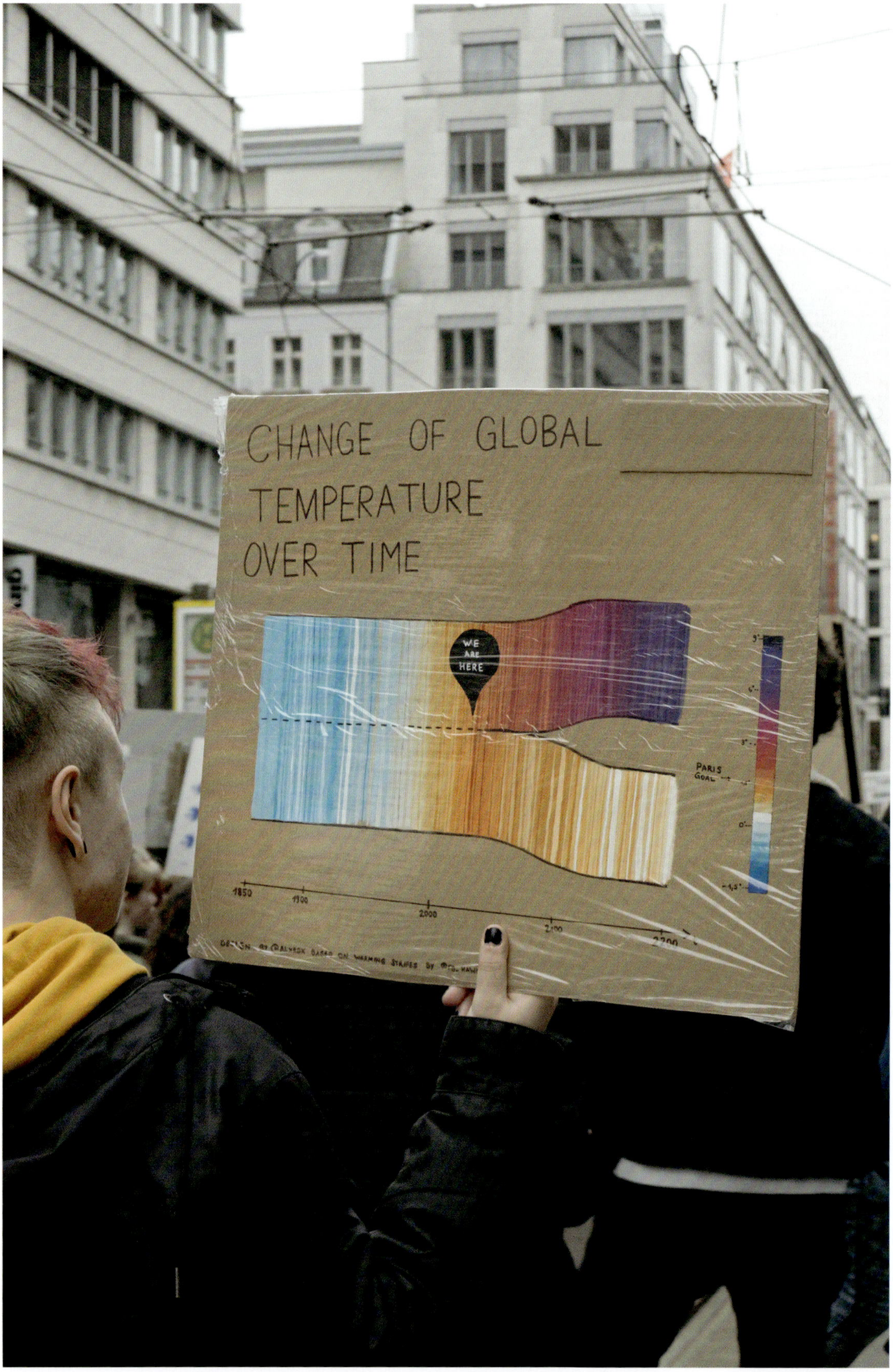
CHANGE OF GLOBAL
TEMPERATURE
OVER TIME
WE ARE HERE
PARIS GOAL
1850
1900
2000
2100
2200

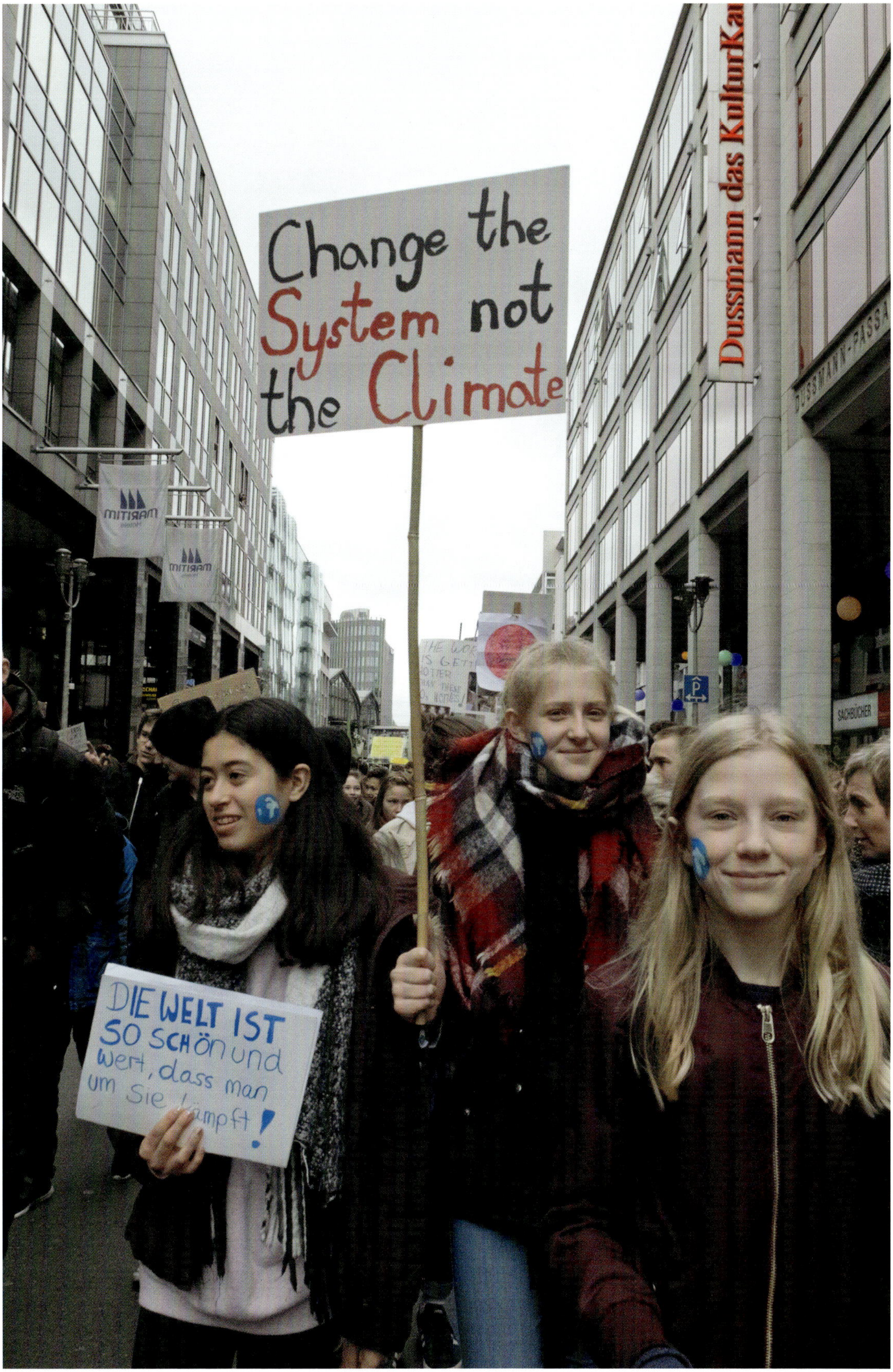
Change the System not the Climate
DIE WELT IST SO SCHÖN und wert, dass man um sie kämpft!
MARITIM
MARITIM
SACHBÜCHER

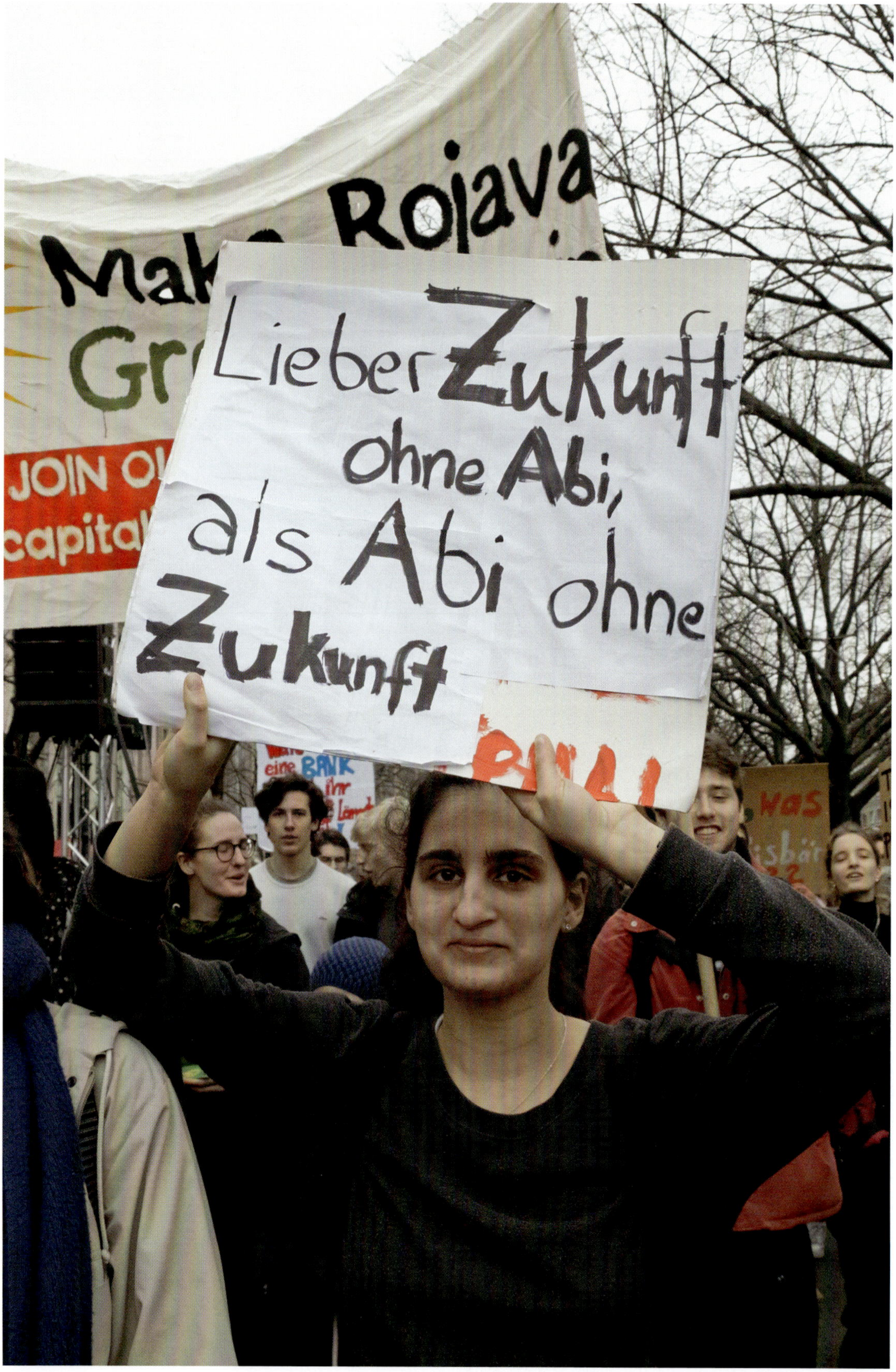
Rojava
Lieber Zukunft
ohne Abi,
als Abi ohne
Zukunft

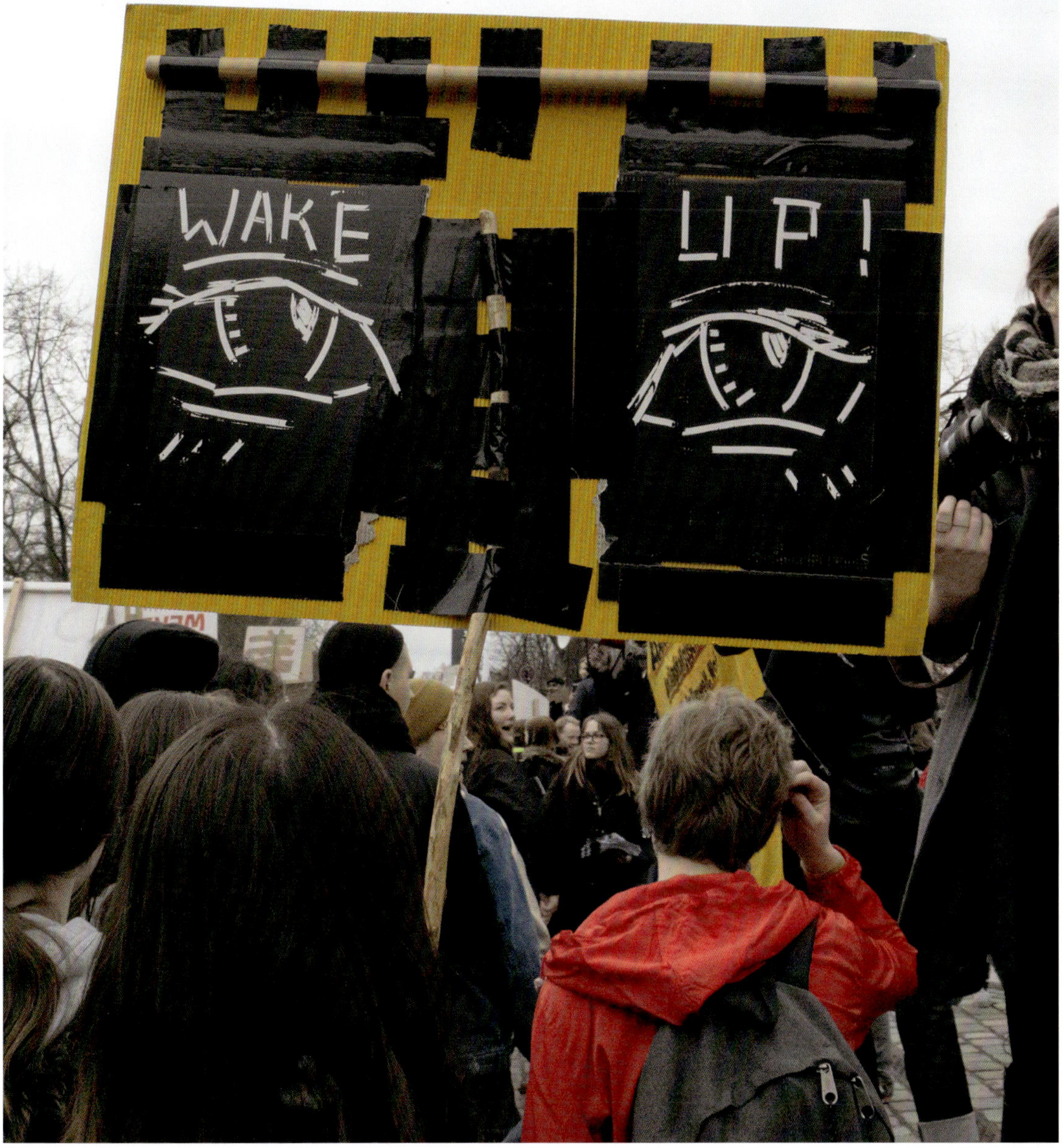
WAKE
UP!

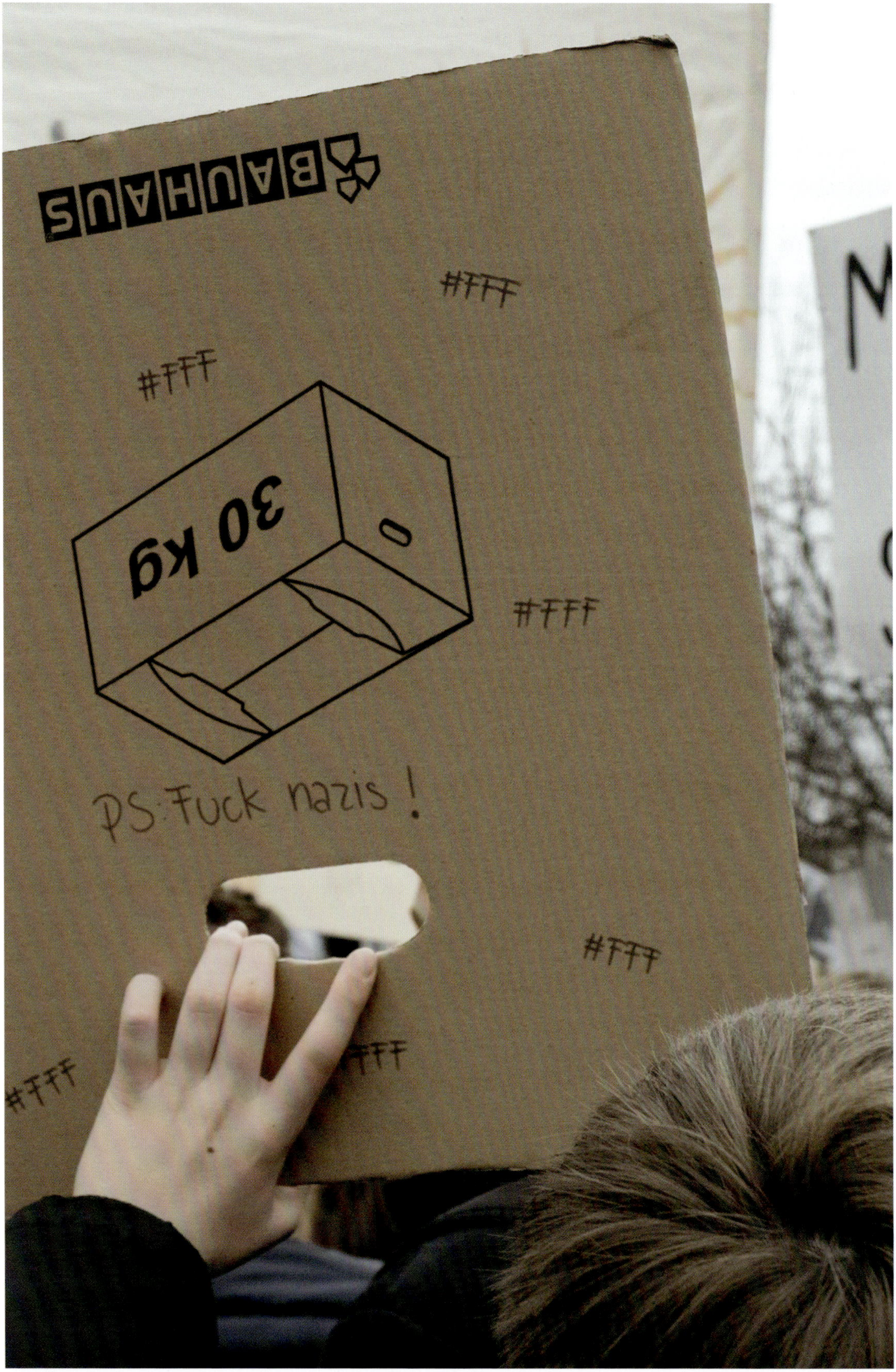
BAUHAUS
#FFF
#FFF
30 kg
#FFF
PS: Fuck nazis !
#FFF
#FFF
#FFF

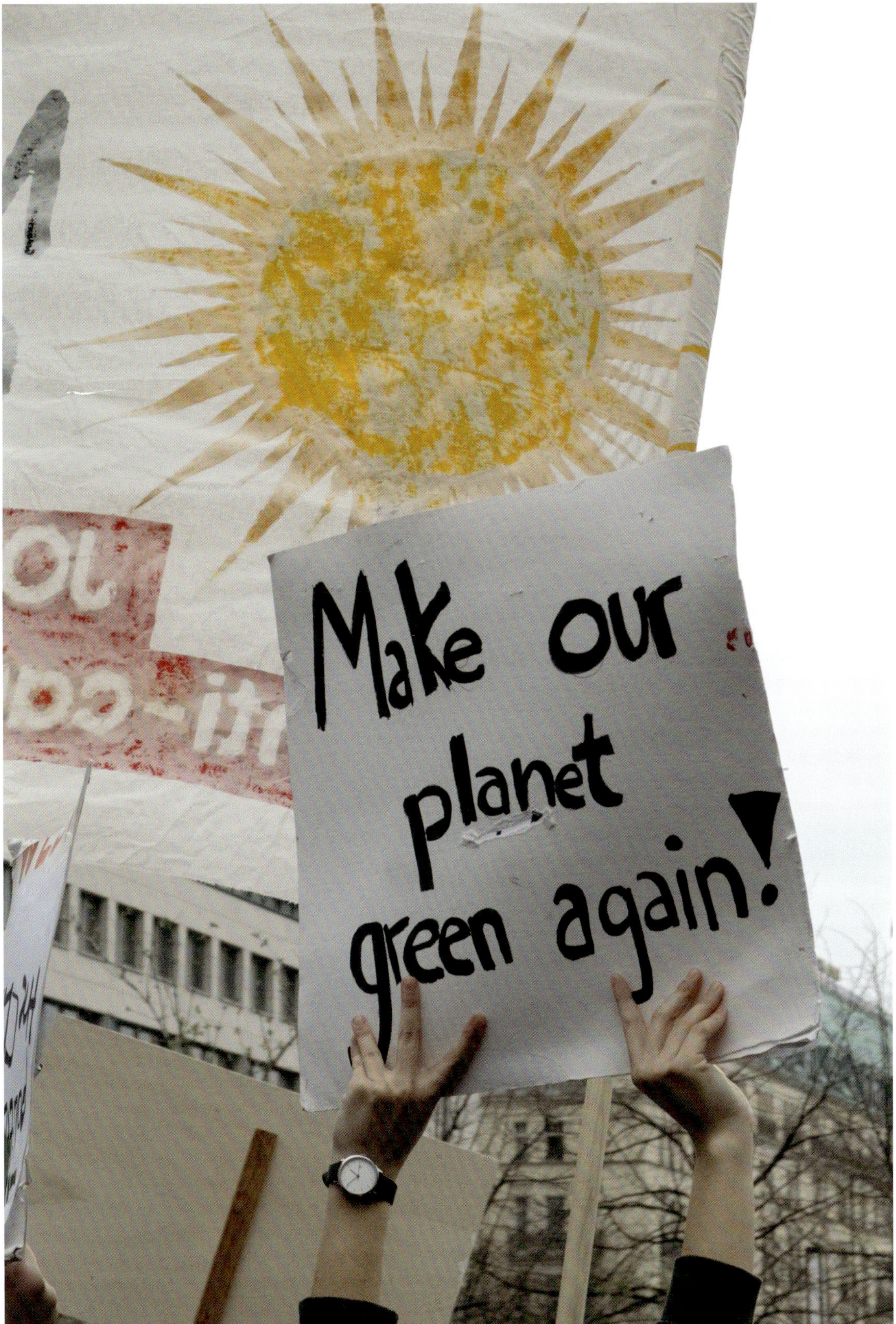
Make our
planet
green again!

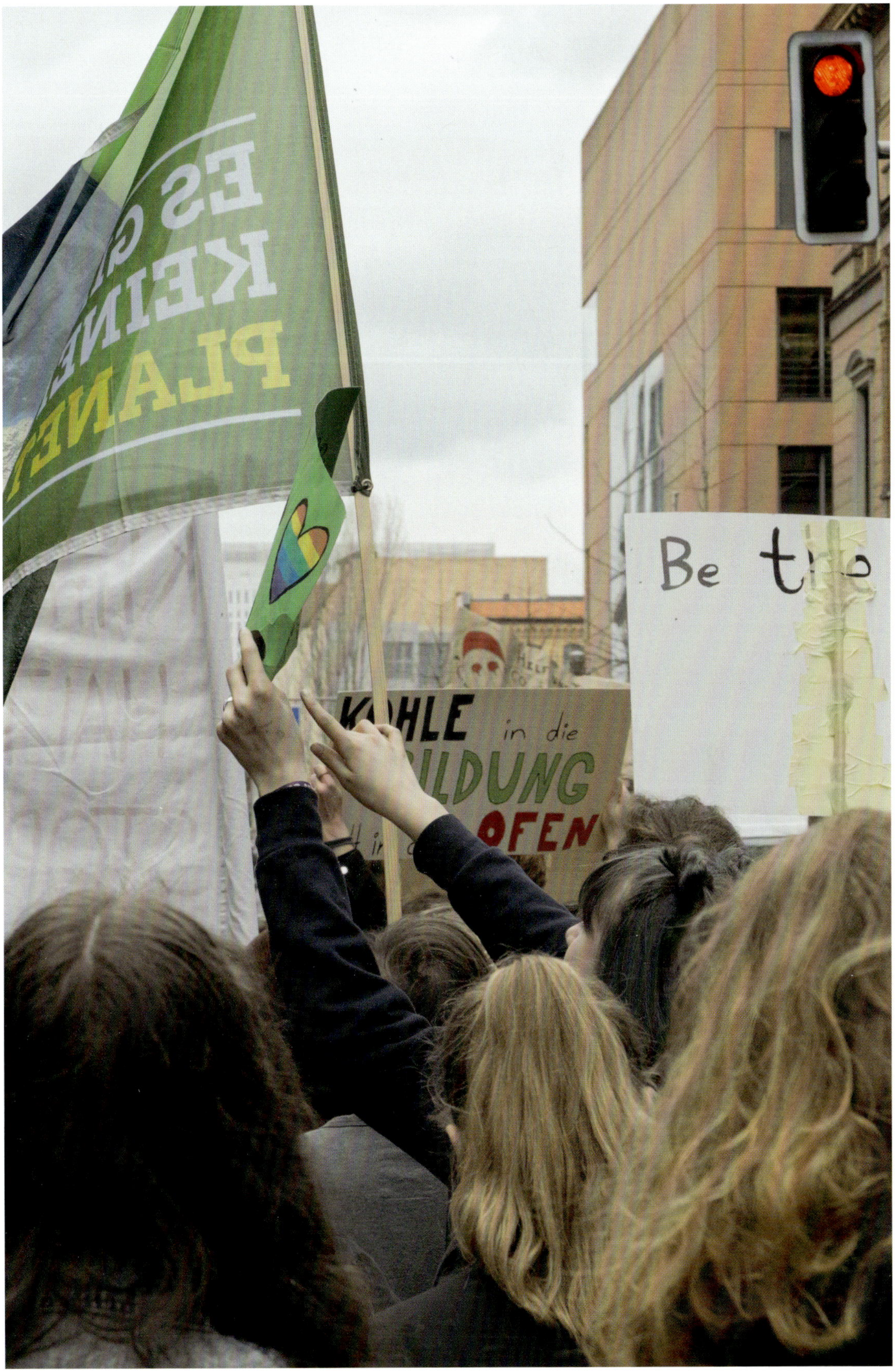

KOHLE in die
ILDUNG
OFEN
Be

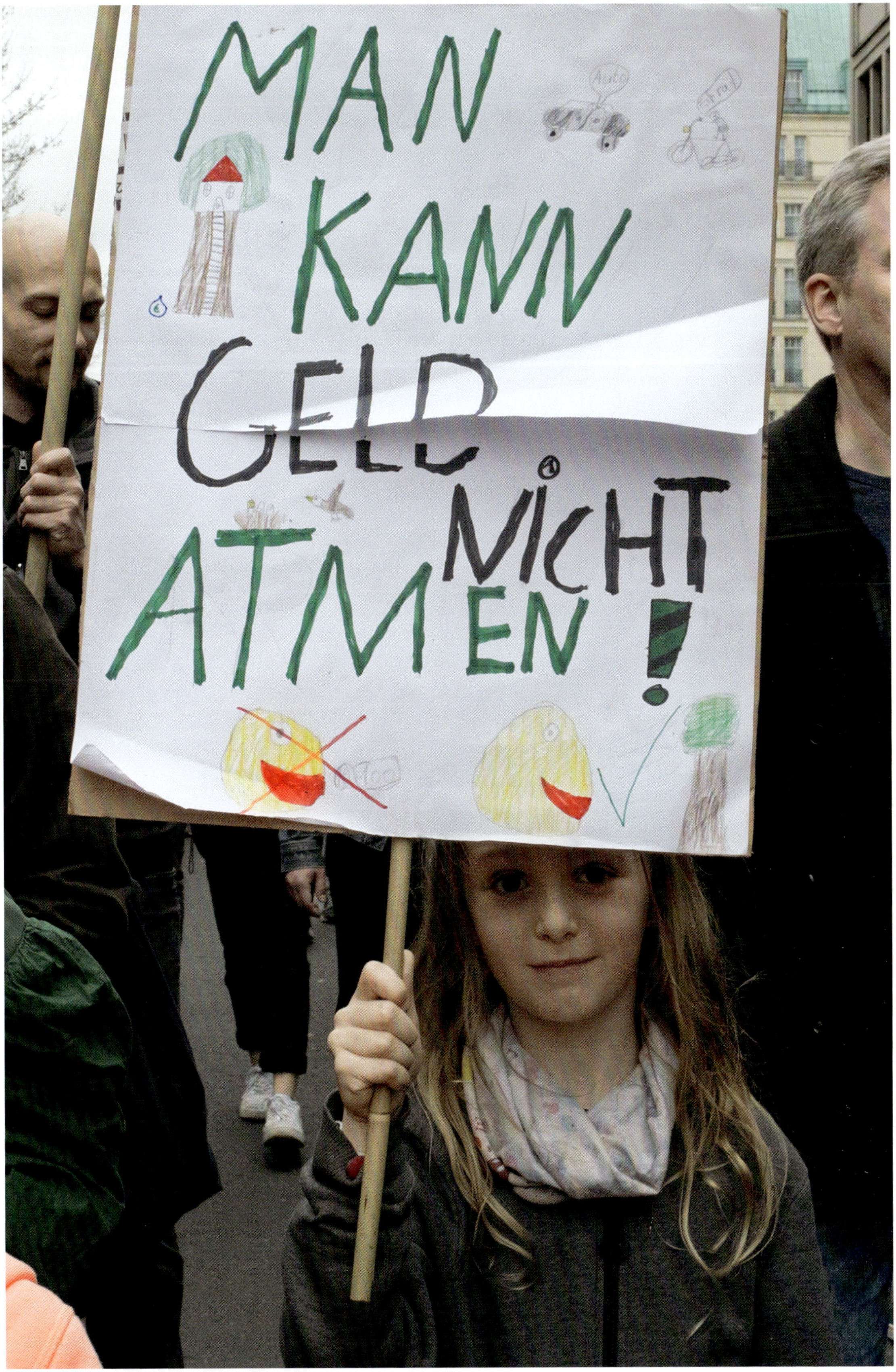
MAN
KANN
GELD
NICHT
ATMEN!

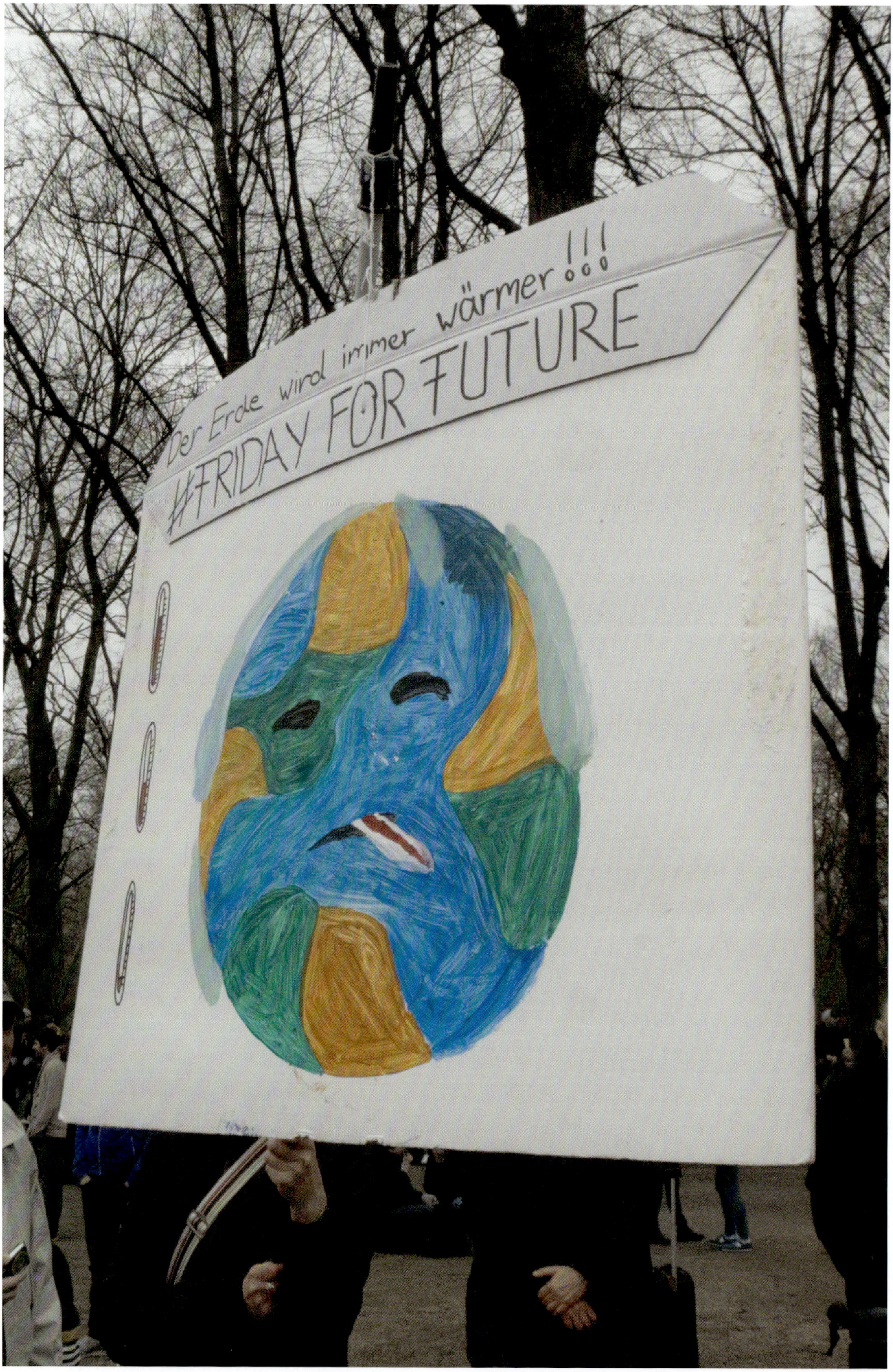
Der Erde wird immer wärmer!!!
#FRIDAY FOR FUTURE

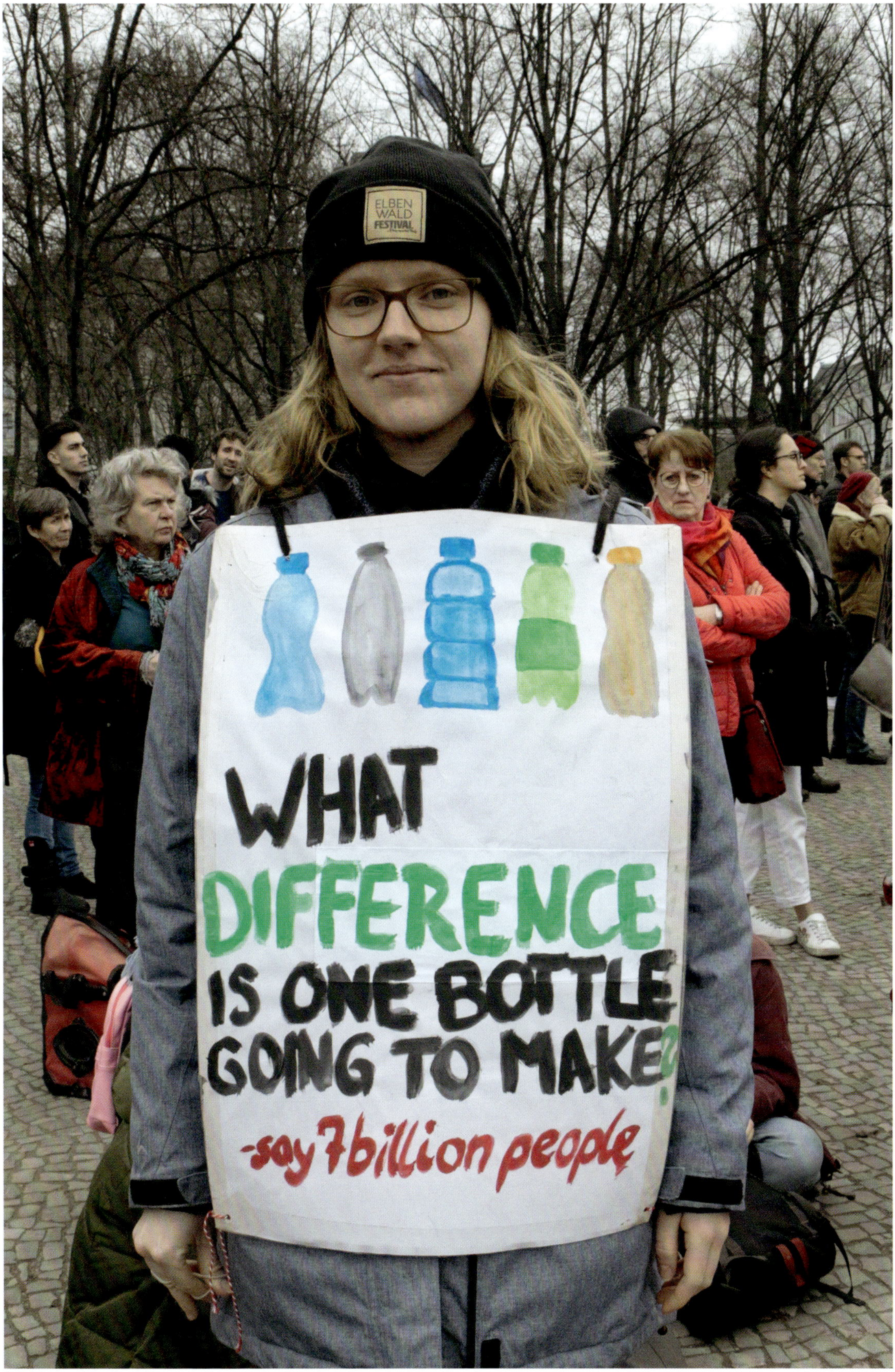
ELBEN WALD FESTIVAL
WHAT
DIFFERENCE
IS ONE BOTTLE
GOING TO MAKE?
-say 7billion people

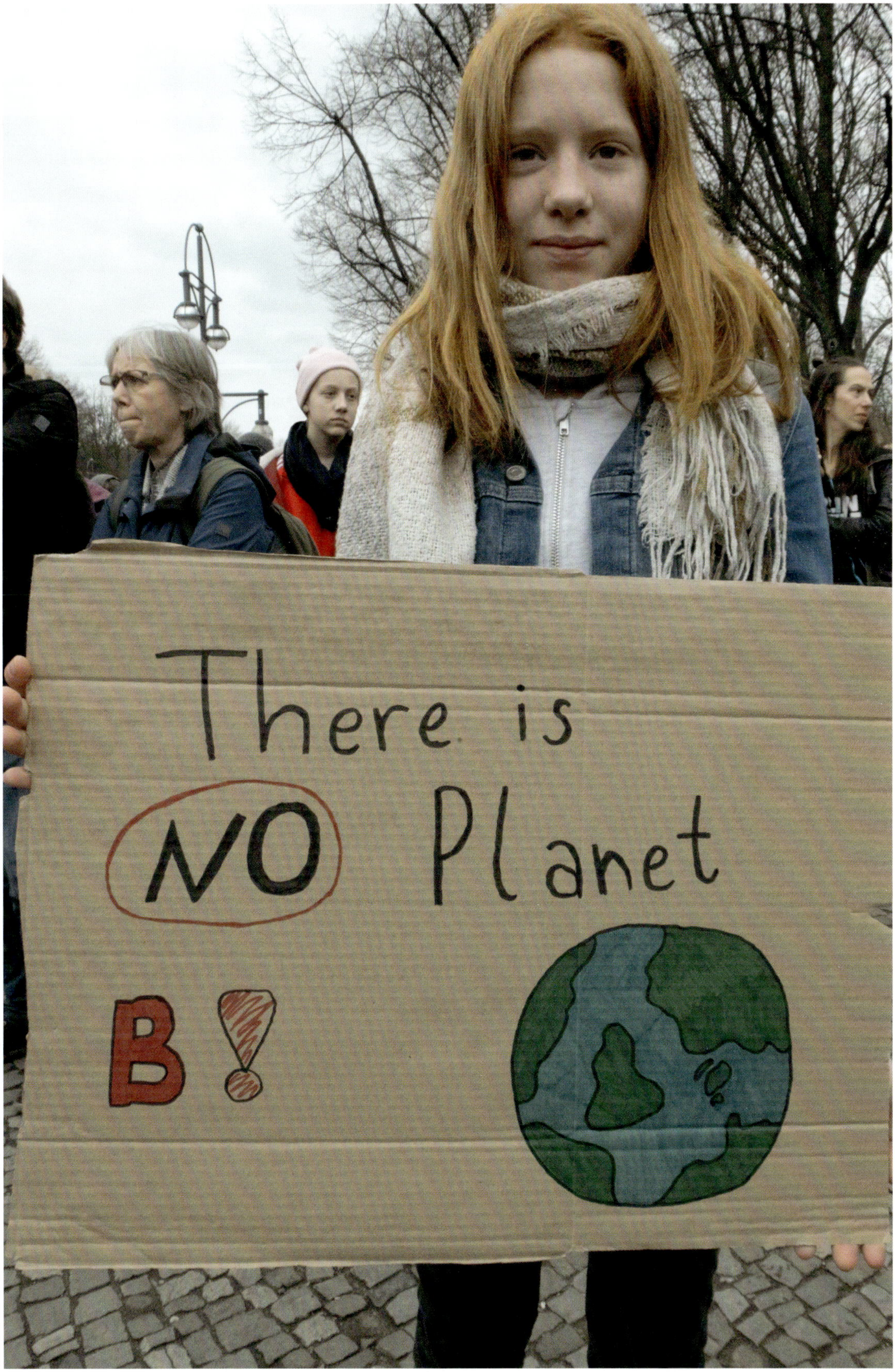
There is
NO Planet
B!

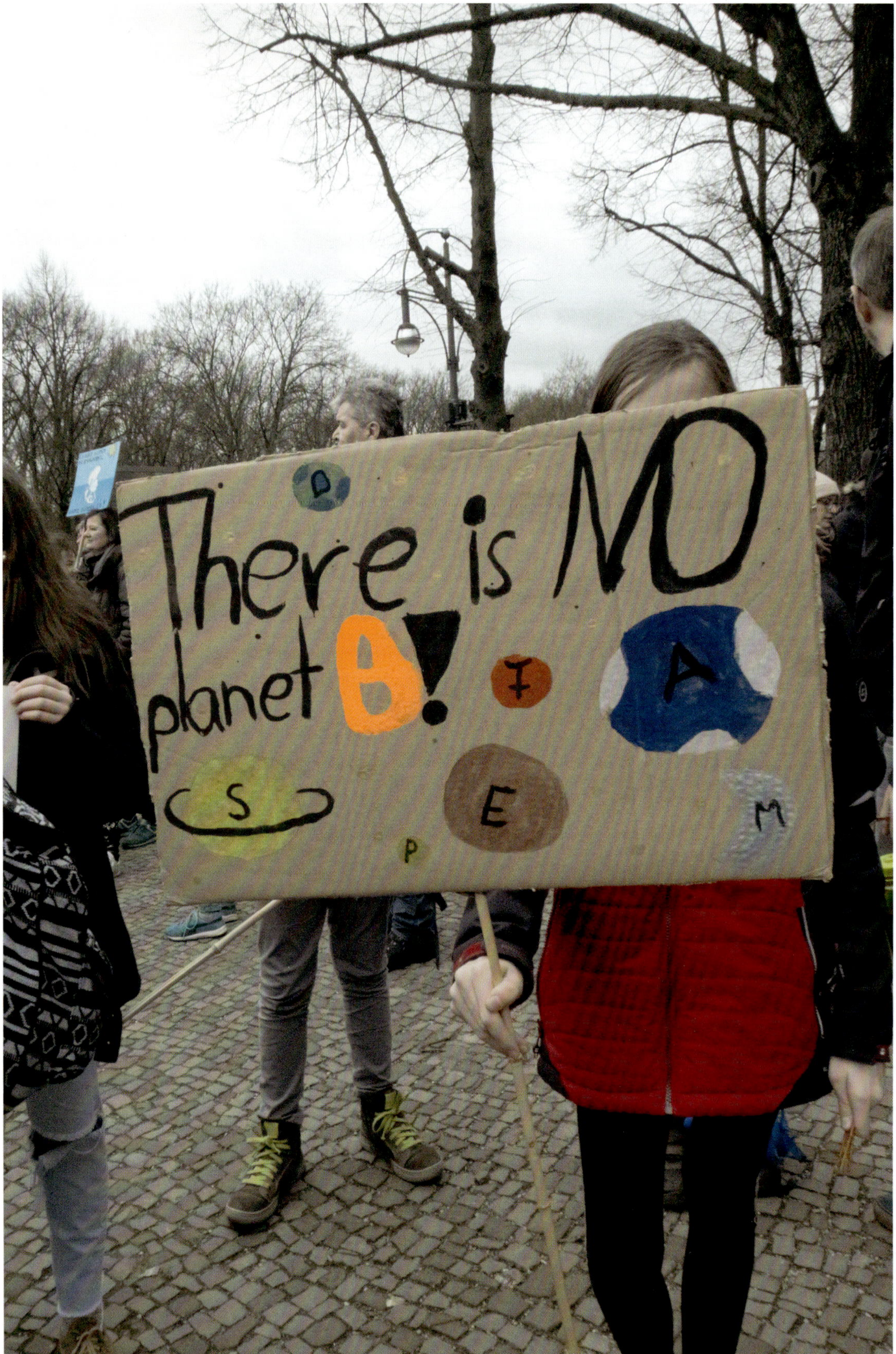
There is NO
planet B!

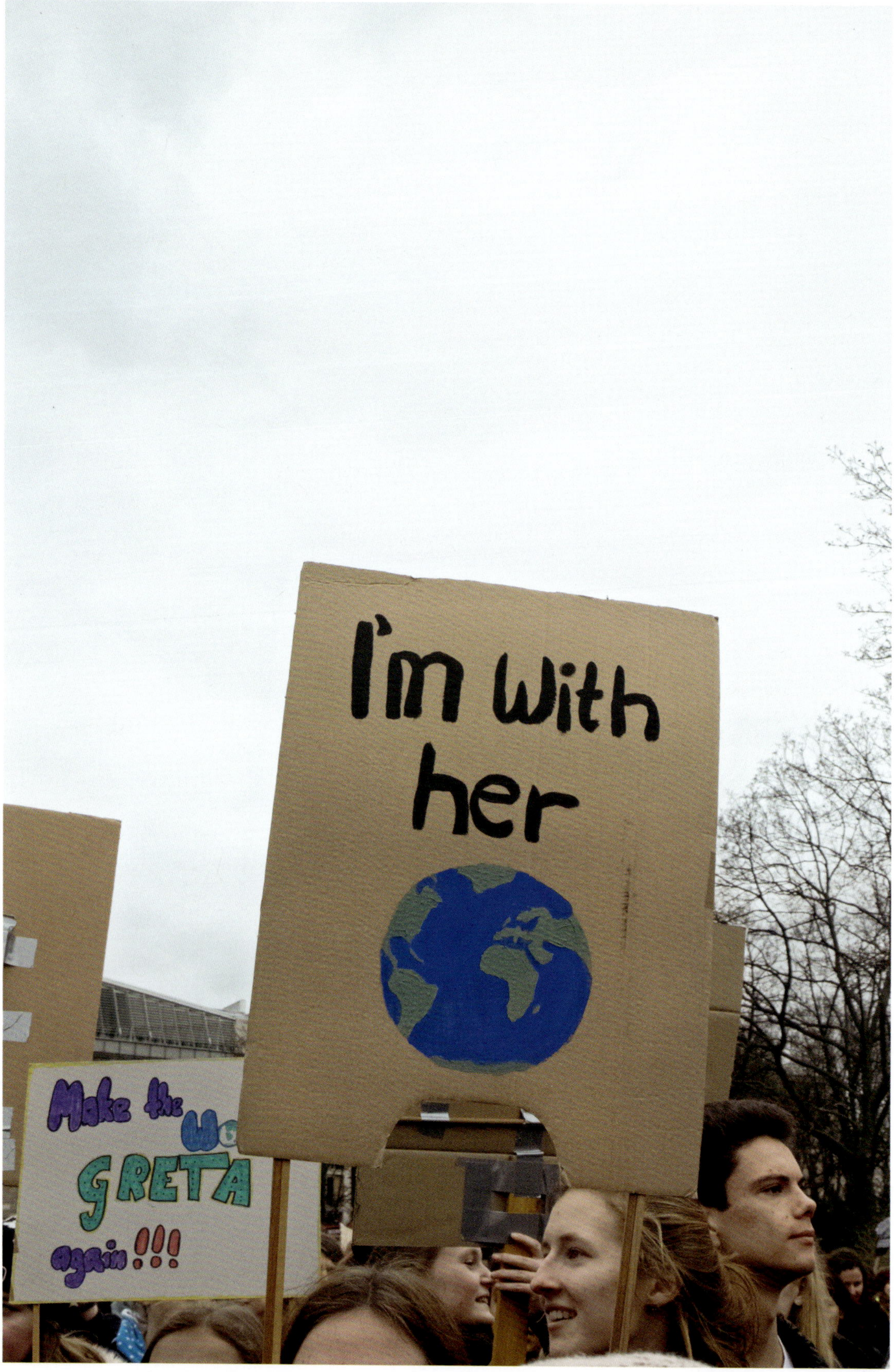
I'm with
her
Make the
GRETA
again!!!

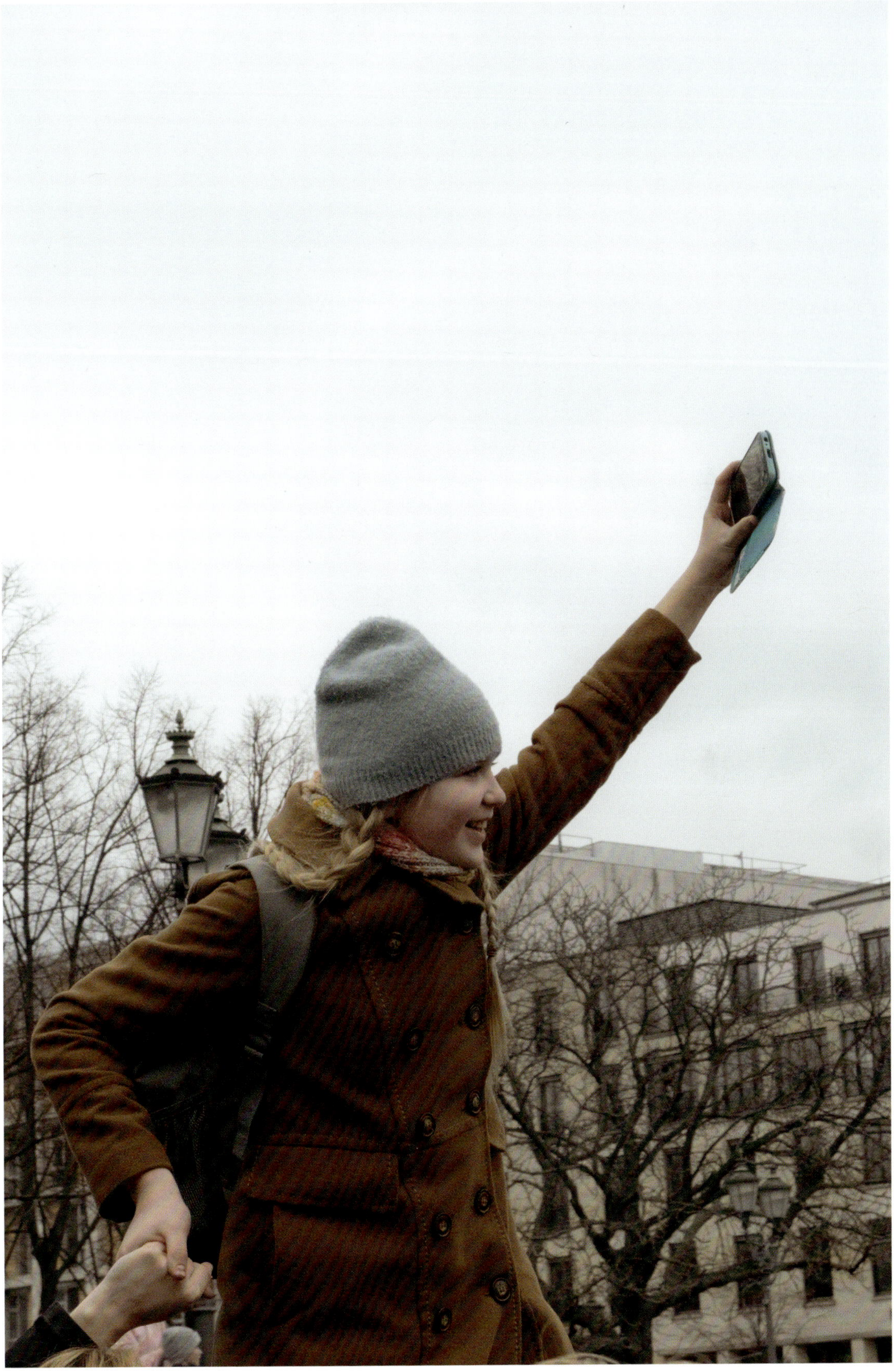

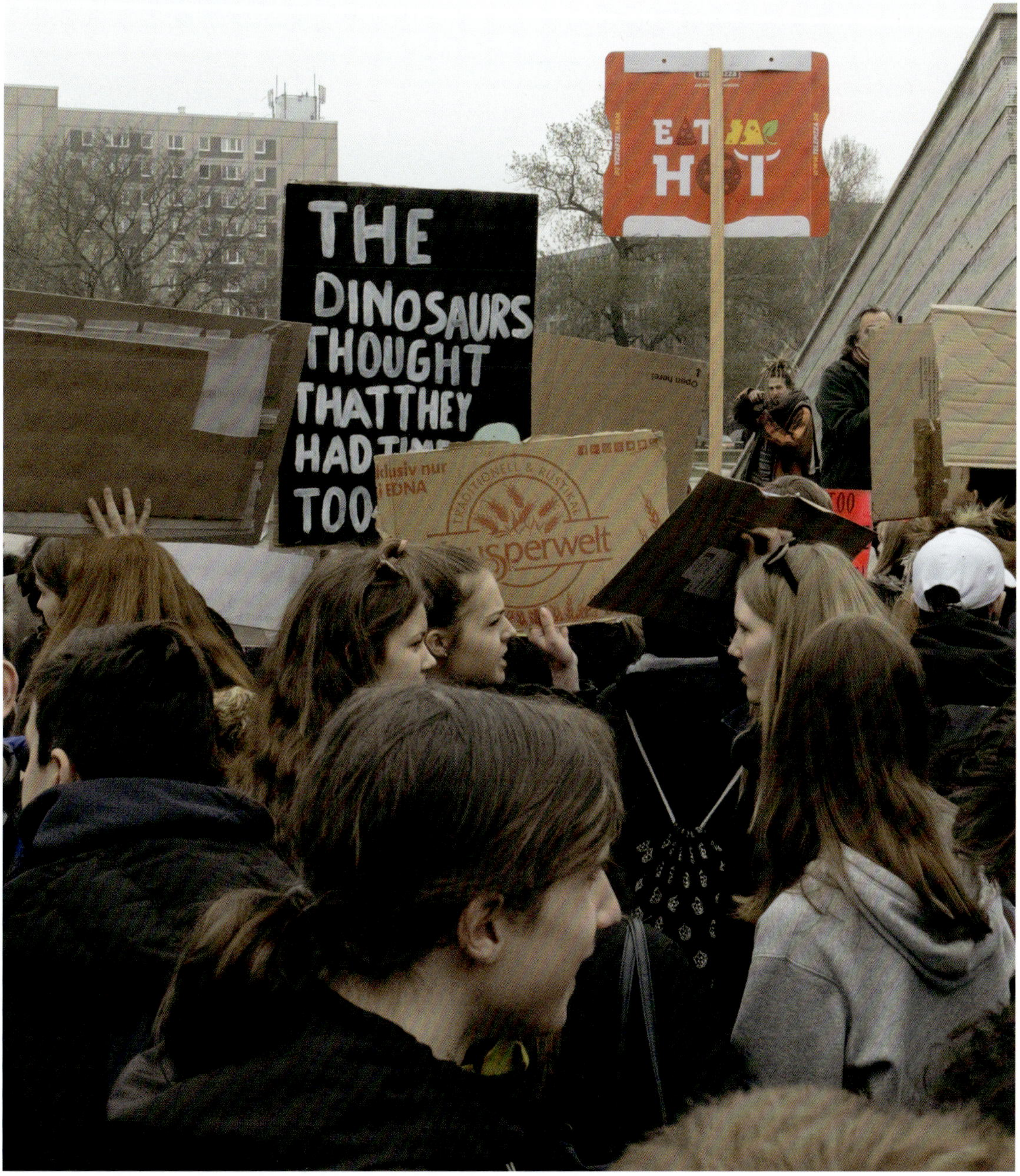
THE
DINOSAURS
THOUGHT
THAT THEY

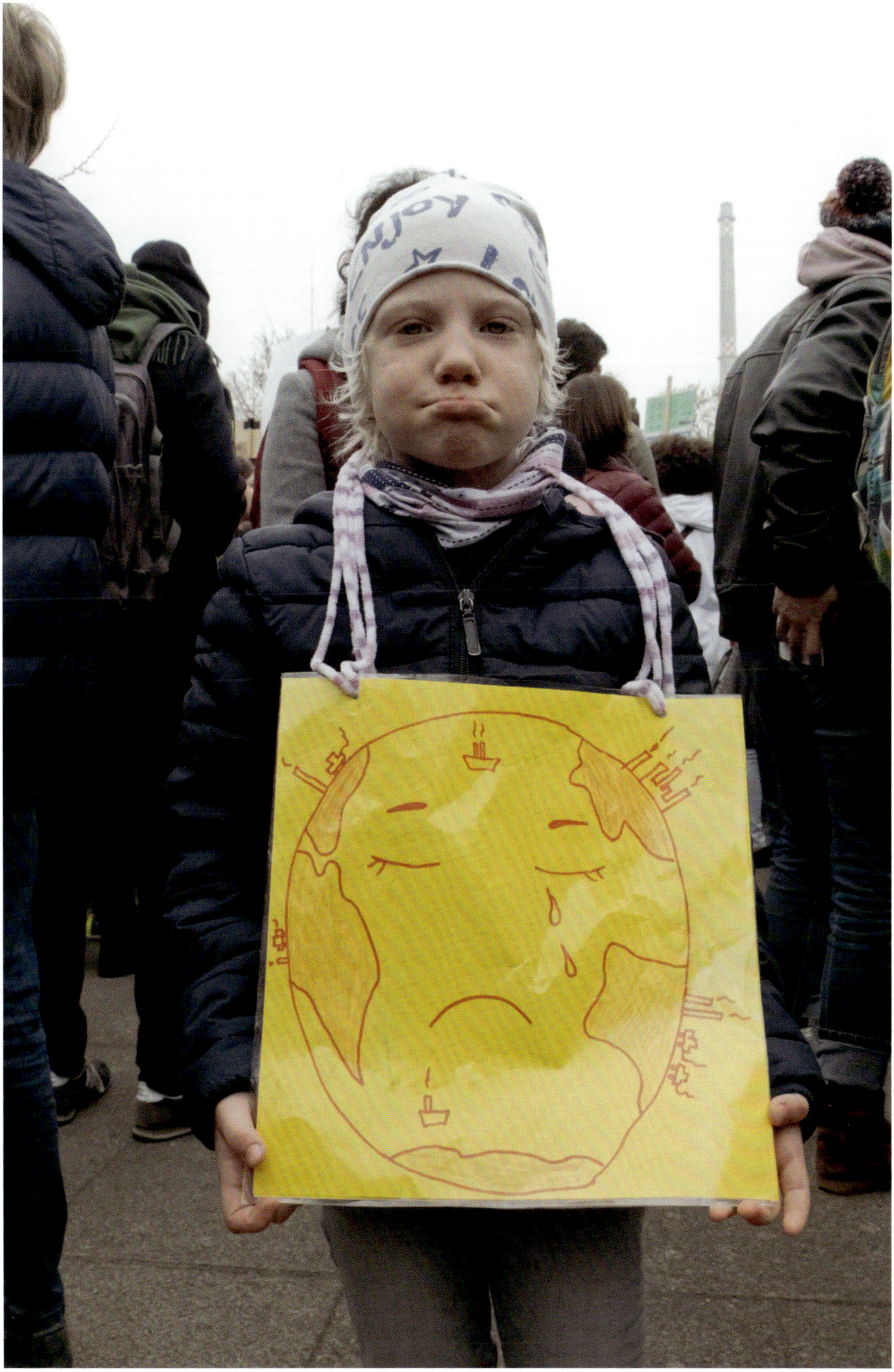

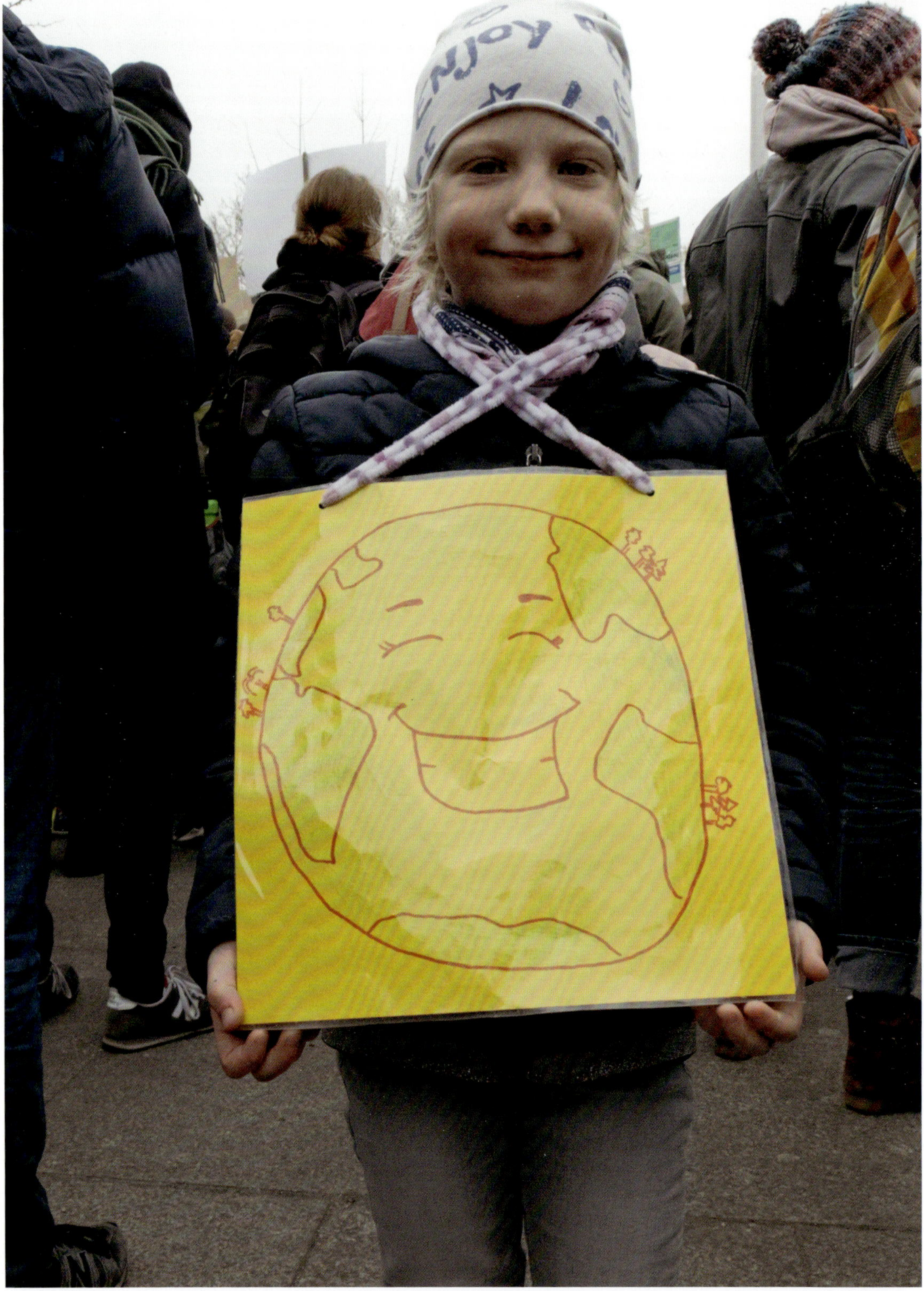

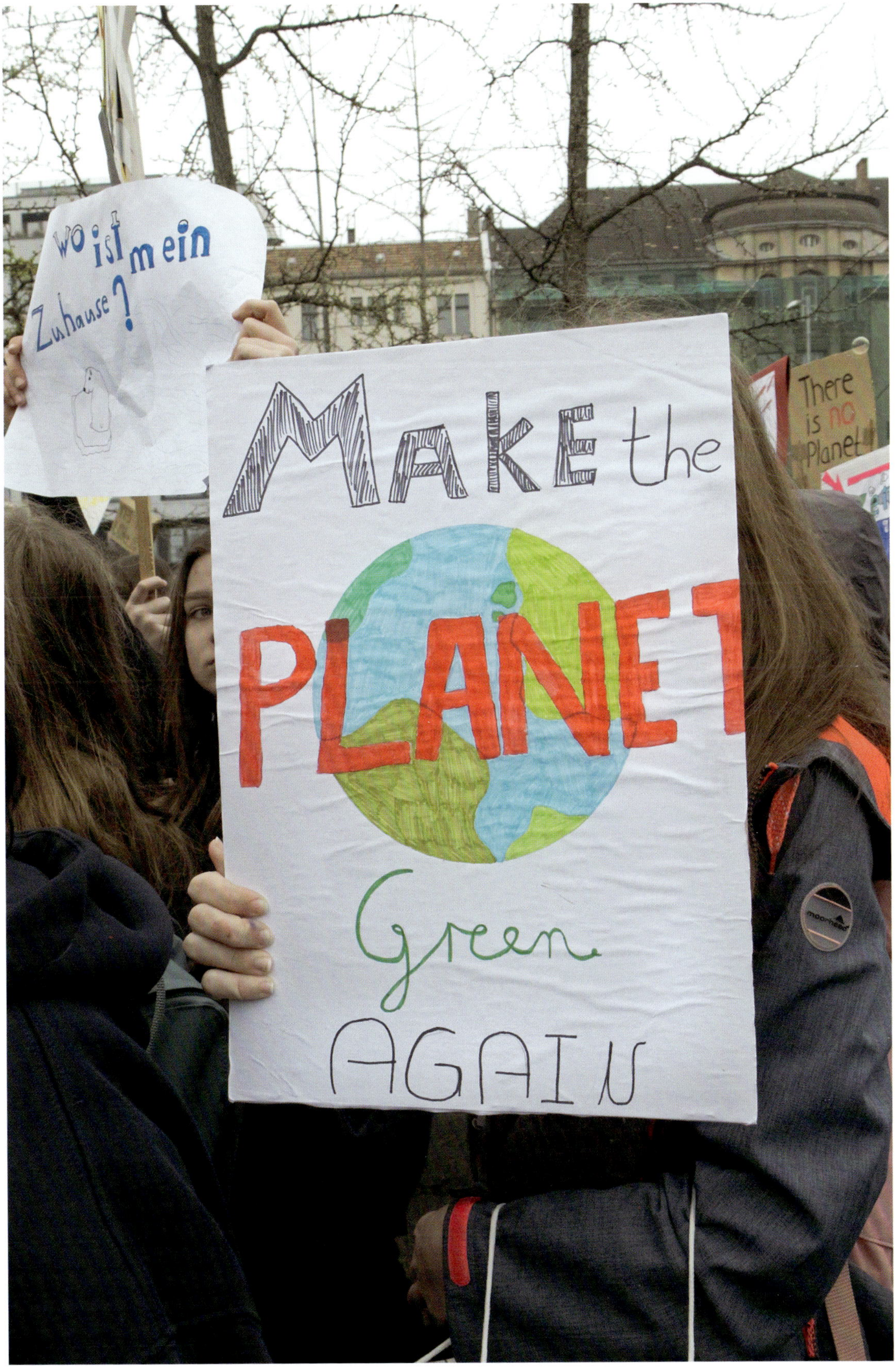
wo ist mein Zuhause?
Make the
PLANET
Green
AGAIN
There is no Planet

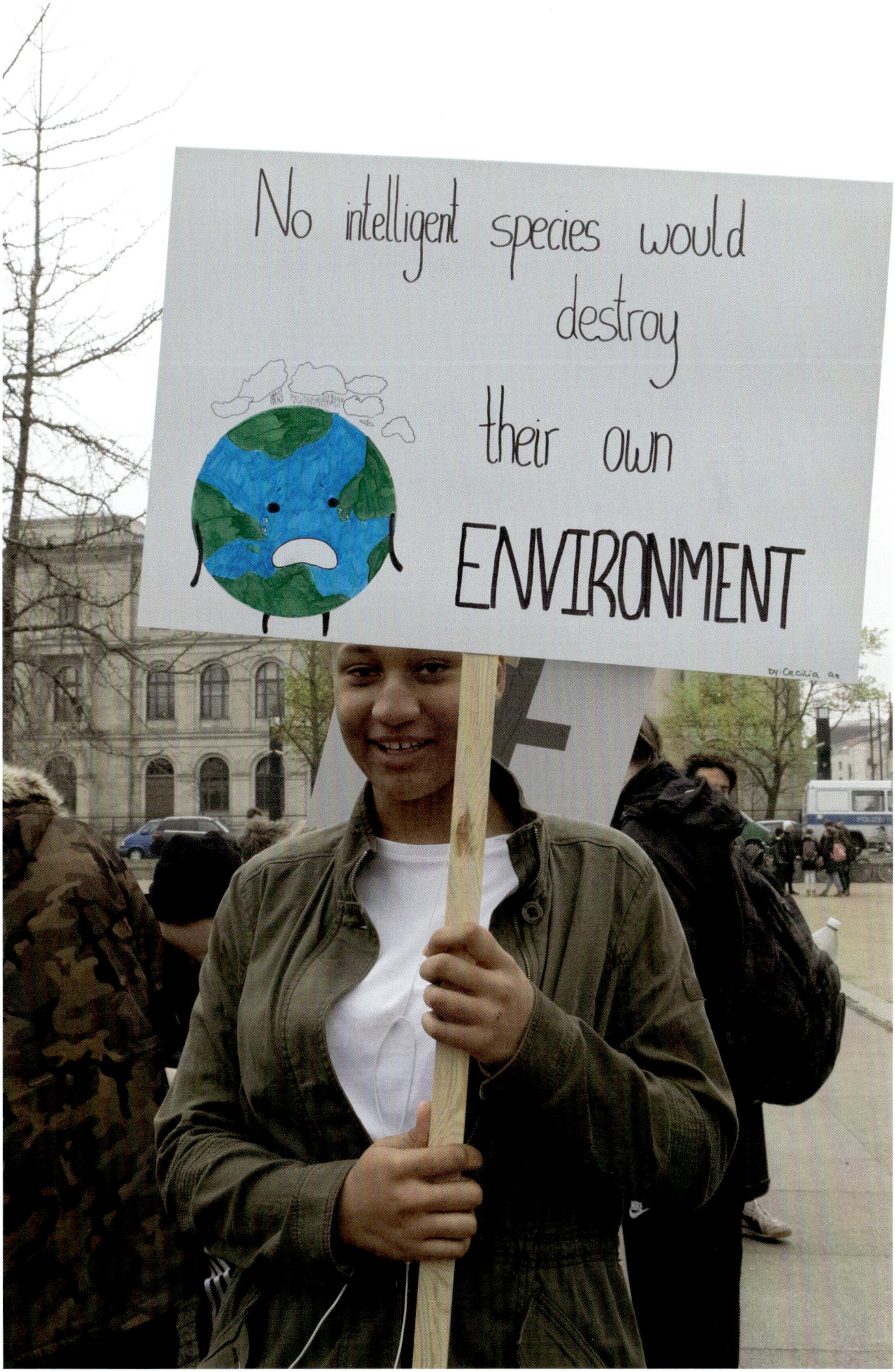
No intelligent species would
destroy
their own
ENVIRONMENT

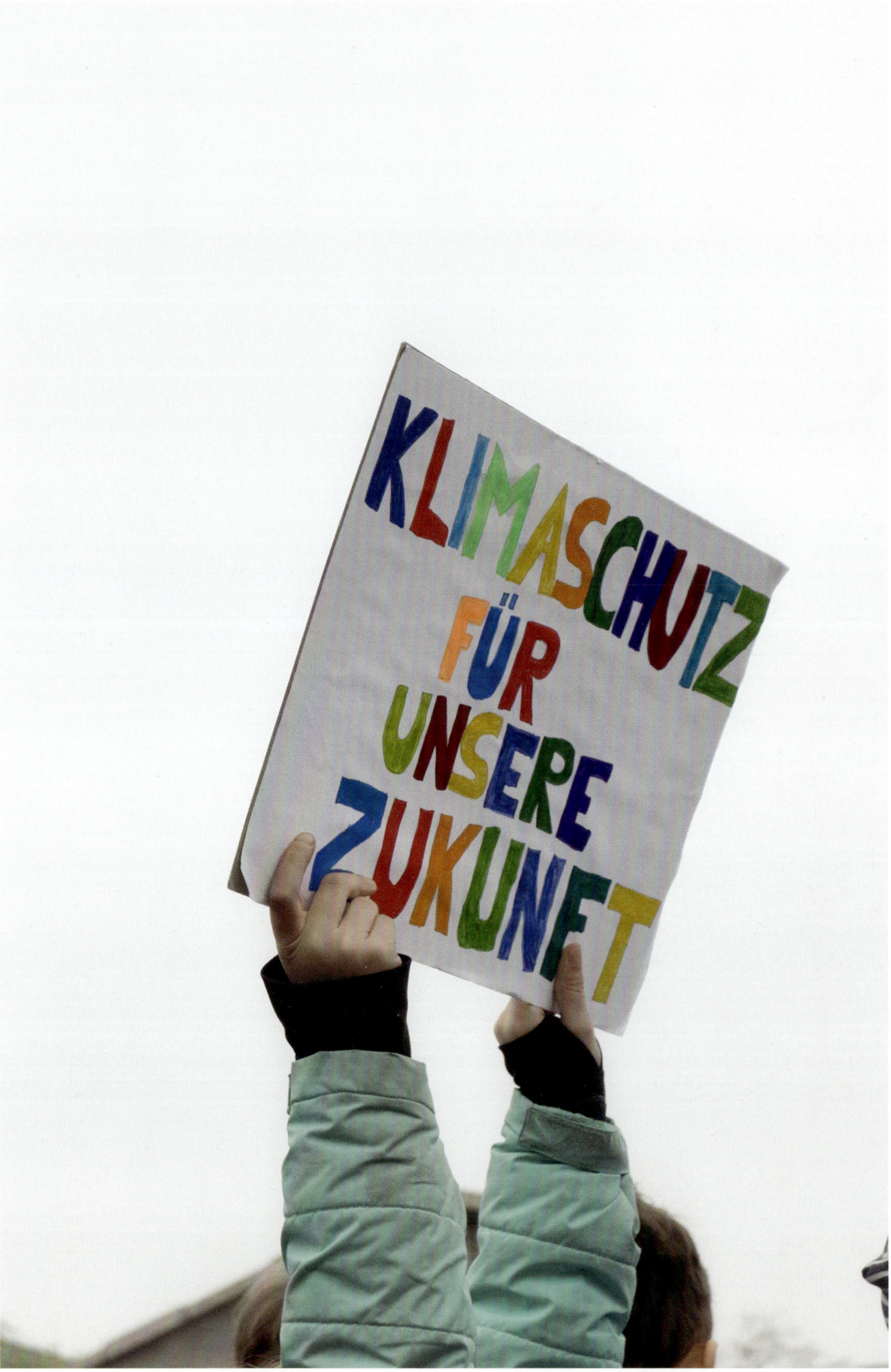
KLIMASCHUTZ
FÜR
UNSERE
ZUKUNFT

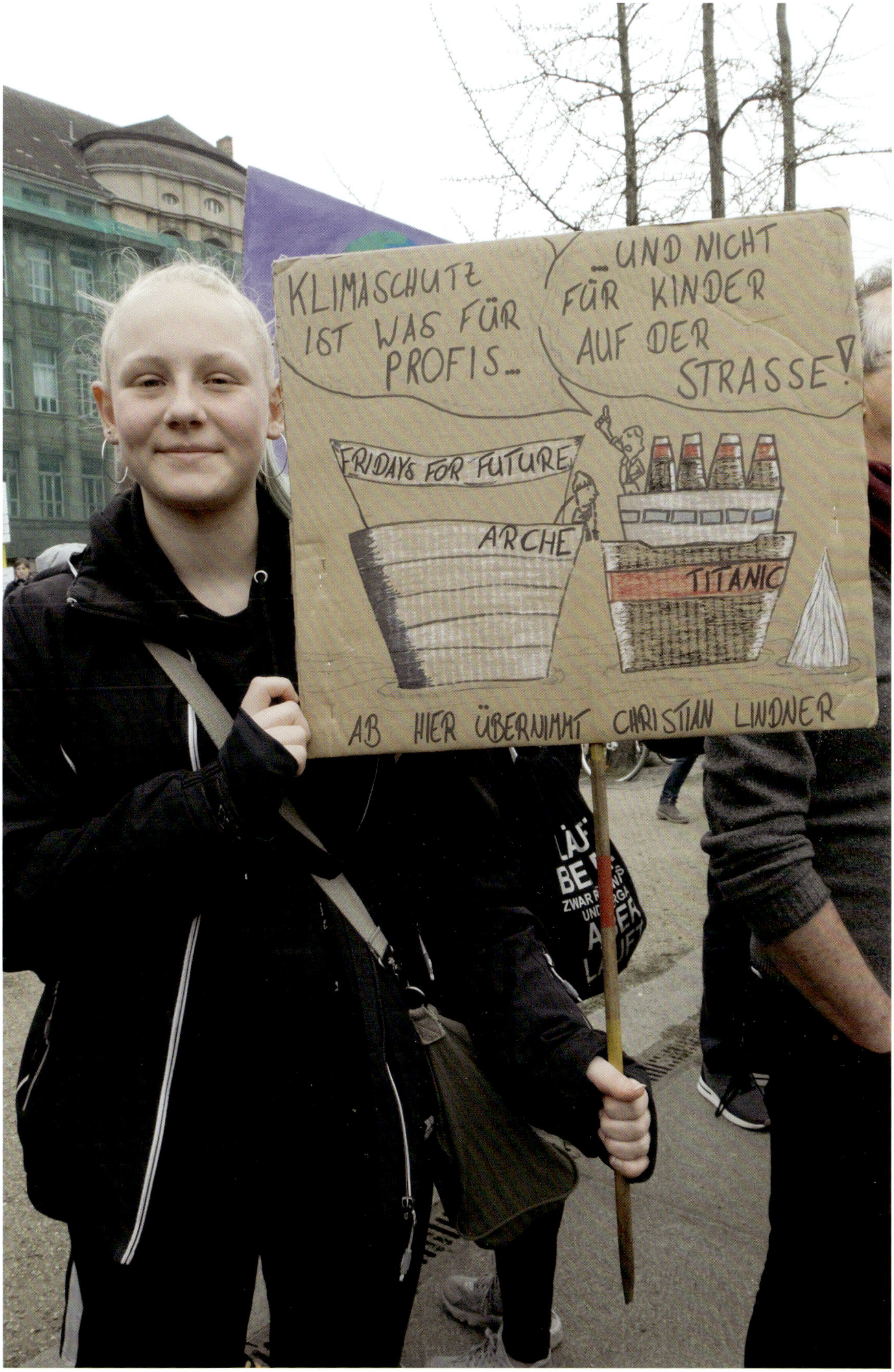
KLIMASCHUTZ IST WAS FÜR PROFIS...
...UND NICHT FÜR KINDER AUF DER STRASSE!
FRIDAYS FOR FUTURE
ARCHE
TITANIC
AB HIER ÜBERNIMMT CHRISTIAN LINDNER

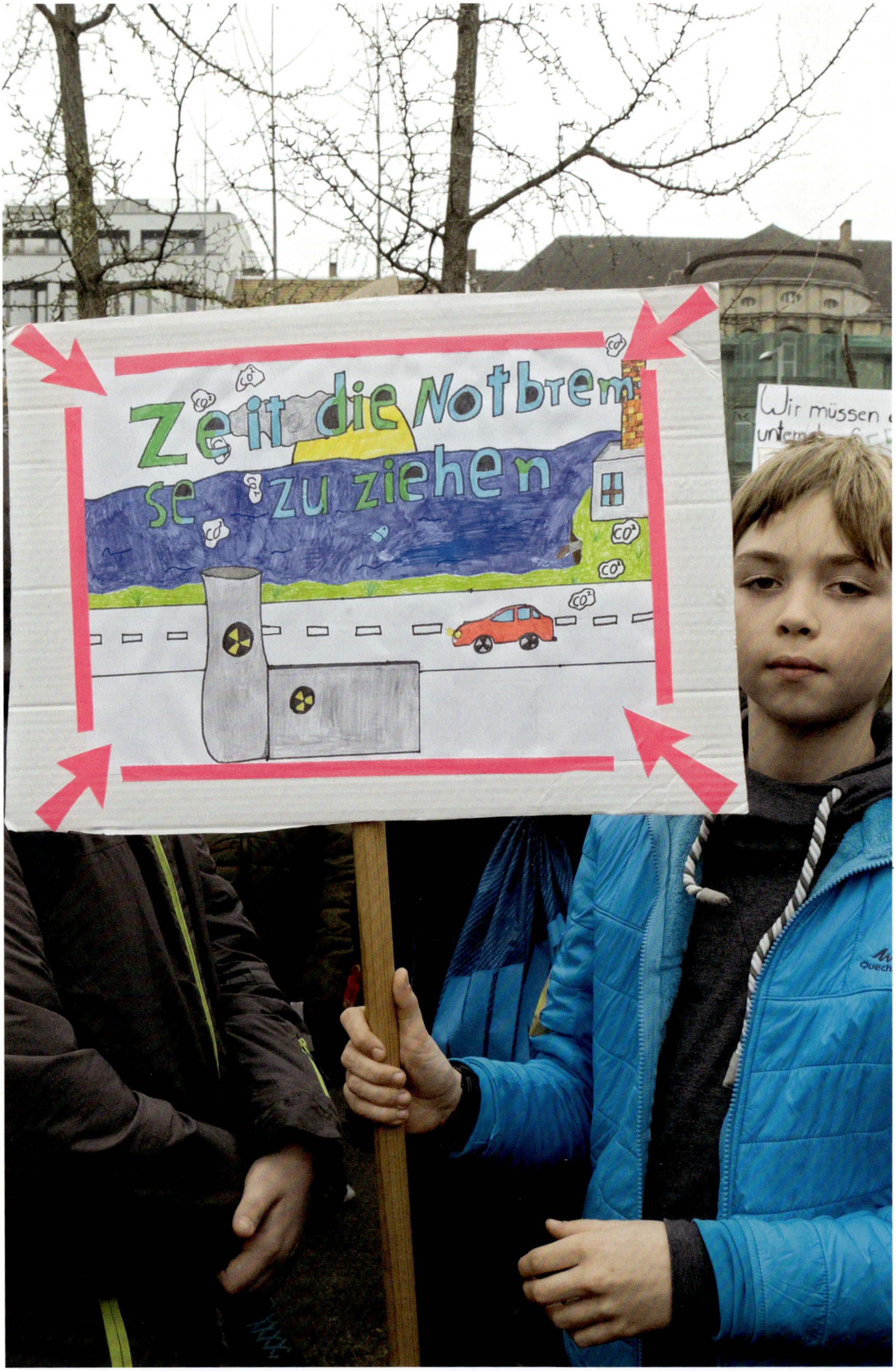
Zeit die Notbrem
se zu ziehen
Wir müssen

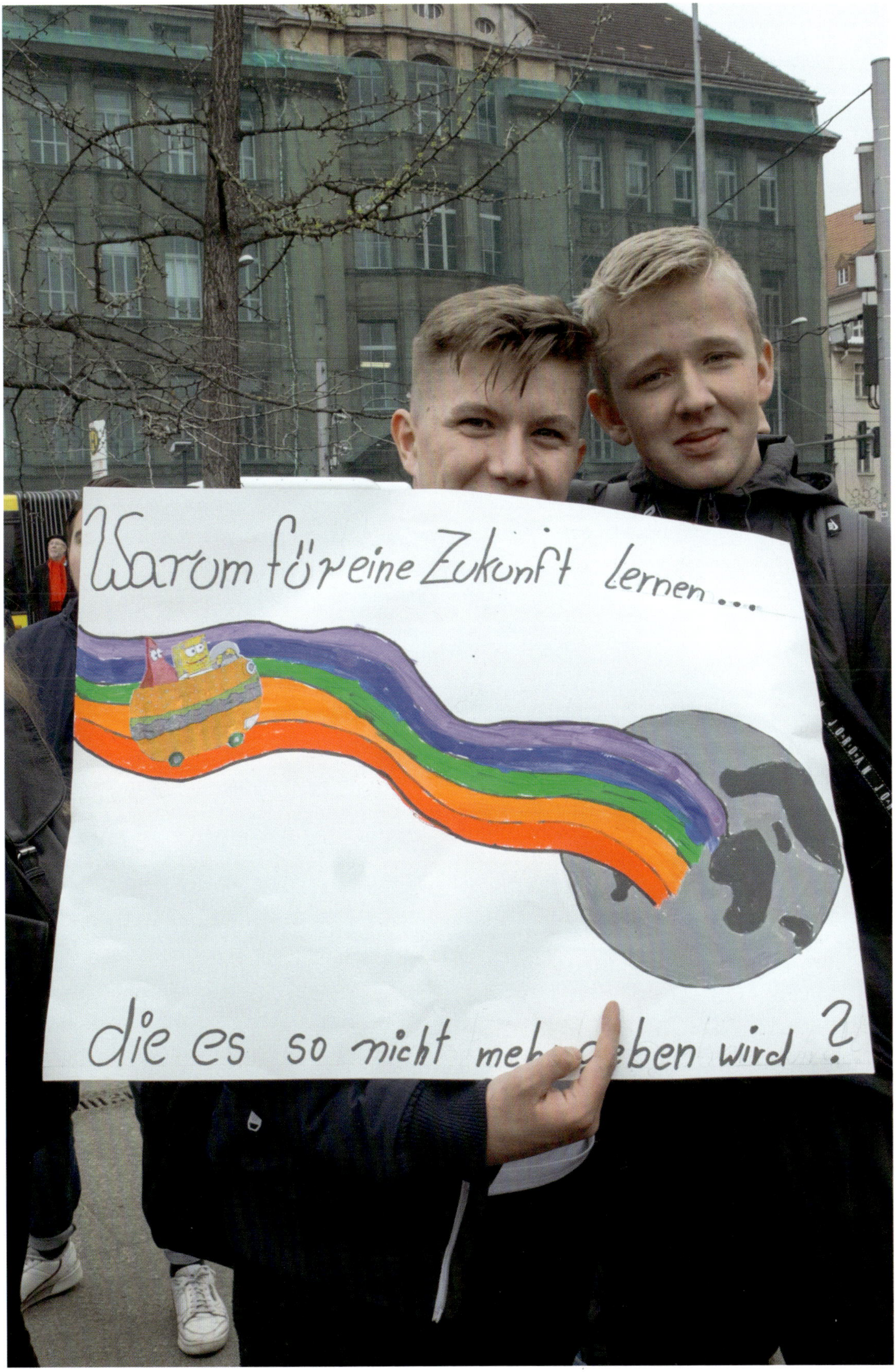
Warum für eine Zukunft lernen ...
die es so nicht meh… eben wird ?

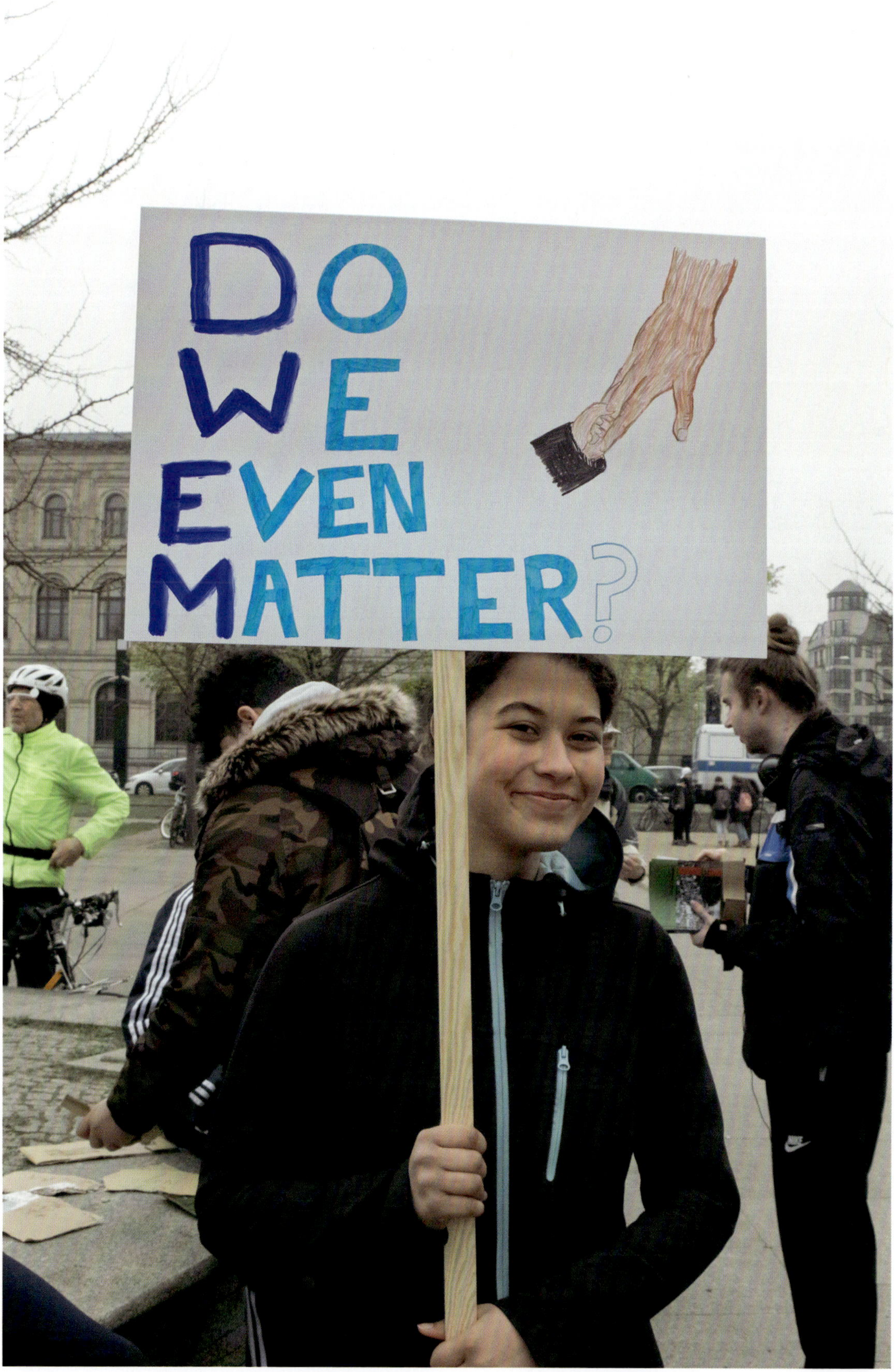
DO WE EVEN MATTER?

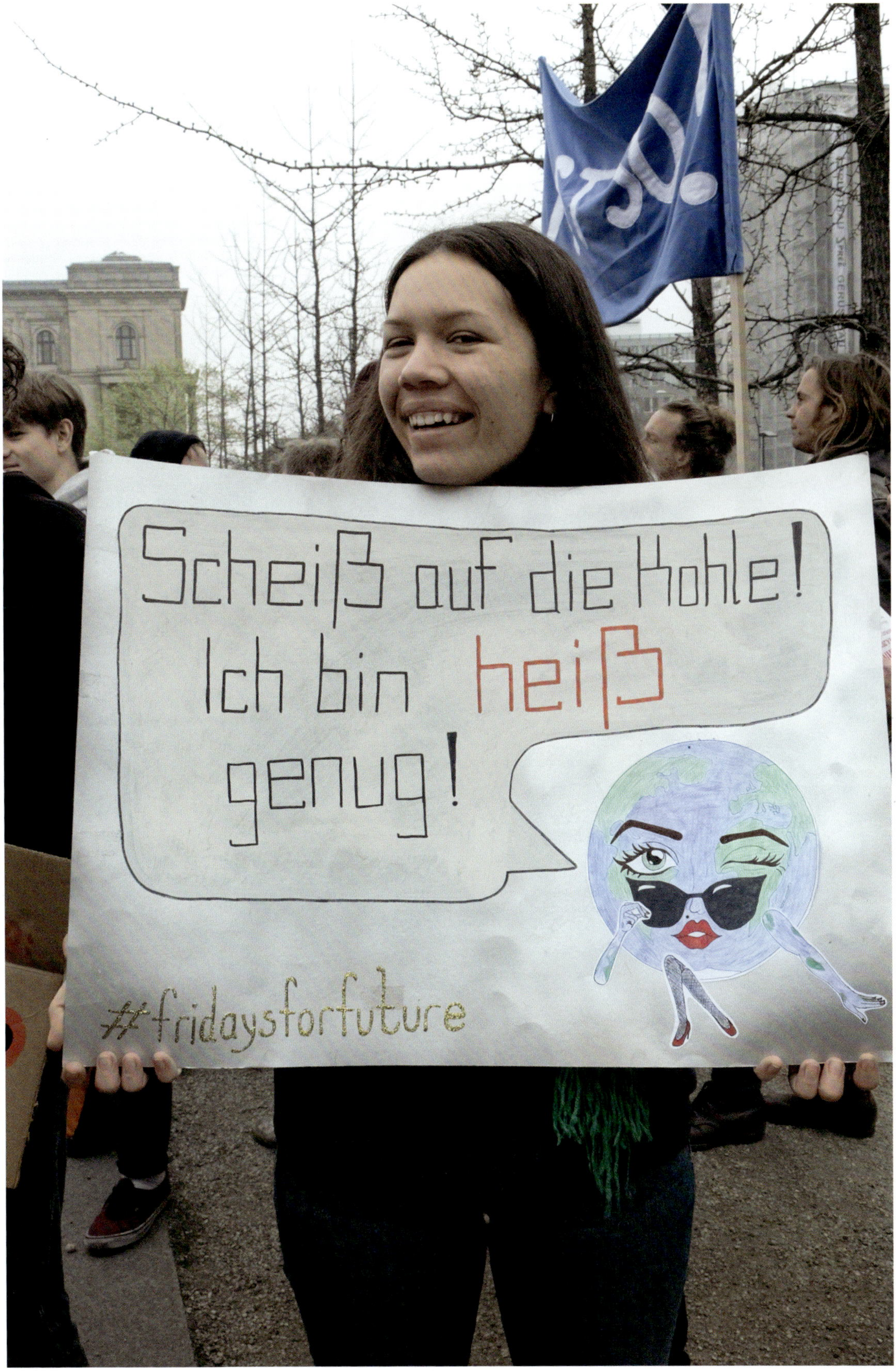
Scheiß auf die Kohle!
Ich bin heiß
genug!
#fridaysforfuture

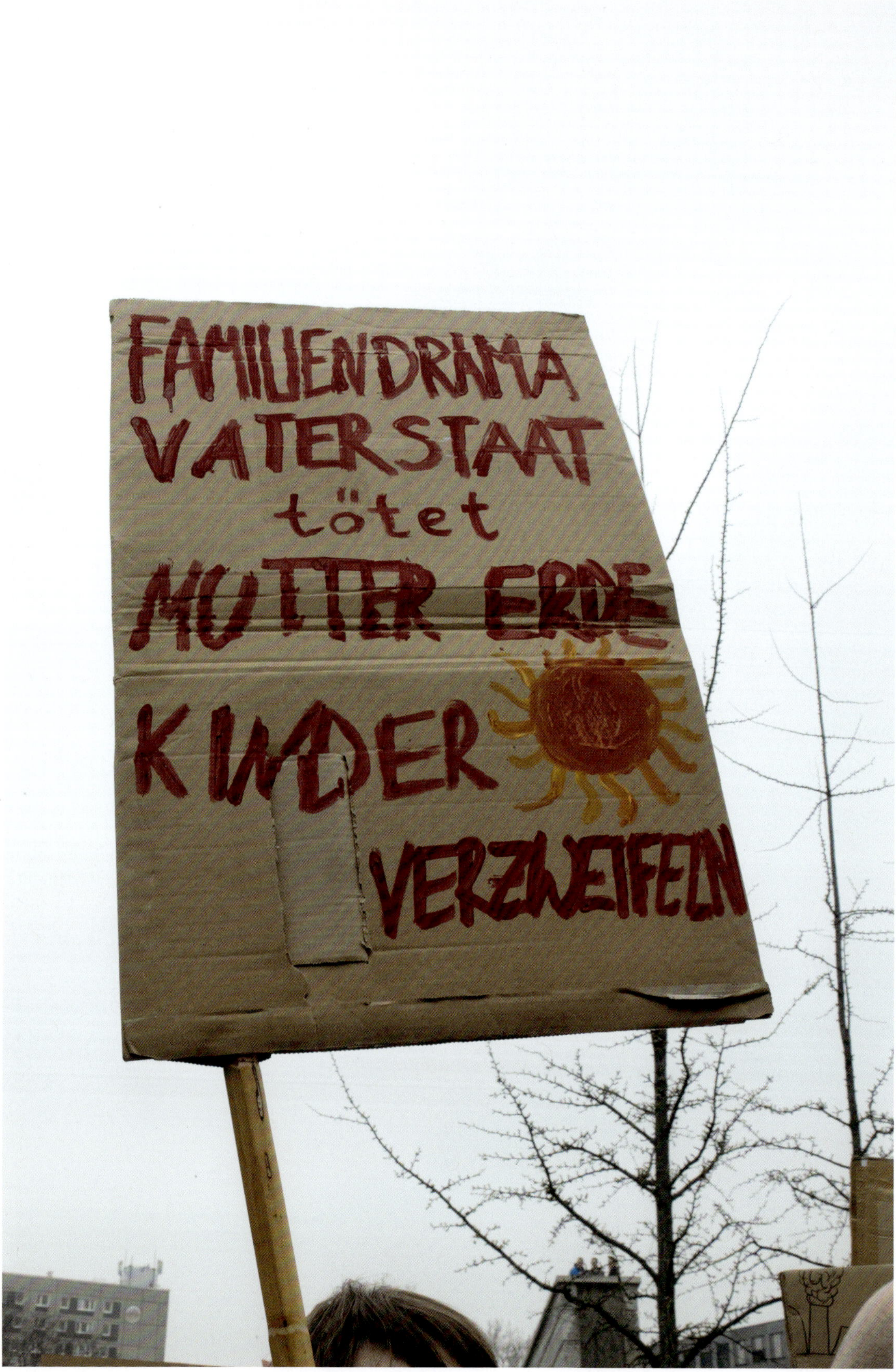
FAMILIENDRAMA
VATERSTAAT
tötet
MUTTER ERDE
KINDER
VERZWEIFELN

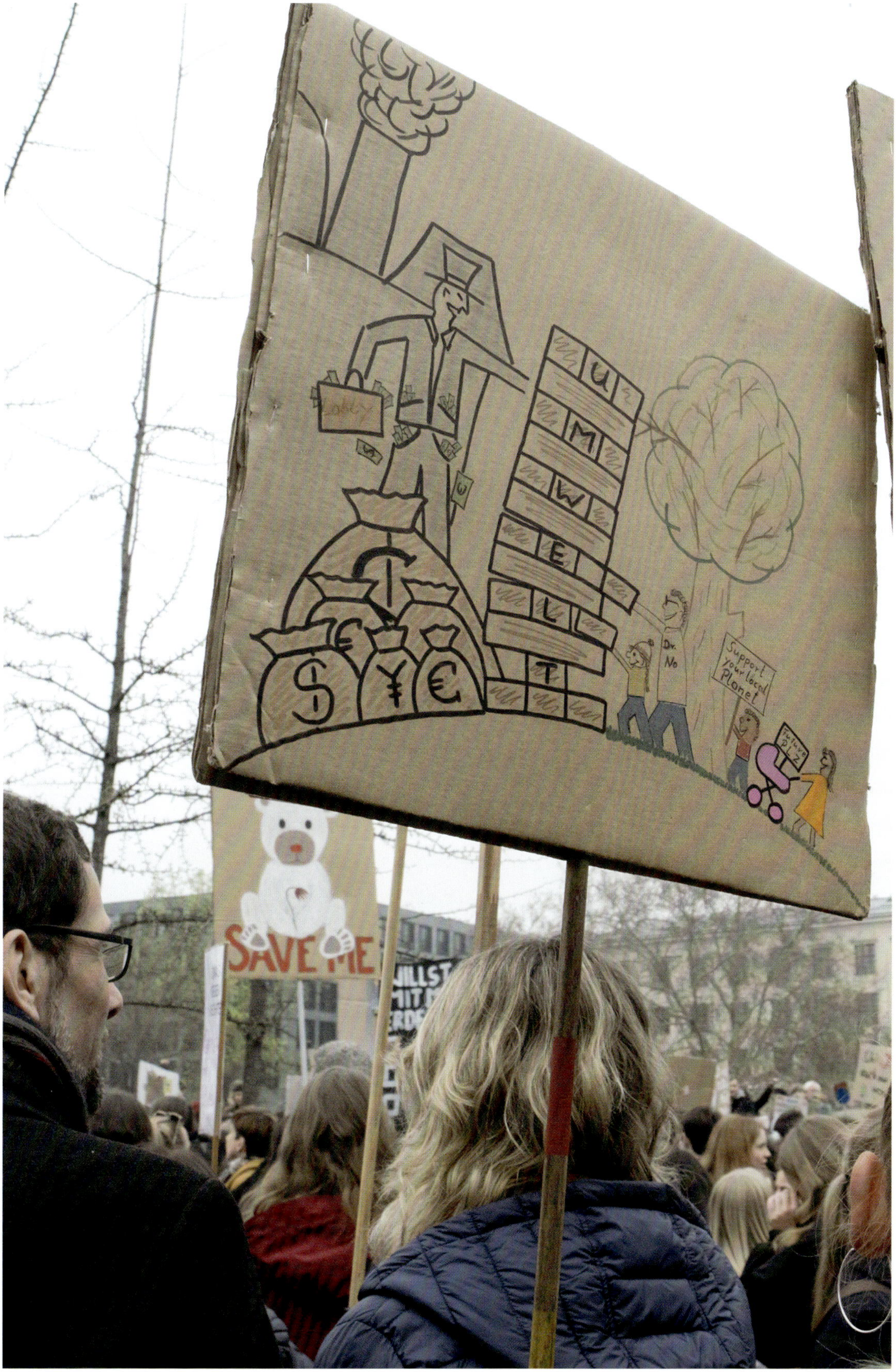
U
M
W
E
L
T
Dr.
No
Support your local Planet
Future PLZ
SAVE ME

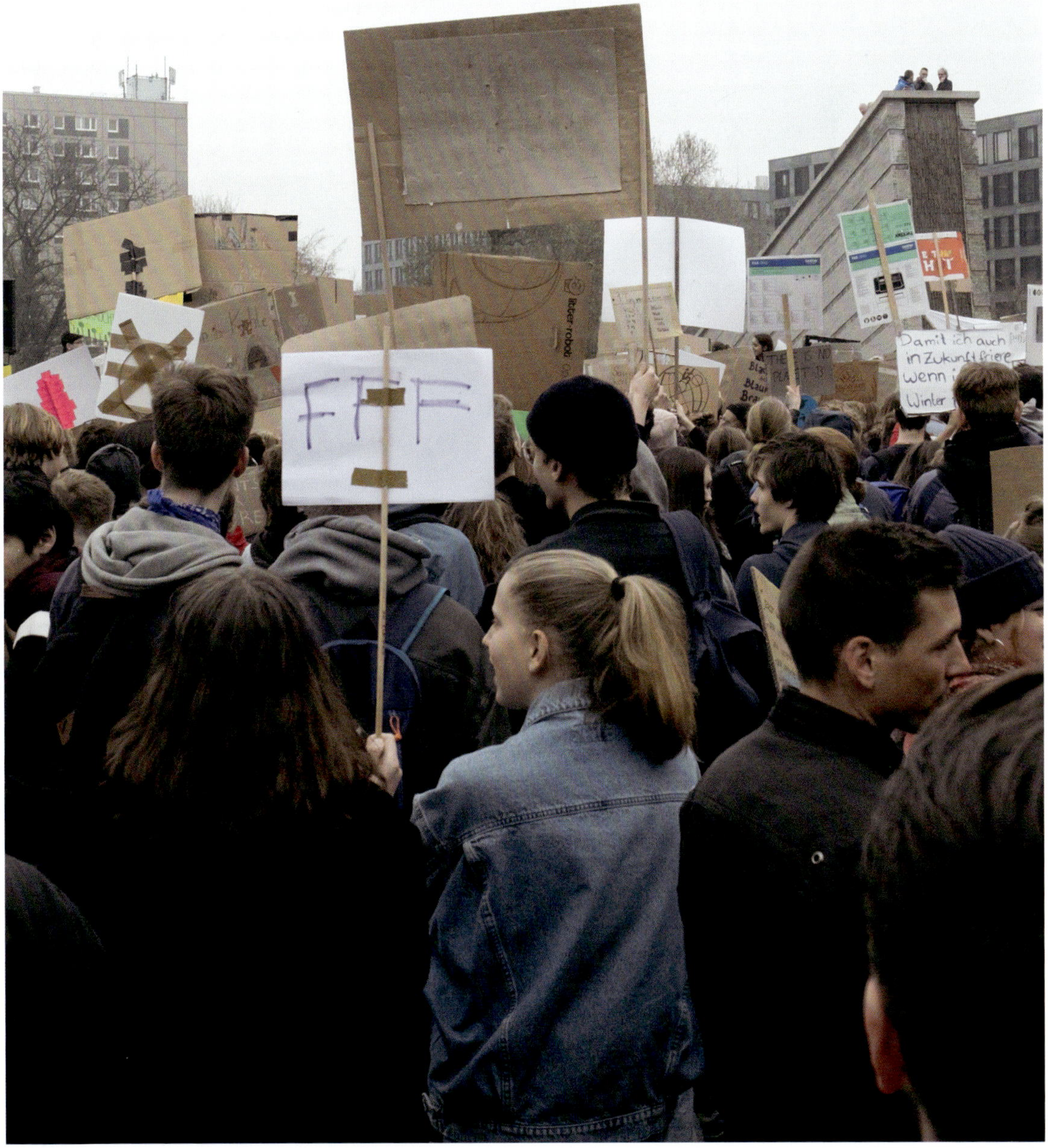
FFF
Damit ich auch
in Zukunft friere

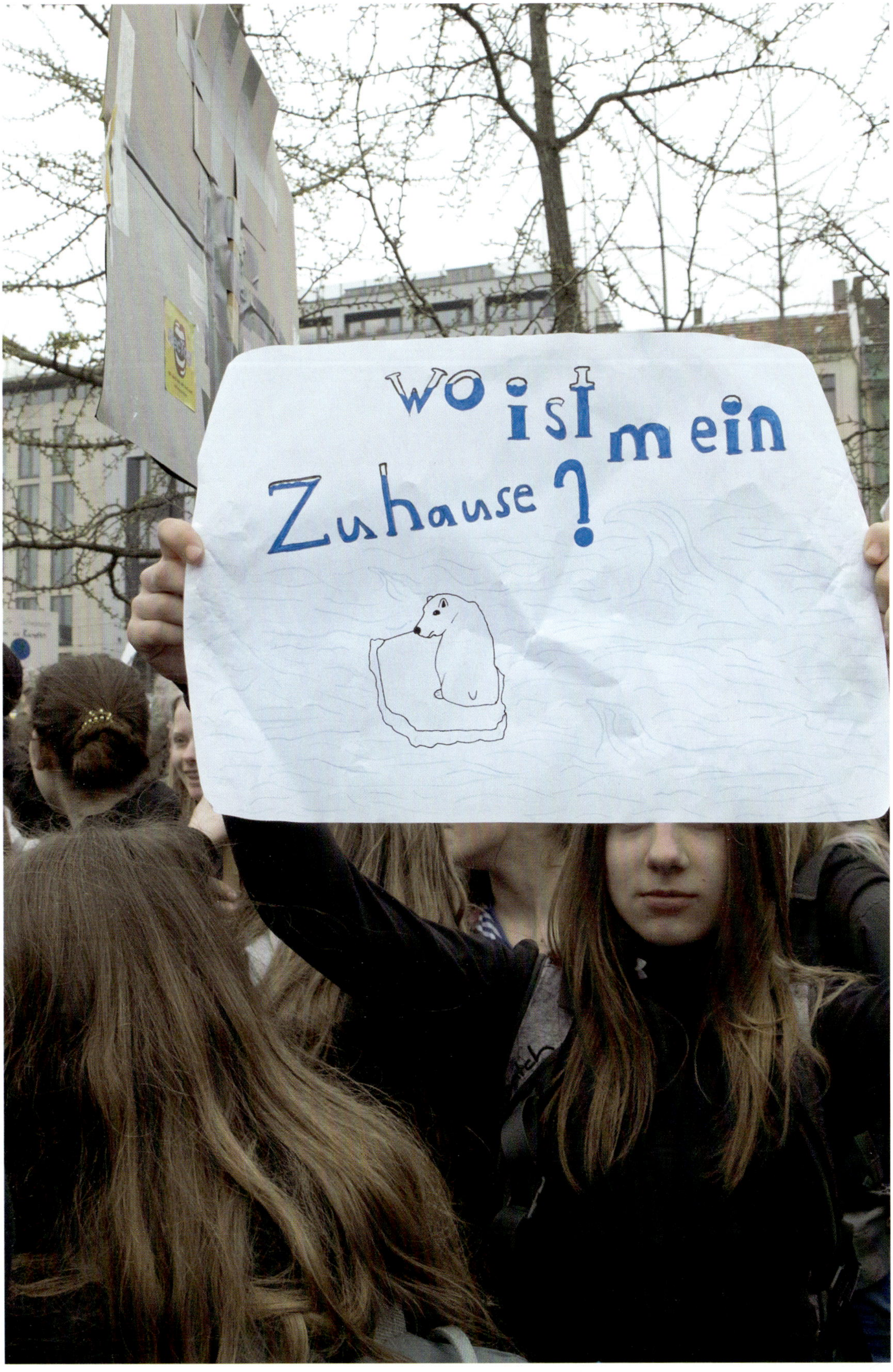
wo ist mein
Zuhause ?

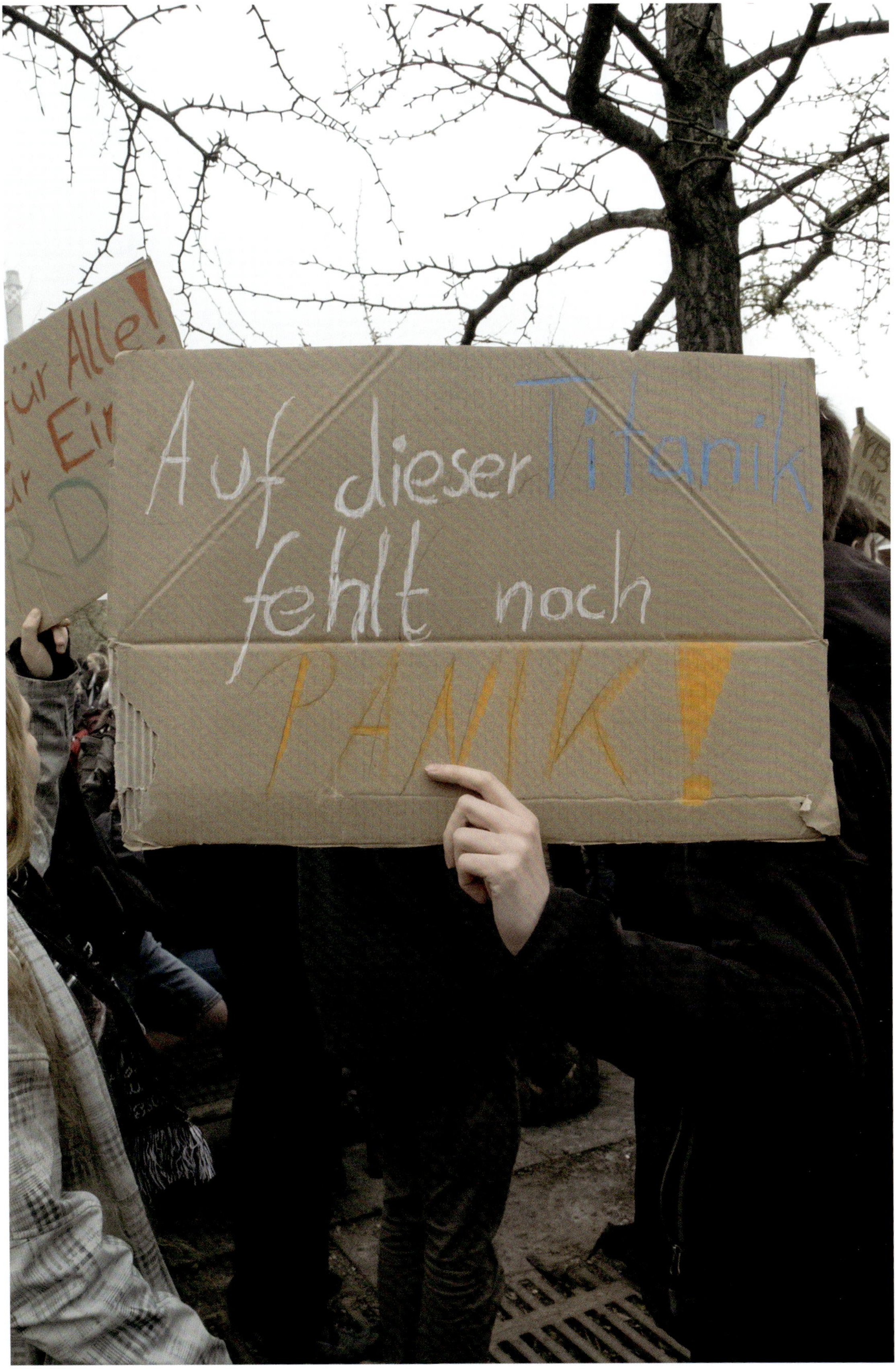
Auf dieser Titanik
fehlt noch
PANIK!

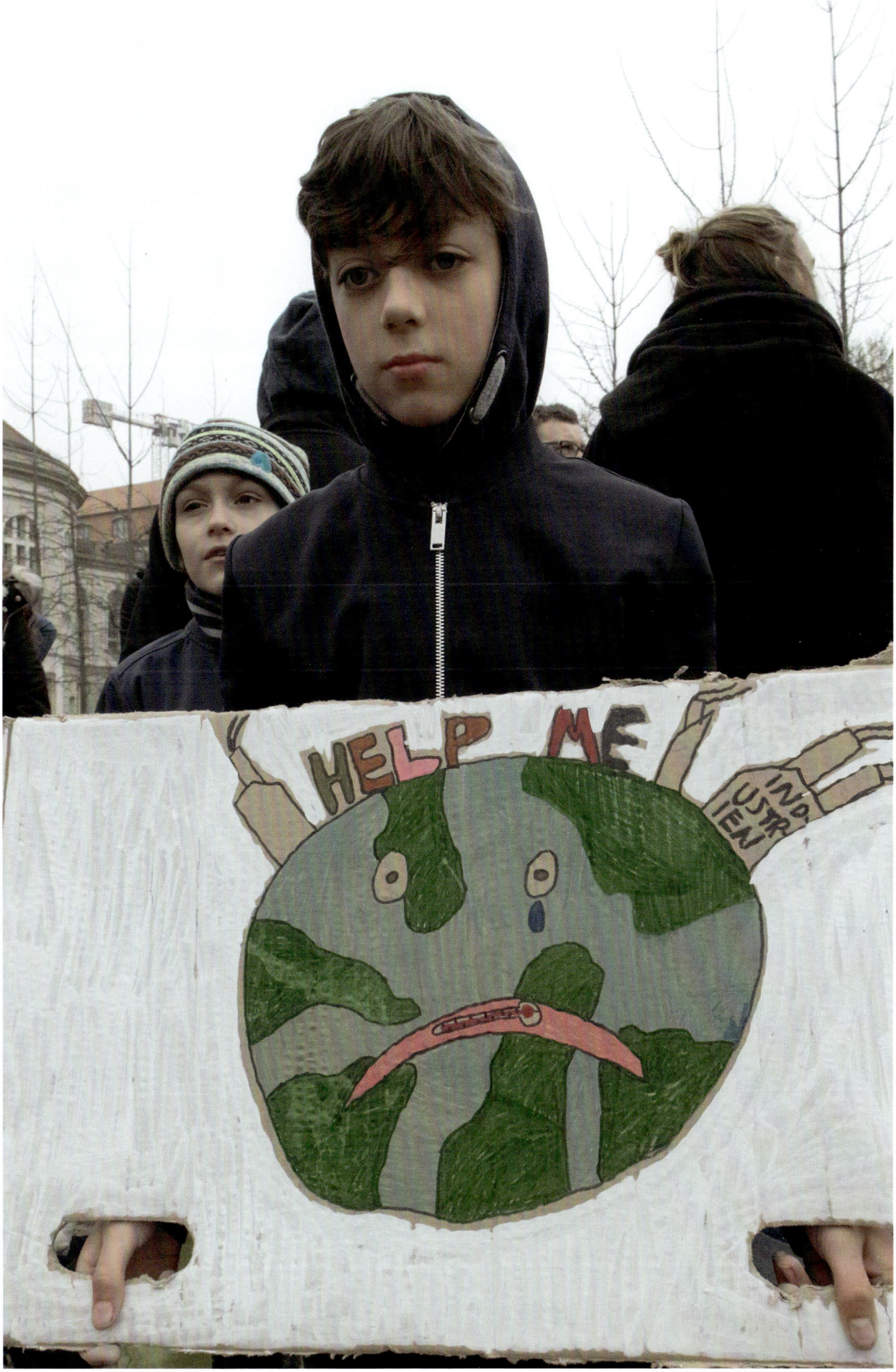
HELP ME
IND-
USTR
IEN

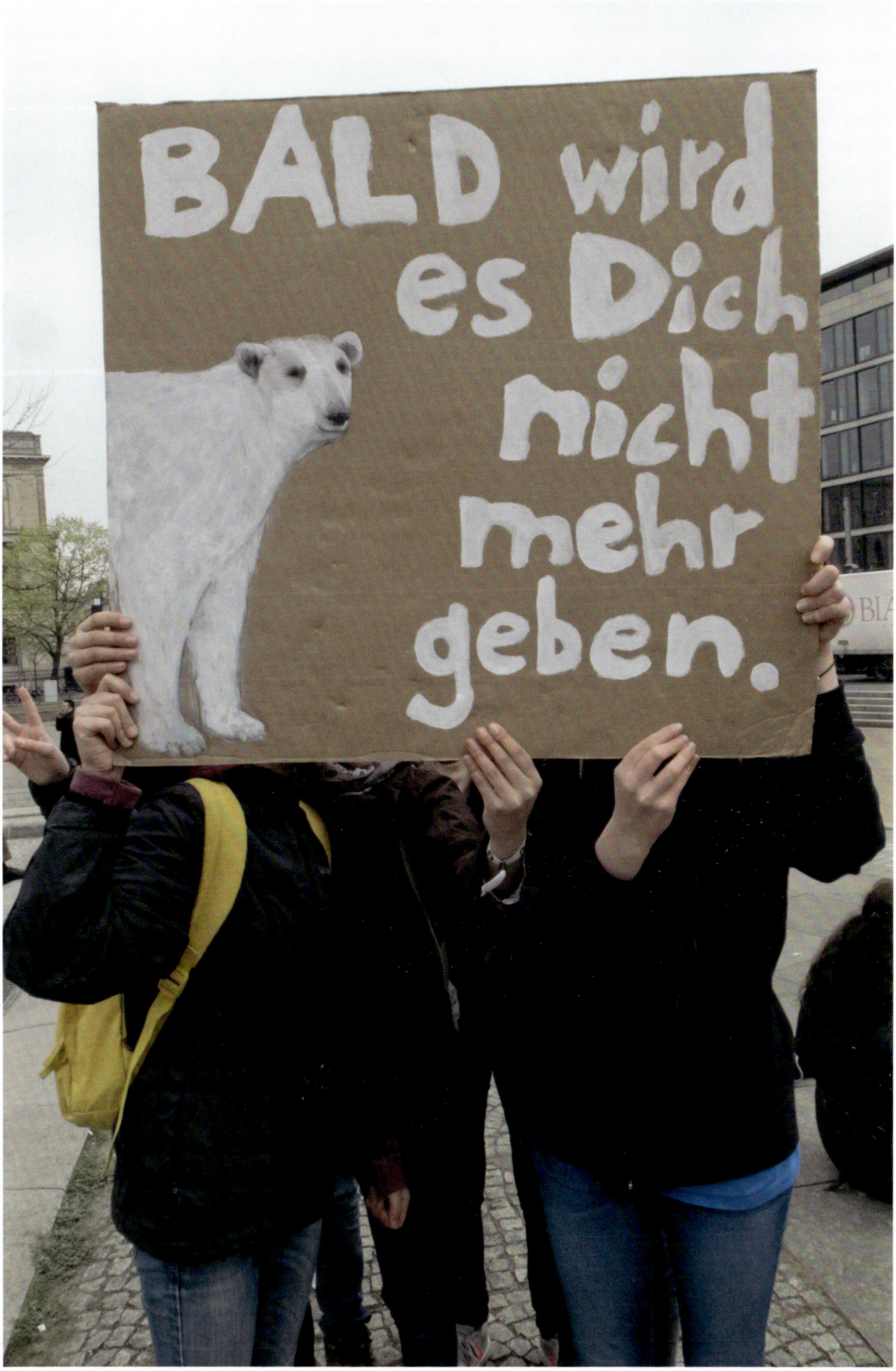
BALD wird
es Dich
nicht
mehr
geben.

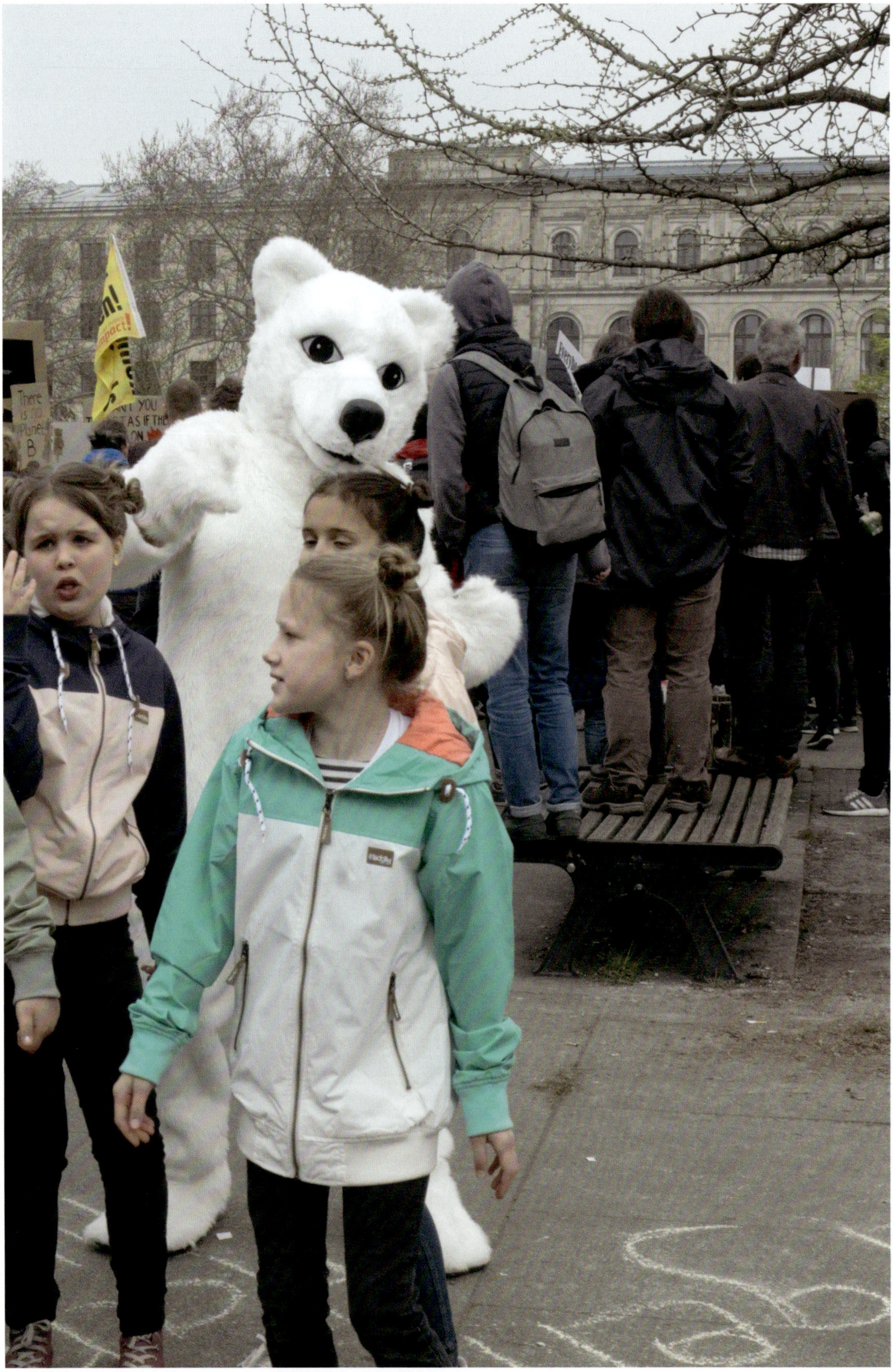

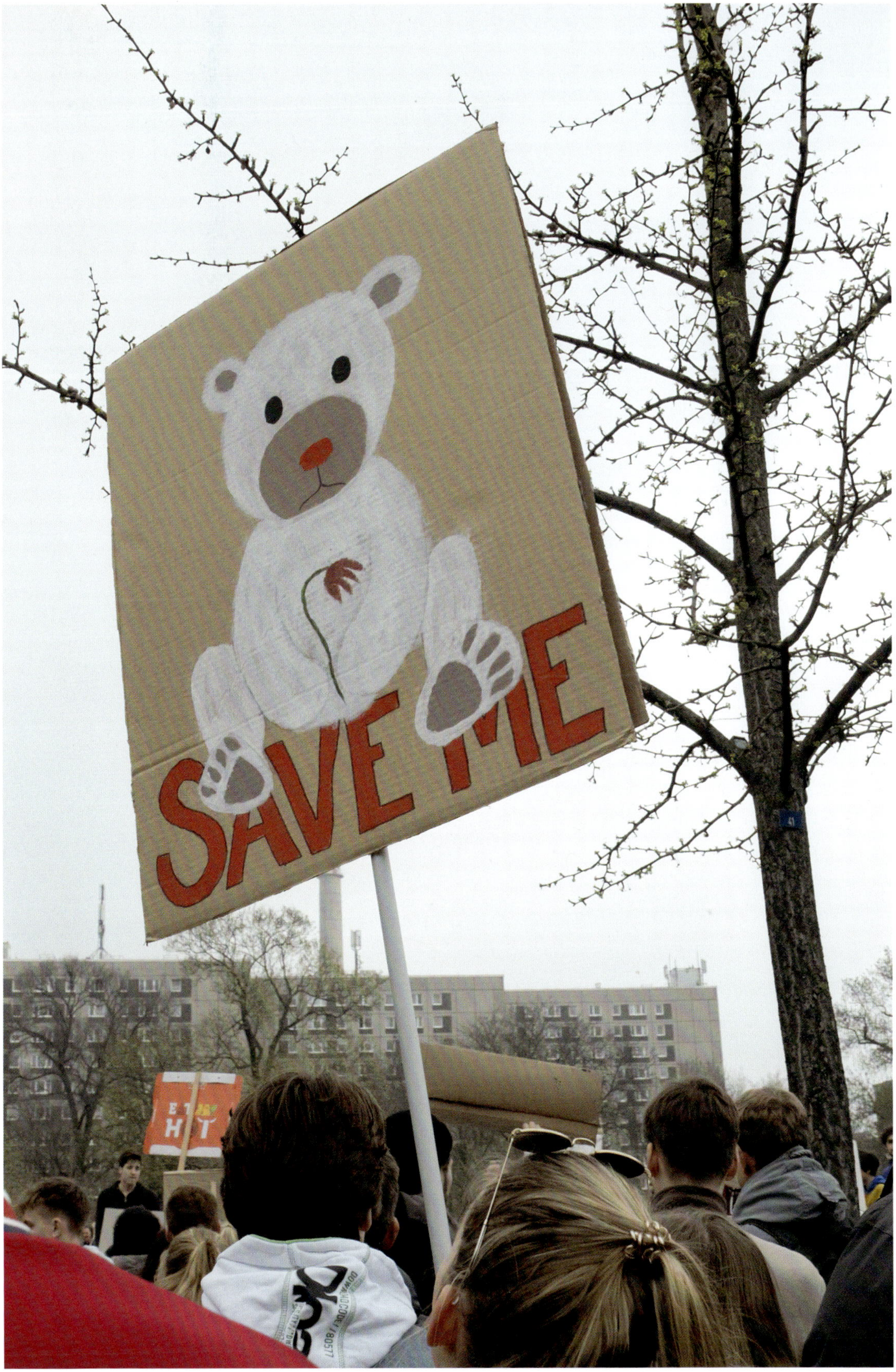
SAVE ME

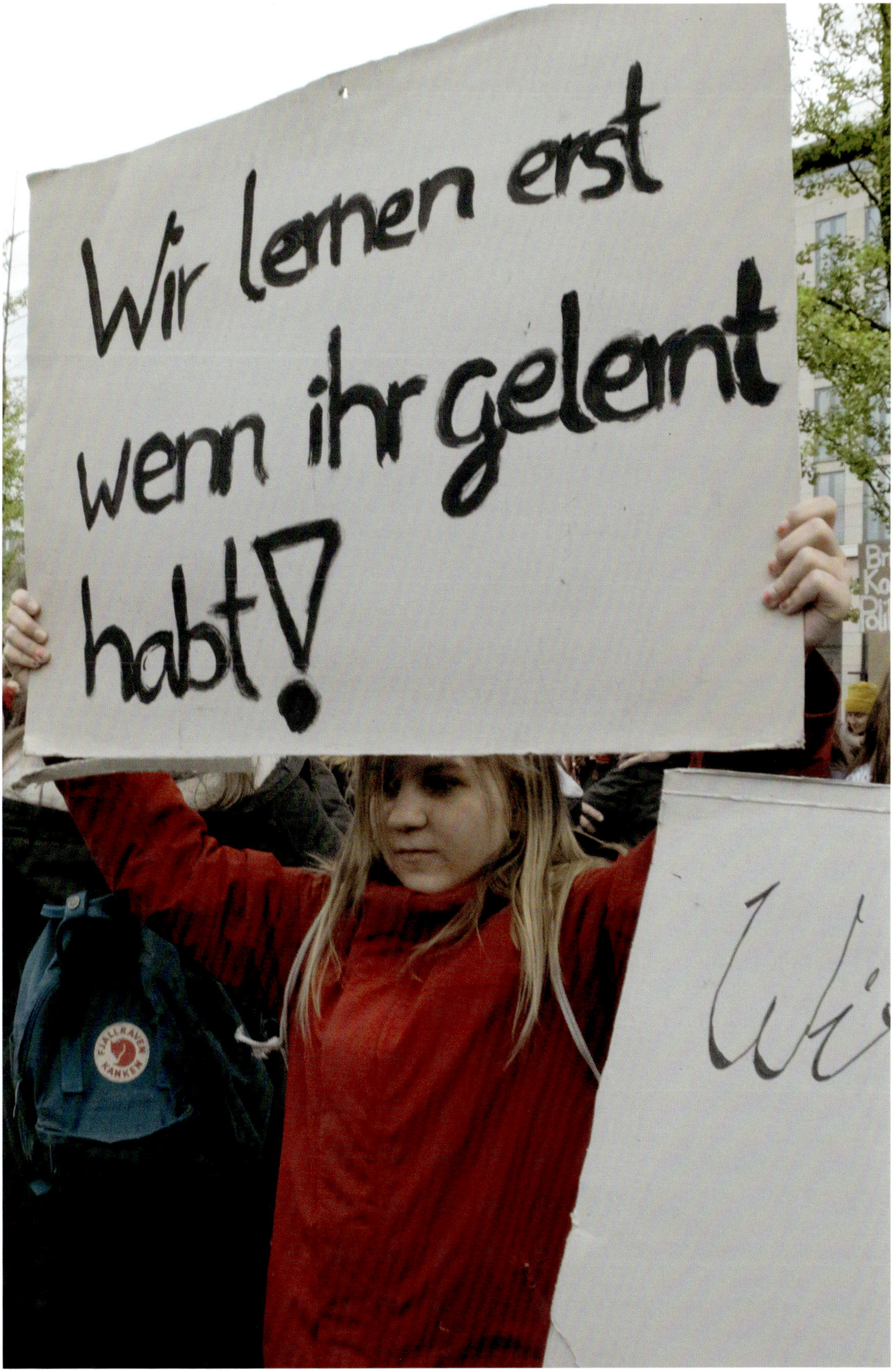
Wir lernen erst
wenn ihr gelent
habt!

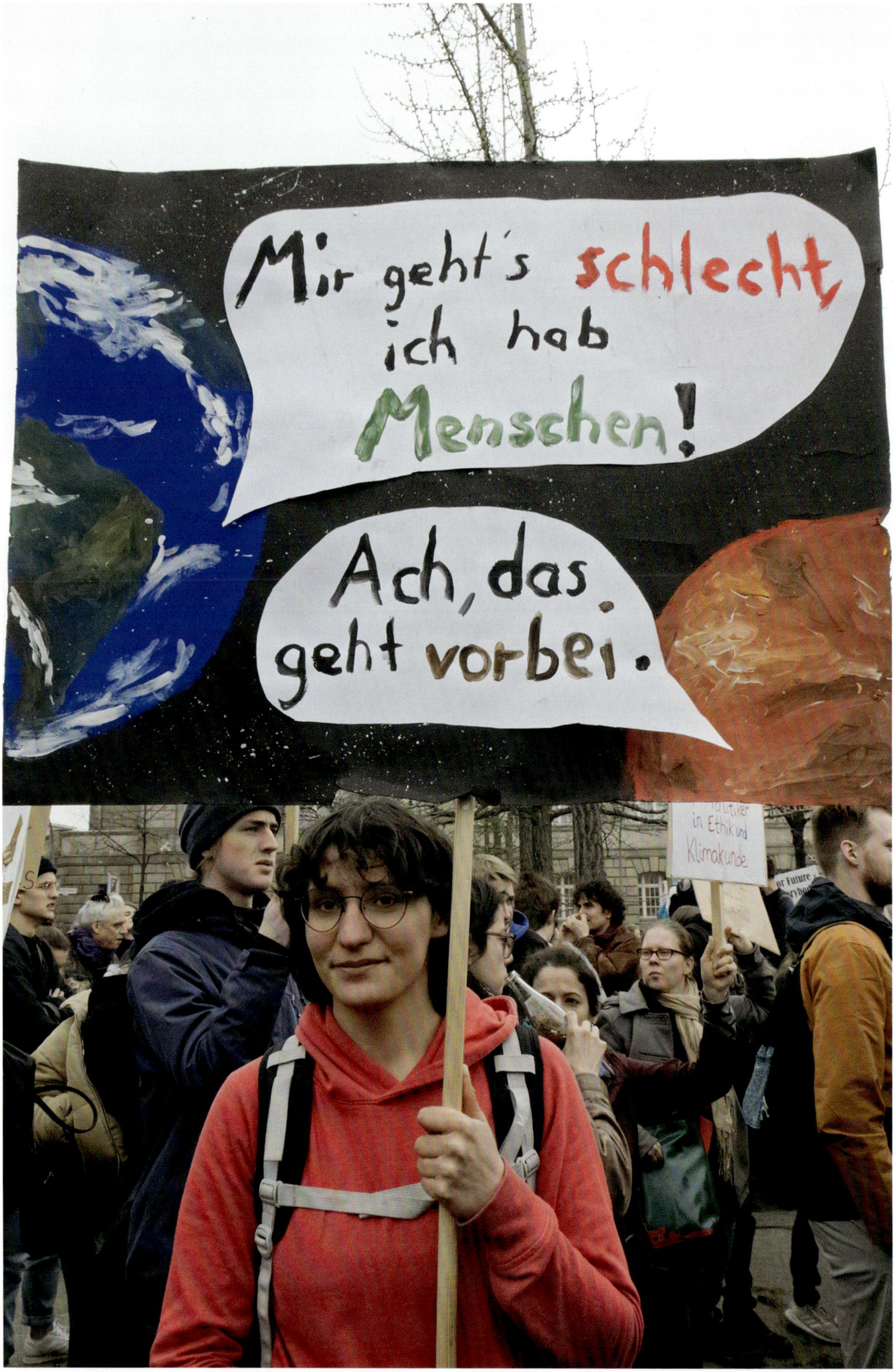
Mir geht's schlecht
ich hab
Menschen!
Ach, das
geht vorbei.
in Ethik und
Klimakunde

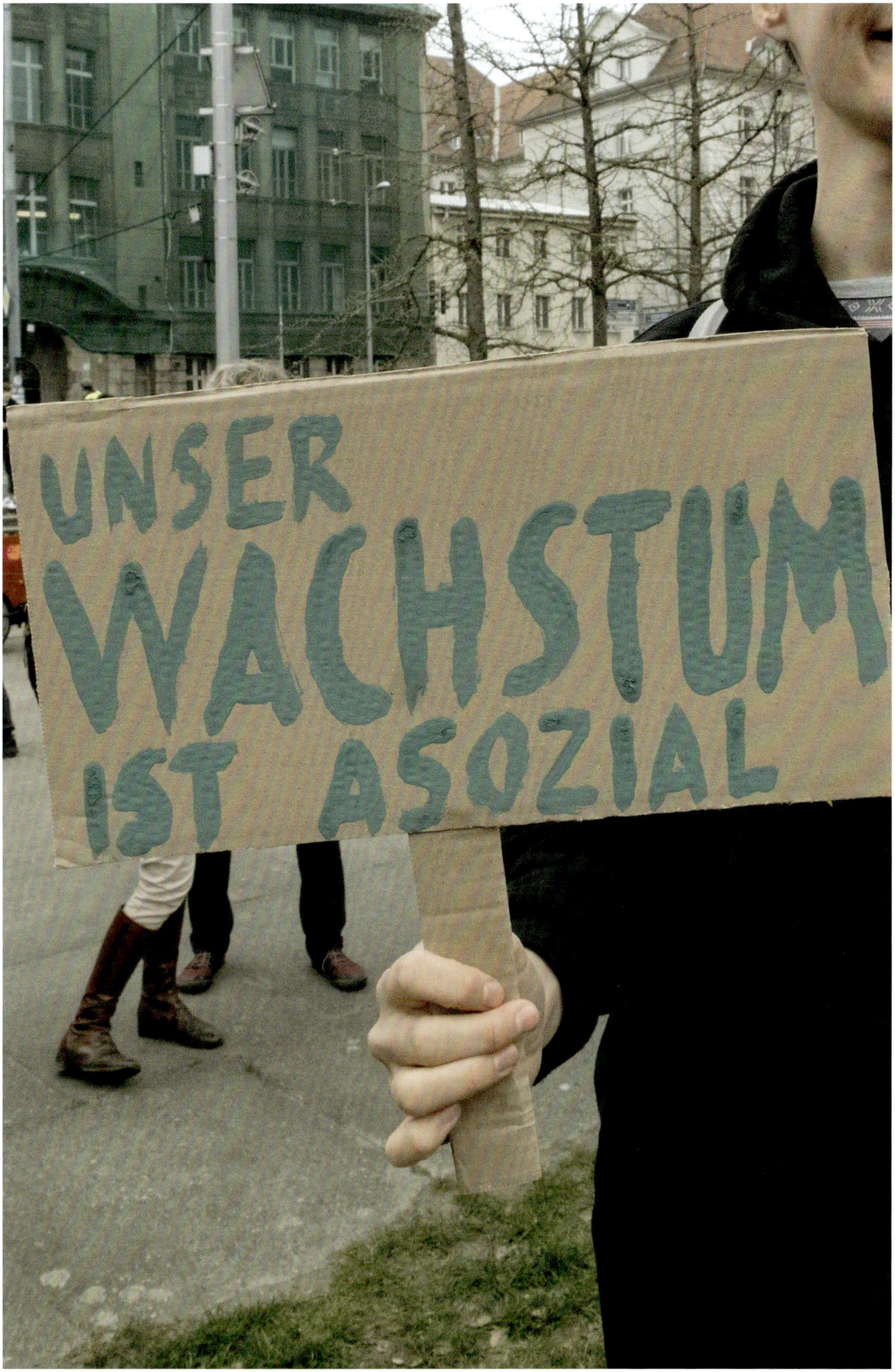
UNSER
WACHSTUM
IST ASOZIAL

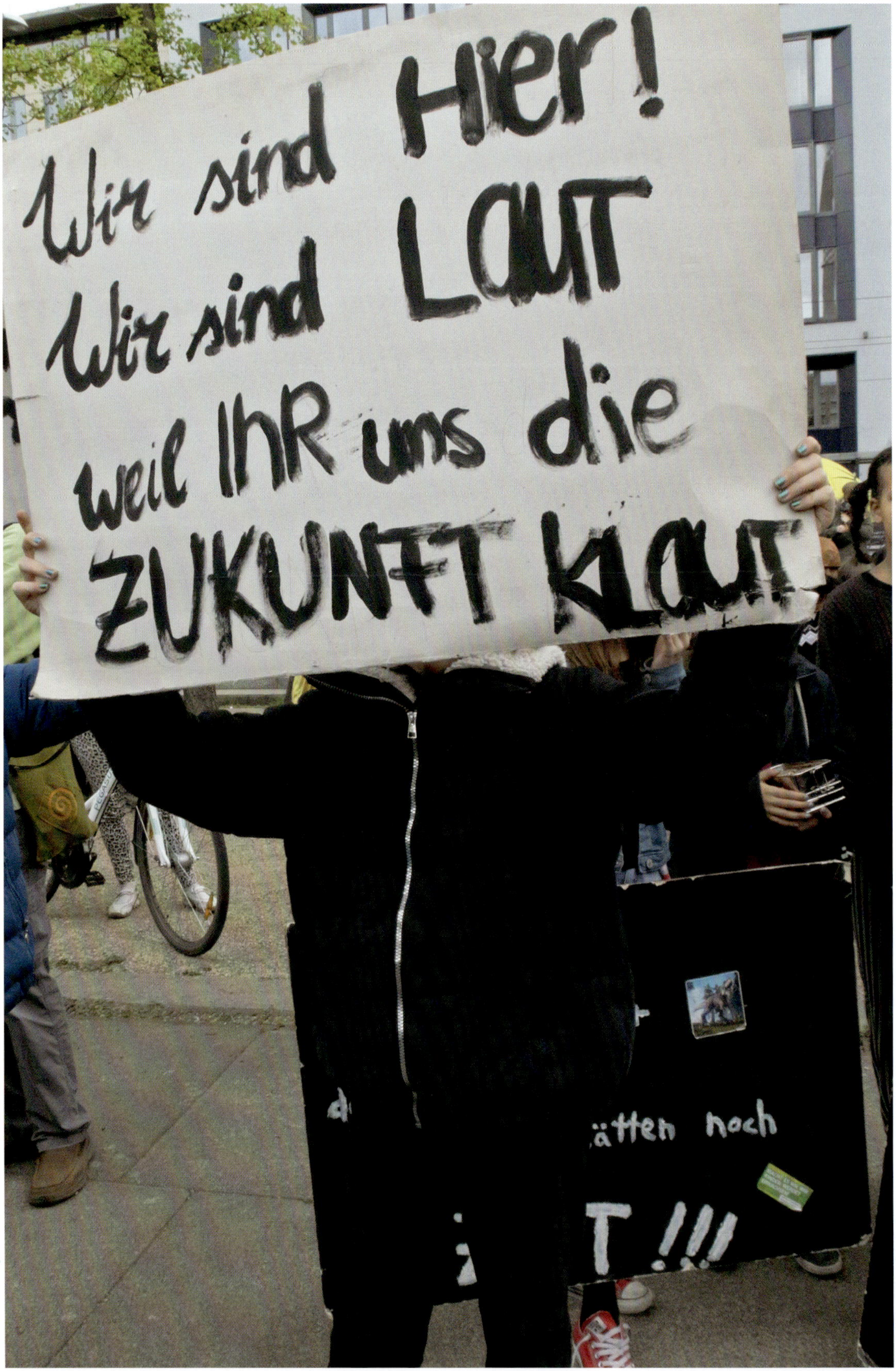
Wir sind Hier!
Wir sind LAUT
weil IHR uns die
ZUKUNFT KLAUT
ätten noch
T!!!

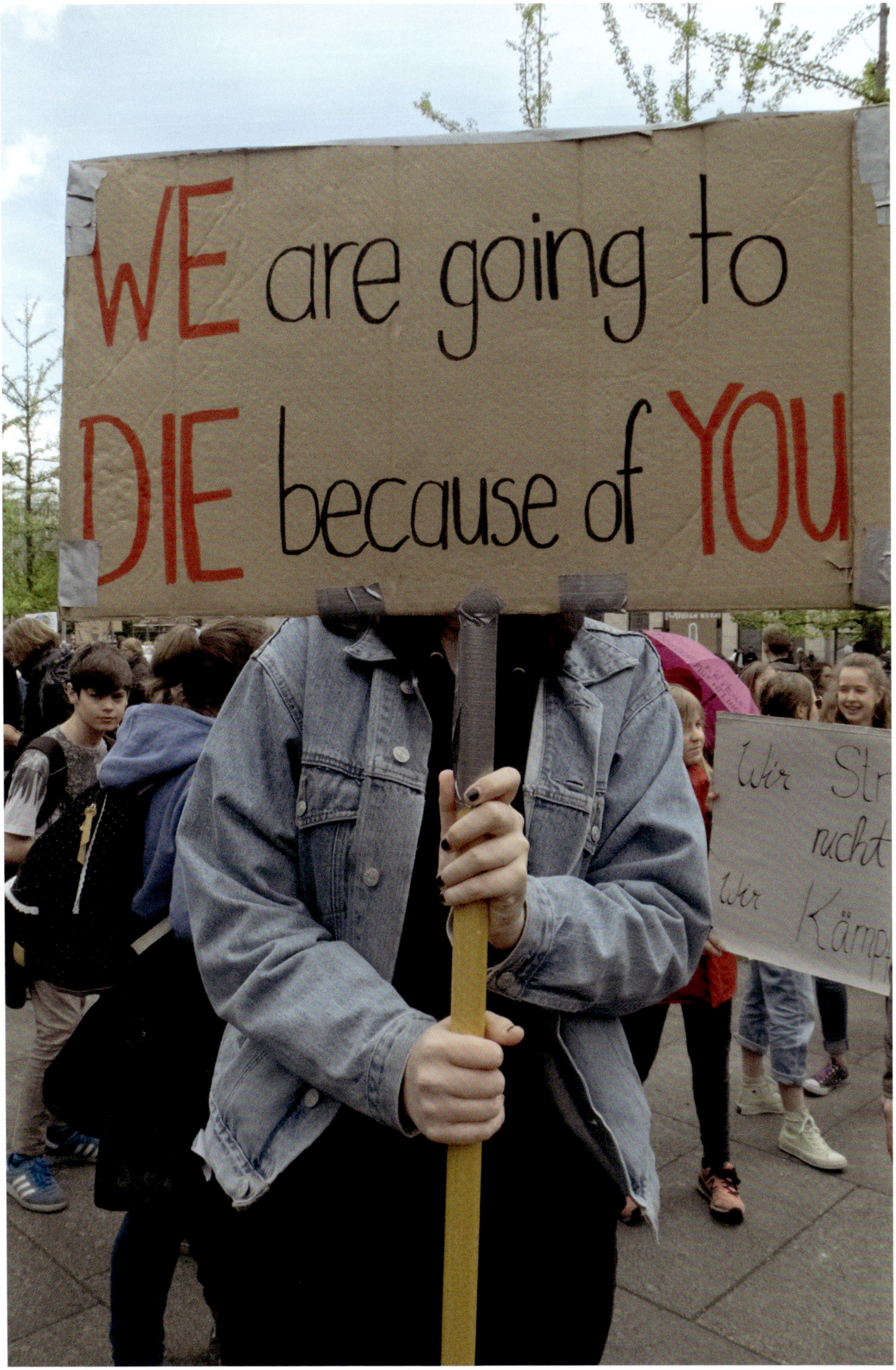
WE are going to
DIE because of YOU

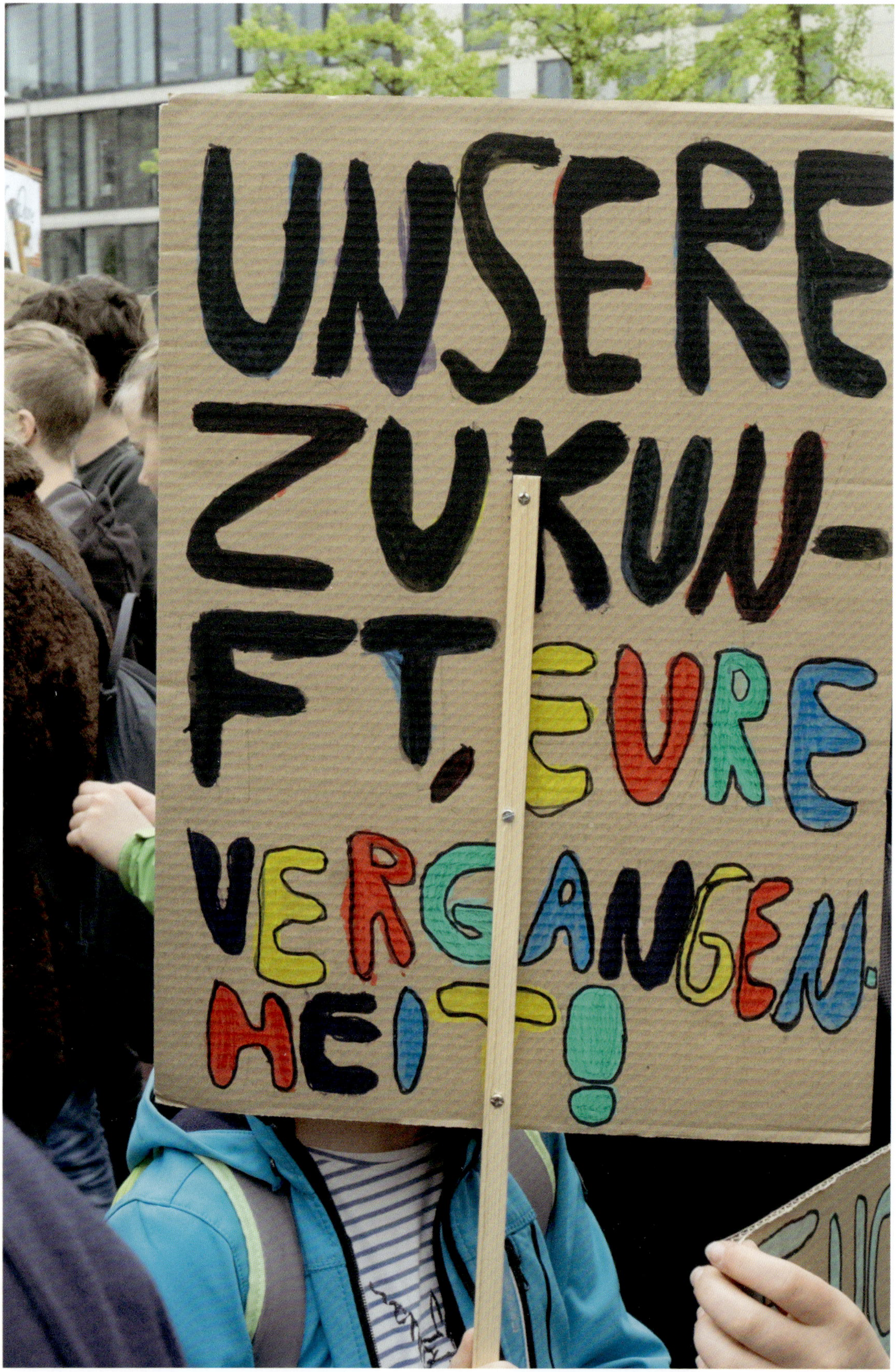
UNSERE
ZUKUN-
FT, EURE
VERGANGEN-
HEIT!

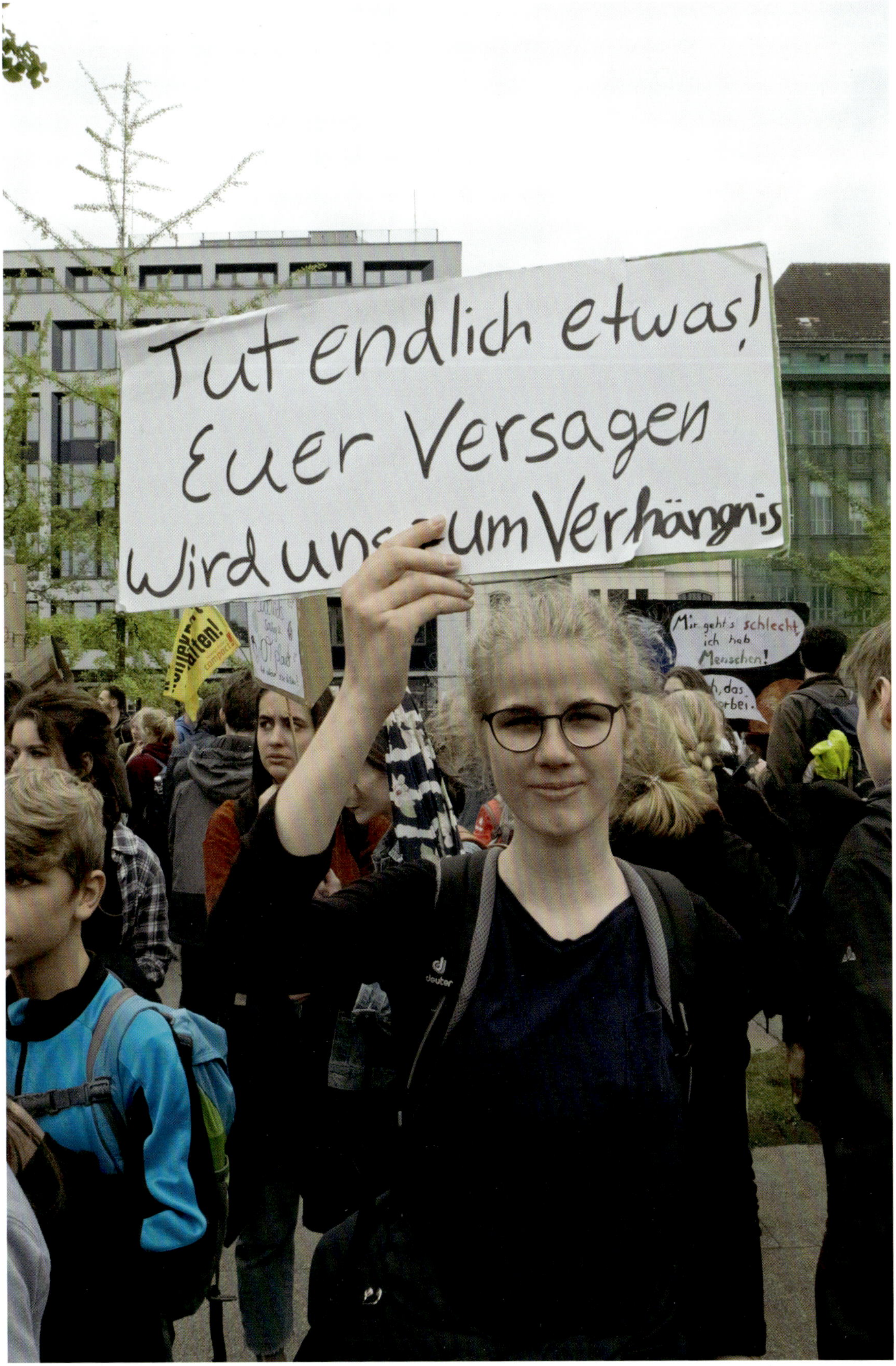
Tut endlich etwas!
Euer Versagen
Wird uns
um Verhängnis
Mir geht's schlecht
ich hab
Menschen!

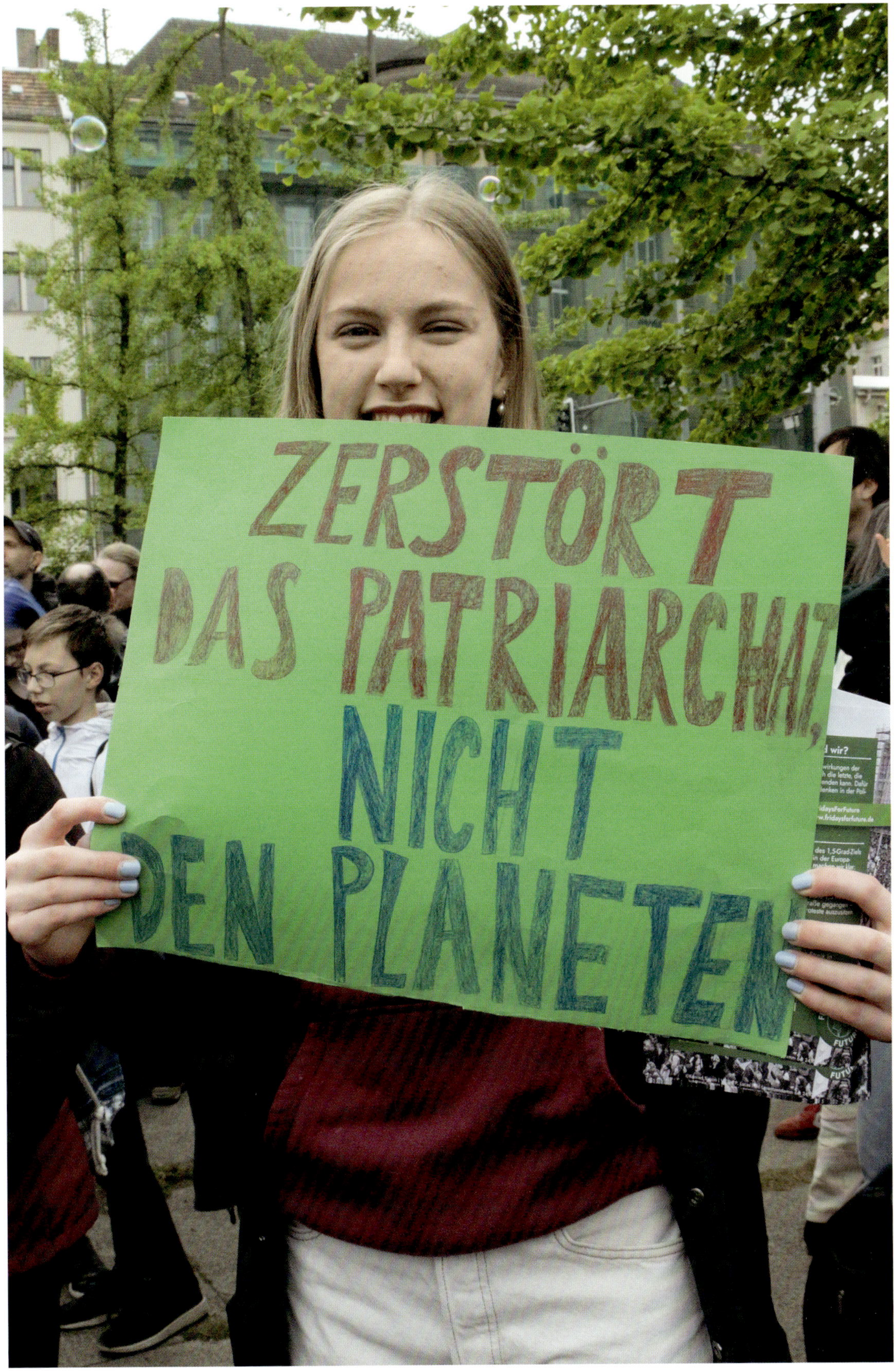
ZERSTÖRT
DAS PATRIARCHAT,
NICHT
DEN PLANETEN

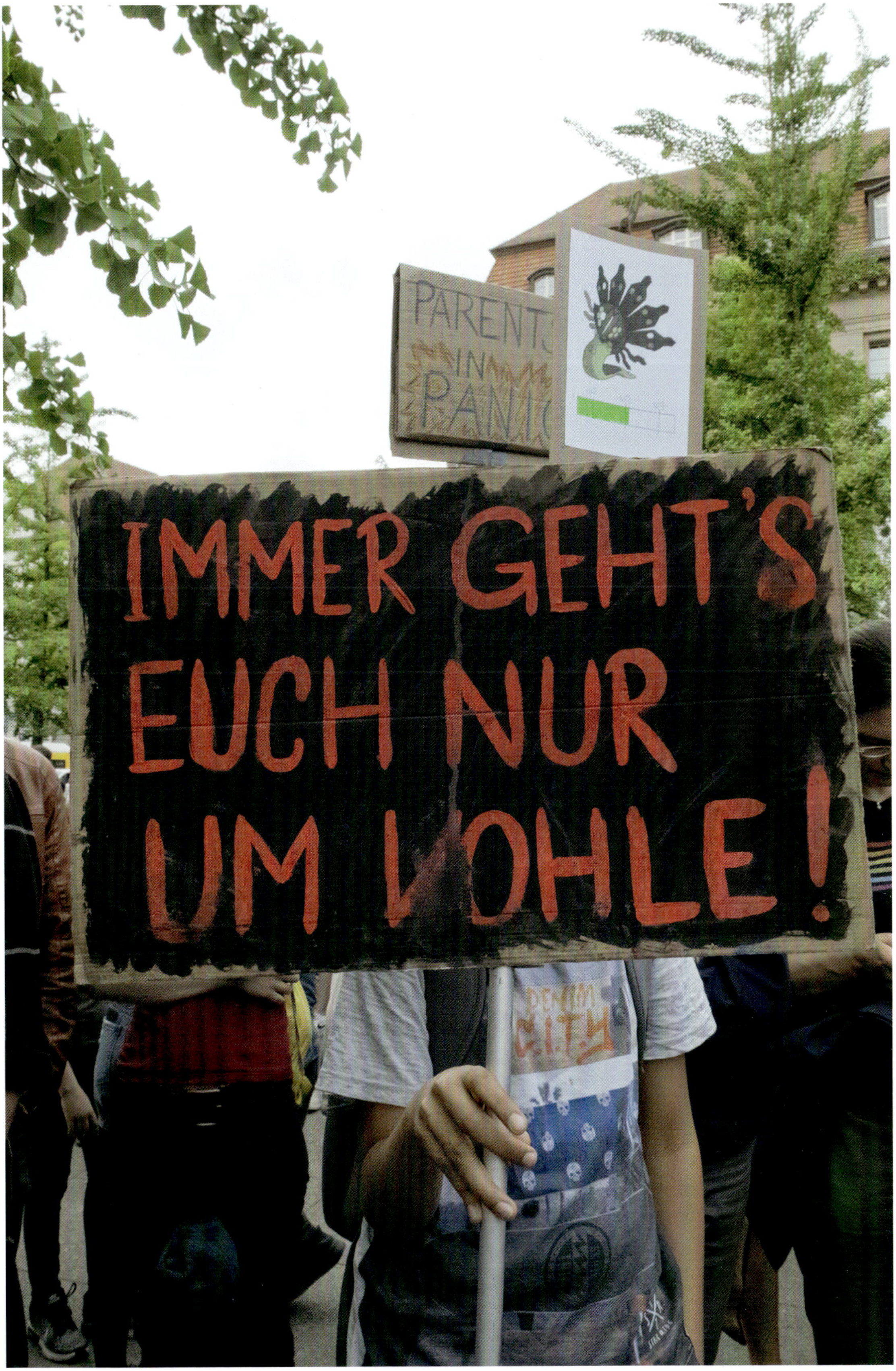
IMMER GEHT'S
EUCH NUR
UM KOHLE!
PARENTS
IN
PANIC
DENIM
C.I.T.Y

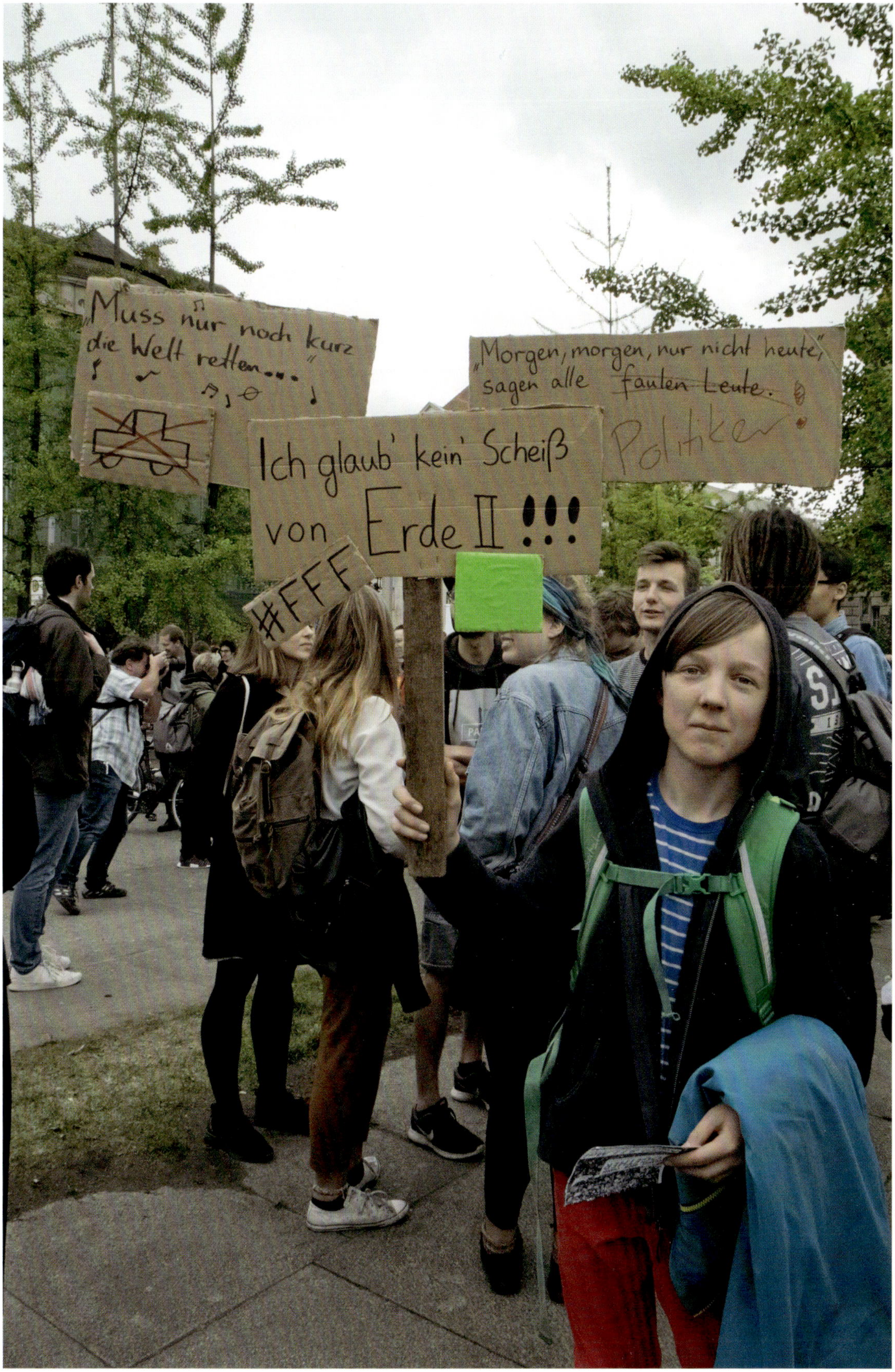
„Muss nur noch kurz die Welt retten…"
„Morgen, morgen, nur nicht heute", sagen alle ~~faulen Leute~~.
Politiker!
Ich glaub' kein' Scheiß von Erde II!!!
#FFF

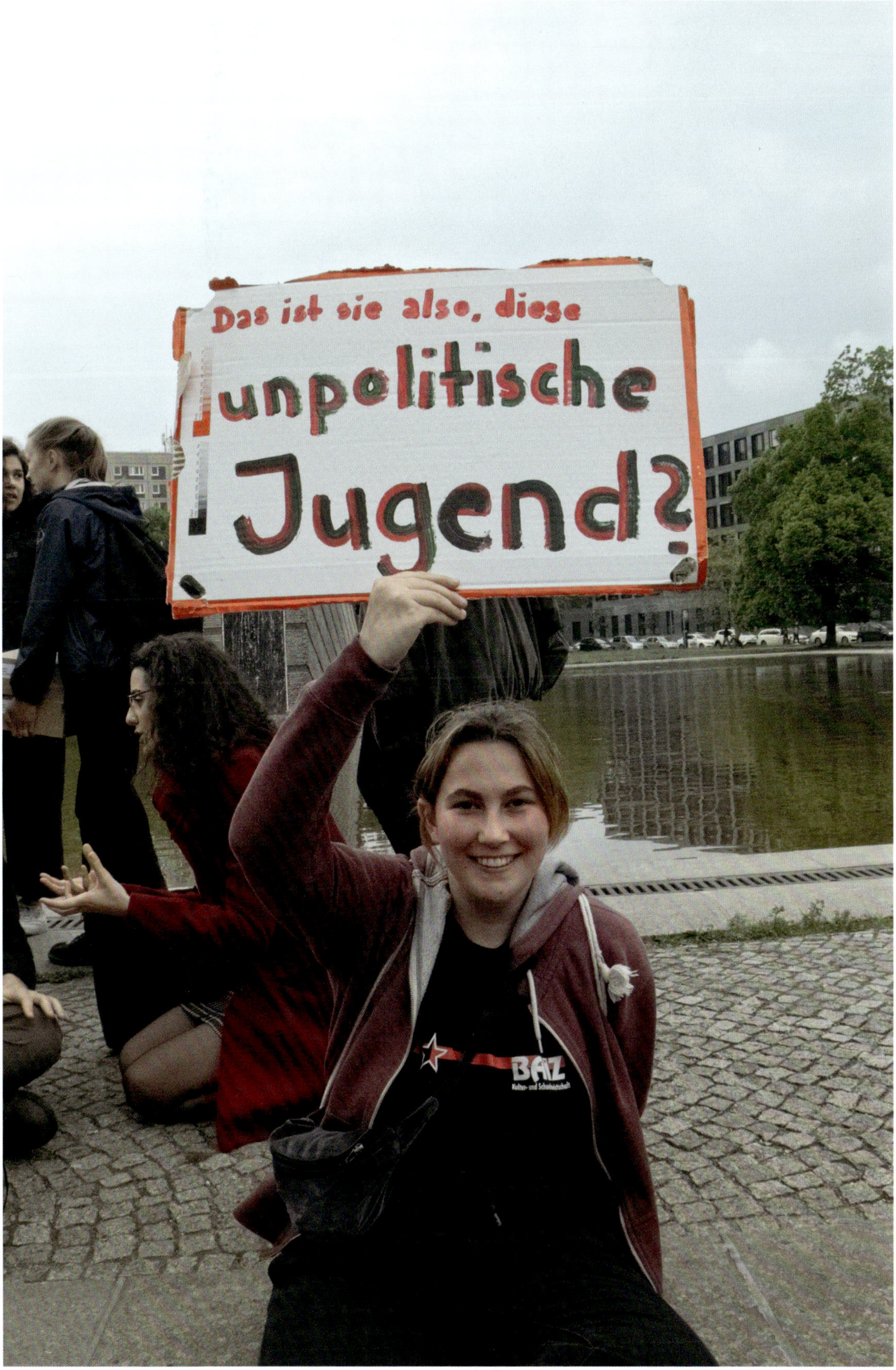
Das ist sie also, diese
unpolitische
Jugend?
BAZ

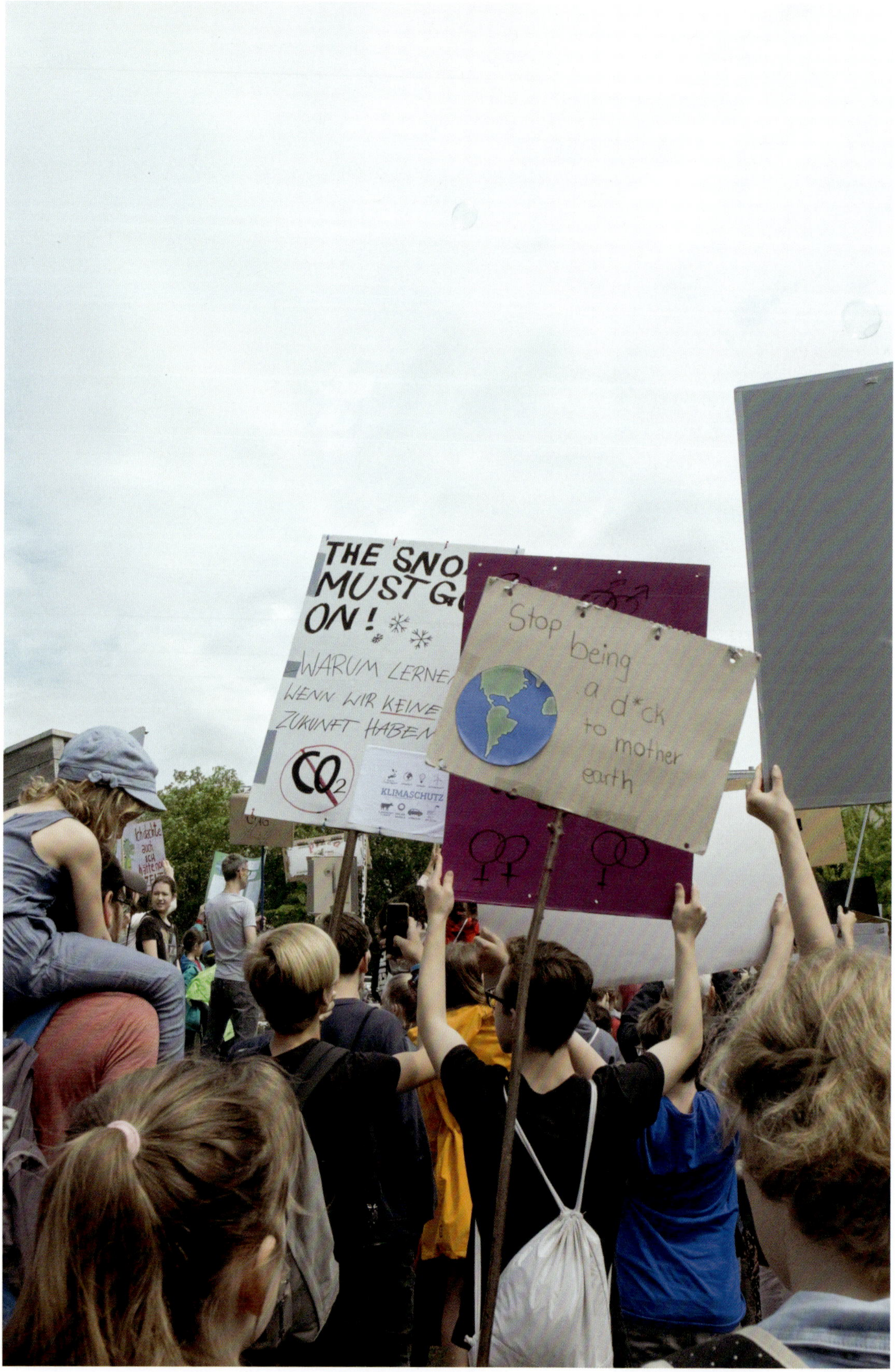
Stop being a d*ck to mother earth
WENN WIR KEINE
CO2
KLIMASCHUTZ

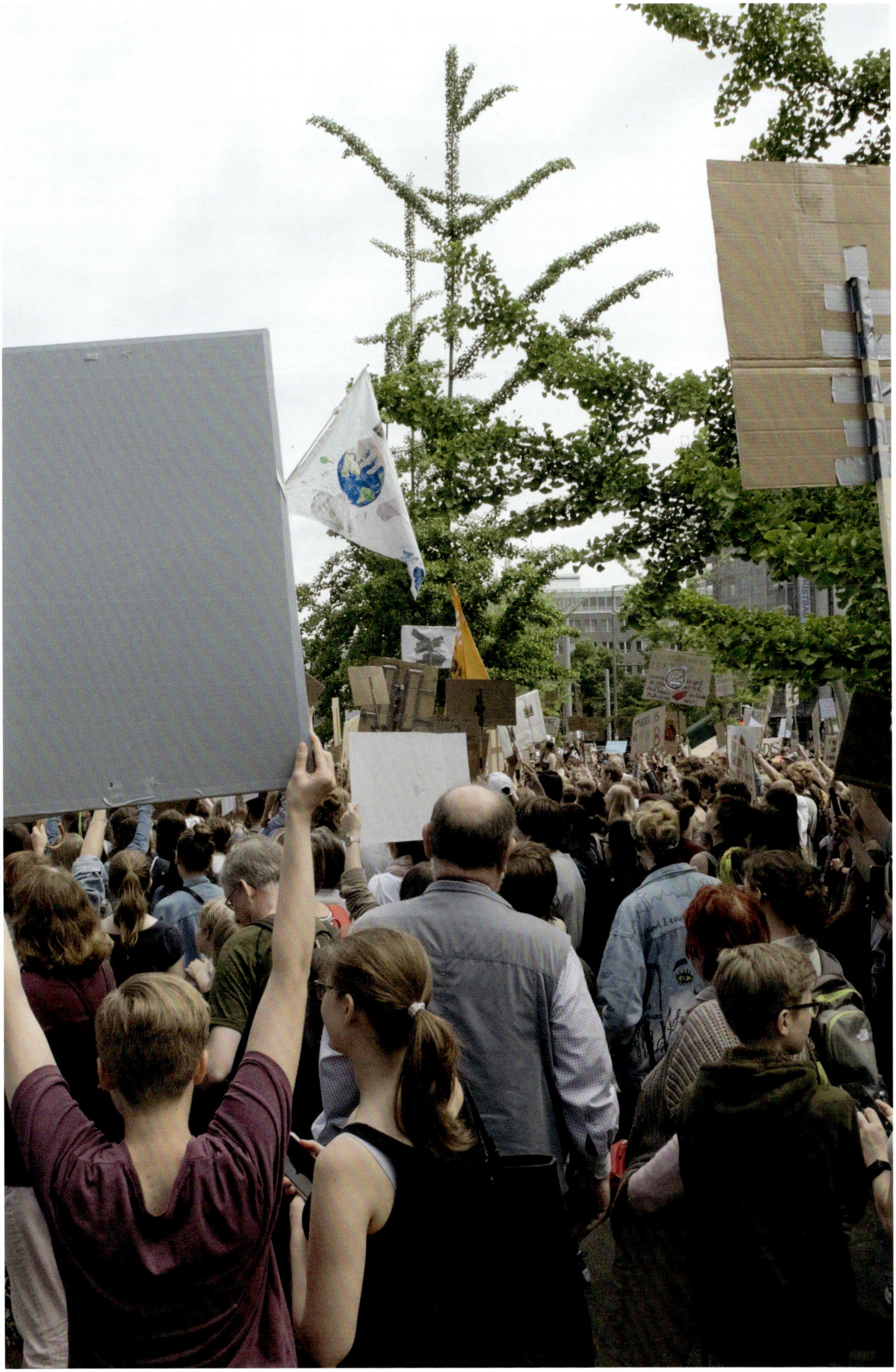

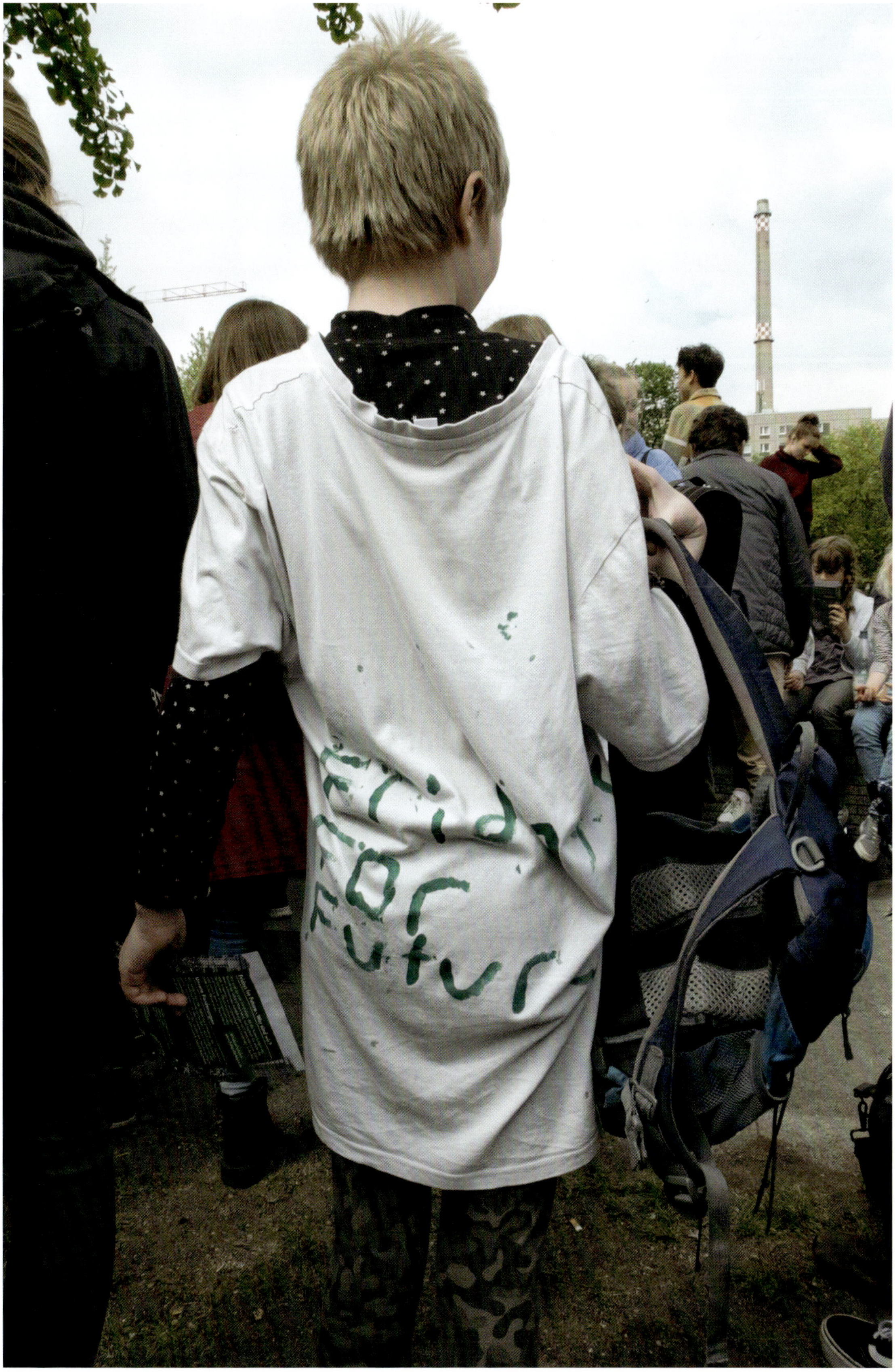

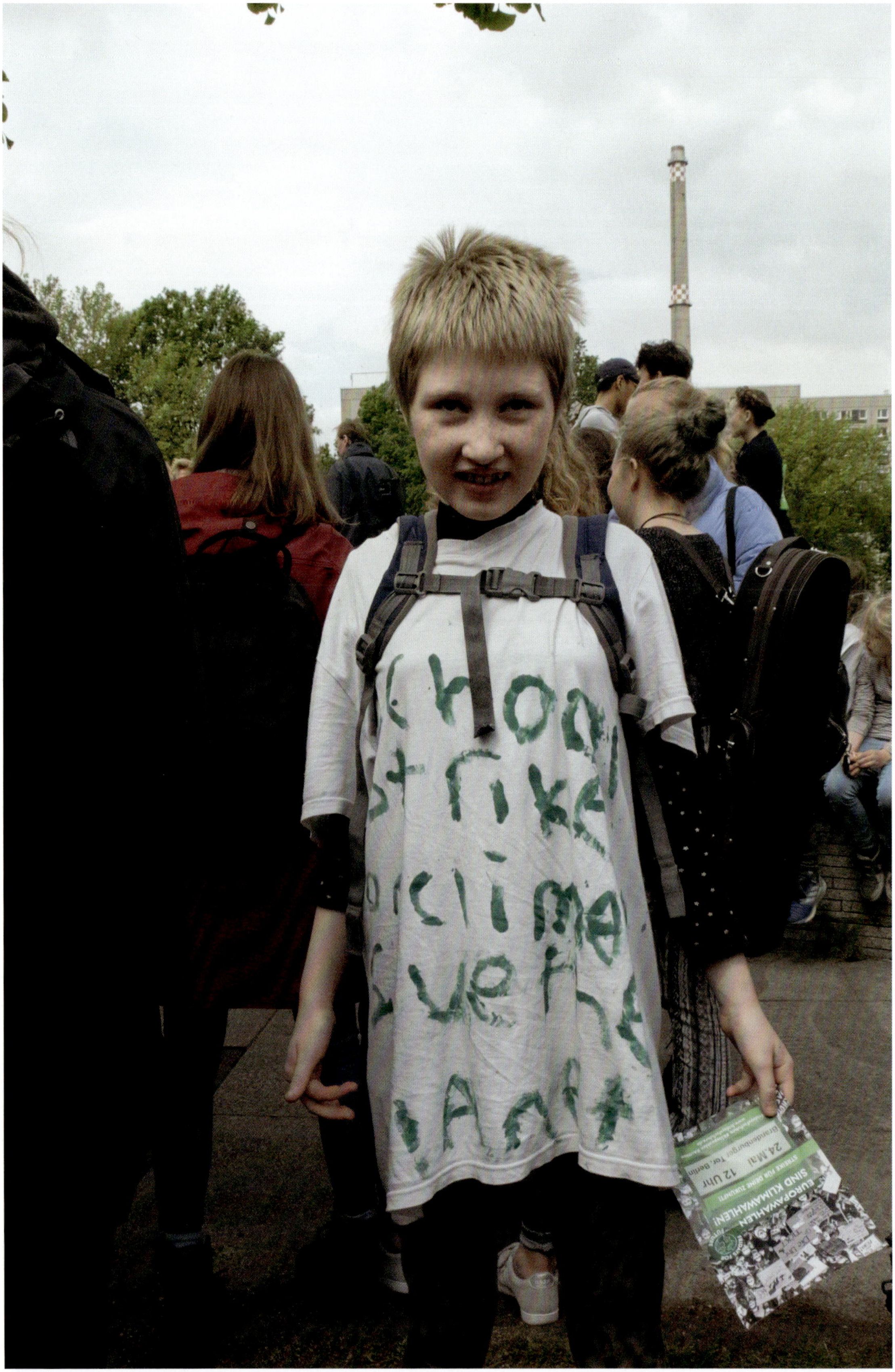
EUROPAWAHLEN
SIND KLIMAWAHLEN!
24. Mai 12 Uhr
Brandenburger Tor, Berlin

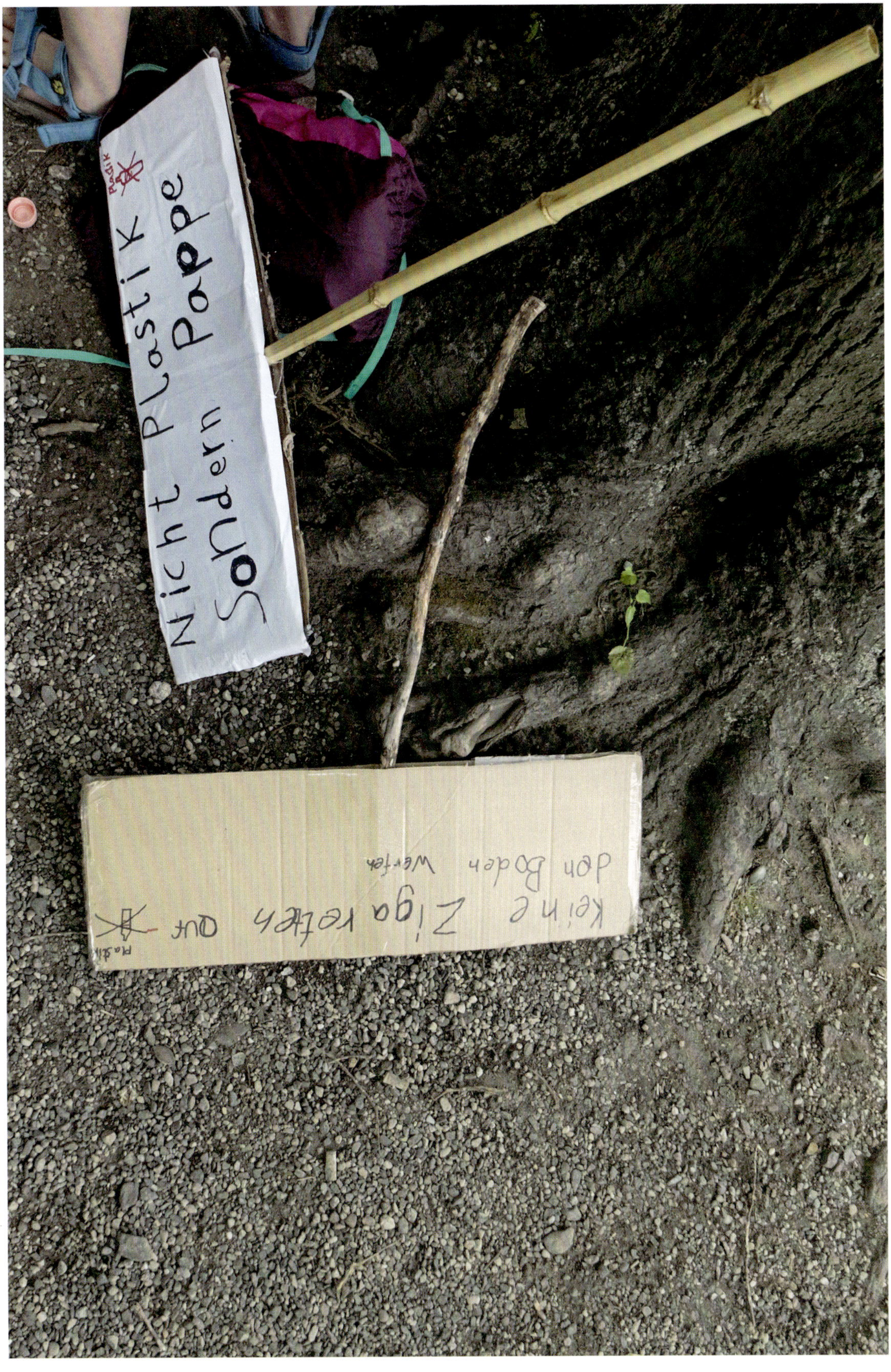
Nicht Plastik
Sondern Pappe
keine Zigareten auf
den Boden werfen

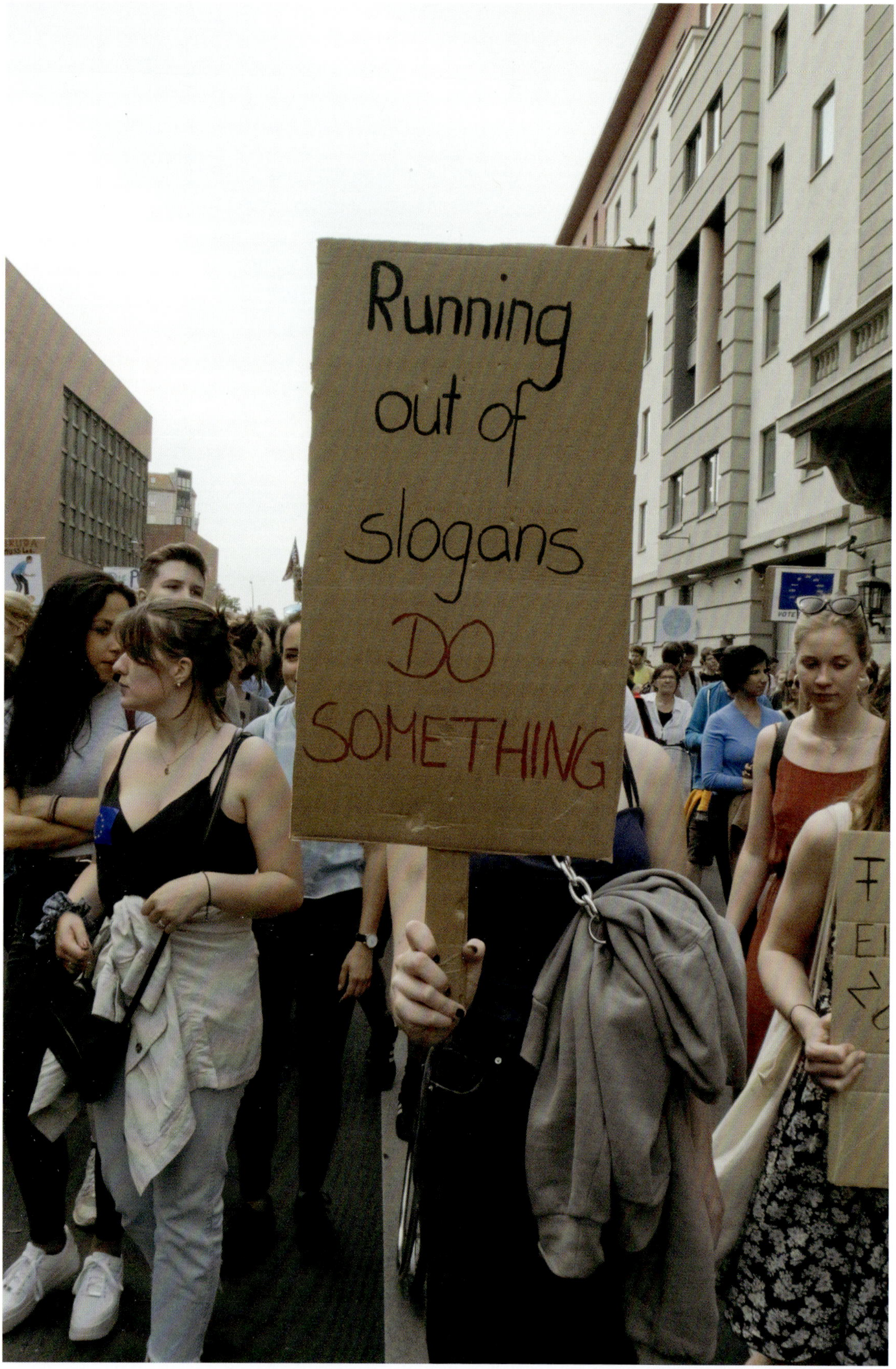
Running
out of
slogans
DO
SOMETHING

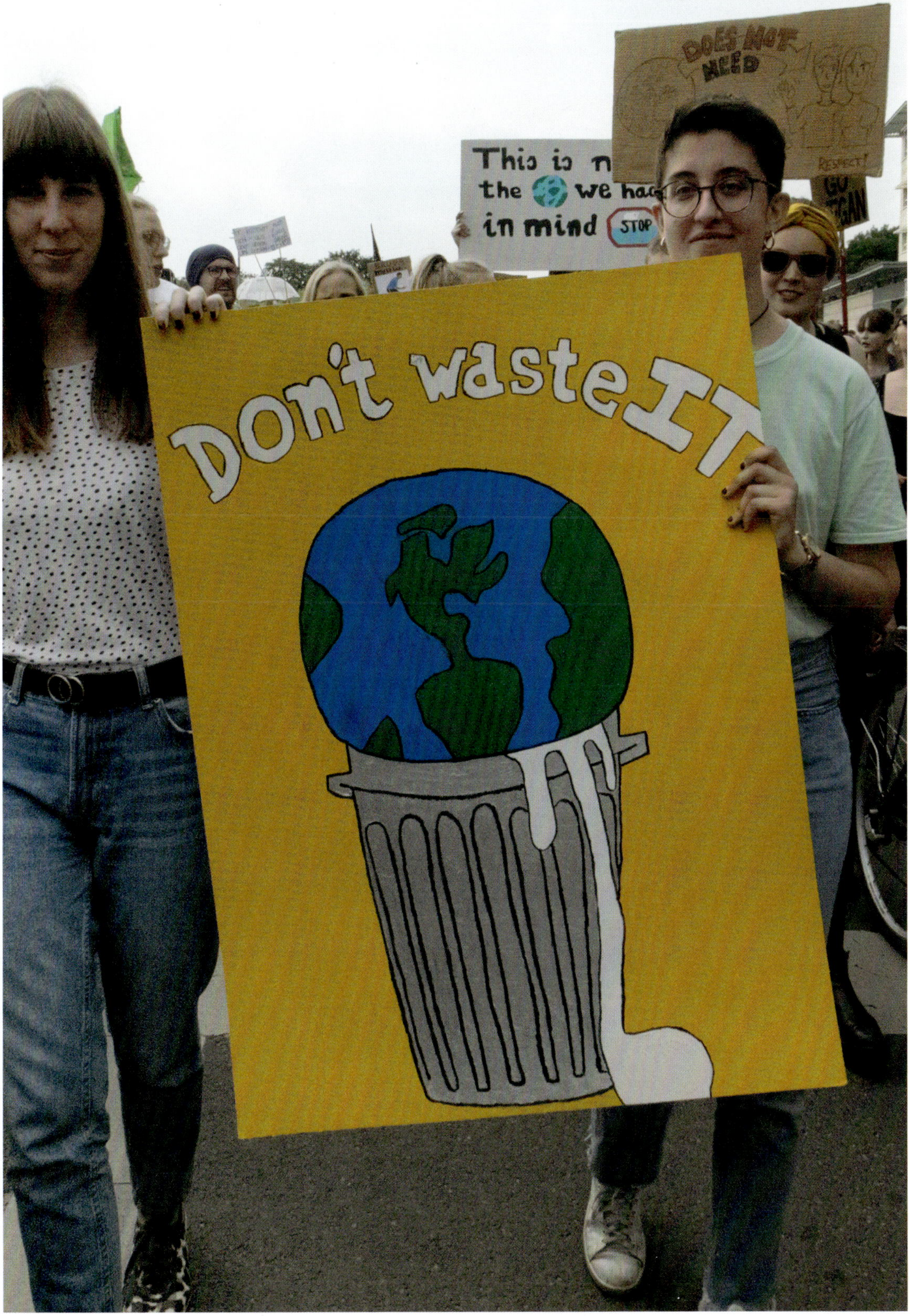
Don't wasteIT
DOES NOT NEED
RESPECT!
in mind
STOP

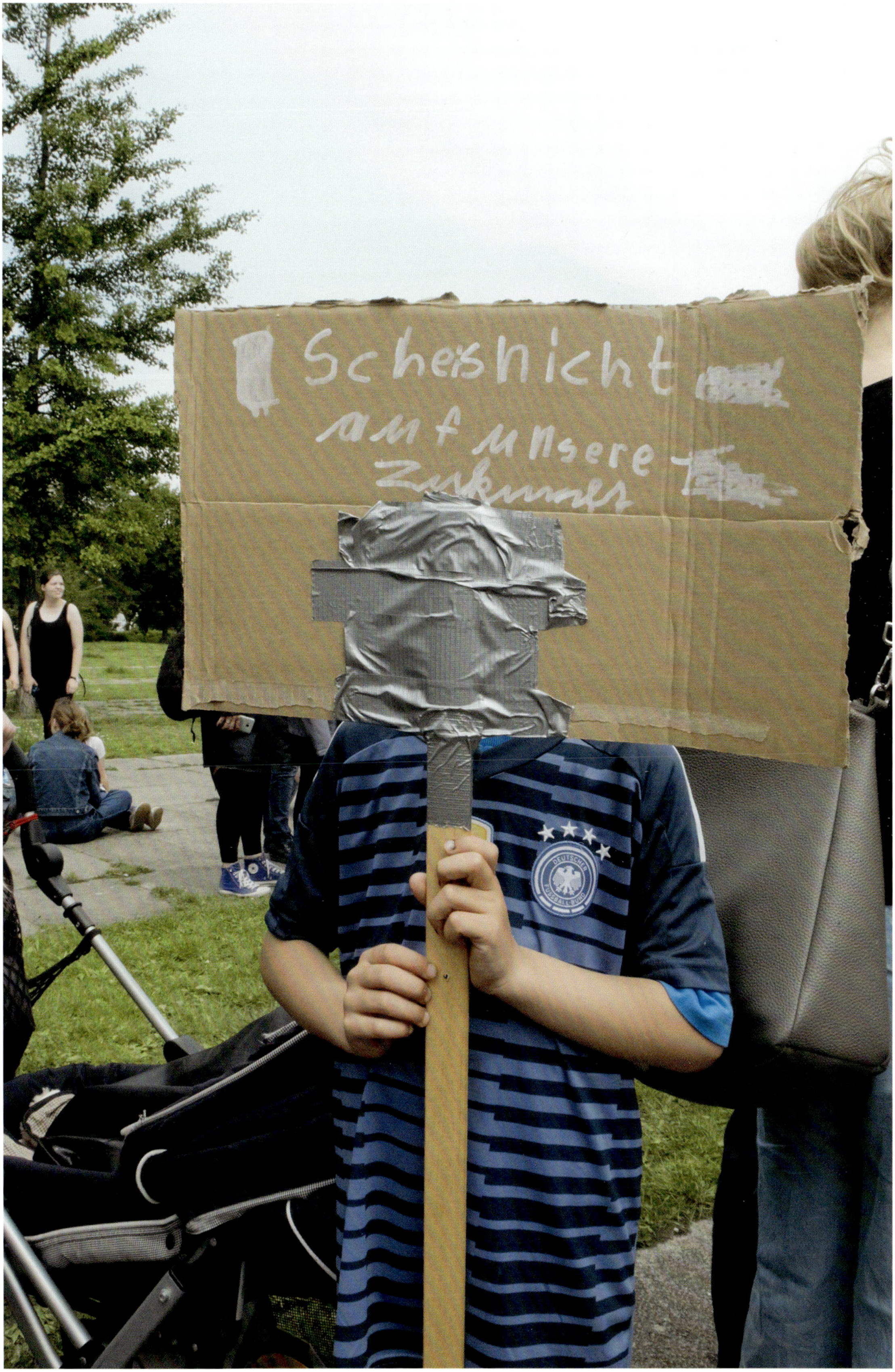
Scheisnicht
auf unsere
Zukunft

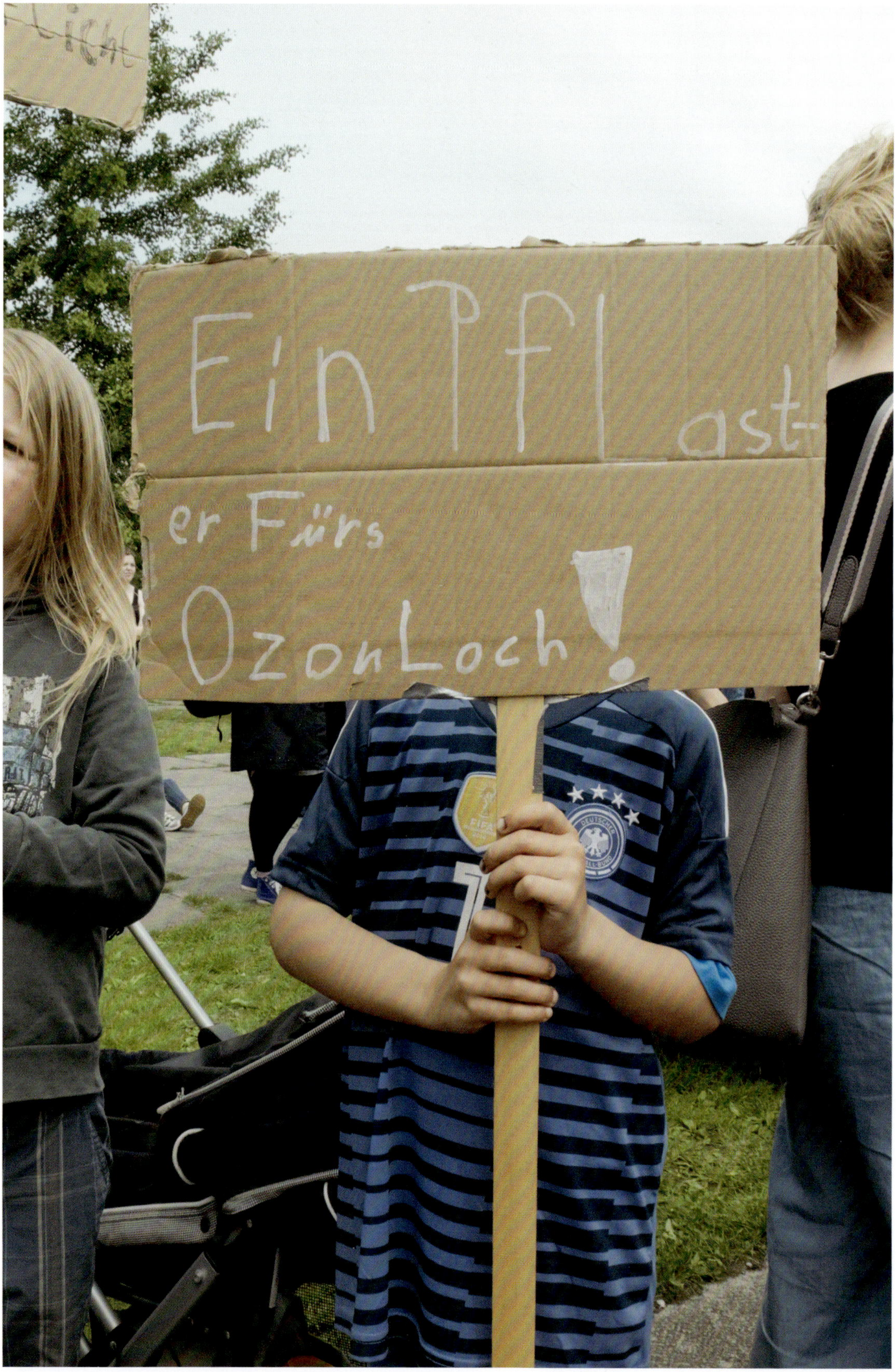
Ein Pfl ast-
er Fürs
OzonLoch!

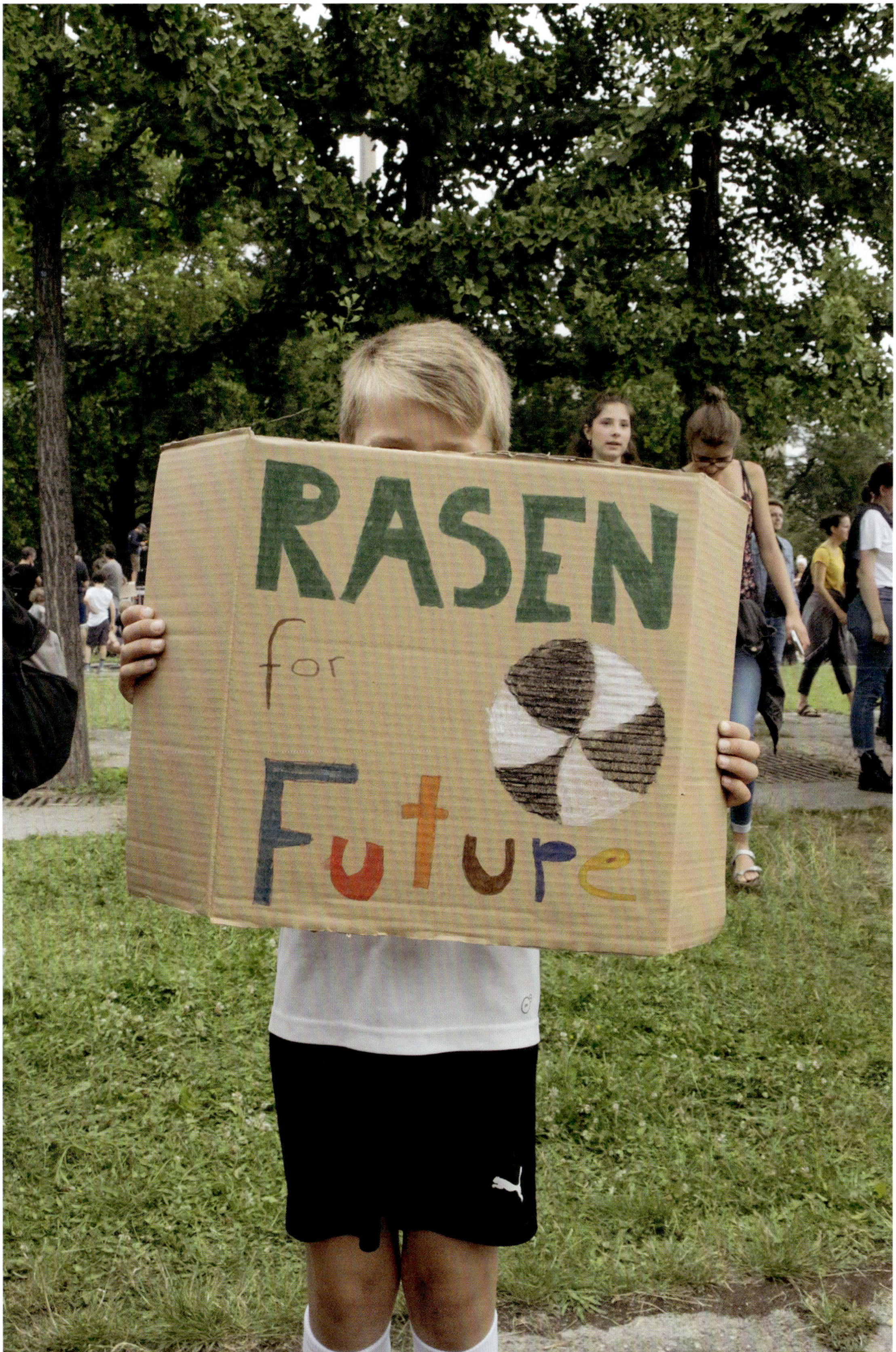
RASEN
for
Future

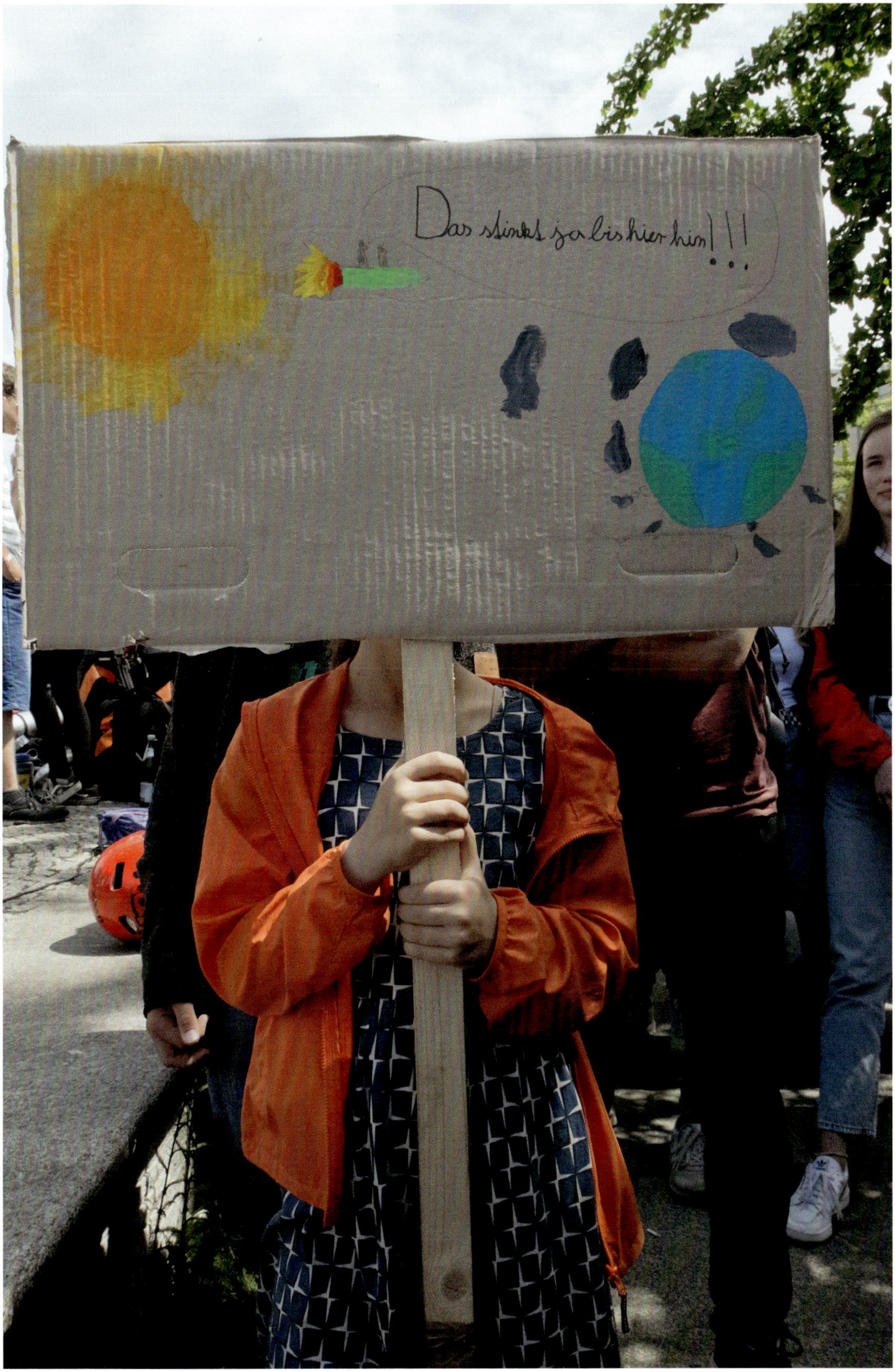
Das stinkt ja bis hier hin!!!

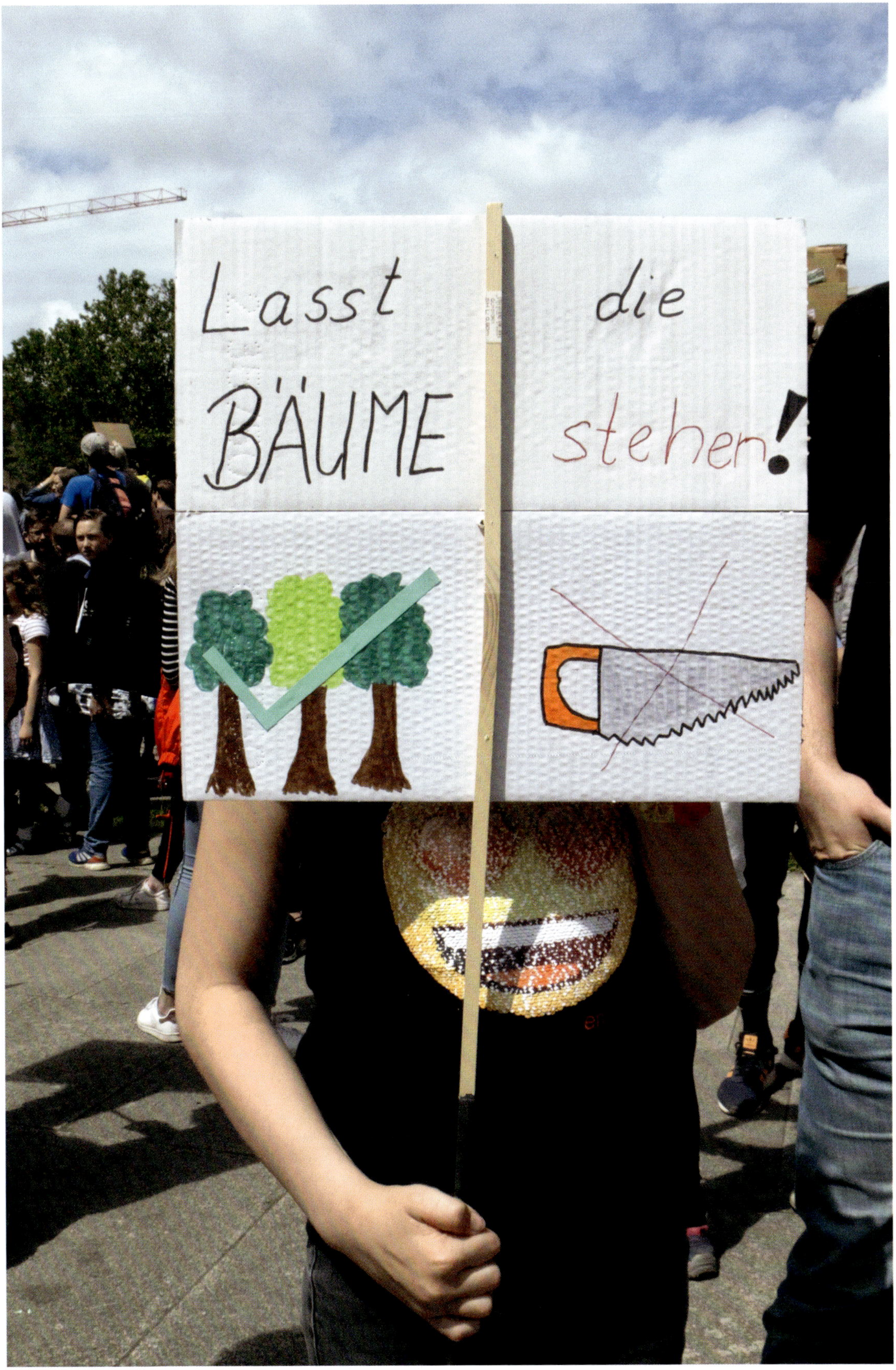
Lasst die
BÄUME stehen!

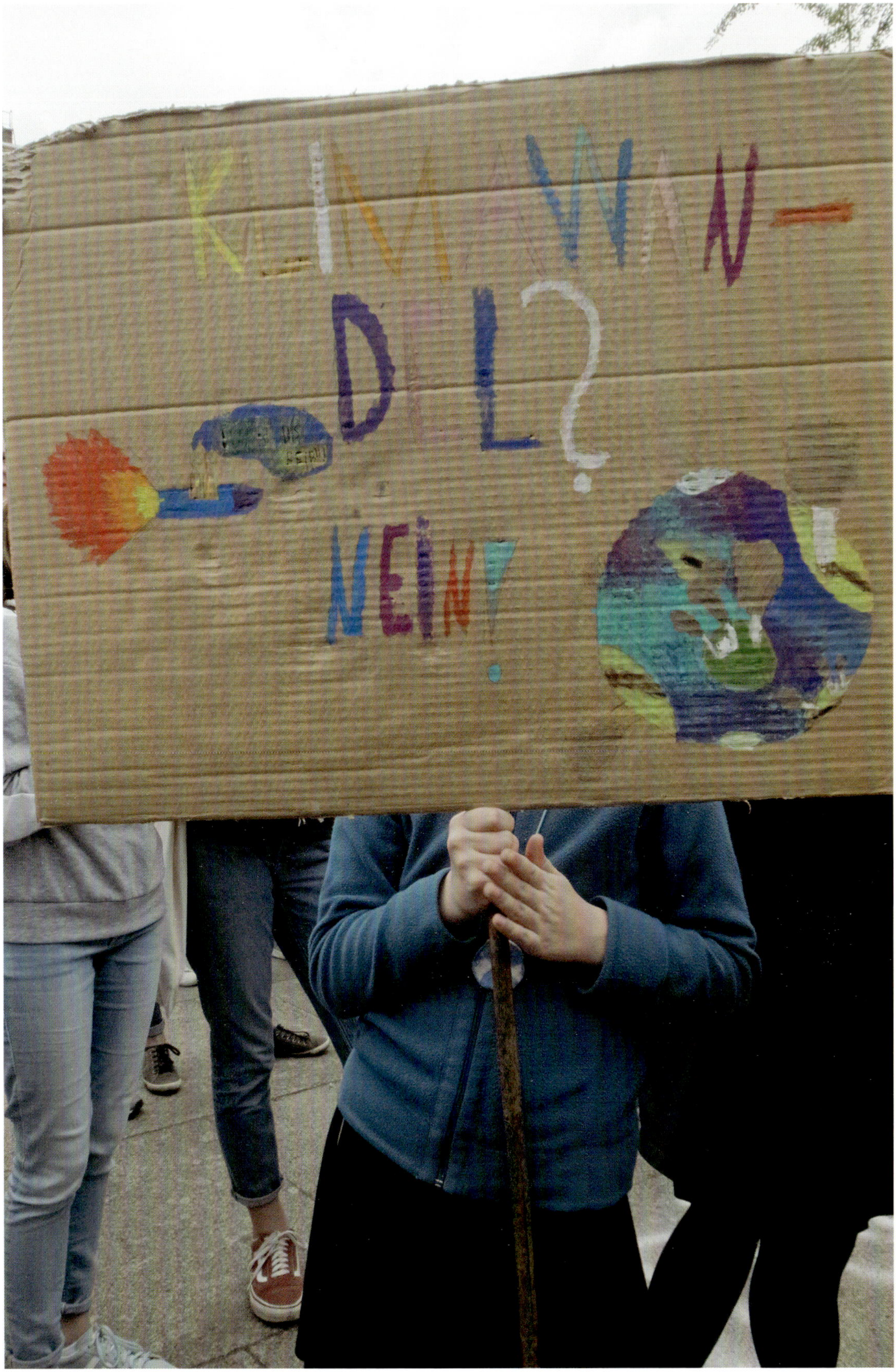
KLIMAWAN-
DEL?
NEIN!

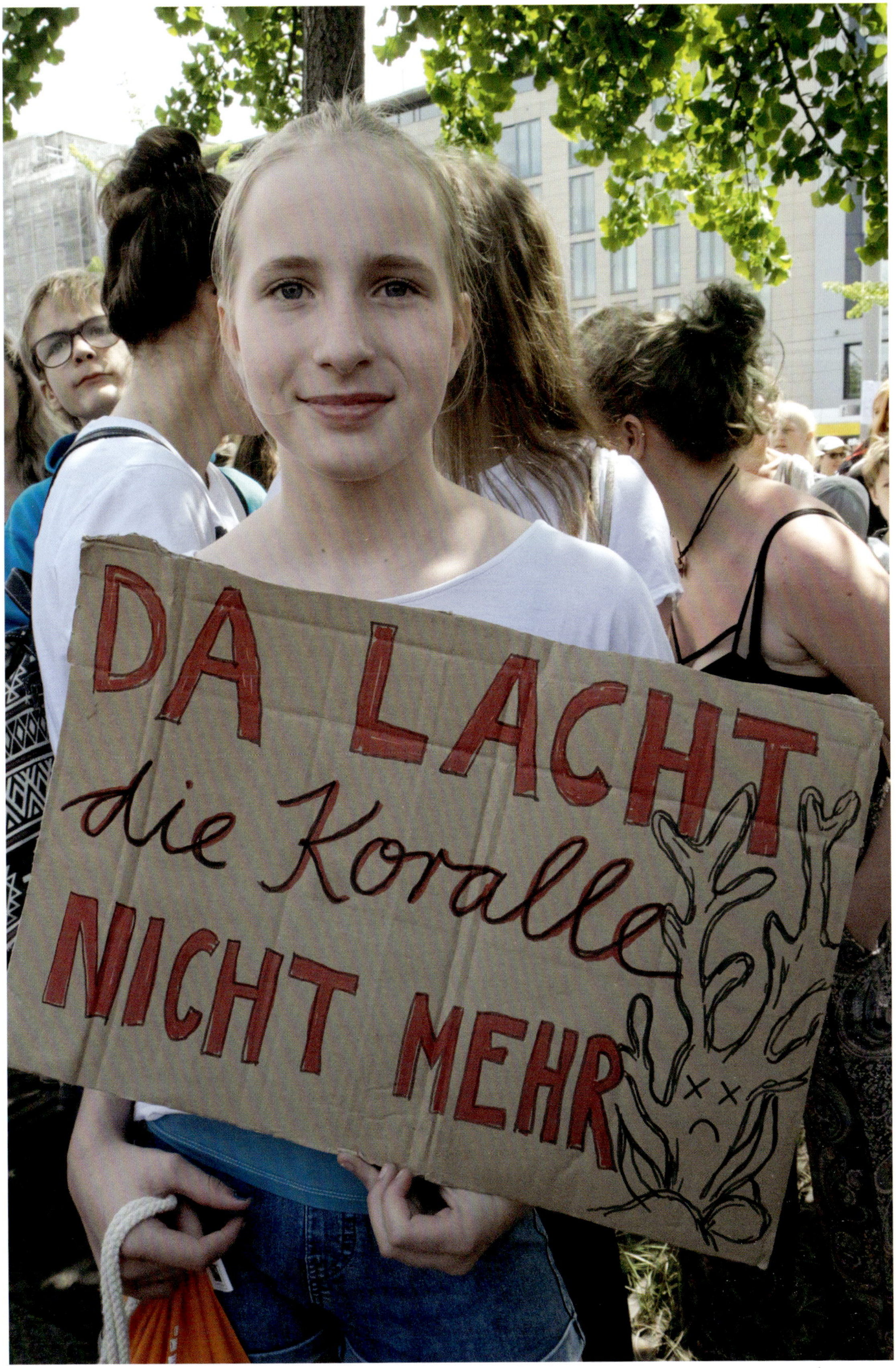
DA LACHT
die Koralle
NICHT MEHR

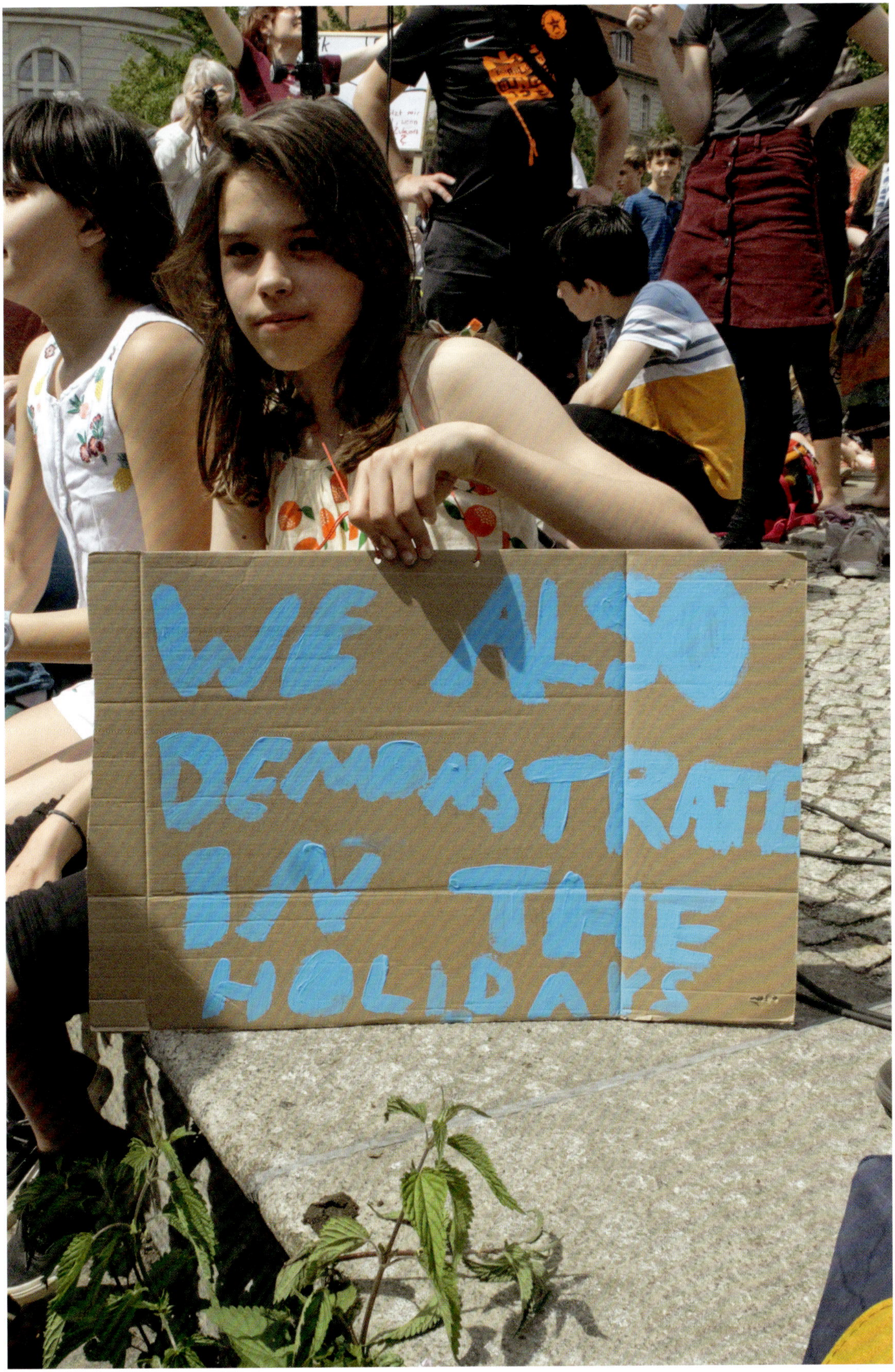
WE ALSO
DEMONSTRATE
IN THE
HOLIDAYS

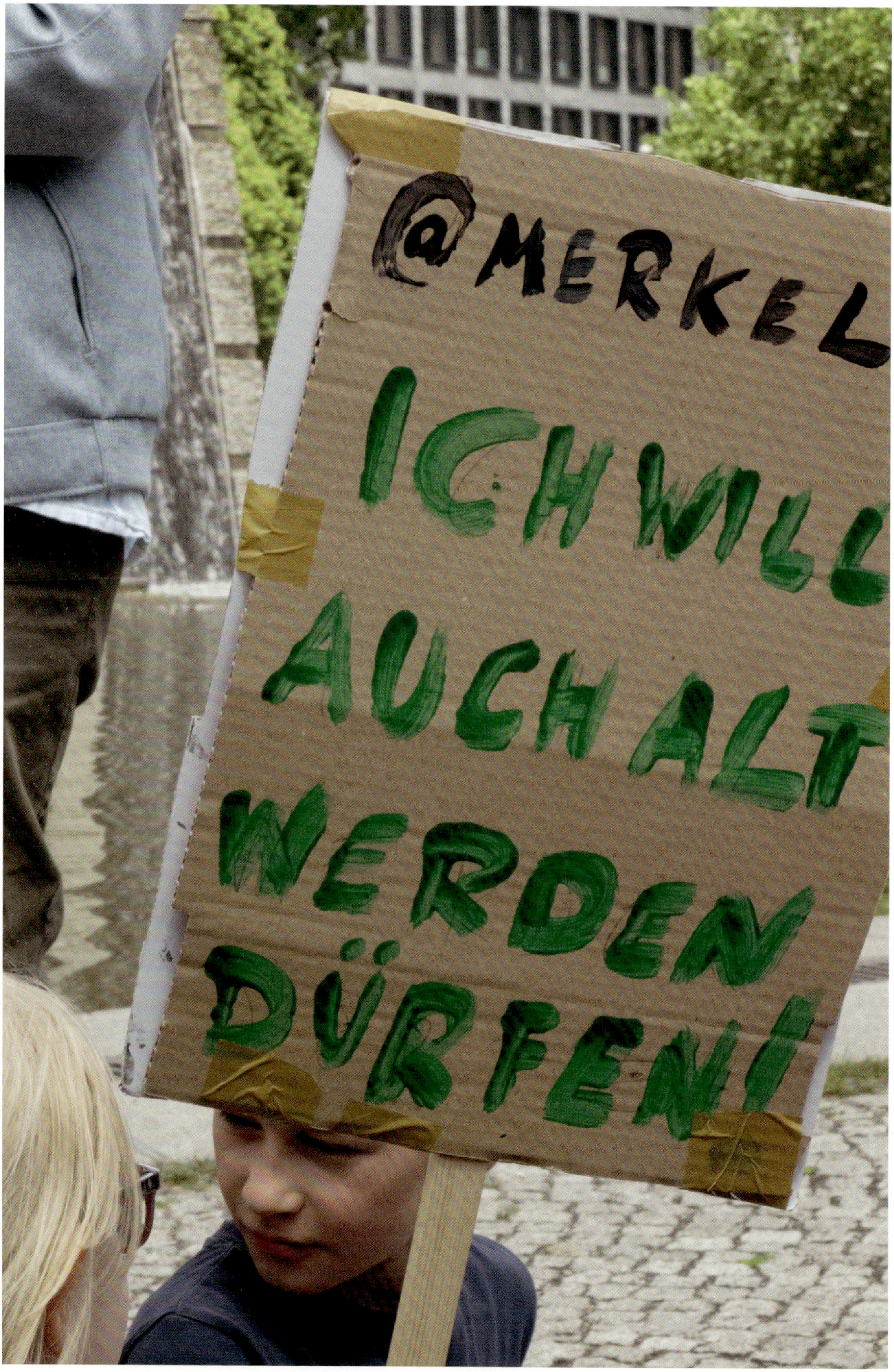
@MERKEL
ICH WILL
AUCH ALT
WERDEN
DÜRFEN!

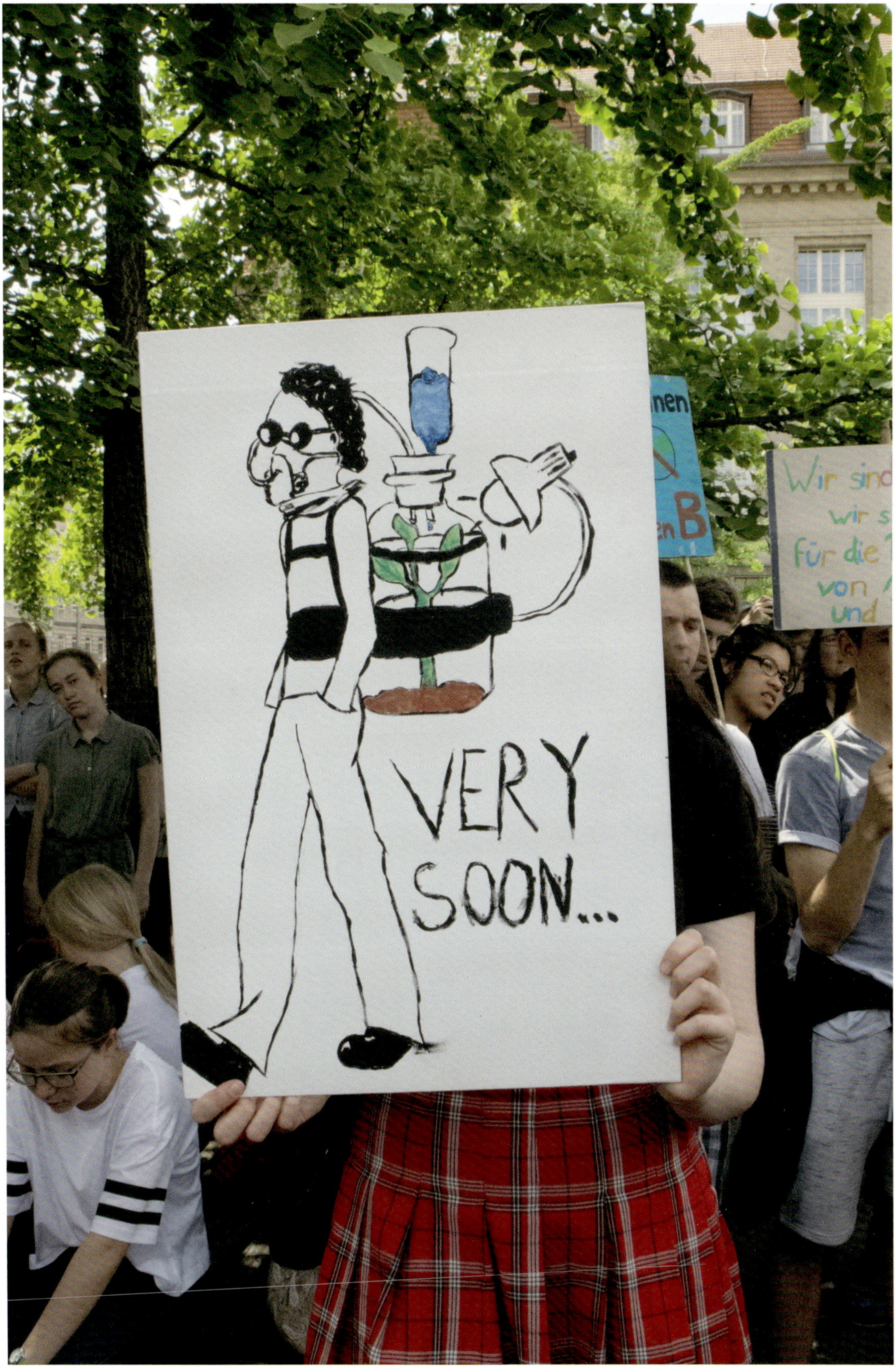
VERY
SOON...

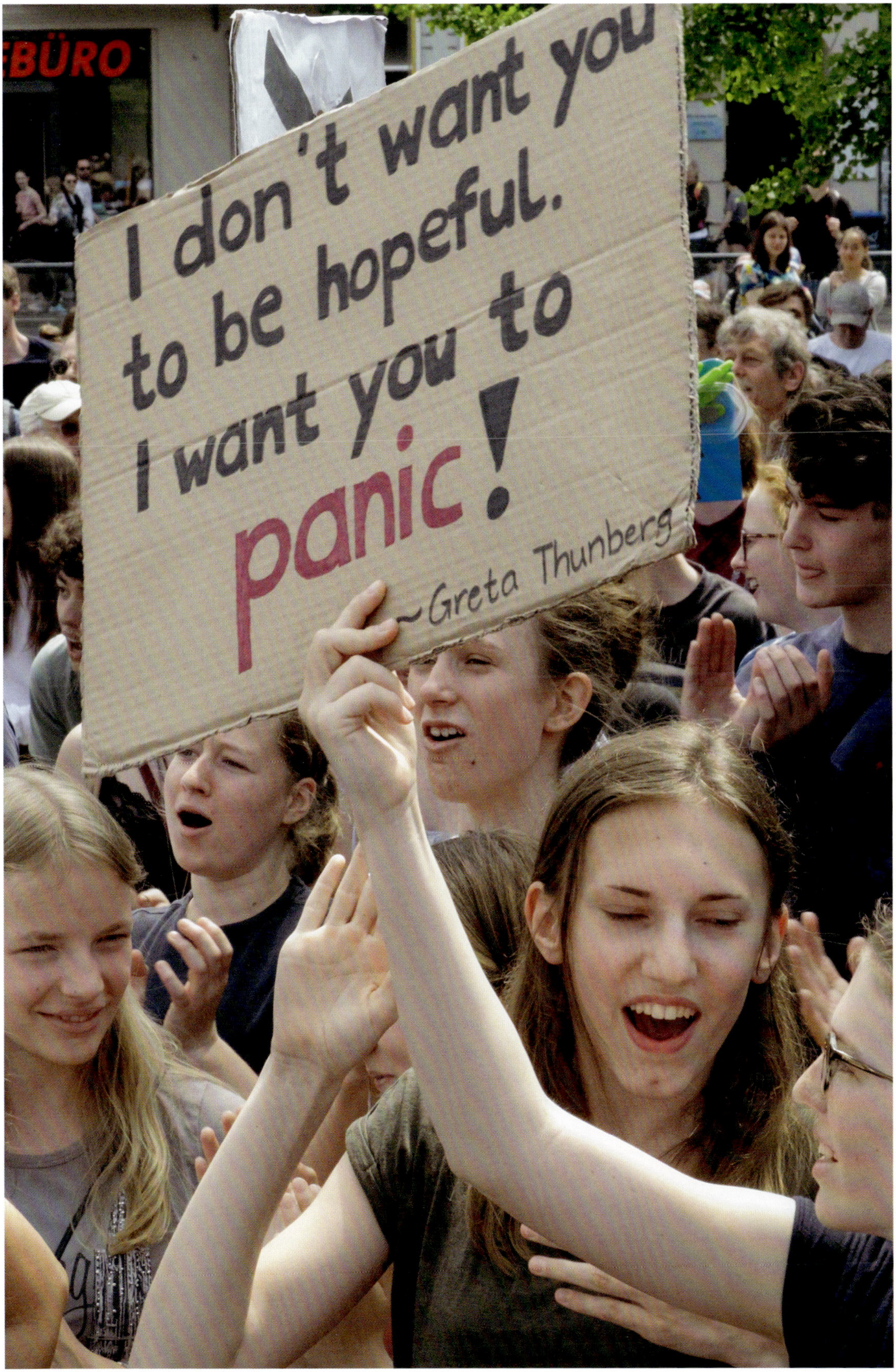

EBÜRO
I don't want you
to be hopeful.
I want you to
panic!
~Greta Thunberg

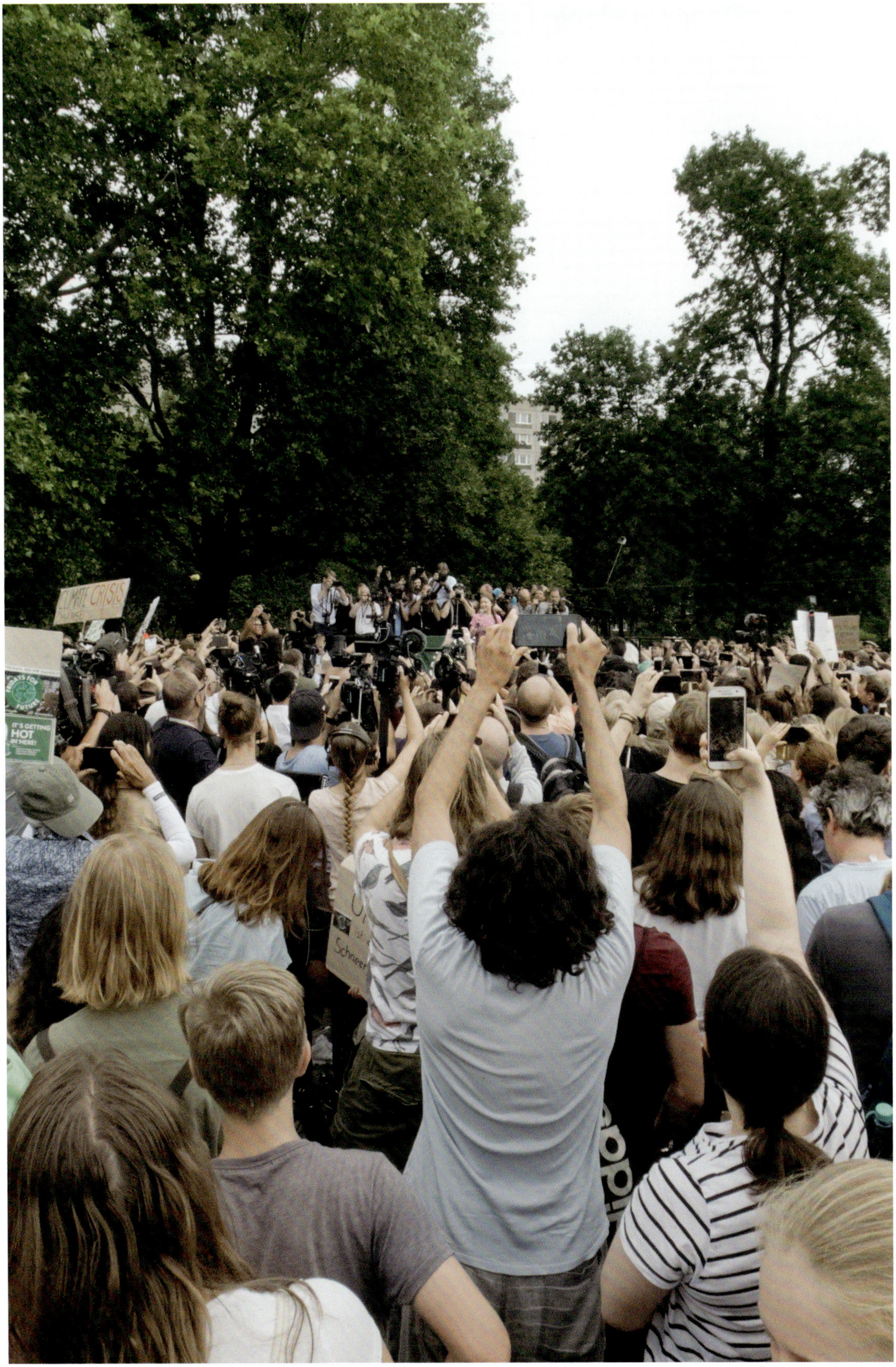
CLIMATE CRISIS
FRIDAYS FOR FUTURE
IT'S GETTING HOT IN HERE!

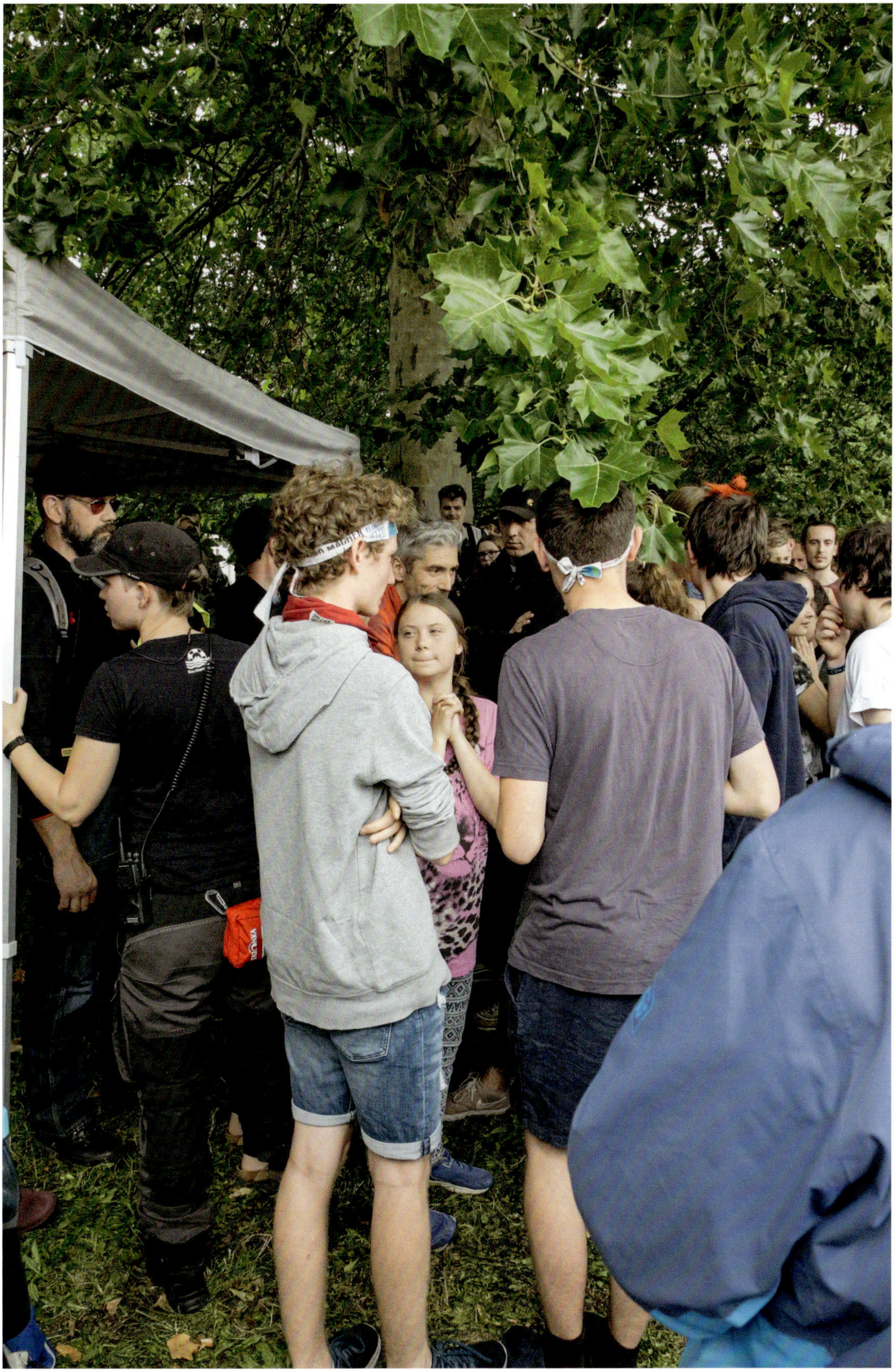

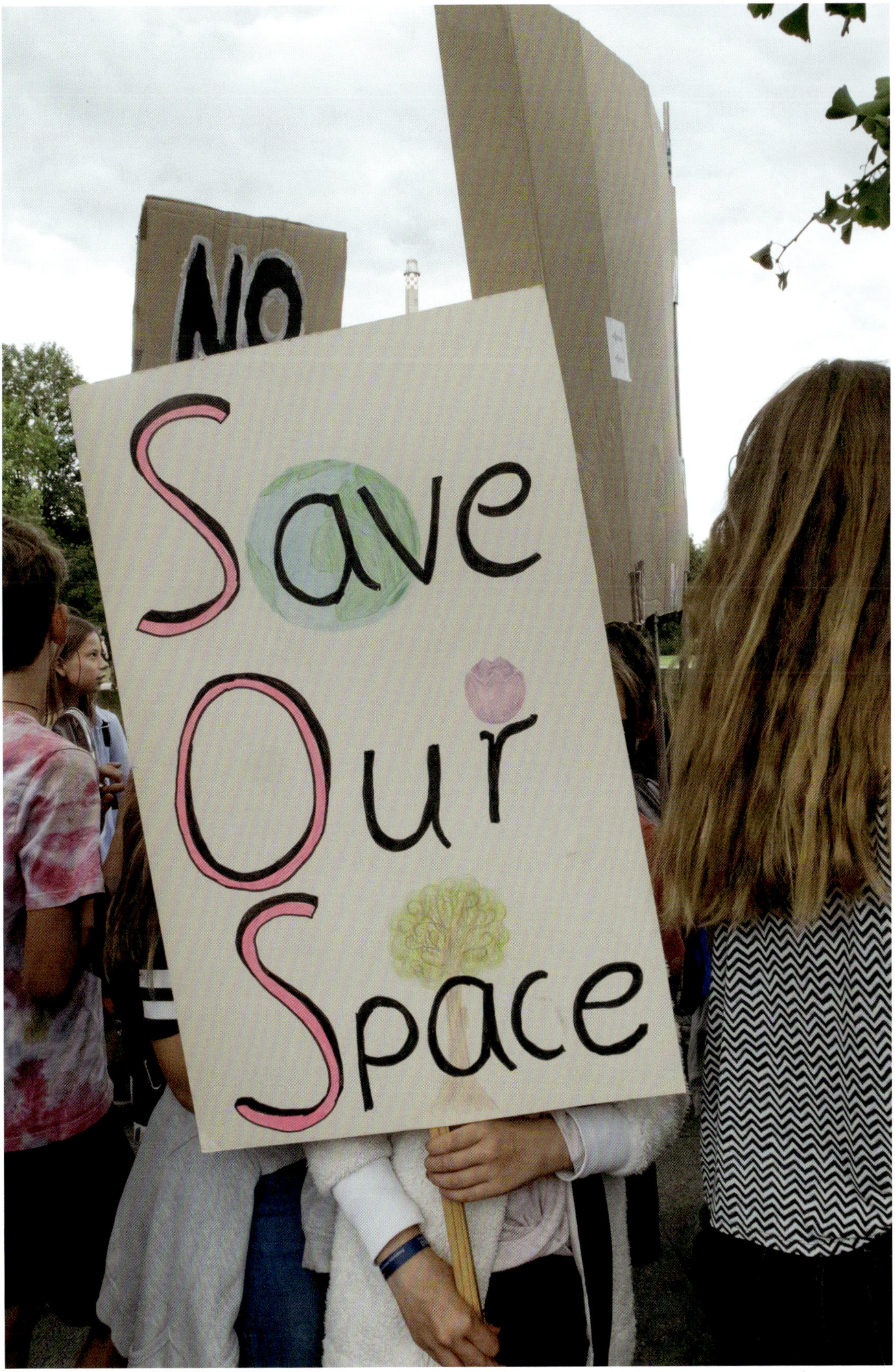
NO
Save
Our
Space

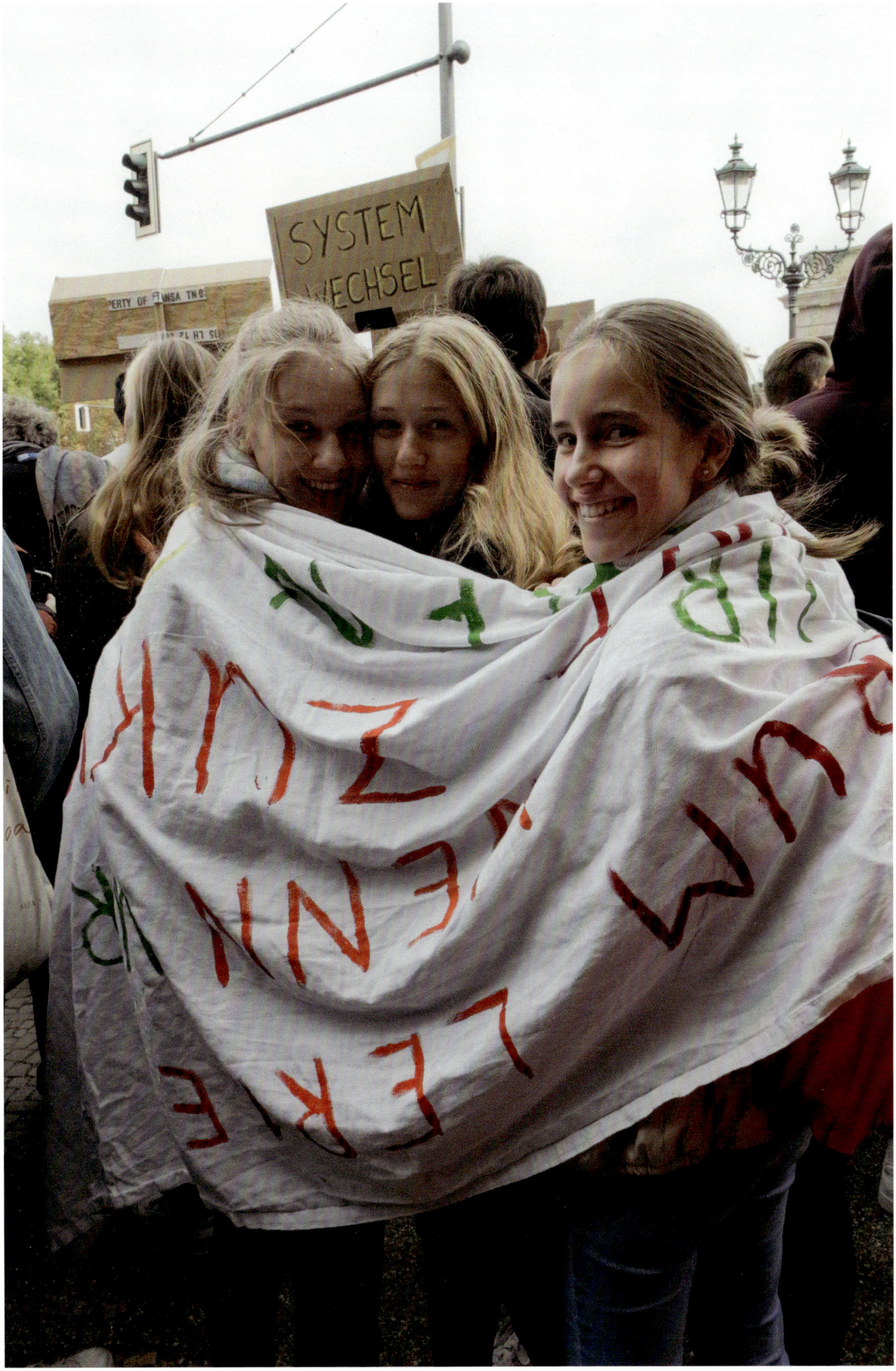
SYSTEM
WECHSEL

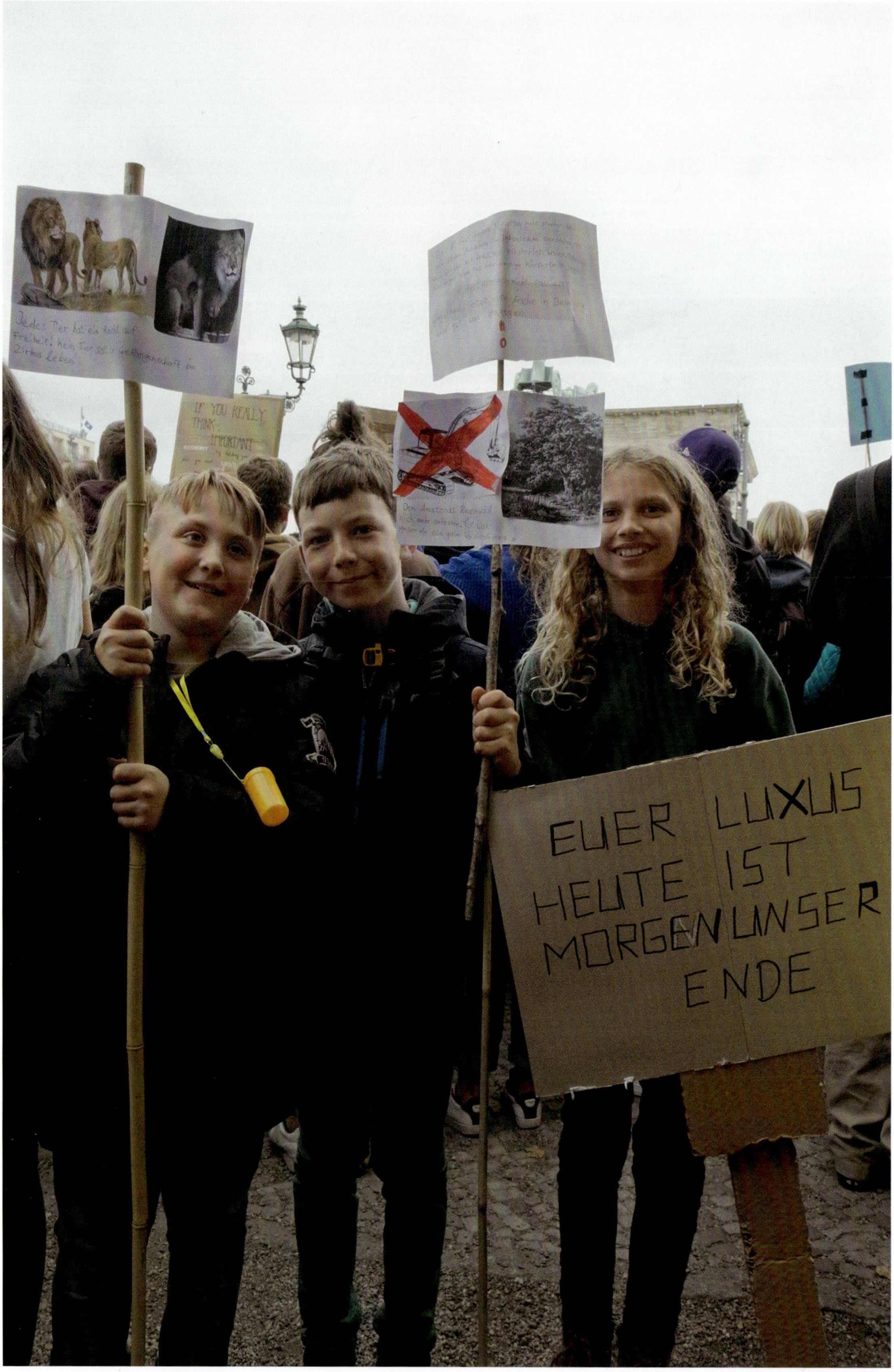
EUER LUXUS
HEUTE IST
MORGEN UNSER
ENDE

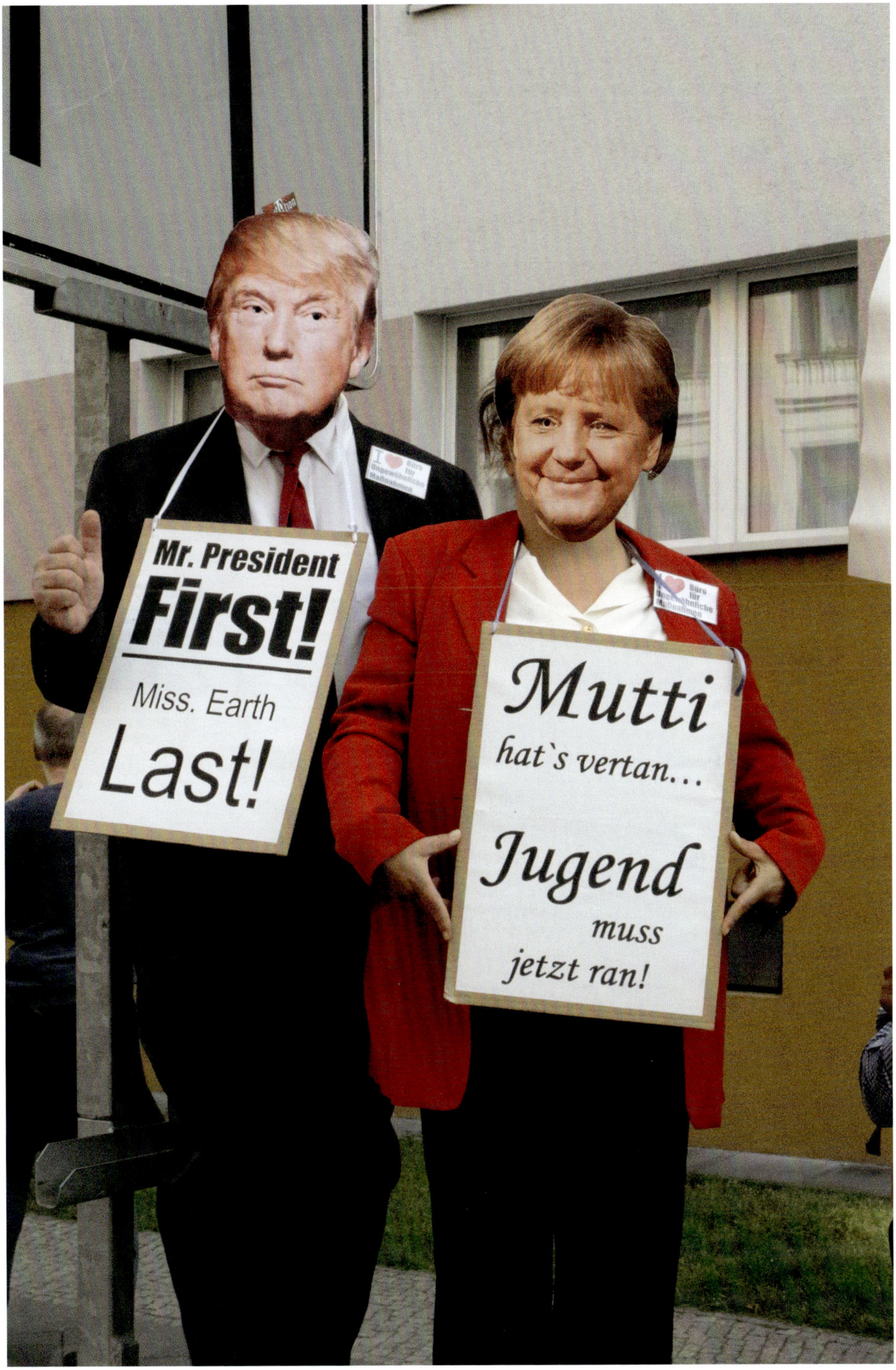
Mr. President
First!
Miss. Earth
Last!
Mutti
hat`s vertan…
Jugend
muss
jetzt ran!

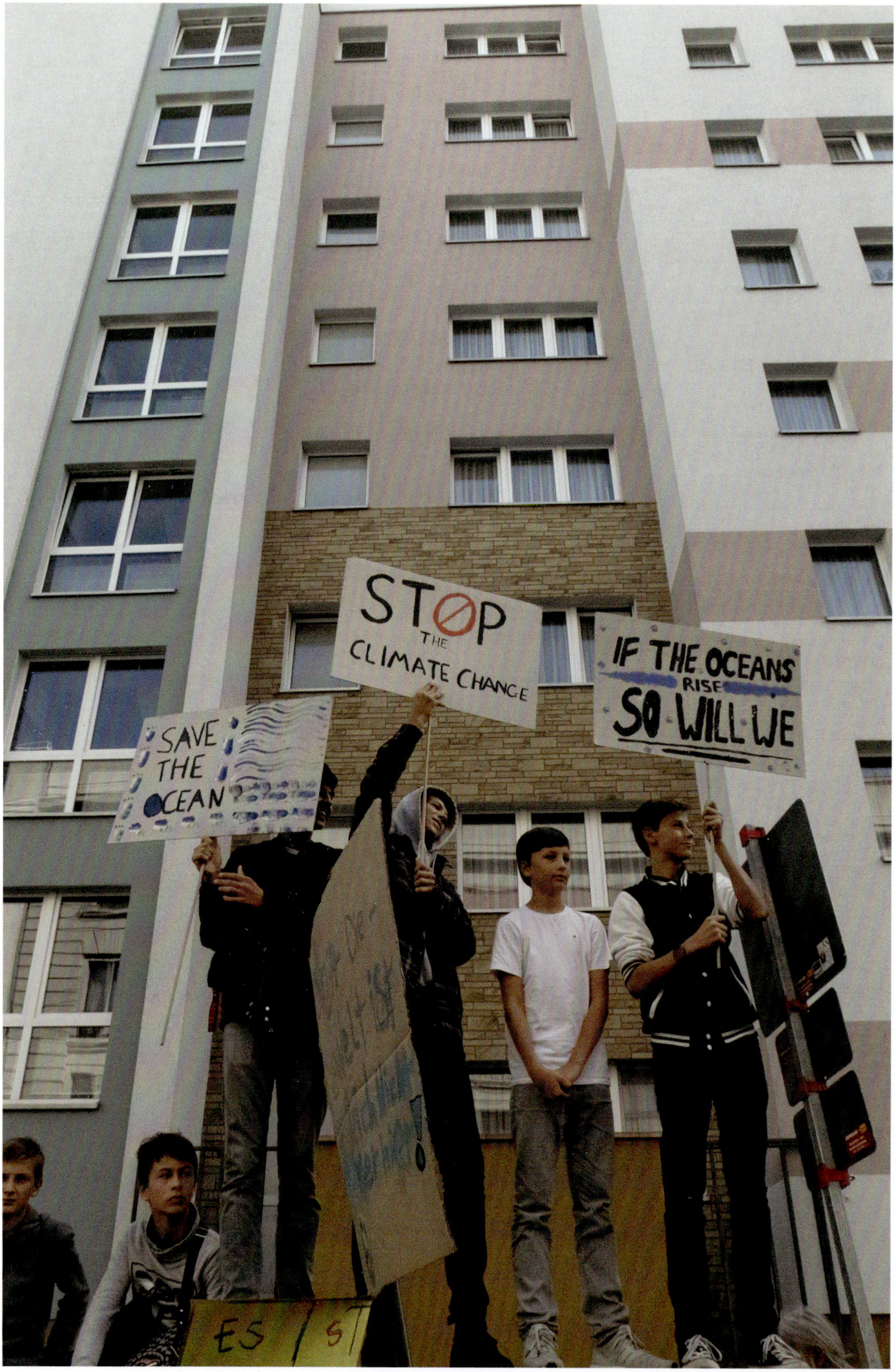
SAVE
THE
OCEAN
STOP
THE
CLIMATE CHANGE
IF THE OCEANS
RISE
SO WILL WE

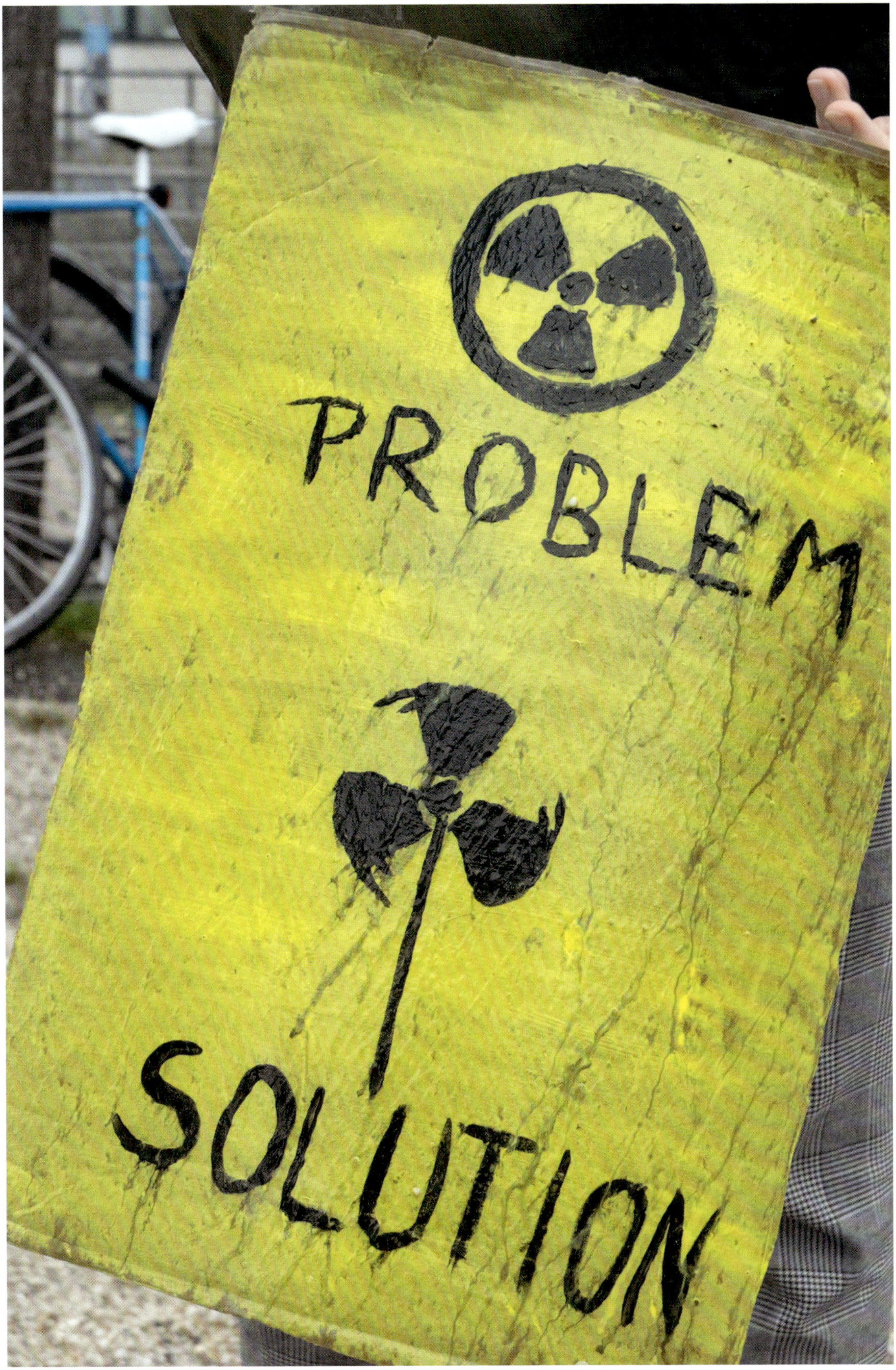
PROBLEM
SOLUTION

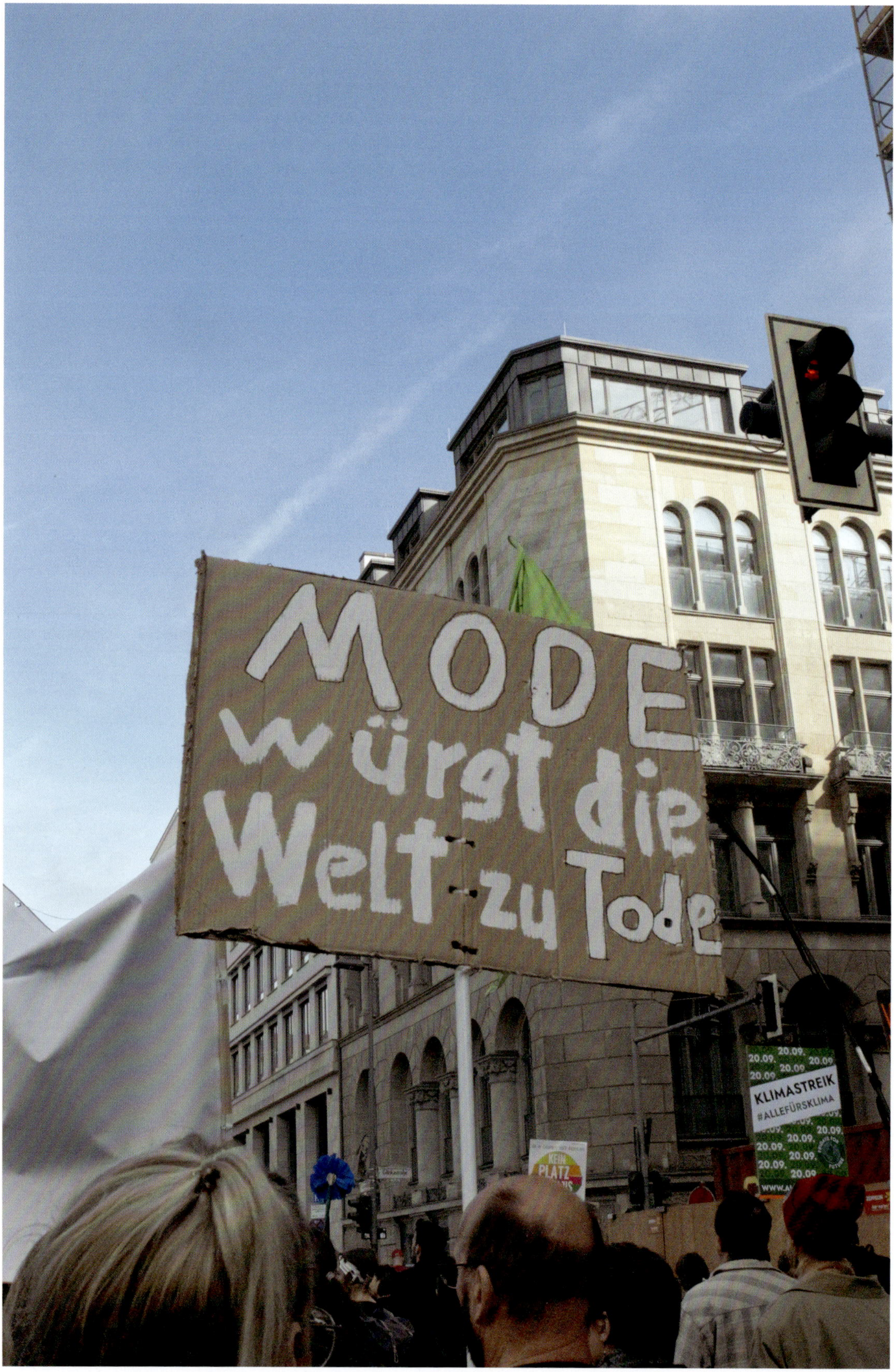
MODE
würgt die
Welt zu Tode
20.09.
KLIMASTREIK
#ALLEFÜRSKLIMA
KEIN
PLATZ

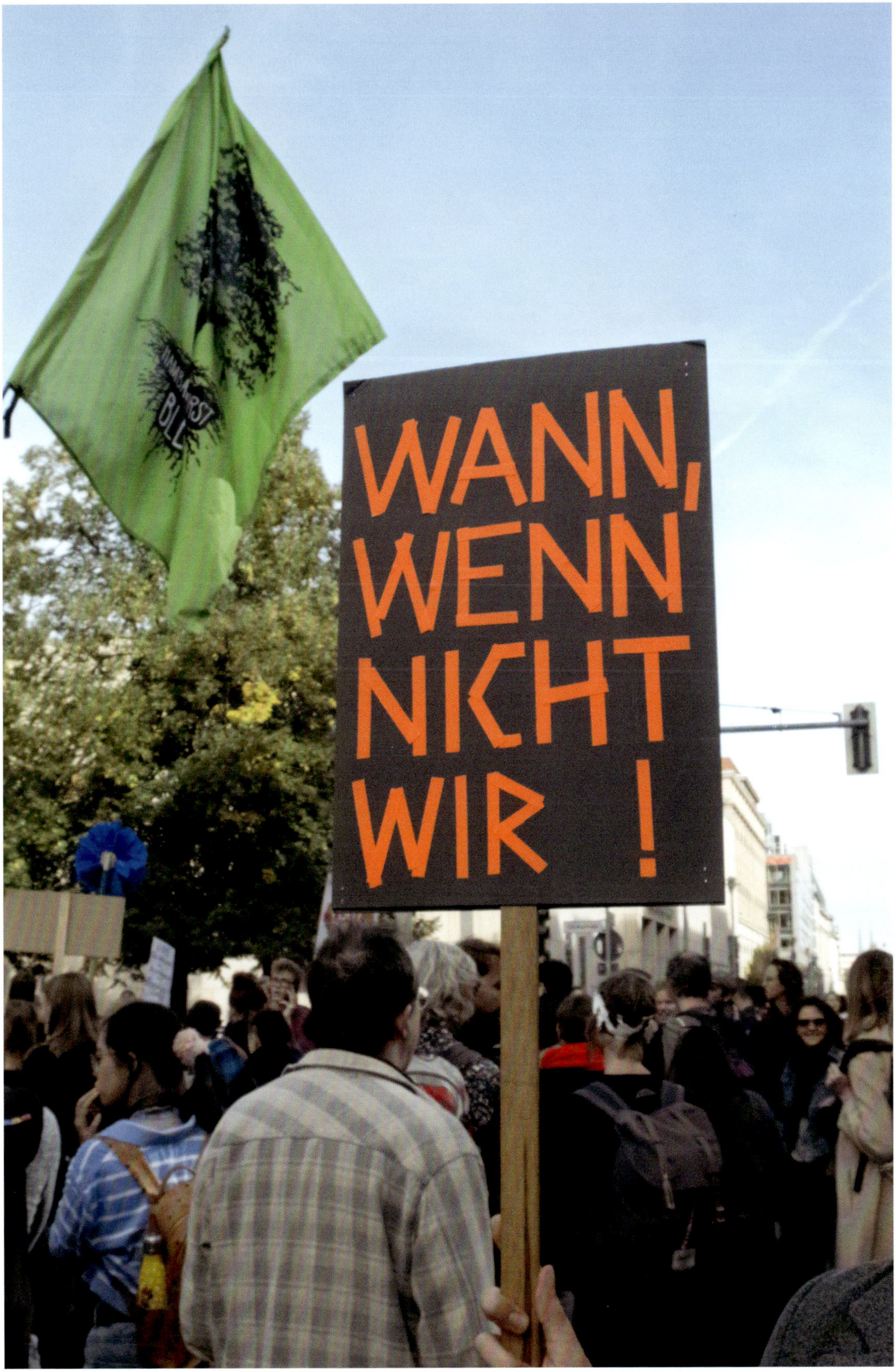
WANN,
WENN
NICHT
WIR !

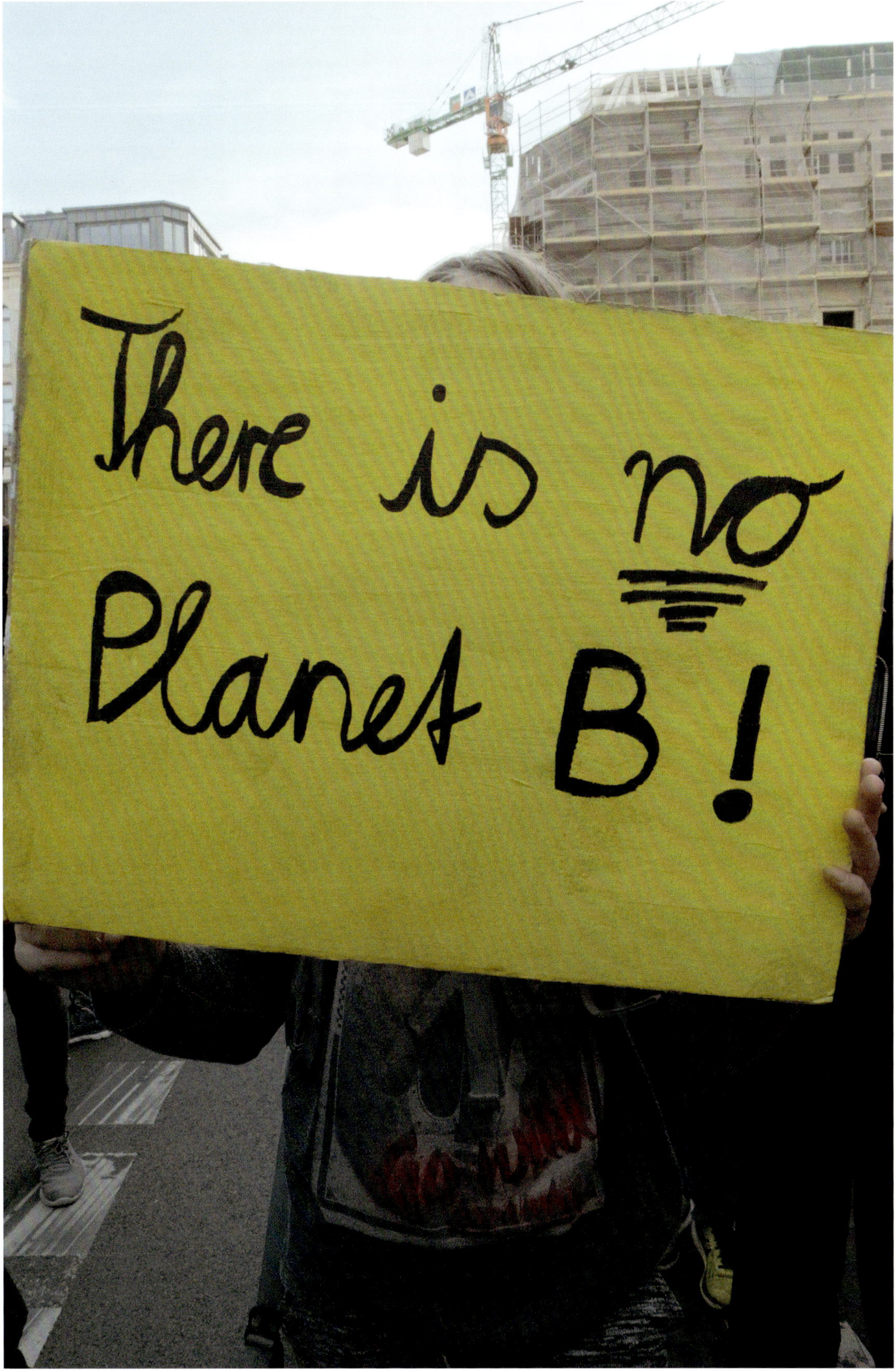
There is no
Planet B!

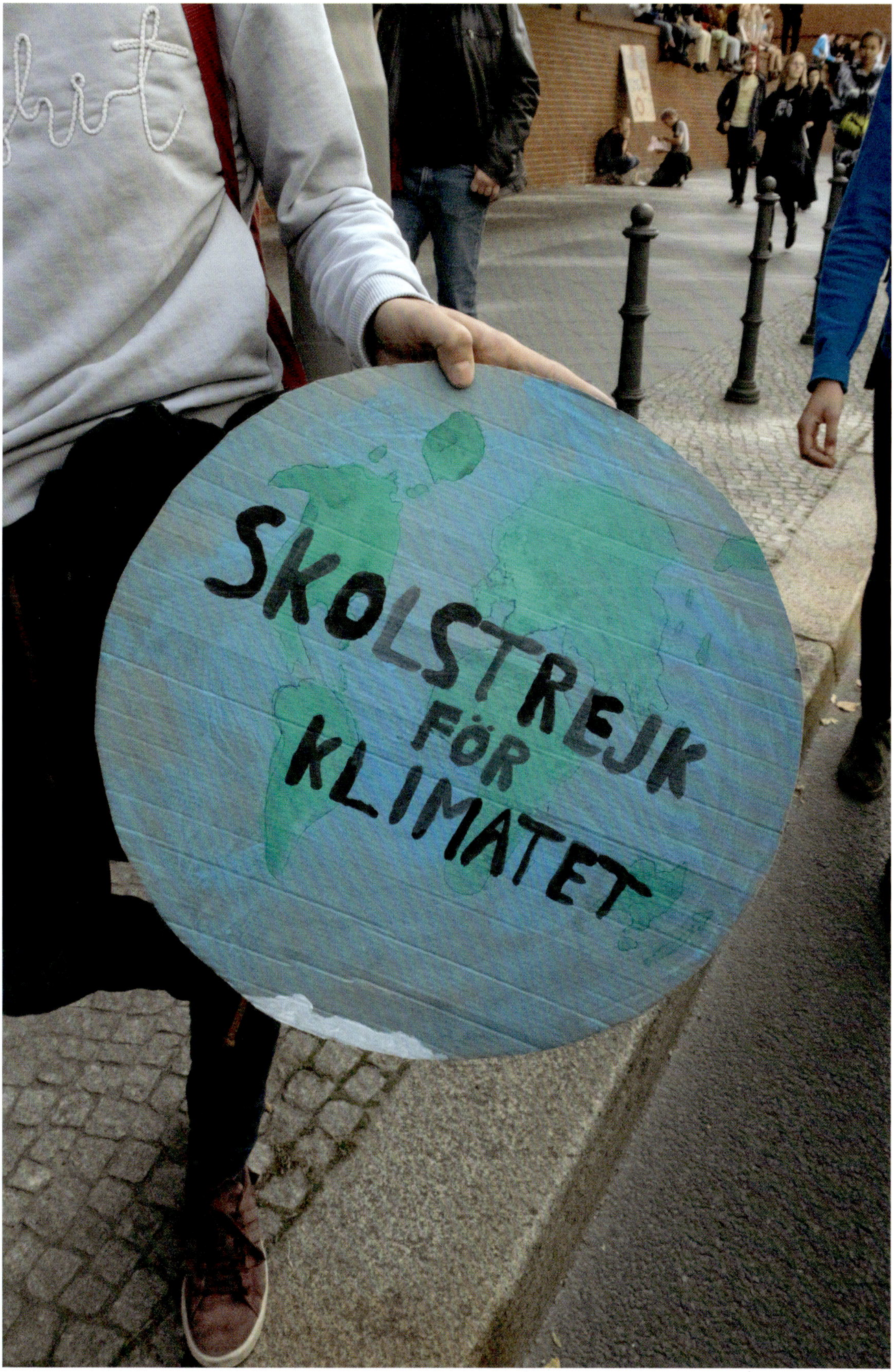
SKOLSTREJK
FÖR
KLIMATET

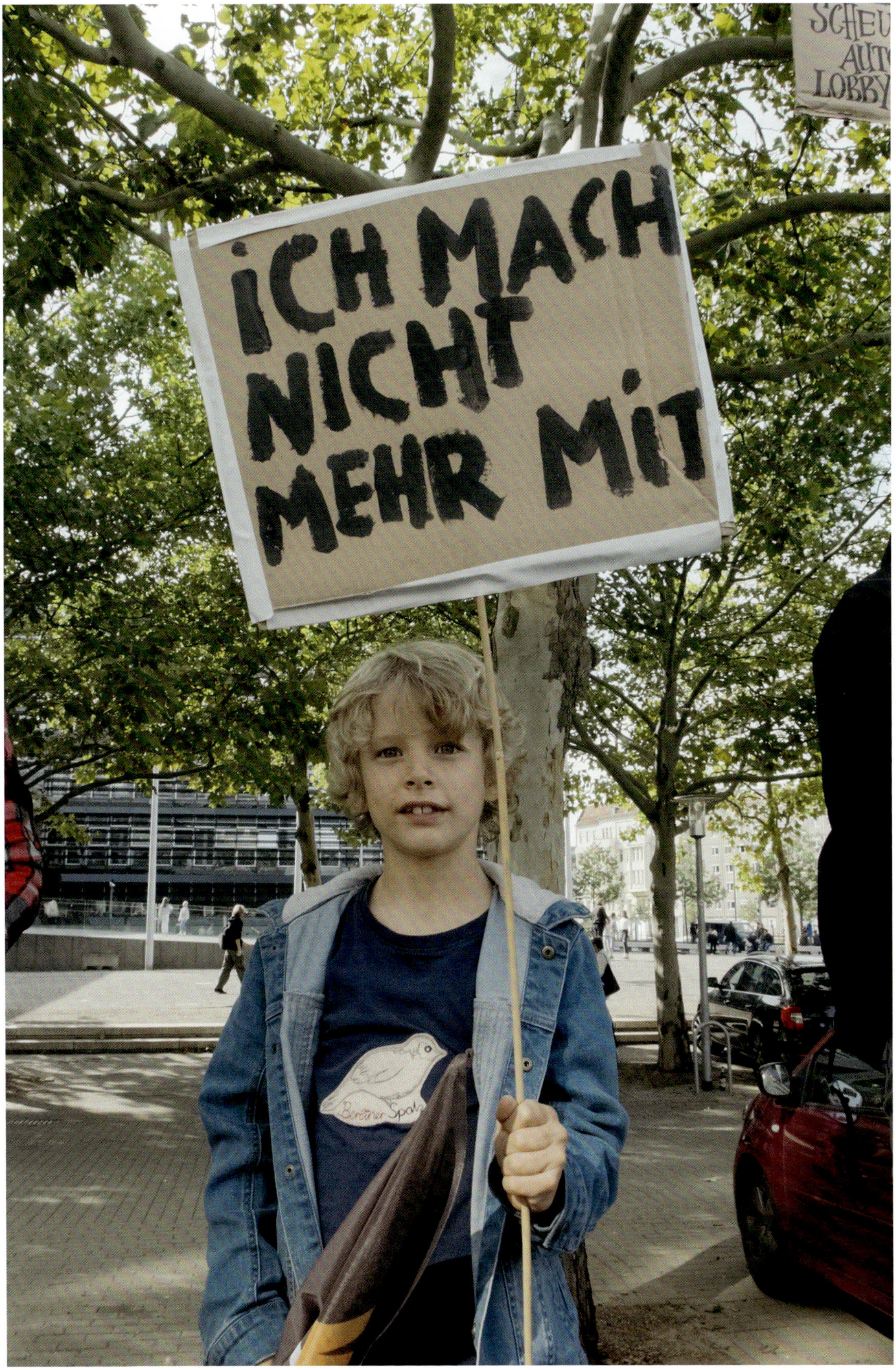
ICH MACH
NICHT
MEHR MIT

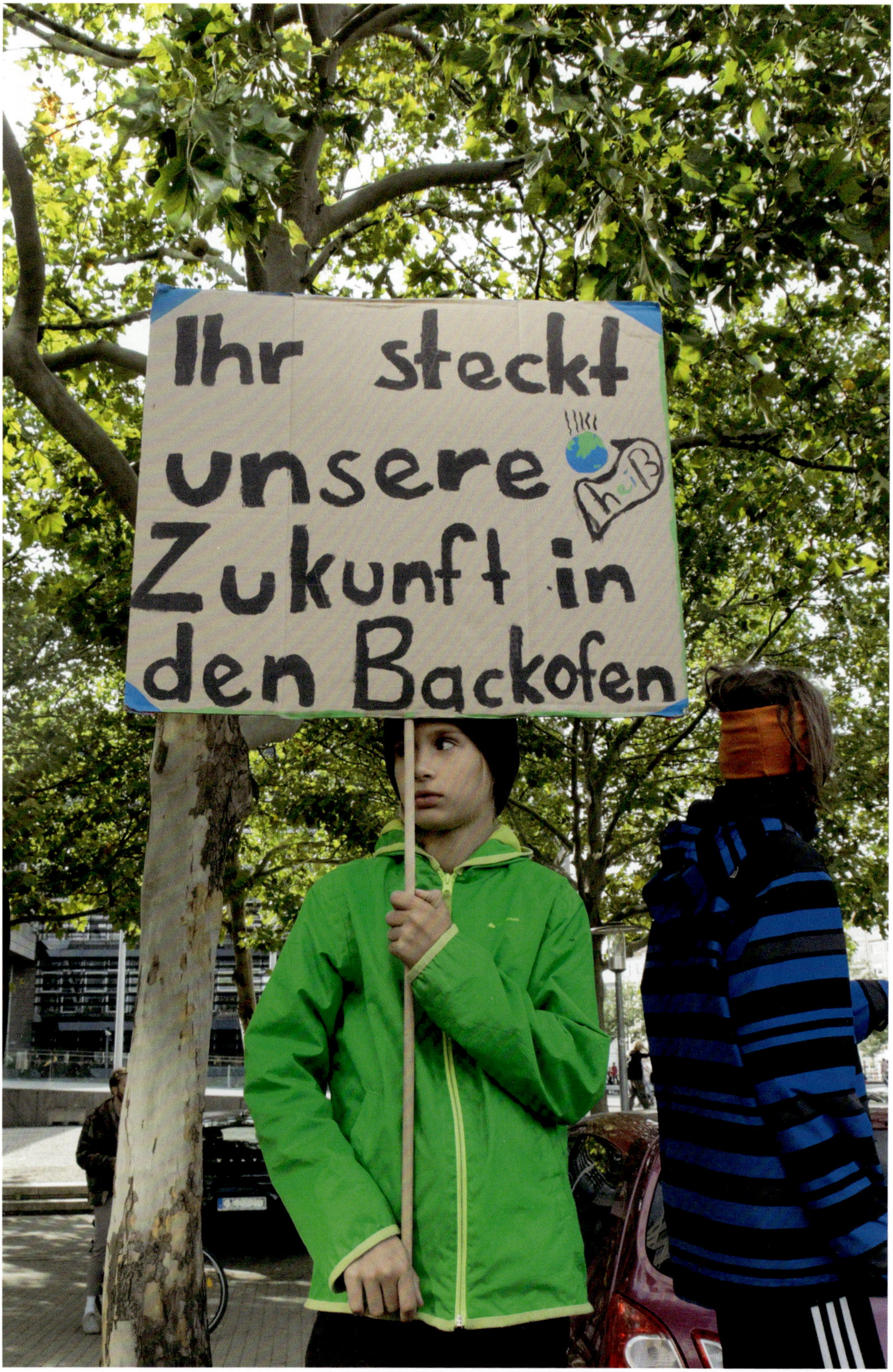
Ihr steckt
unsere
Zukunft in
den Backofen
heiß

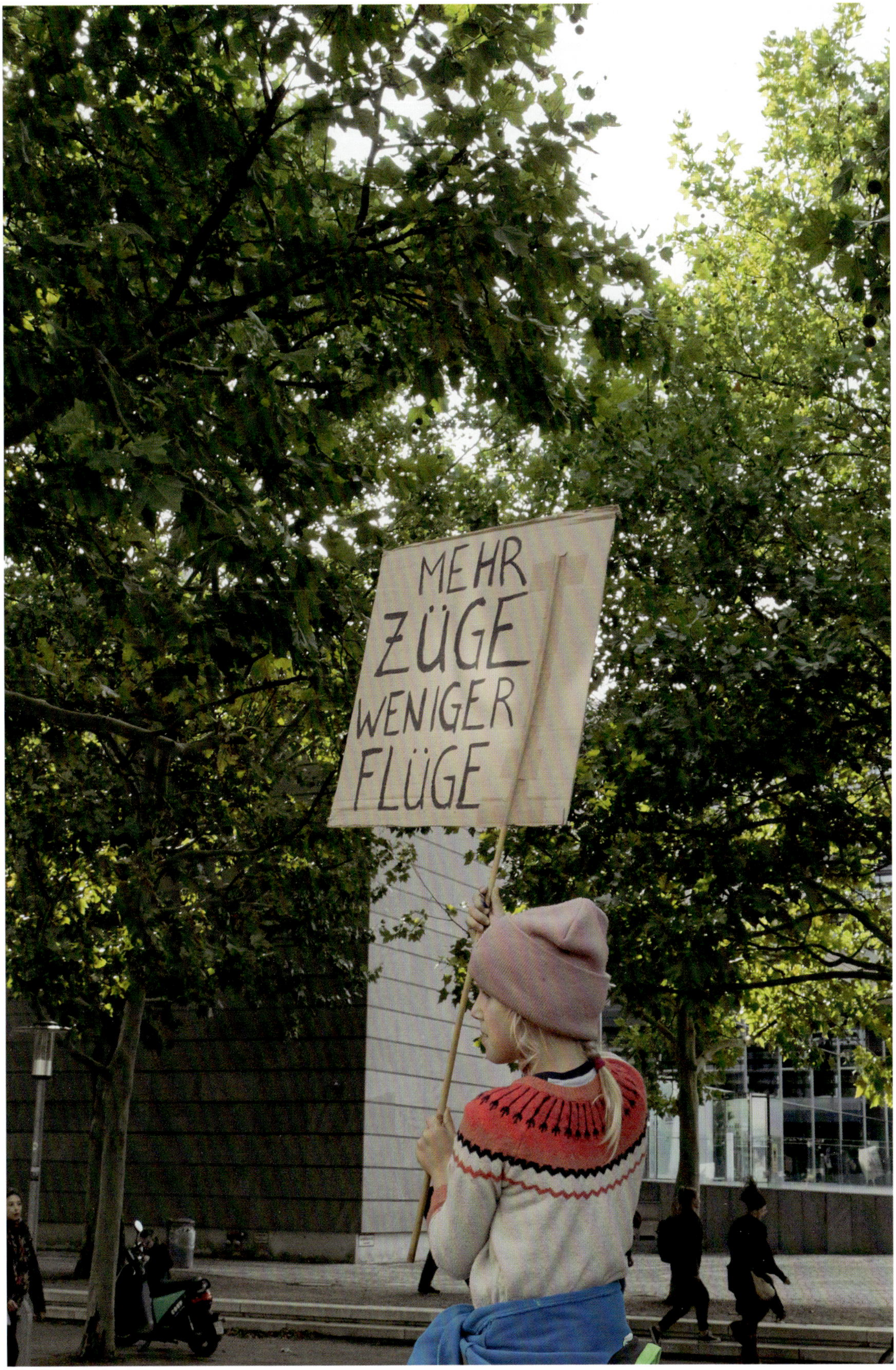
MEHR
ZÜGE
WENIGER
FLÜGE

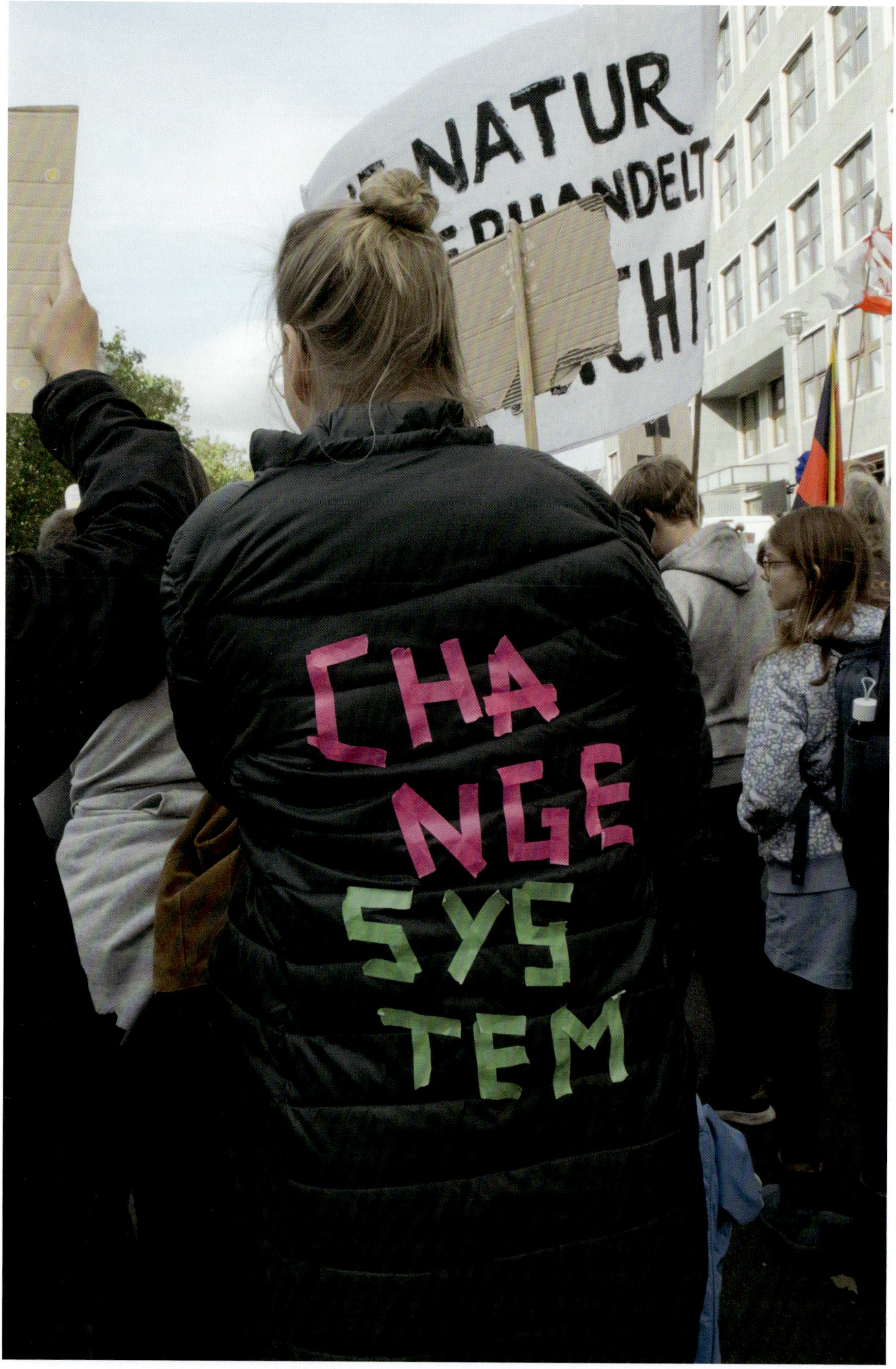
NATUR
CHA
NGE
SYS
TEM

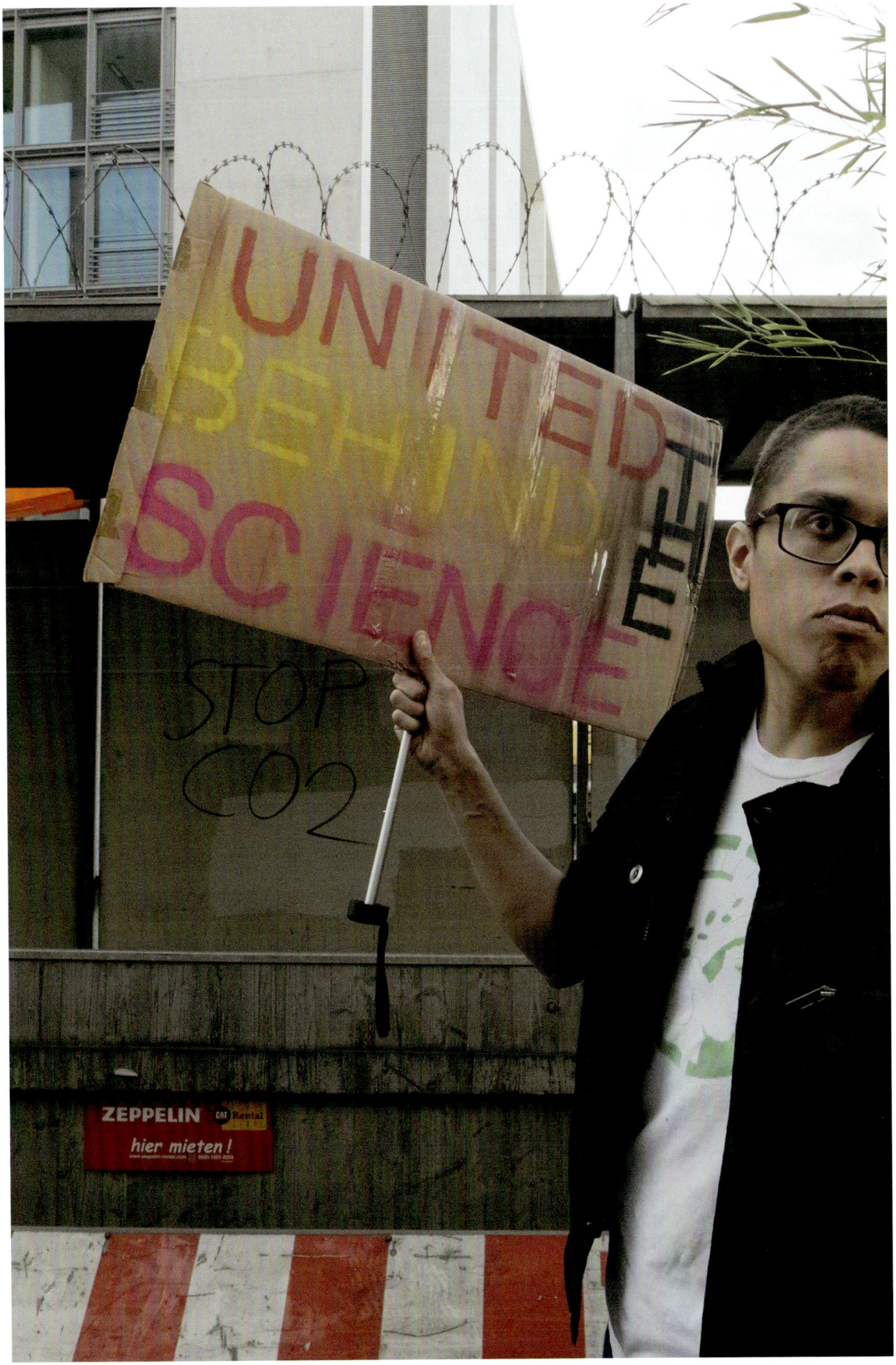
UNITED
BEHIND
THE
SCIENCE
STOP
CO2
ZEPPELIN
CAT Rental
hier mieten!

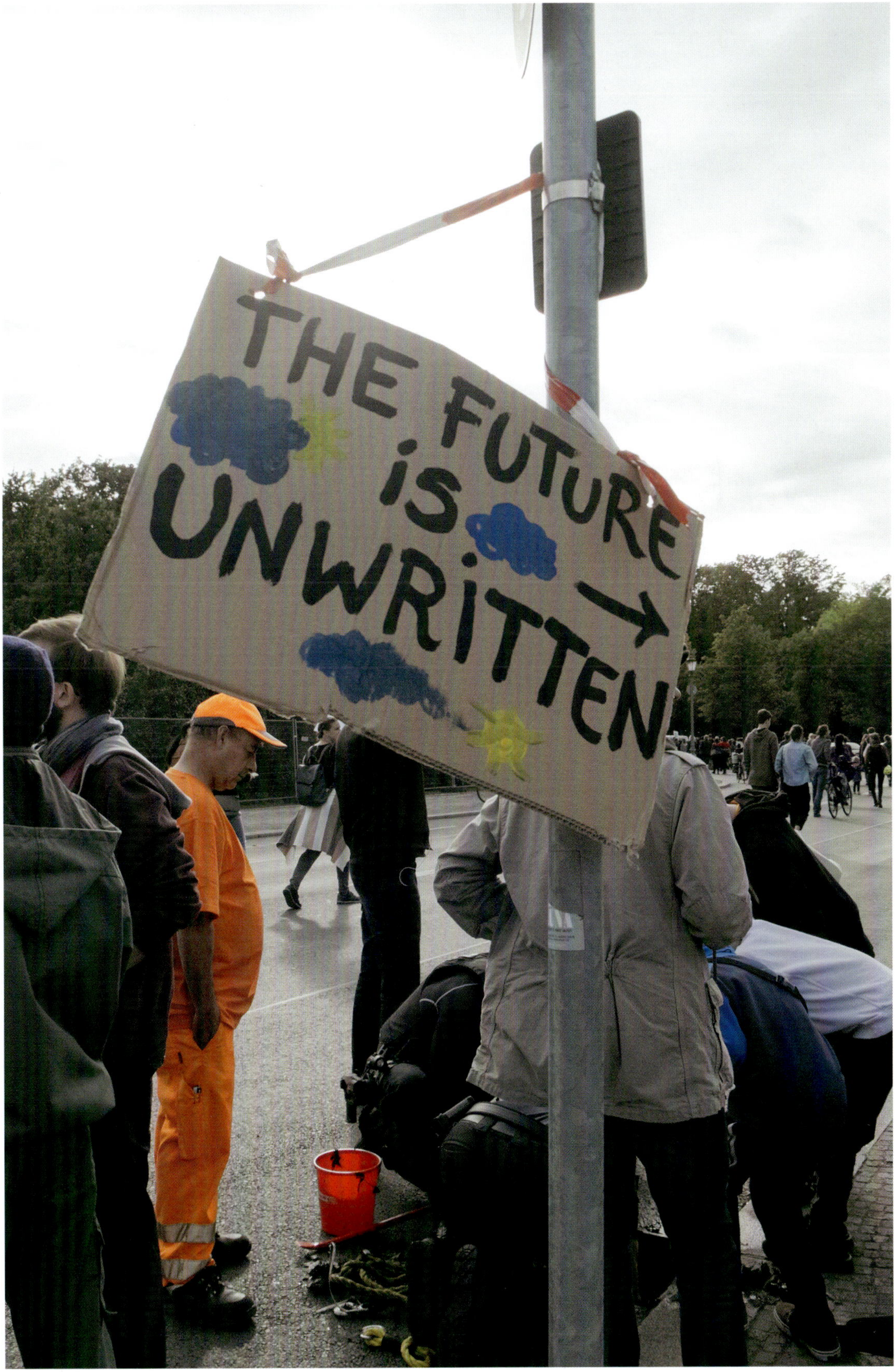
THE FUTURE
is
UNWRITTEN

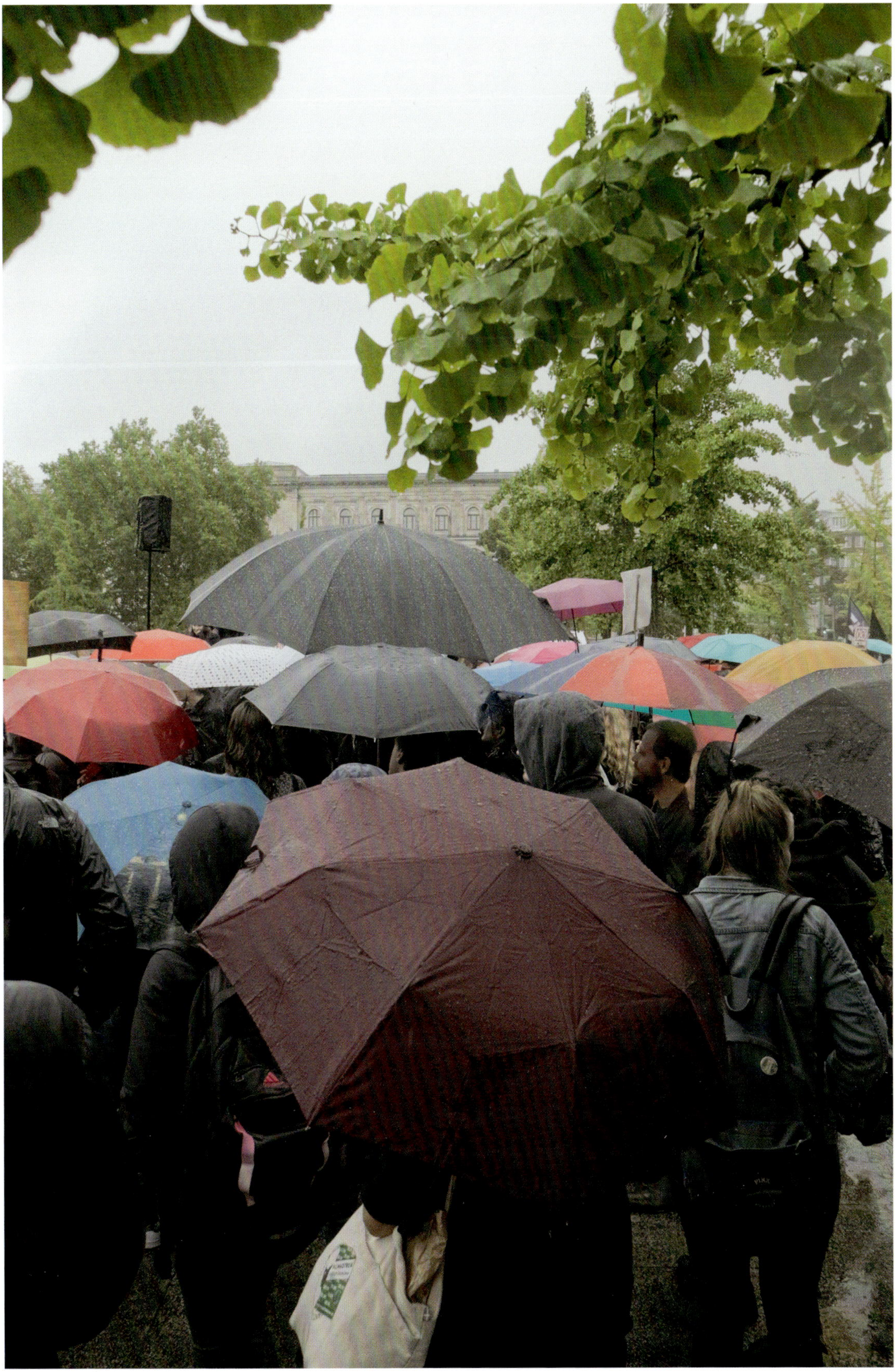

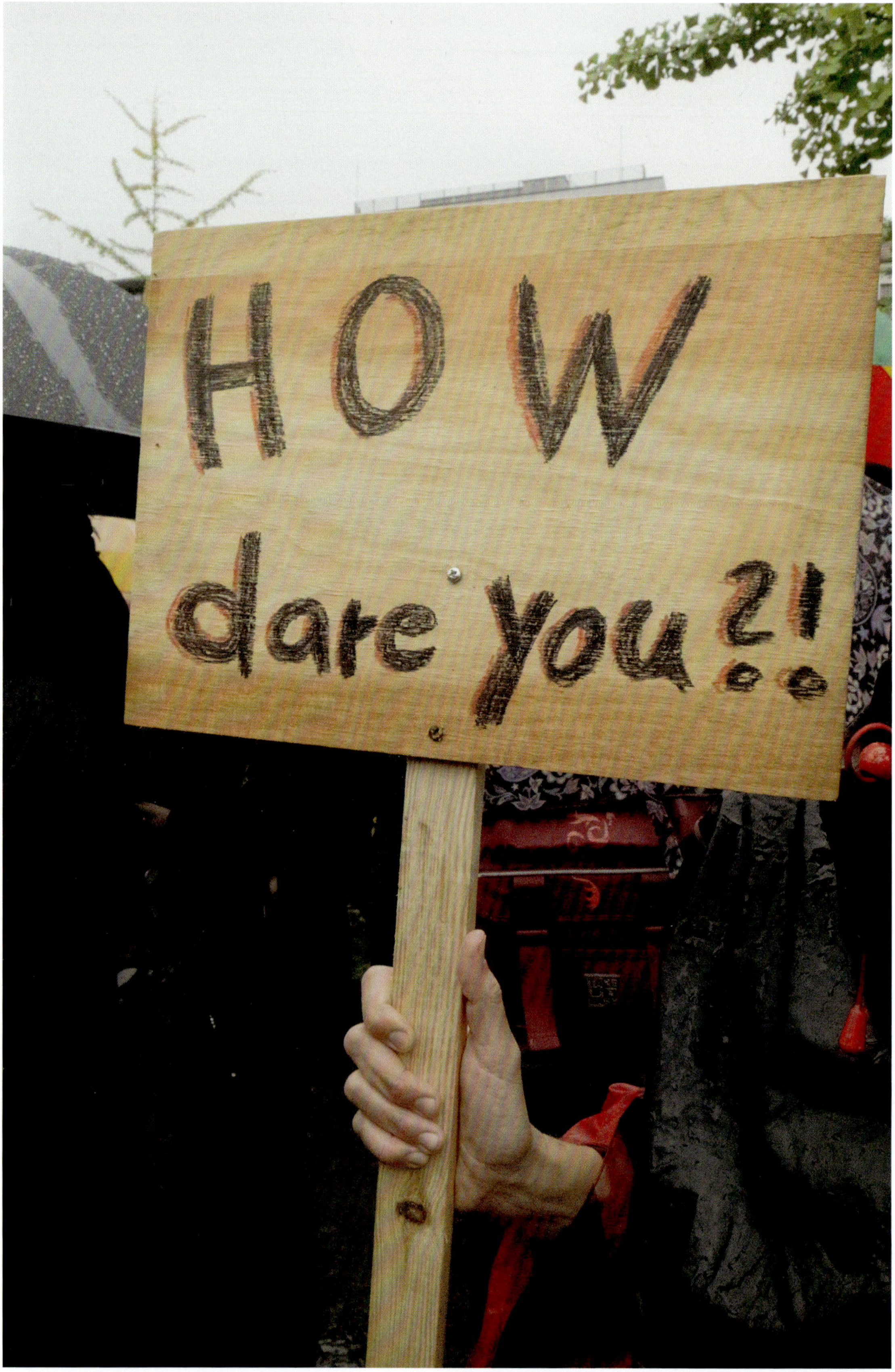
HOW
dare you?!

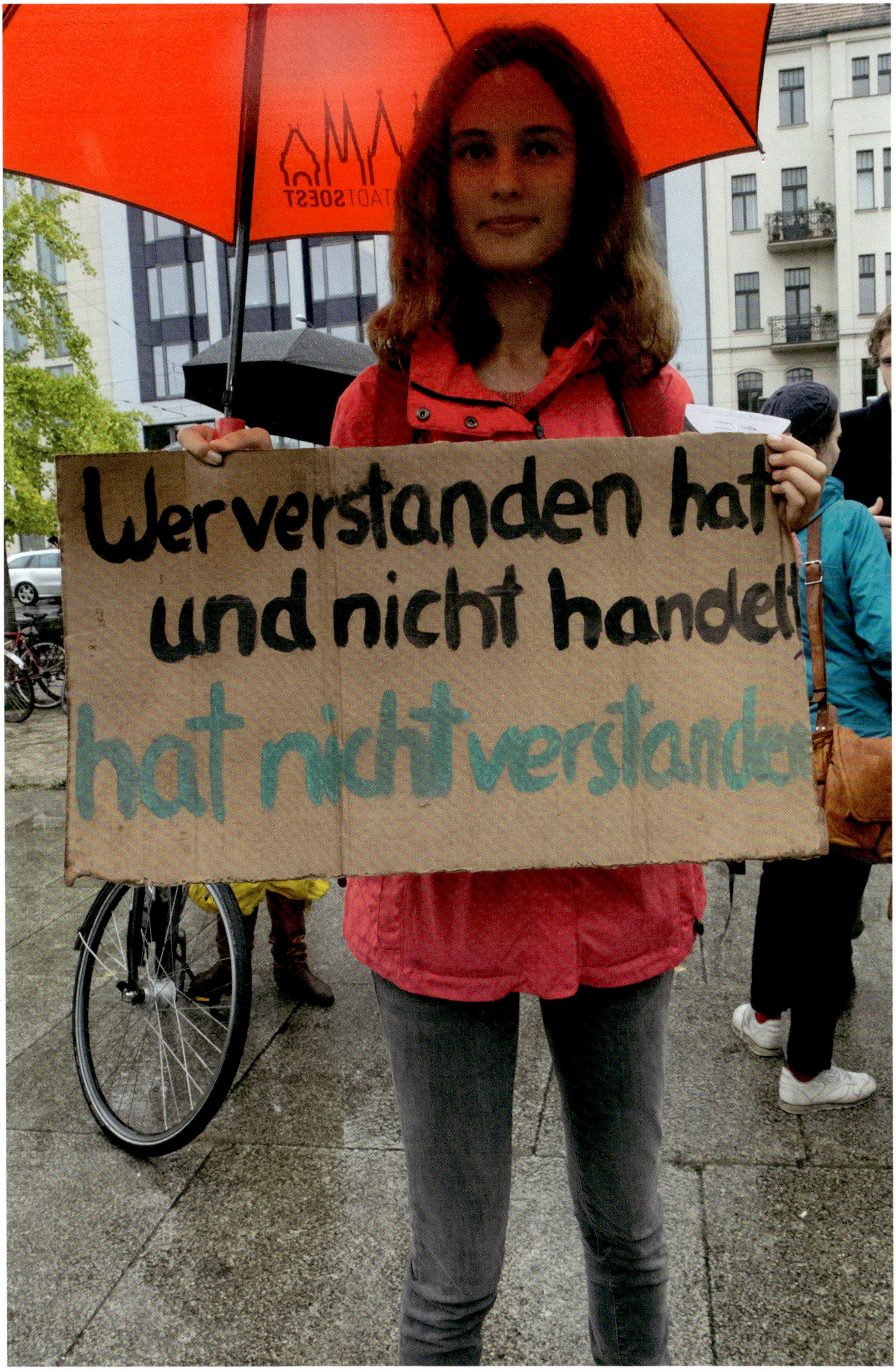
Wer verstanden hat
und nicht handelt
hat nicht verstanden

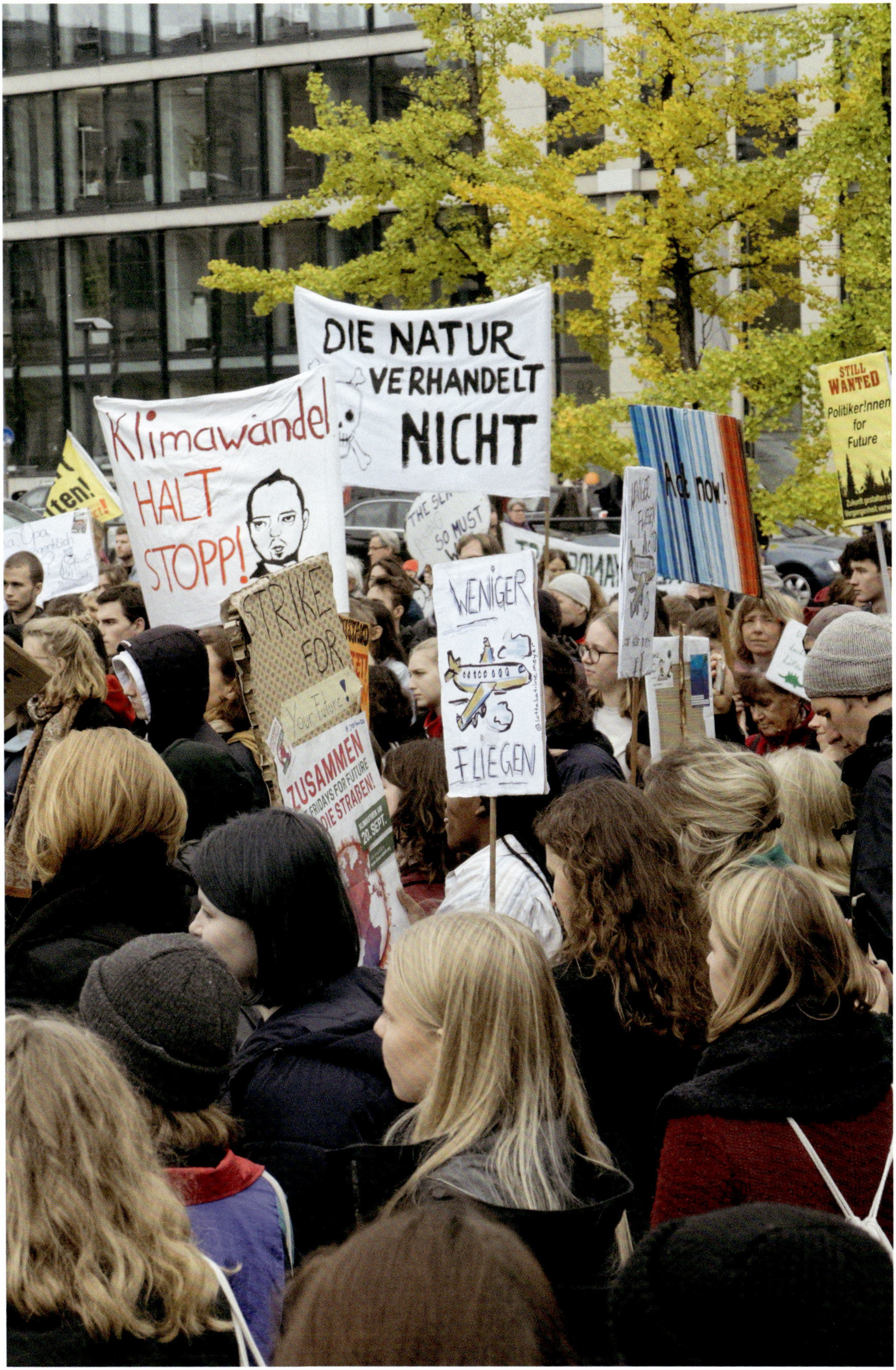
DIE NATUR
VERHANDELT
NICHT
Klimawandel
HALT
STOPP!
STRIKE FOR
Your Future
ZUSAMMEN
WENIGER
FLIEGEN
Act now!
STILL
WANTED
Politiker!nnen
for
Future

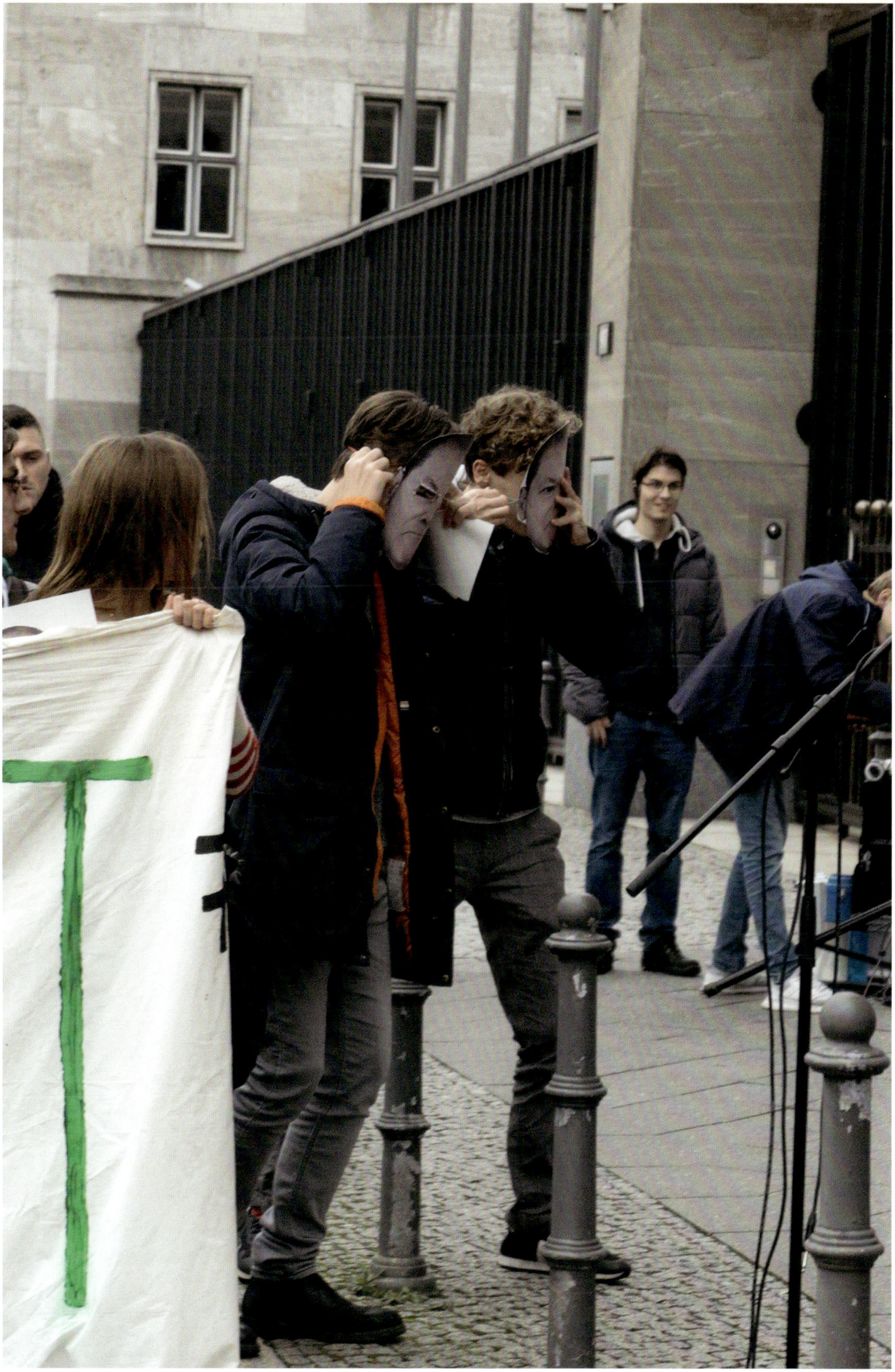

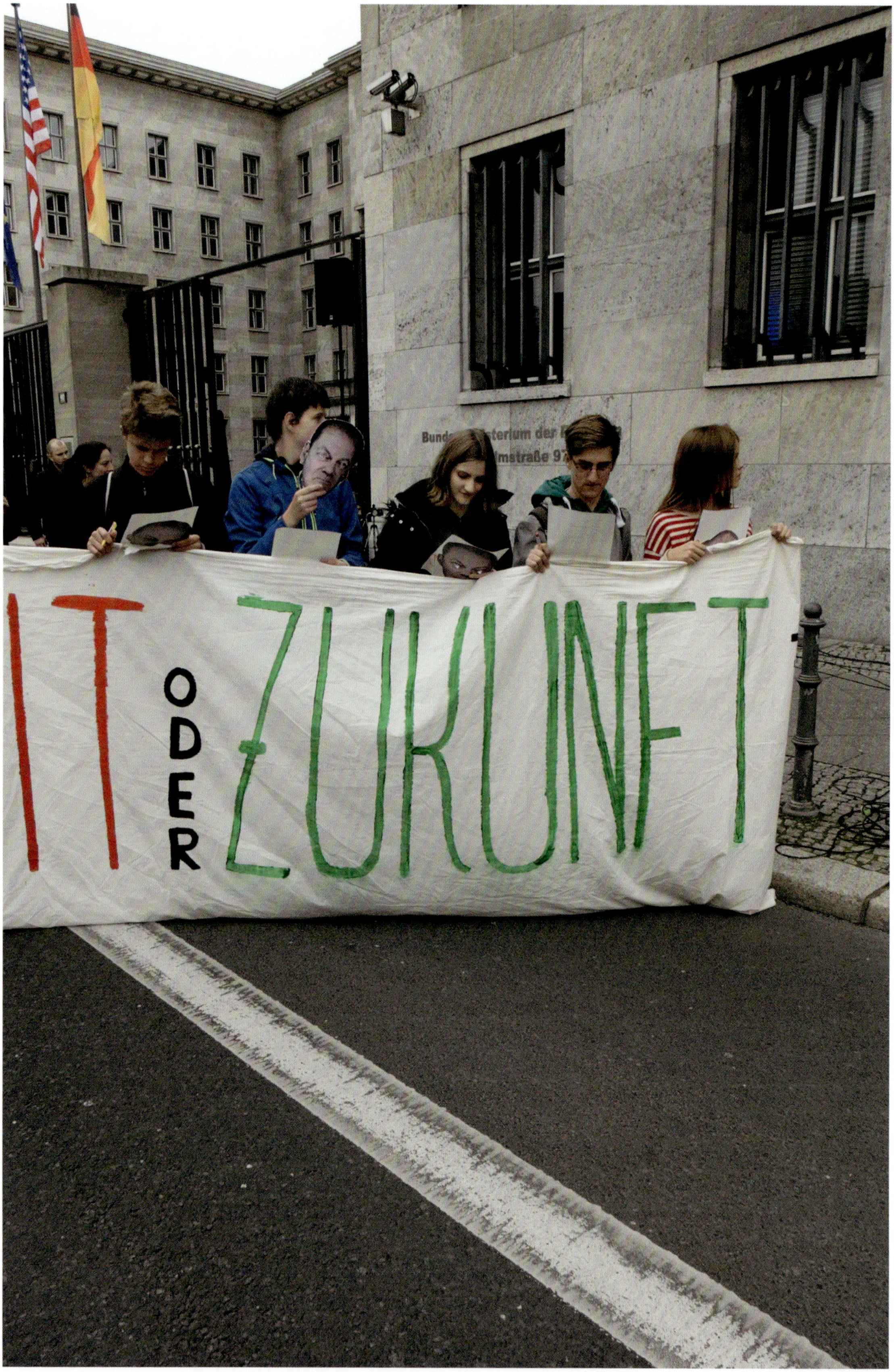
IT ODER ZUKUNFT

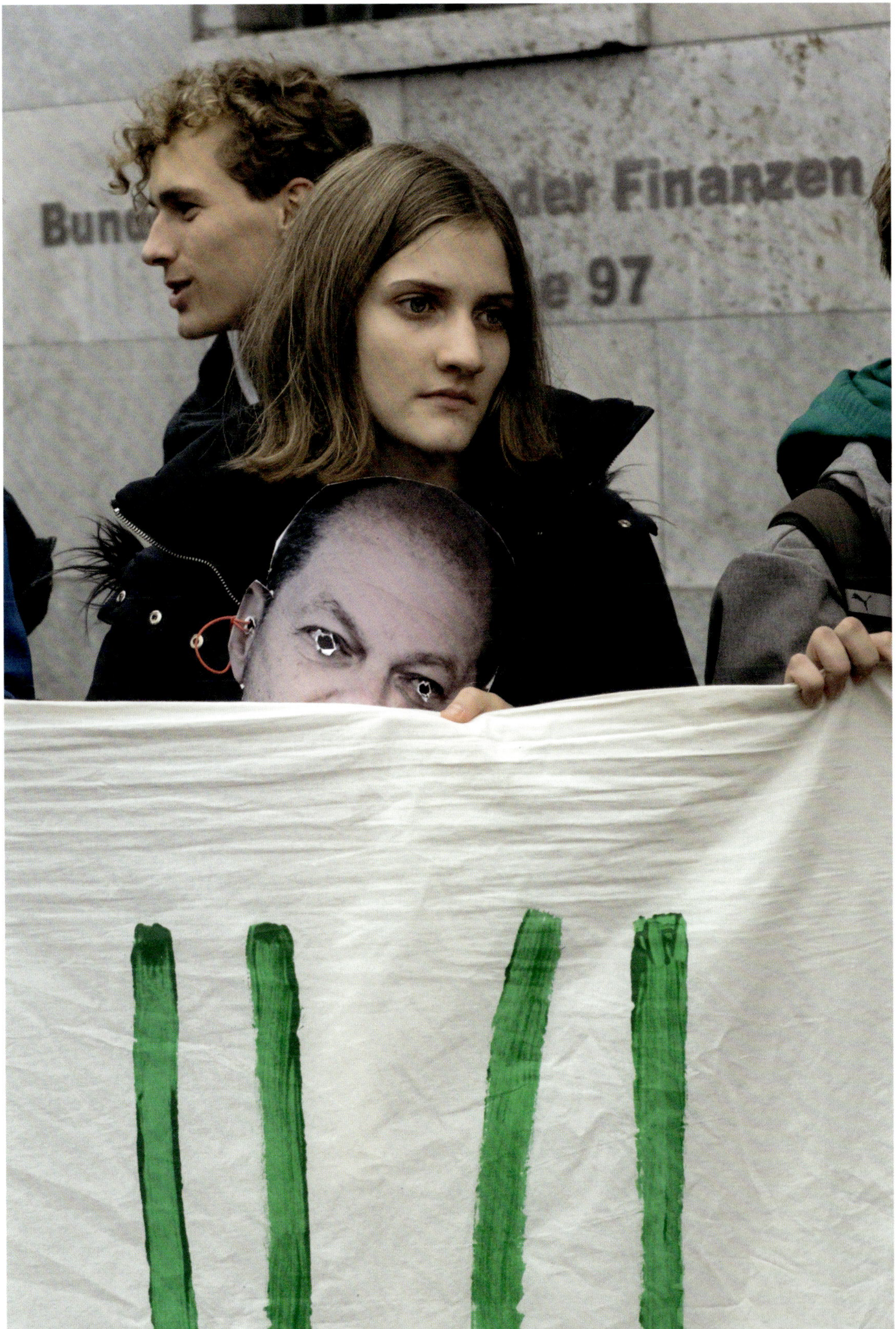
der Finanzen
97

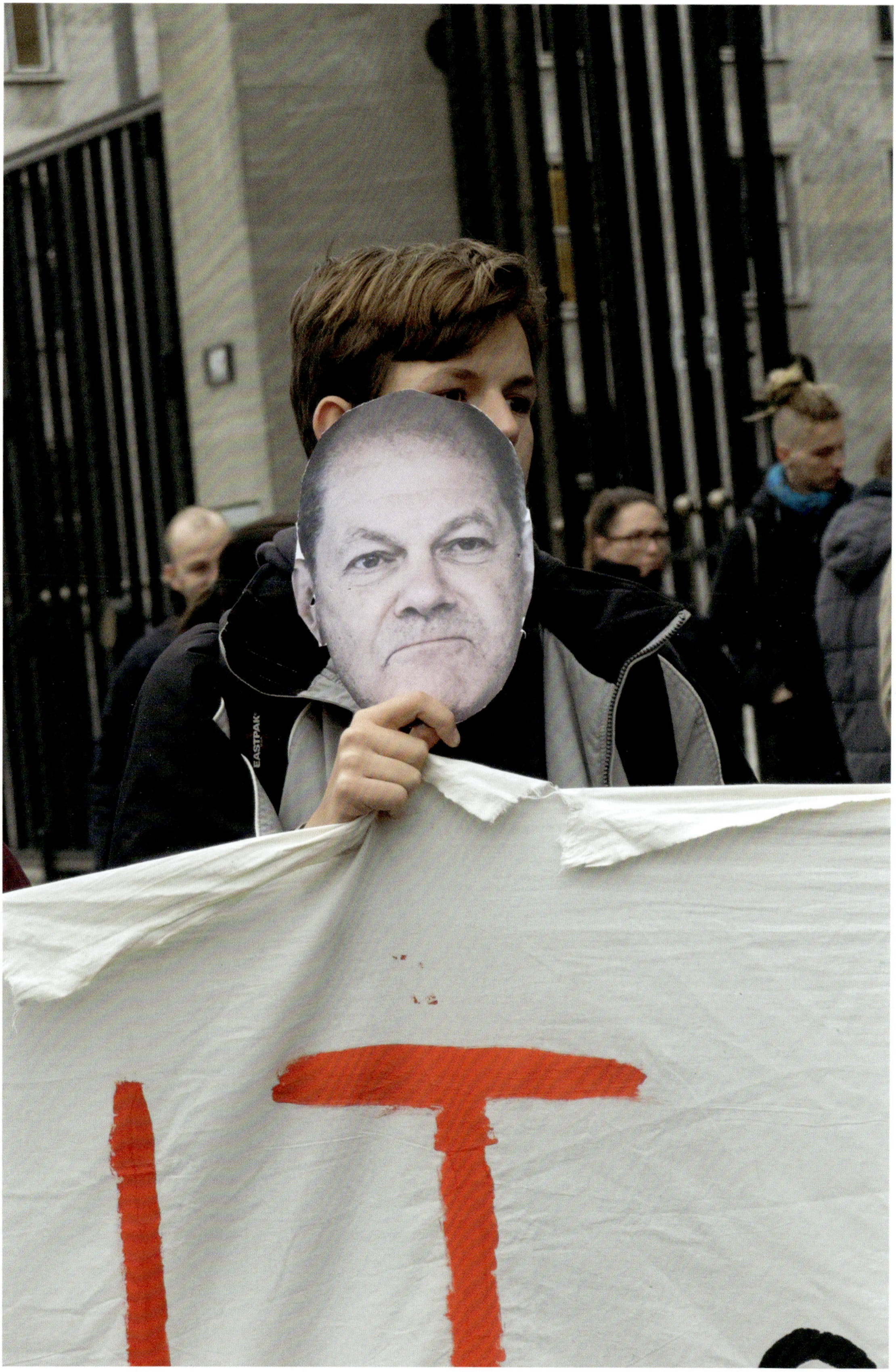

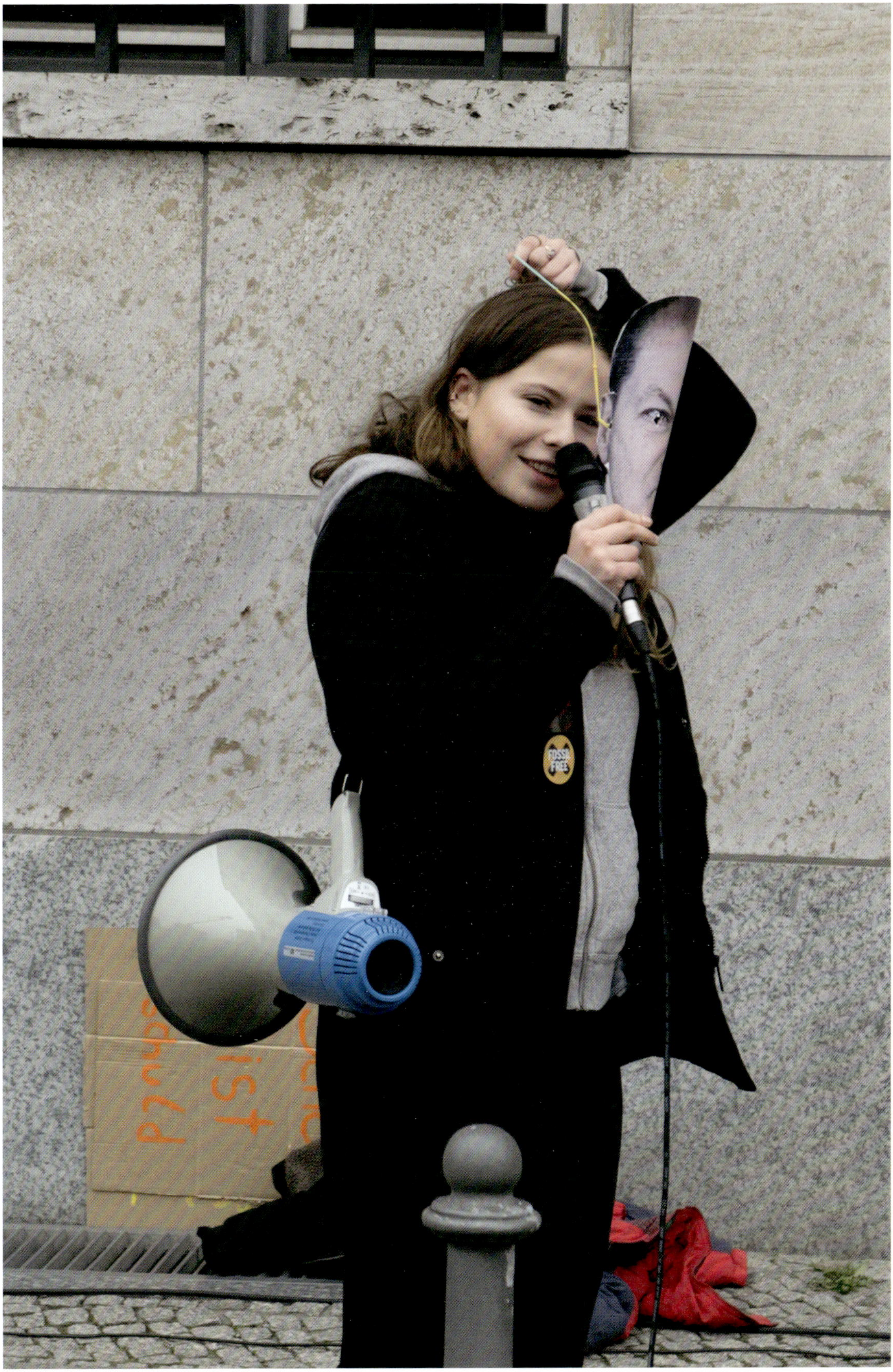
FOSSIL FREE

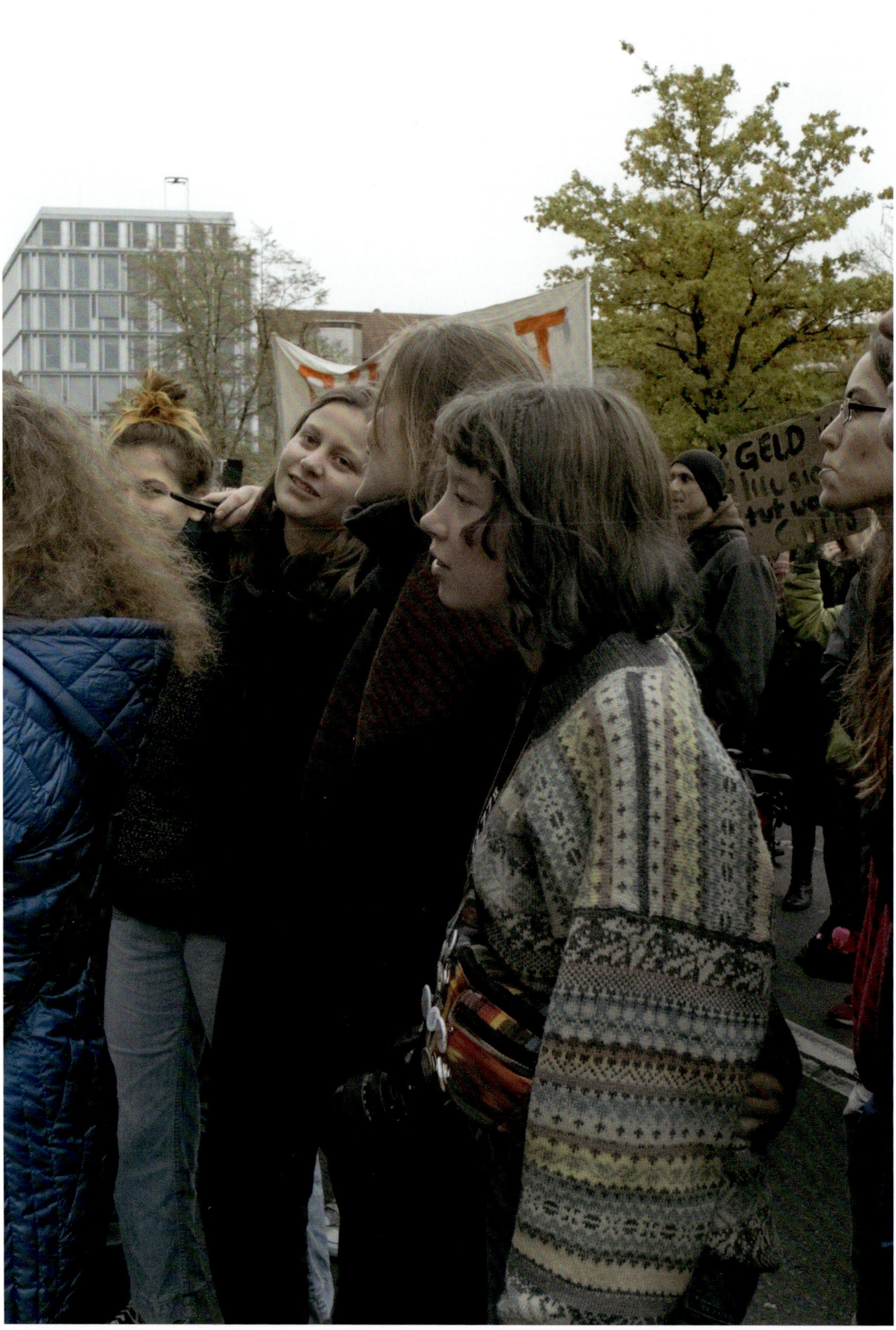
GELD

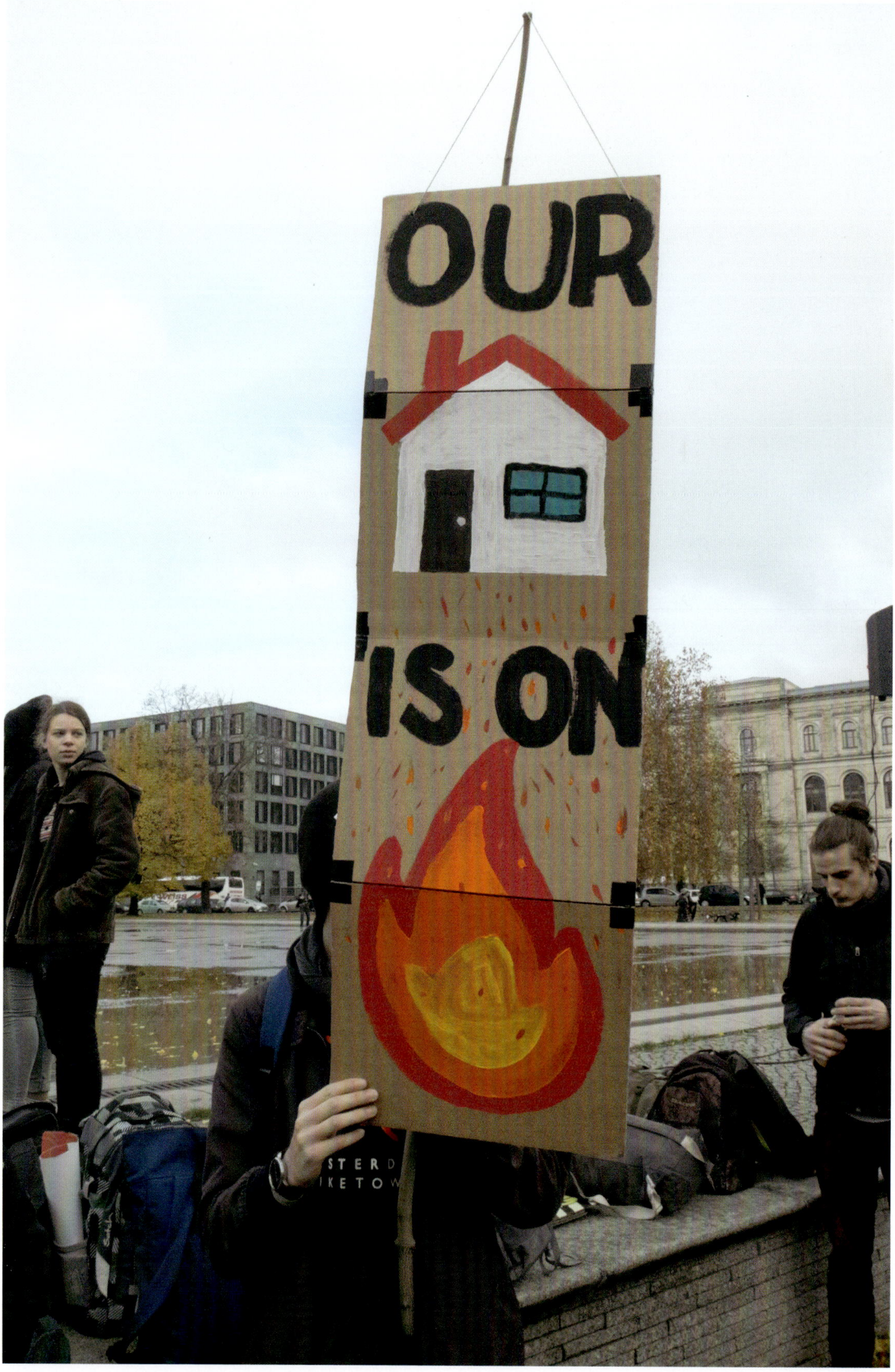
OUR
IS ON

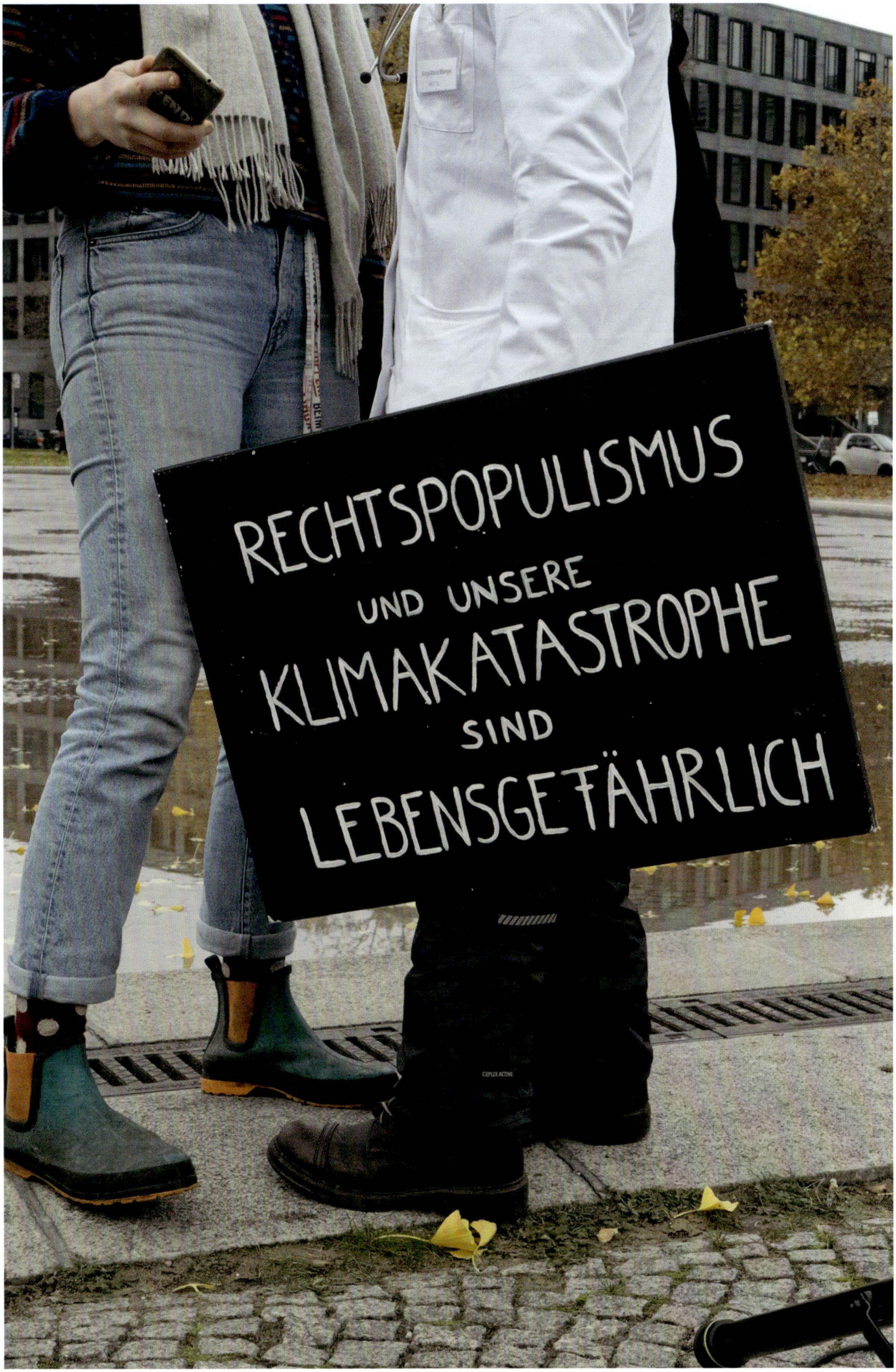
RECHTSPOPULISMUS
UND UNSERE
KLIMAKATASTROPHE
SIND
LEBENSGEFÄHRLICH

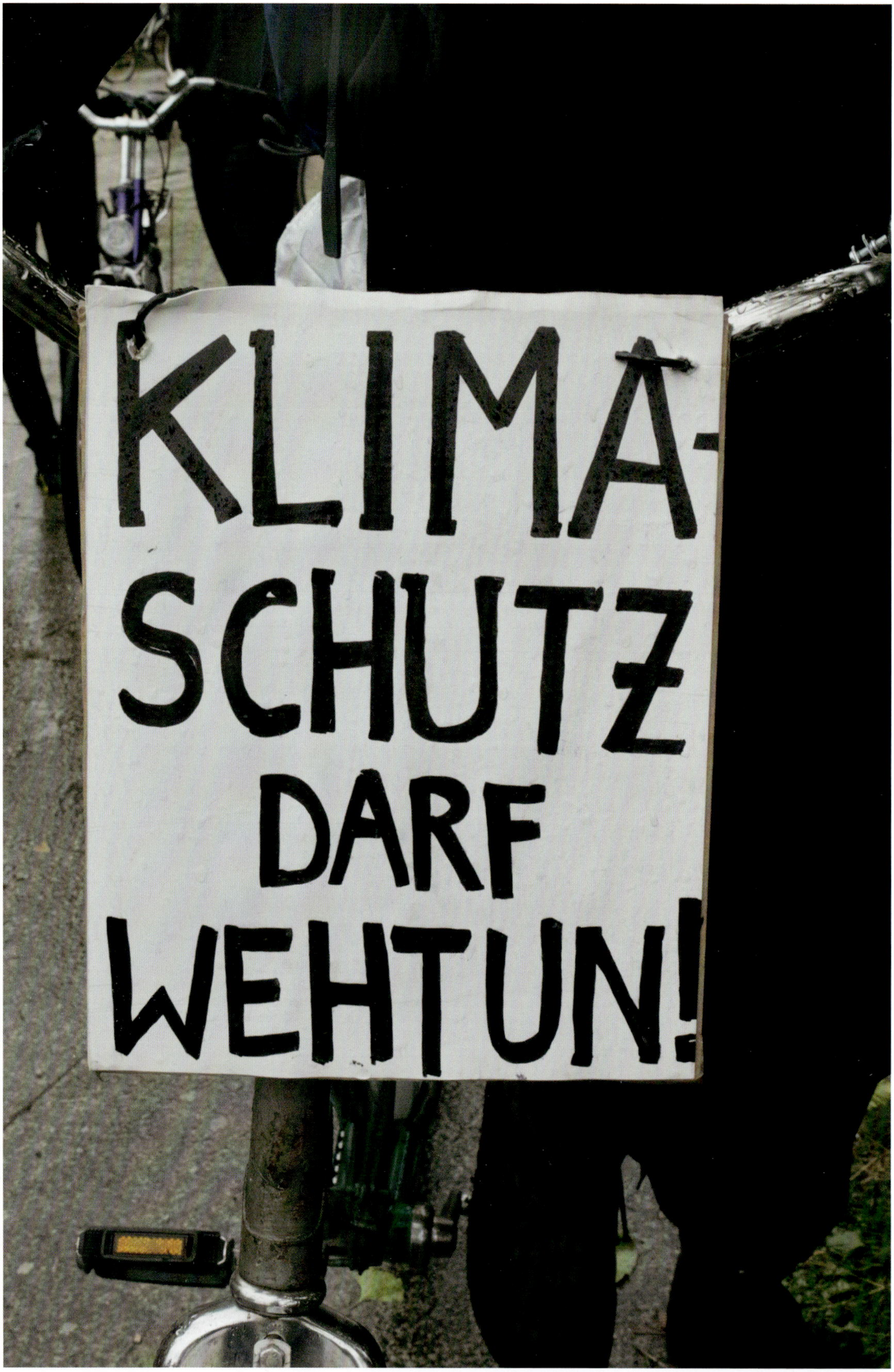
KLIMA-
SCHUTZ
DARF
WEHTUN!

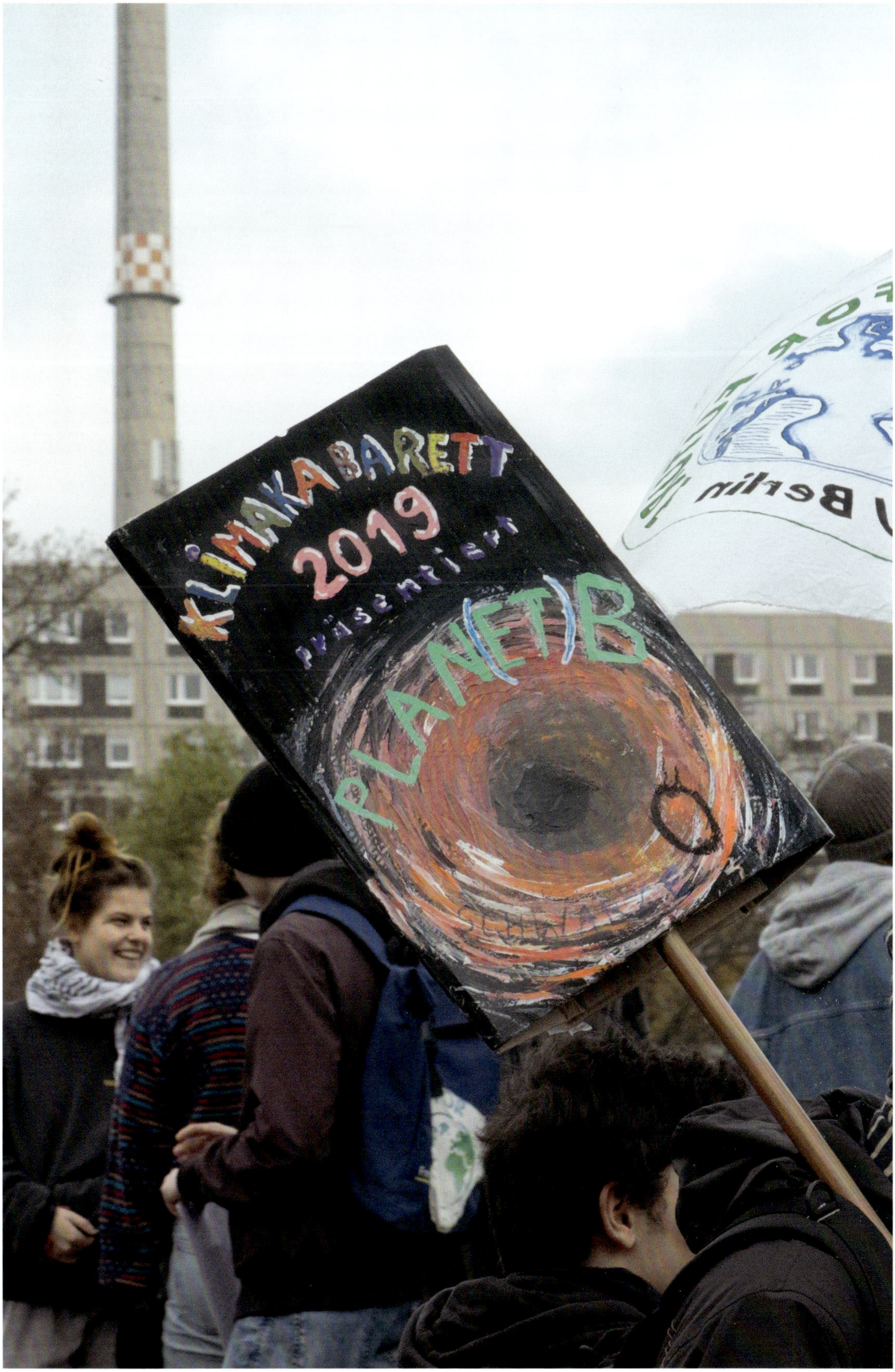
KLIMAKABARETT
2019
präsentiert
PLANET B

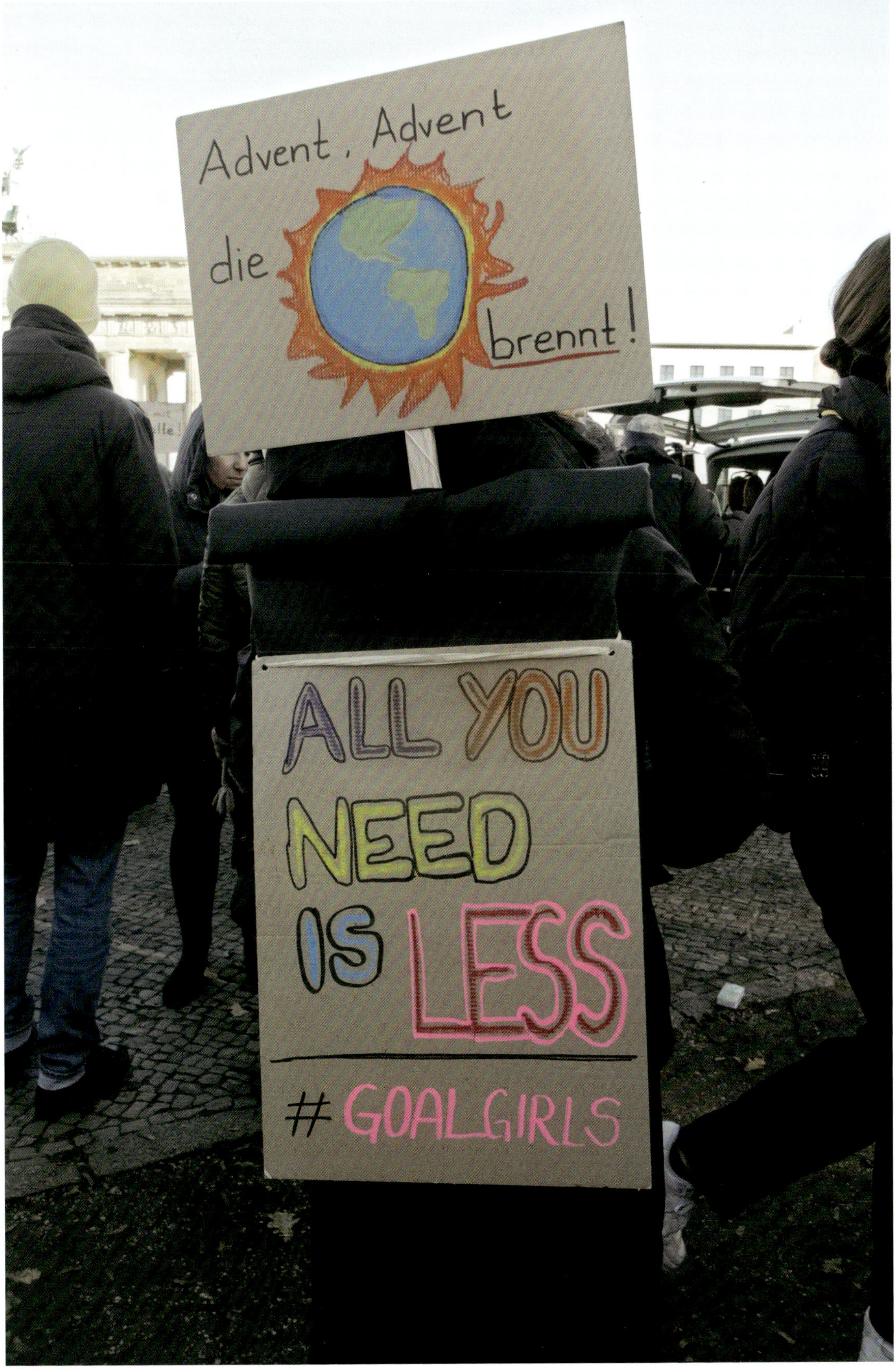
Advent, Advent
die
brennt!
ALL YOU
NEED
IS LESS
GOALGIRLS

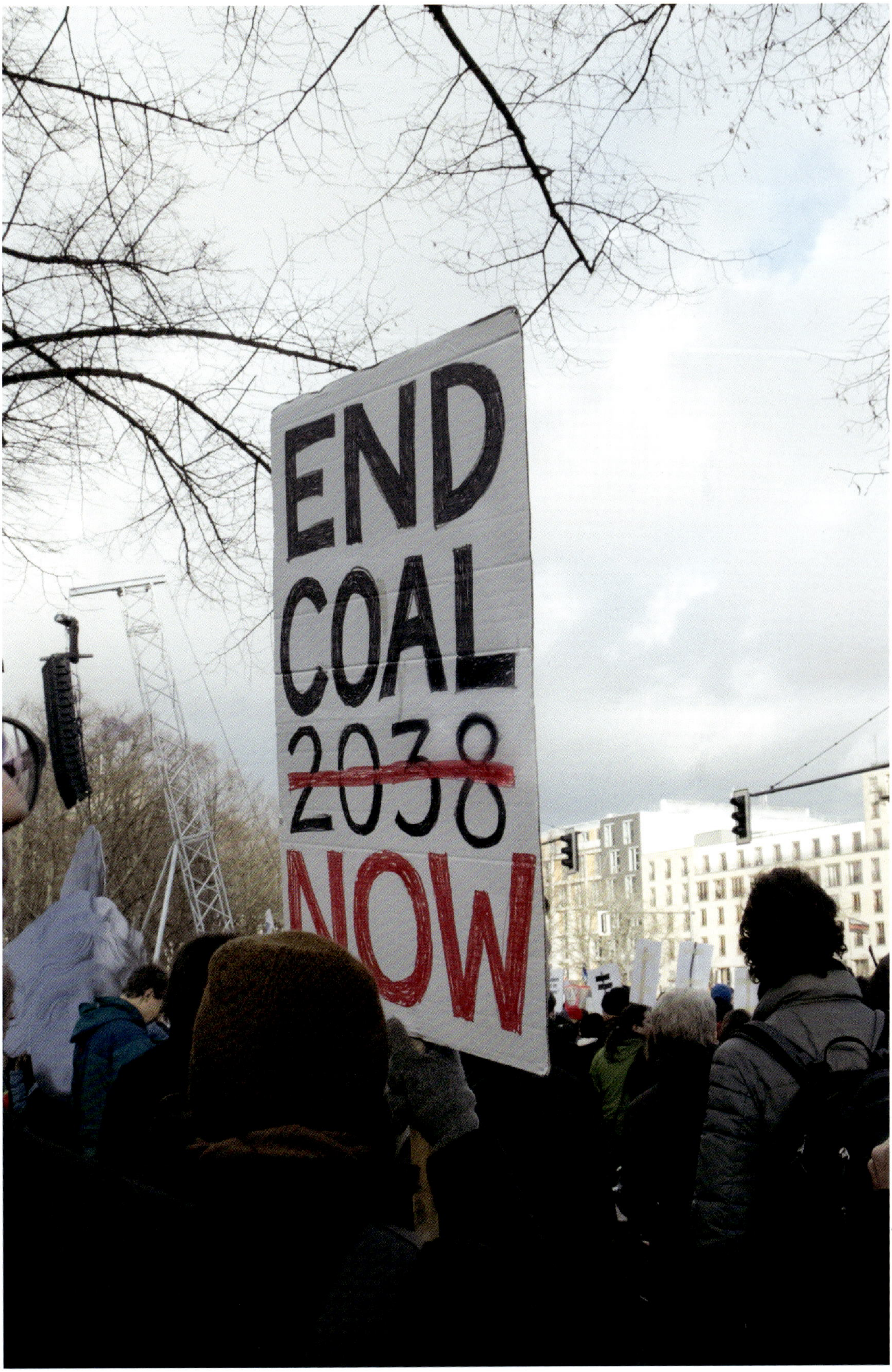
END
COAL
2038
NOW

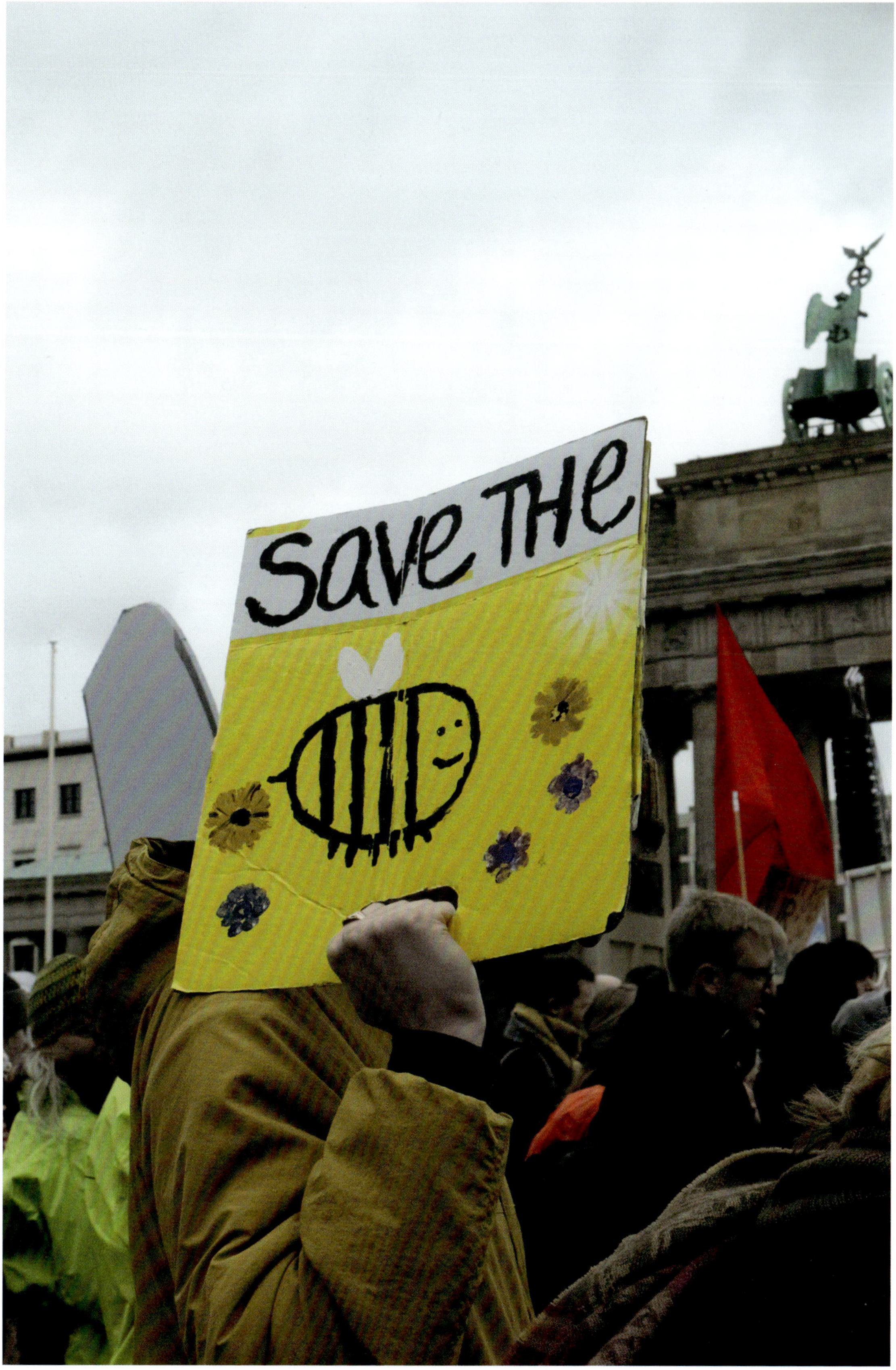
Save THE

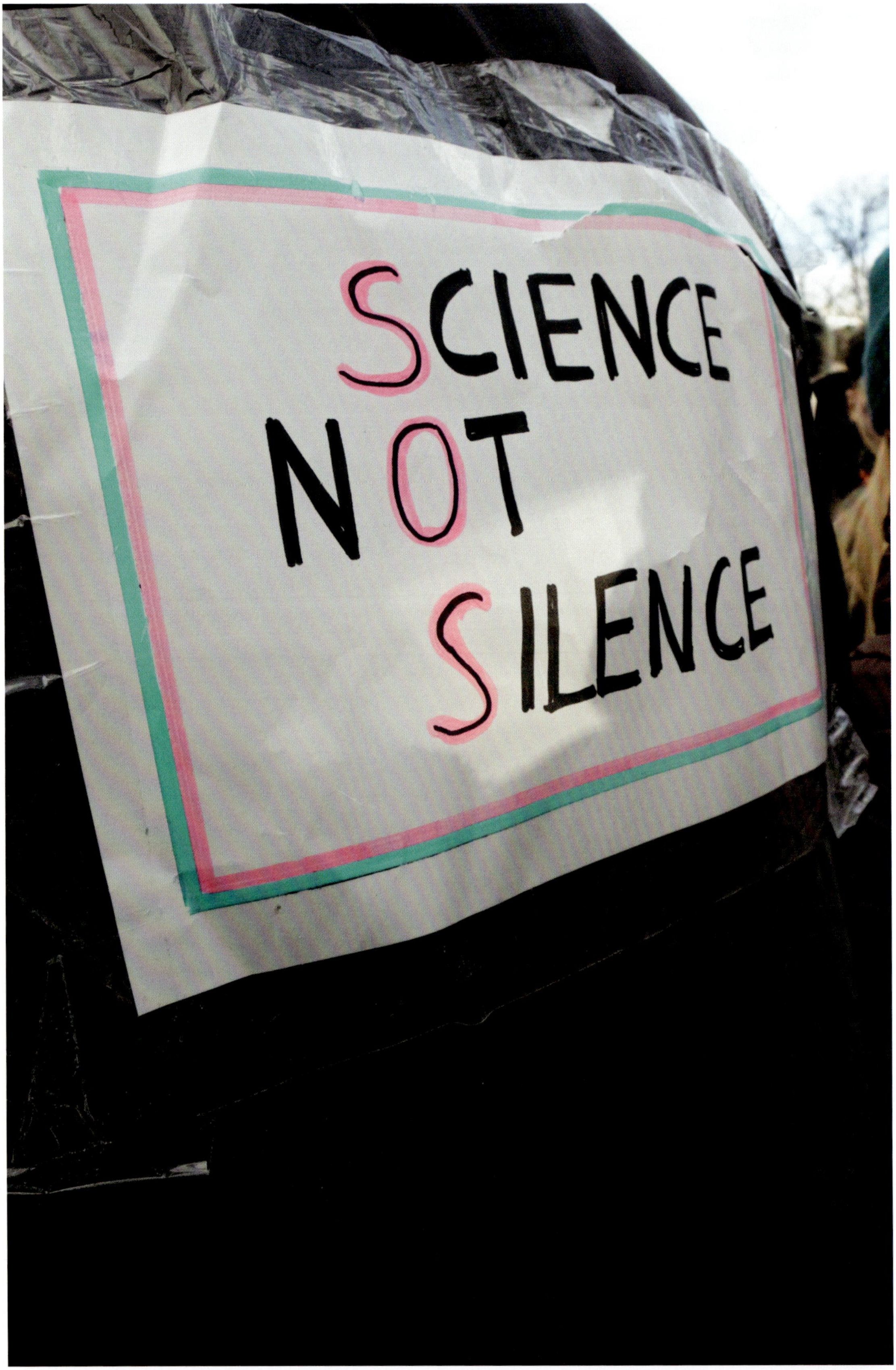
SCIENCE
NOT
SILENCE

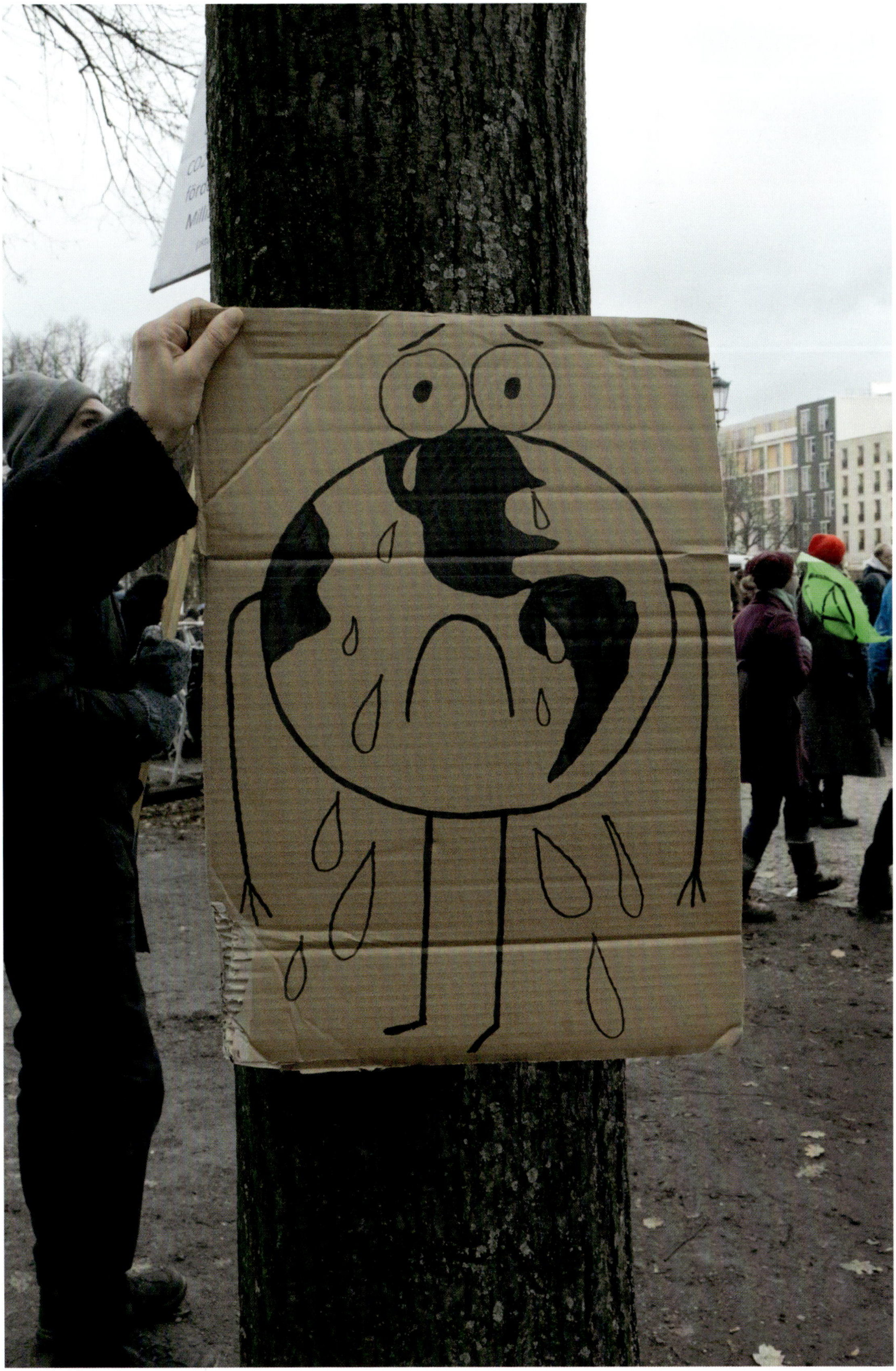

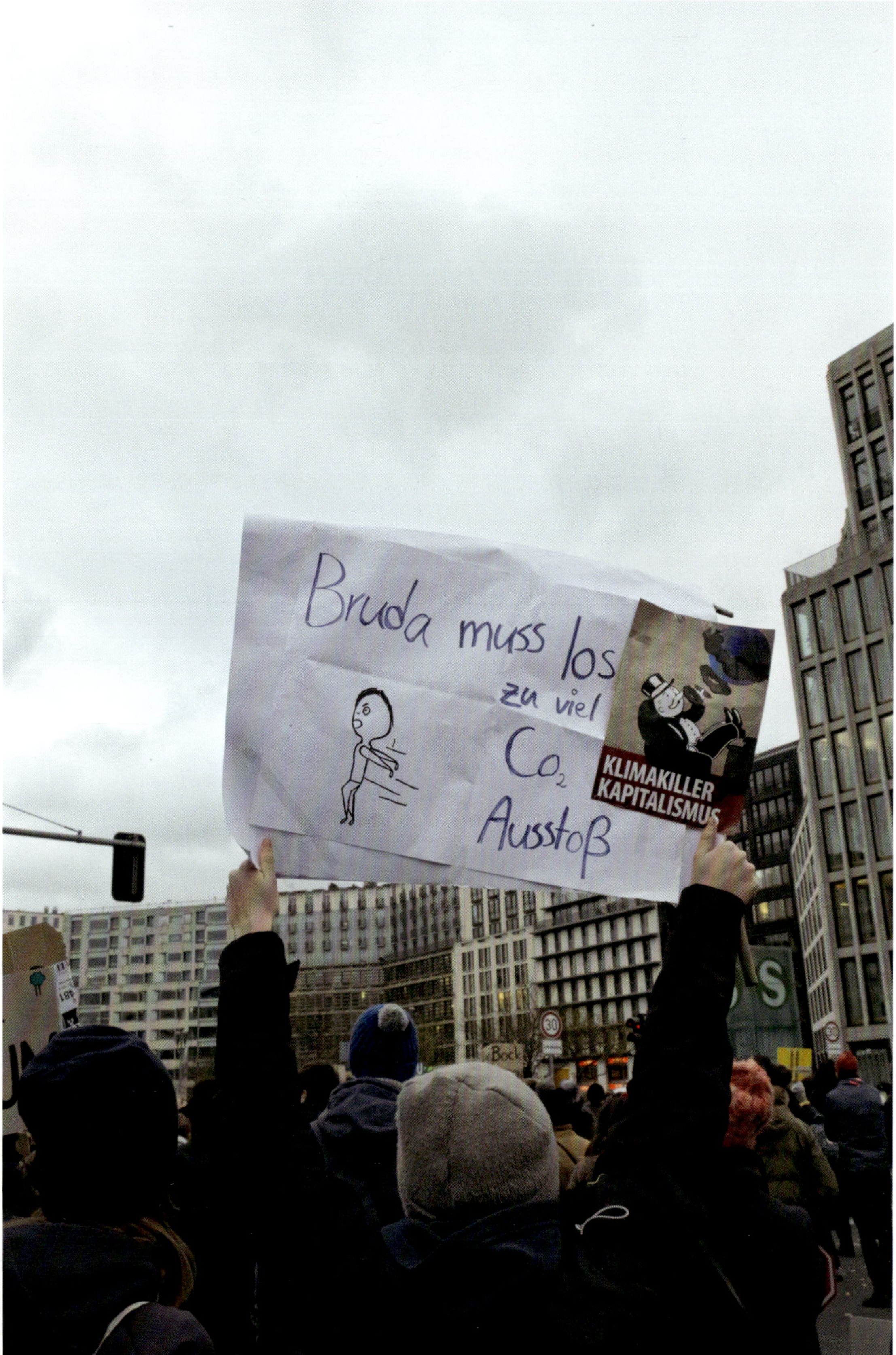
Bruda muss los
zu viel
Co2
Ausstoß
KLIMAKILLER
KAPITALISMUS

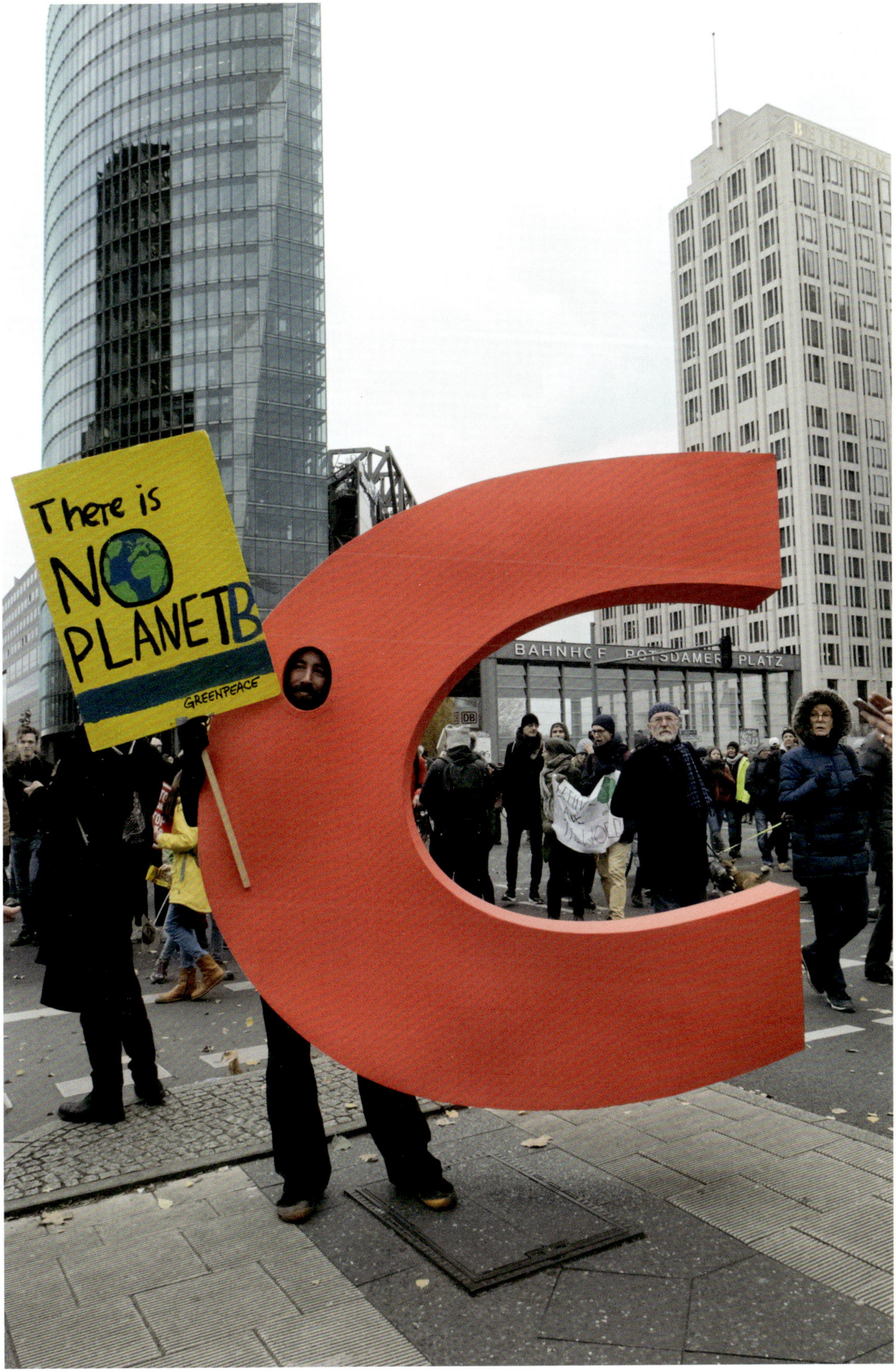
There is NO PLANET B
GREENPEACE
BAHNHOF POTSDAMER PLATZ

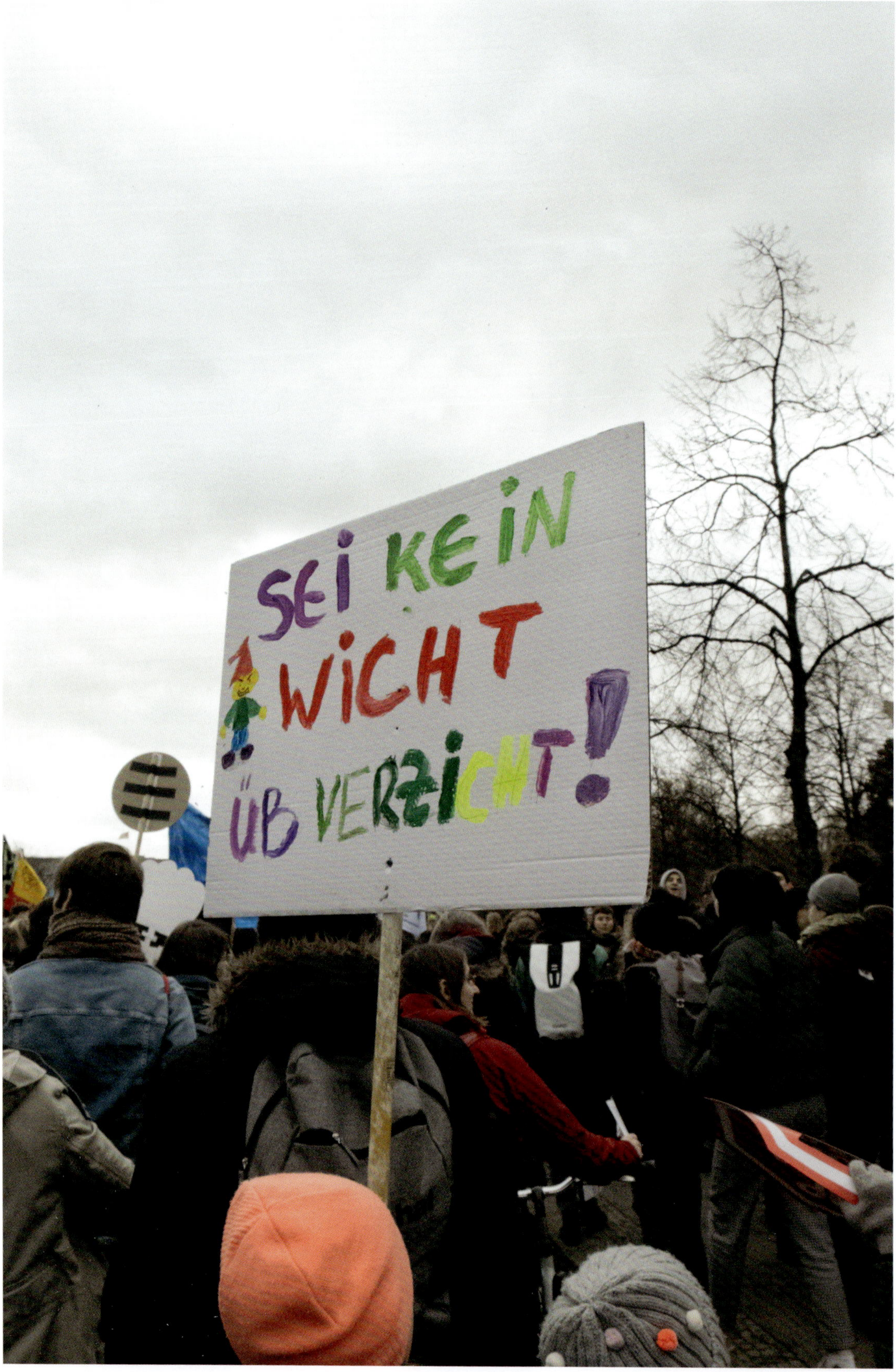
SEi KEiN
WiCHT
ÜB VERZiCHT!

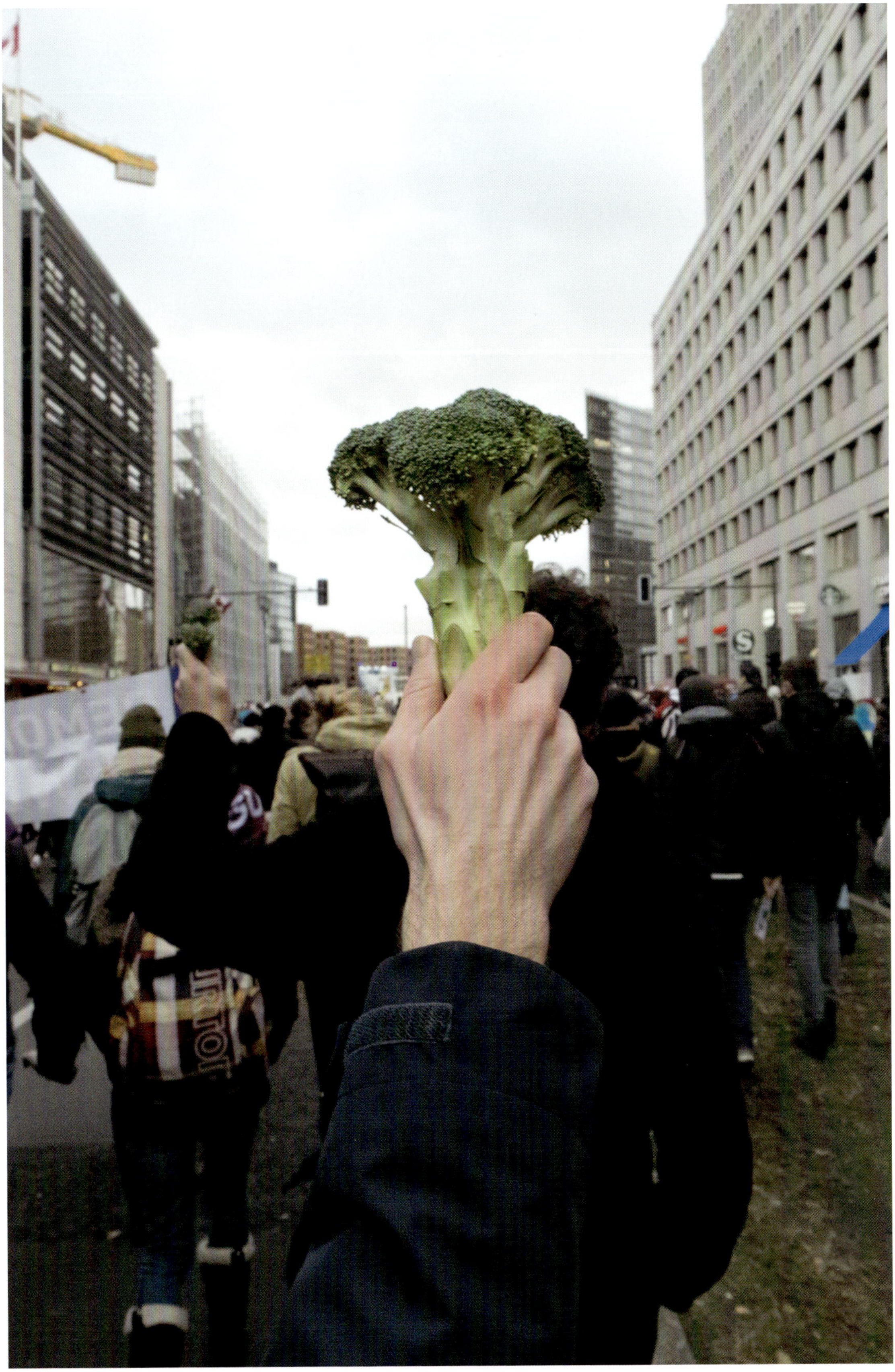

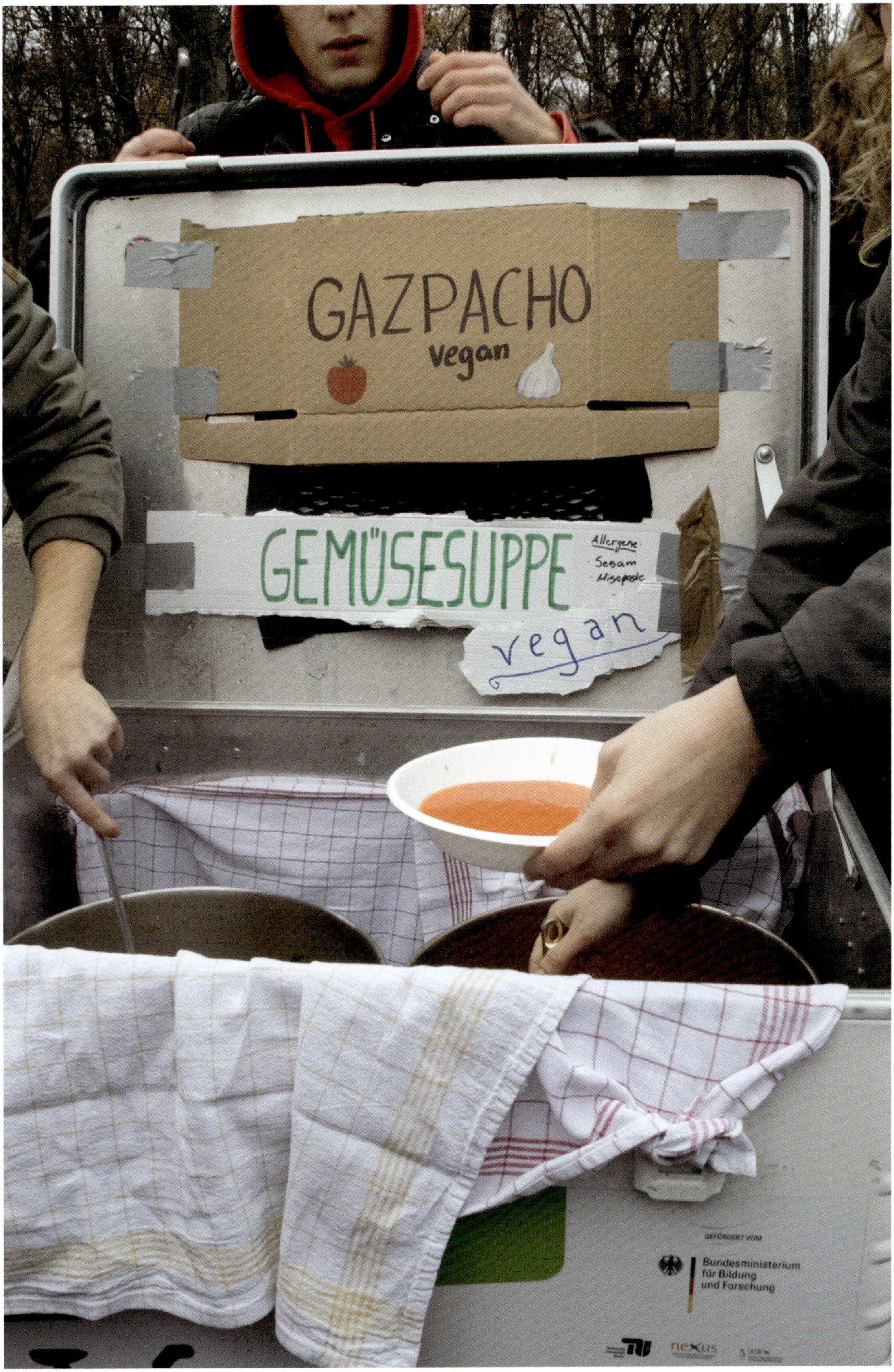
GAZPACHO
vegan
GEMÜSESUPPE
Allergene:
· Sesam
· Misopaste
vegan
GEFÖRDERT VOM
Bundesministerium
für Bildung
und Forschung

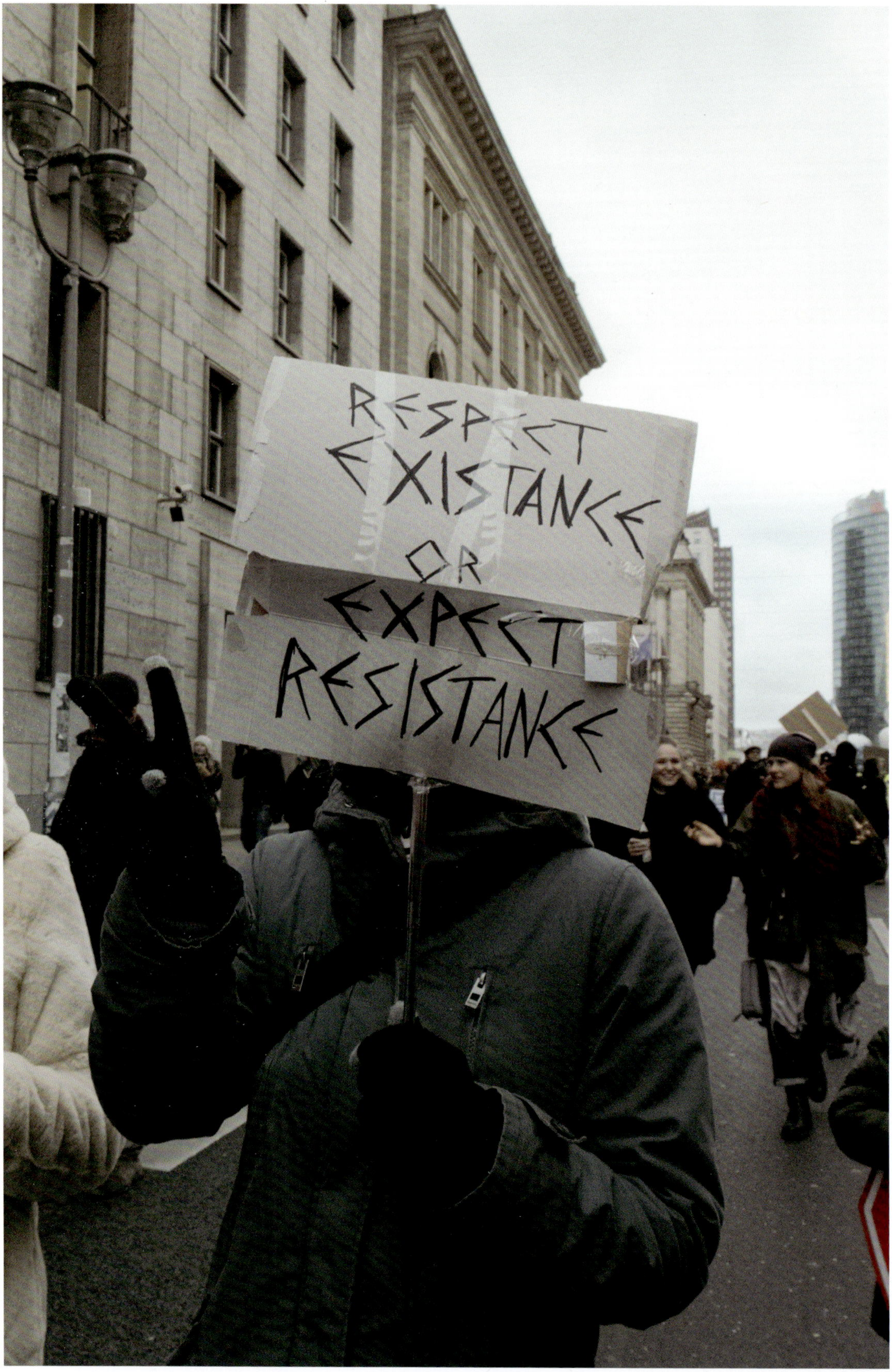
RESPECT
EXISTANCE
OR
EXPECT
RESISTANCE

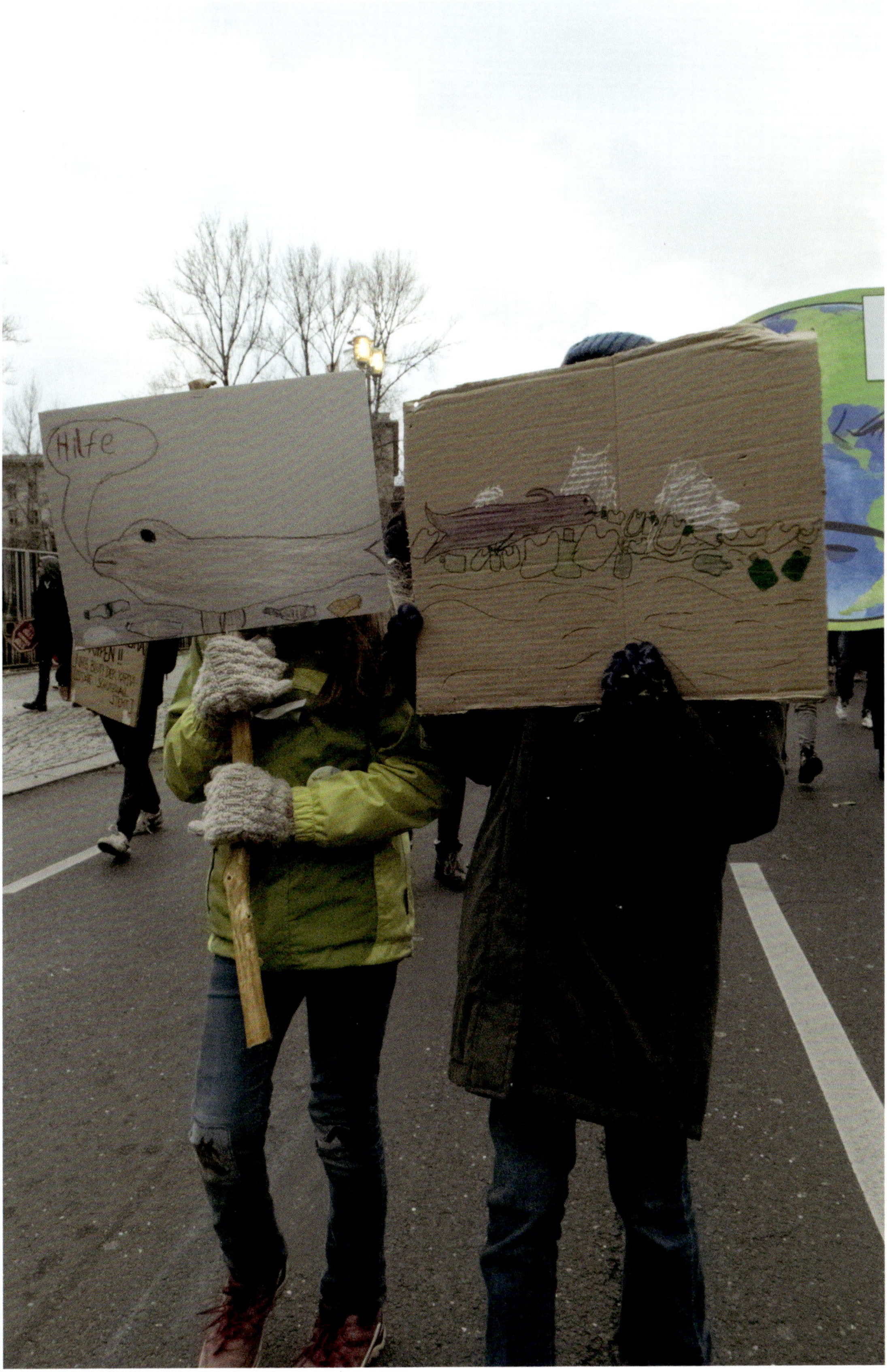
Hilfe

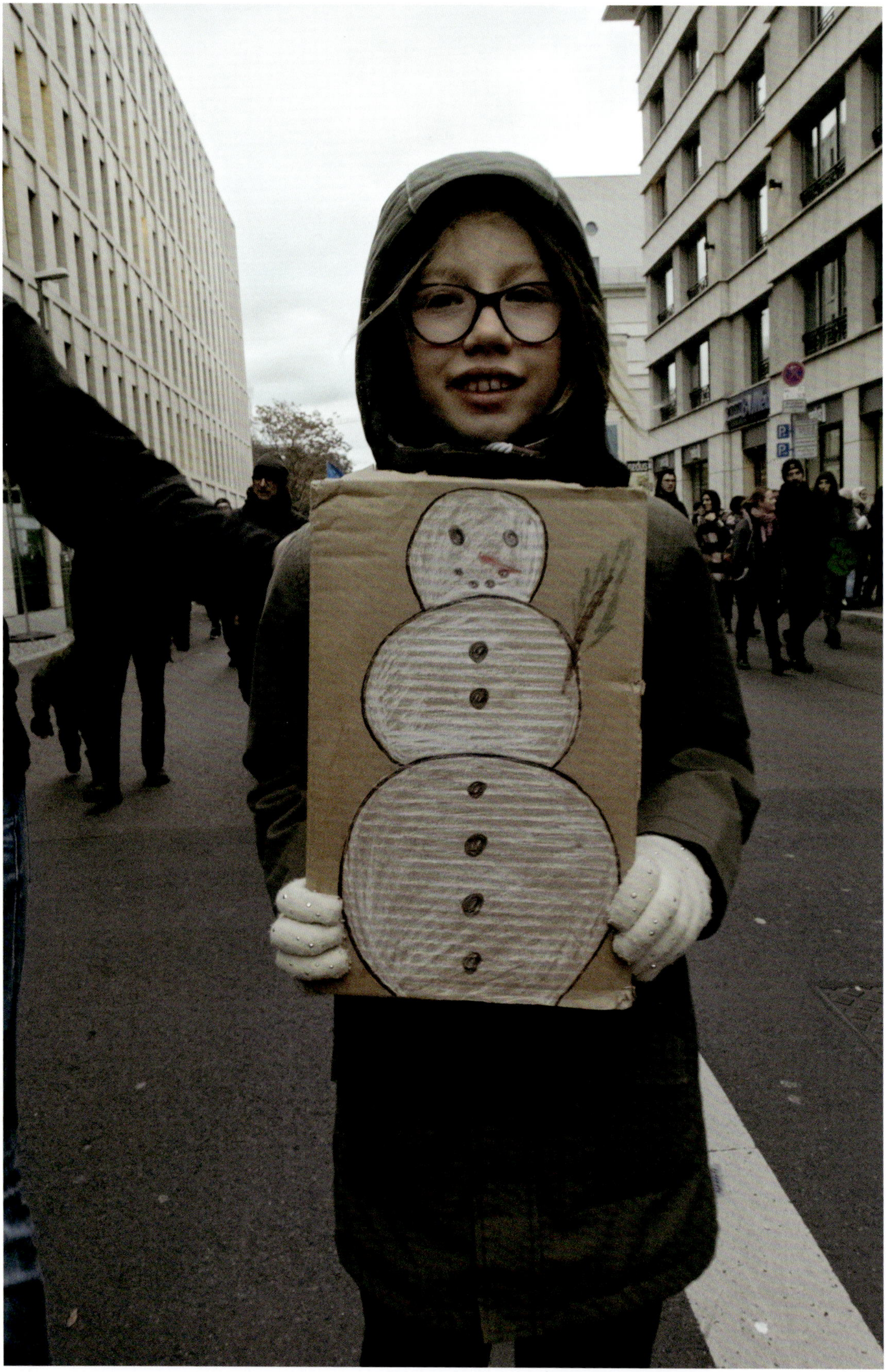

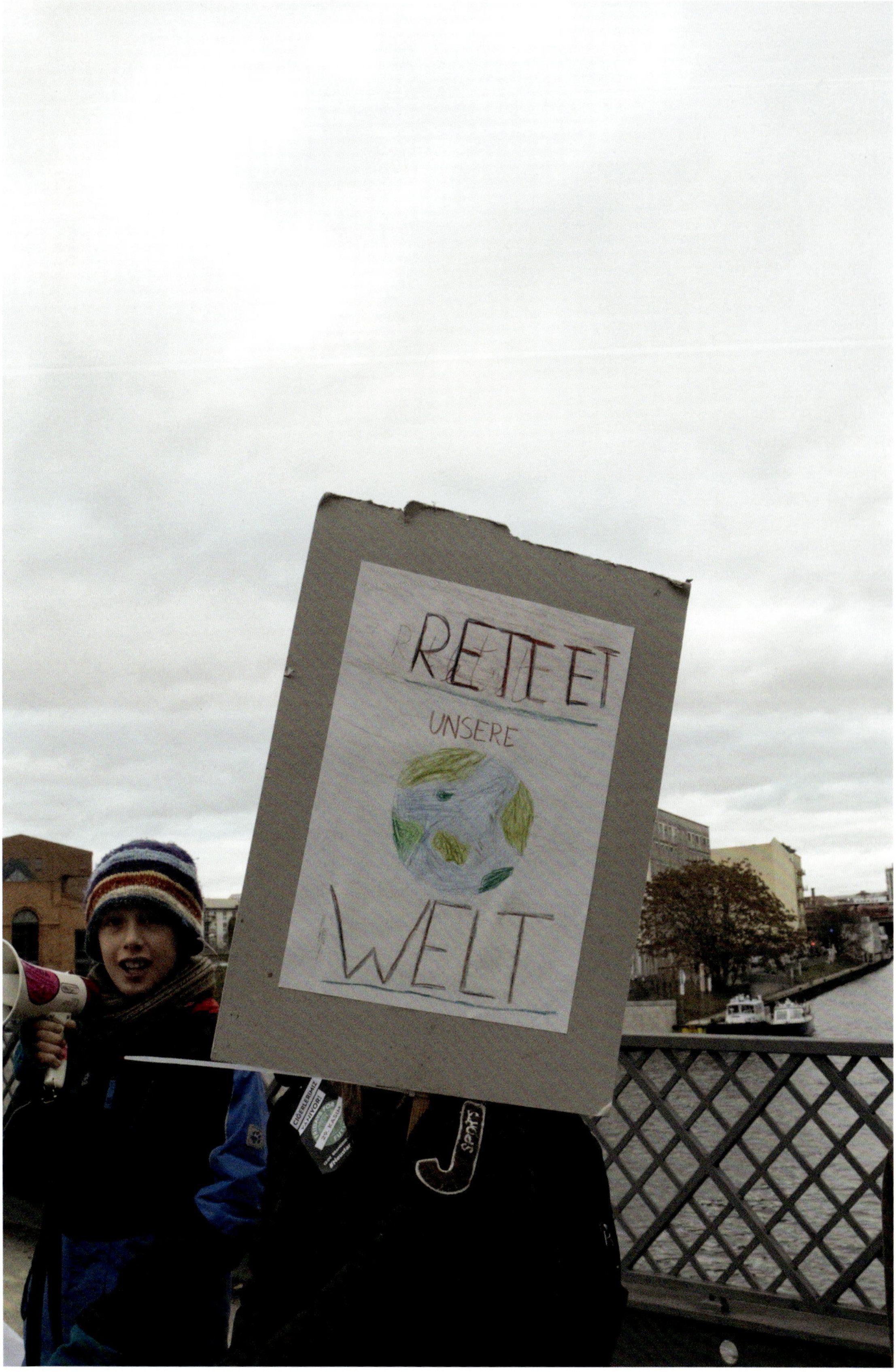
RETTET
UNSERE
WELT

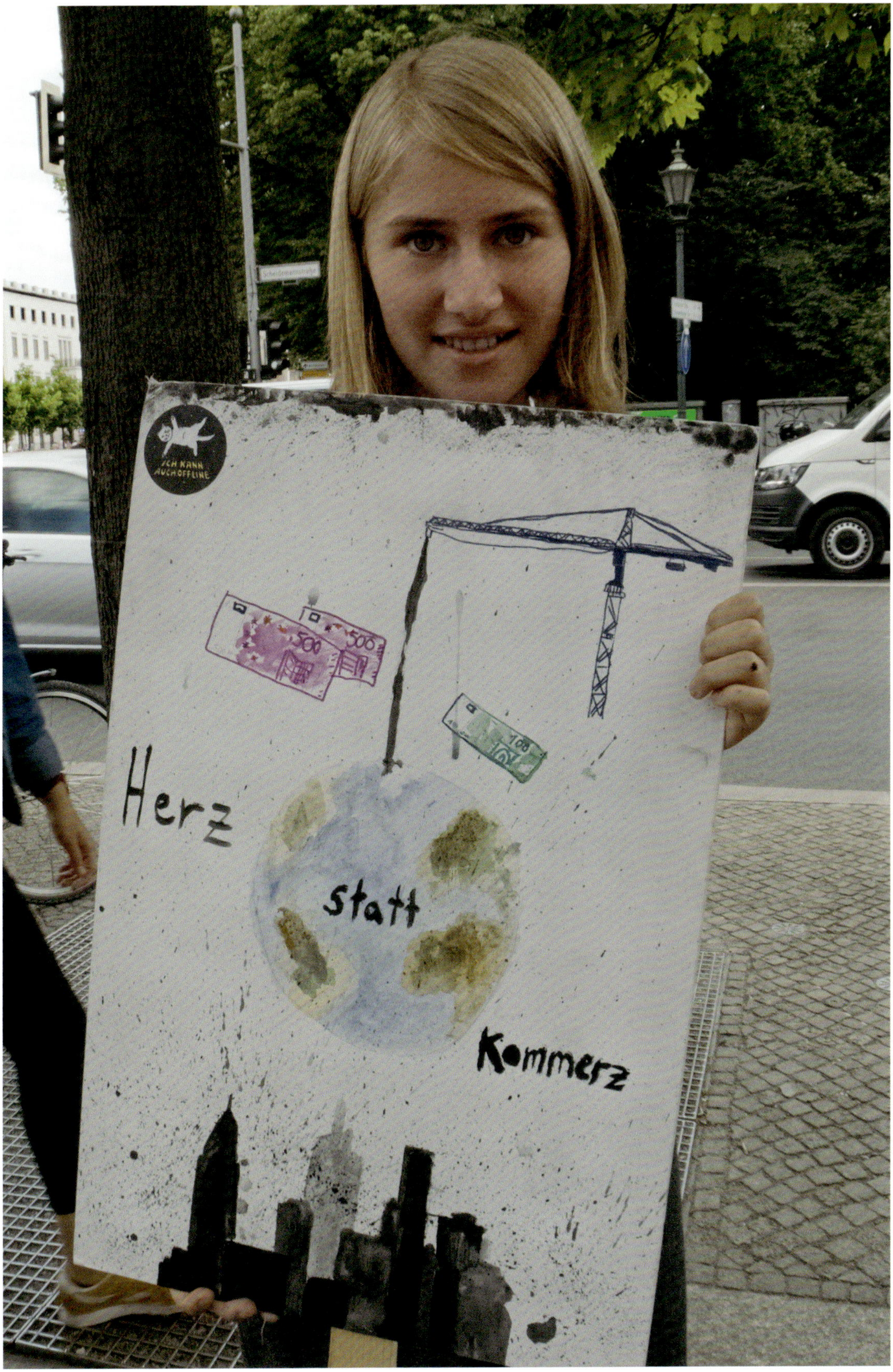
Herz
statt
Kommerz

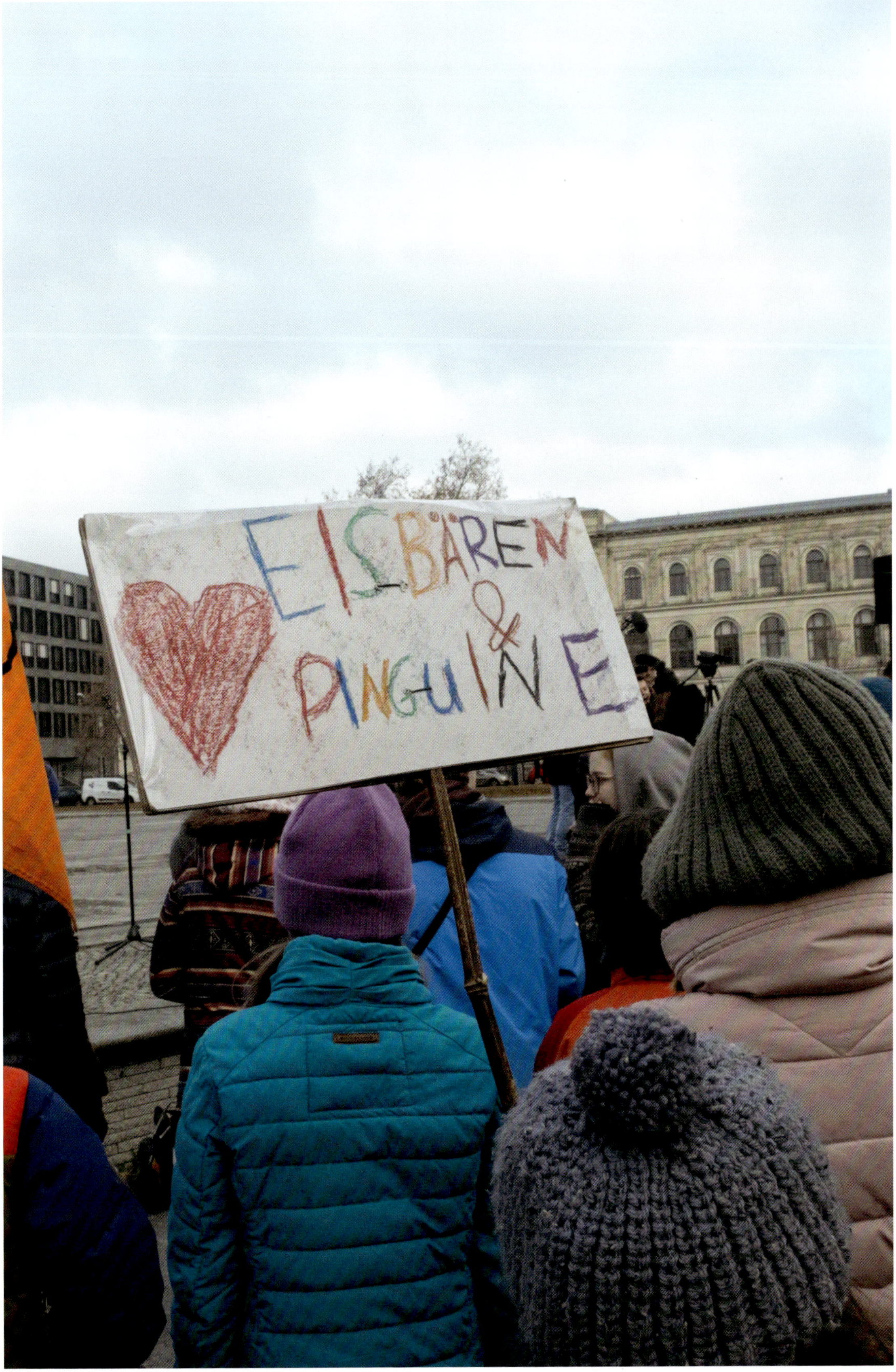
EISBÄREN
&
PINGUINE

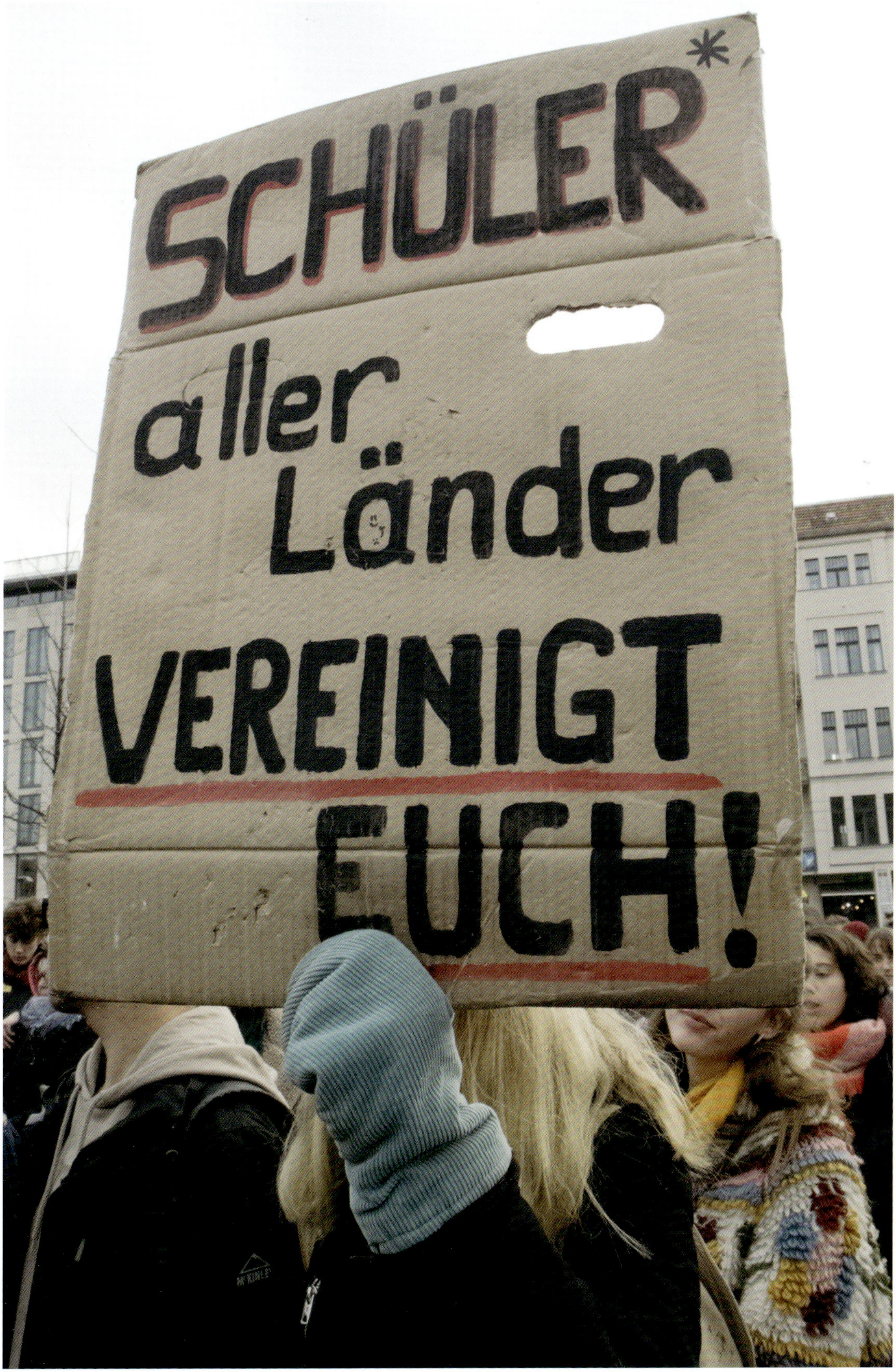
SCHÜLER*
aller
Länder
VEREINIGT
EUCH!

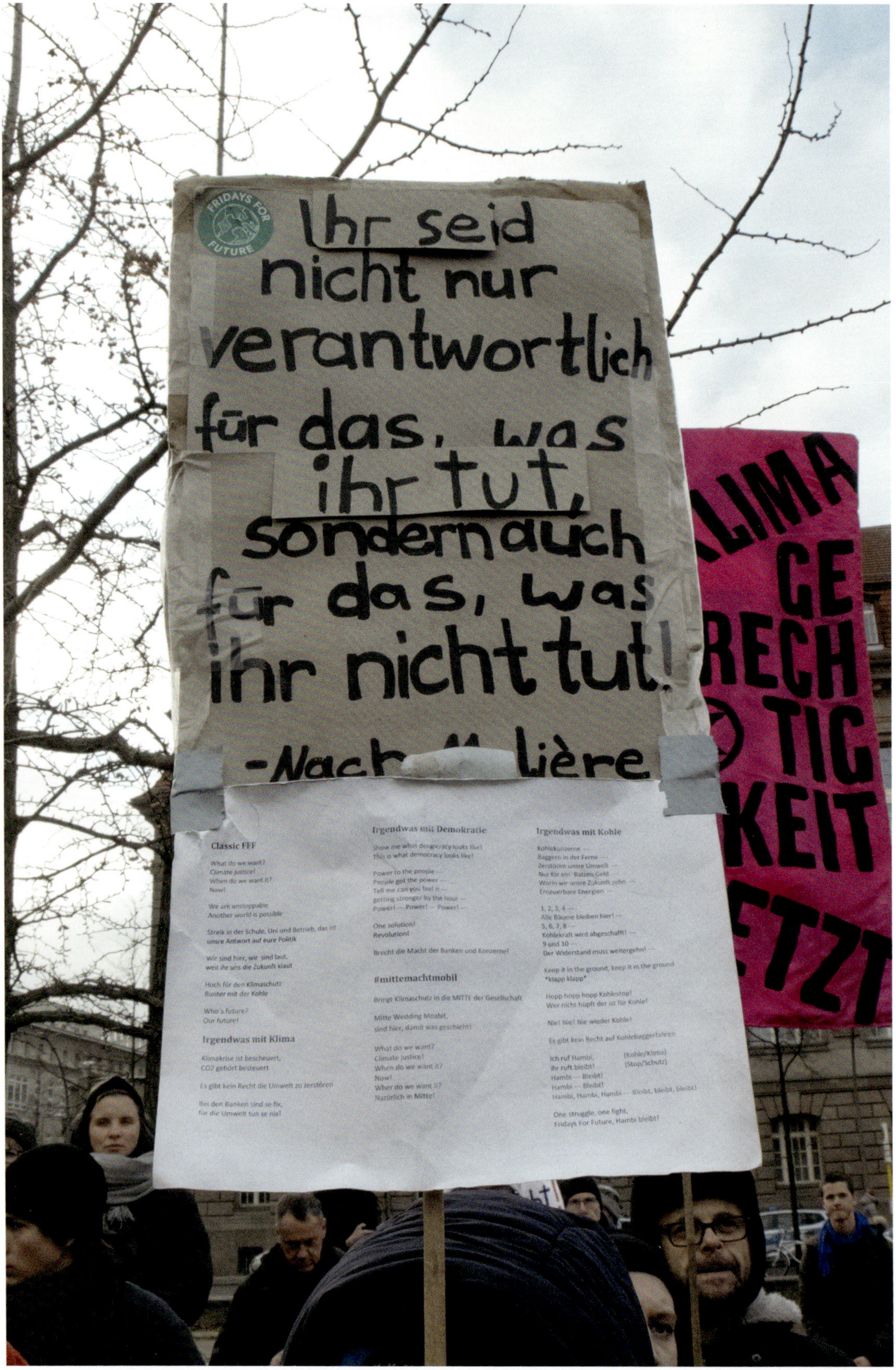
FRIDAYS FOR FUTURE
Ihr seid nicht nur verantwortlich für das, was ihr tut, sondern auch für das, was ihr nicht tut!
Classic FFF
What do we want?
Climate justice!
When do we want it?
Now!
We are unstoppable
Another world is possible
Streik in der Schule, Uni und Betrieb, das ist unsre Antwort auf eure Politik
Wir sind hier, wir sind laut, weil ihr uns die Zukunft klaut
Hoch für den Klimaschutz
Runter mit der Kohle
Who's future?
Our future!
Irgendwas mit Klima
Klimakrise ist bescheuert,
CO2 gehört besteuert
Es gibt kein Recht die Umwelt zu zerstören
Bei den Banken sind se fix,
für die Umwelt tun se nix!
Irgendwas mit Demokratie
This is what democracy looks like!
Power to the people —
People got the power —
Tell me can you feel it —
getting stronger by the hour —
Power! — Power! — Power! —
One solution!
Revolution!
Brecht die Macht der Banken und Konzerne!
#mittemachtmobil
Bringt Klimaschutz in die MITTE der Gesellschaft
Mitte Wedding Moabit,
sind hier, damit was geschieht!
What do we want?
Climate justice!
When do we want it?
Now!
Natürlich in Mitte!
Irgendwas mit Kohle
1, 2, 3, 4 —
Alle Bäume bleiben hier! —
5, 6, 7, 8 —
Kohlekraft wird abgeschafft! —
9 und 10 —
Der Widerstand muss weitergehn! —
Keep it in the ground, keep it in the ground
klapp klapp
Hopp hopp hopp Kohlestop!
Nie! Nie! Nie wieder Kohle!
Ich ruf Hambi,
ihr ruft bleibt!
Hambi — Bleibt!
Hambi — Bleibt!
One struggle, one fight,
Fridays For Future, Hambi bleibt!

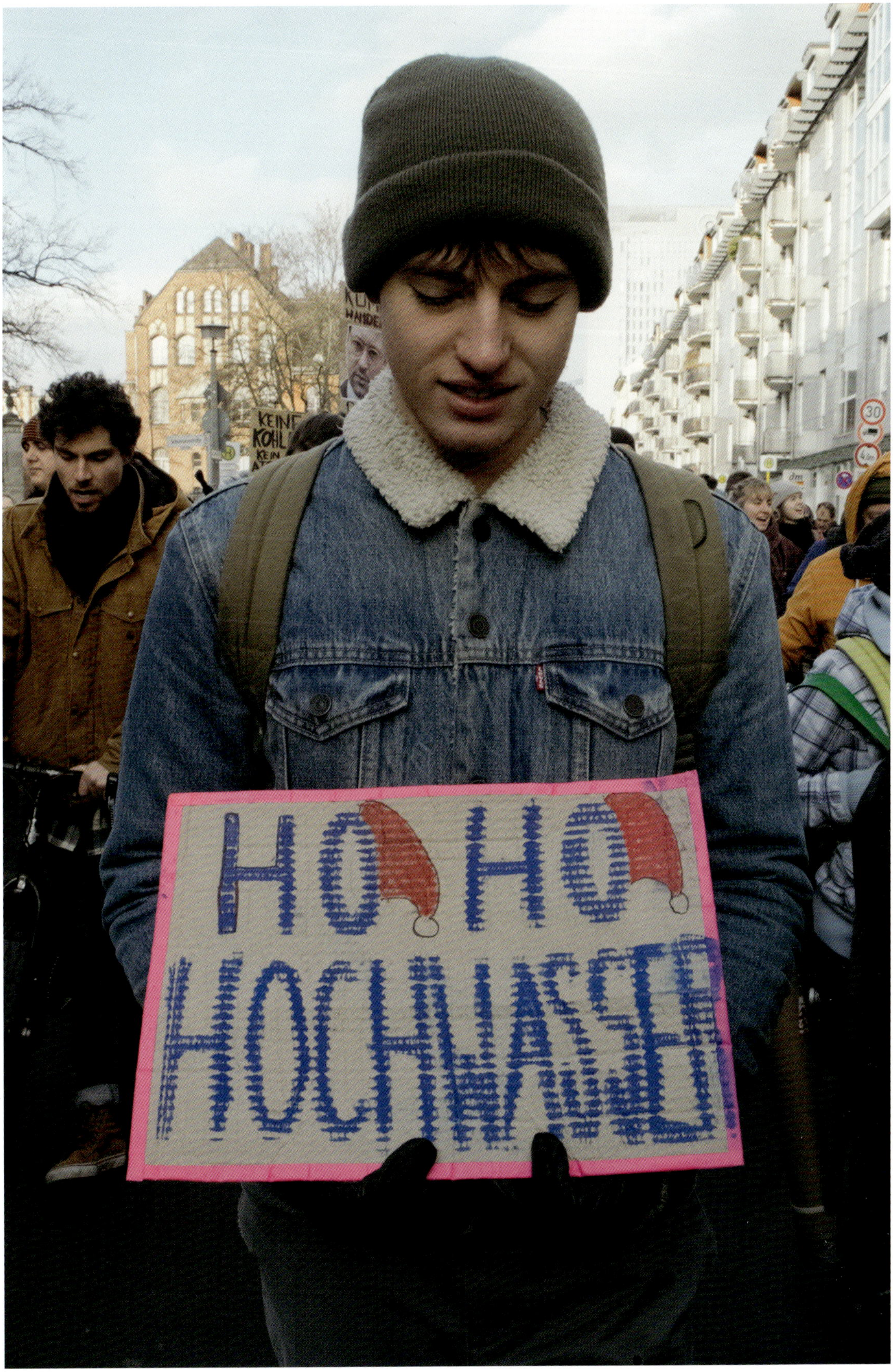
HO HO

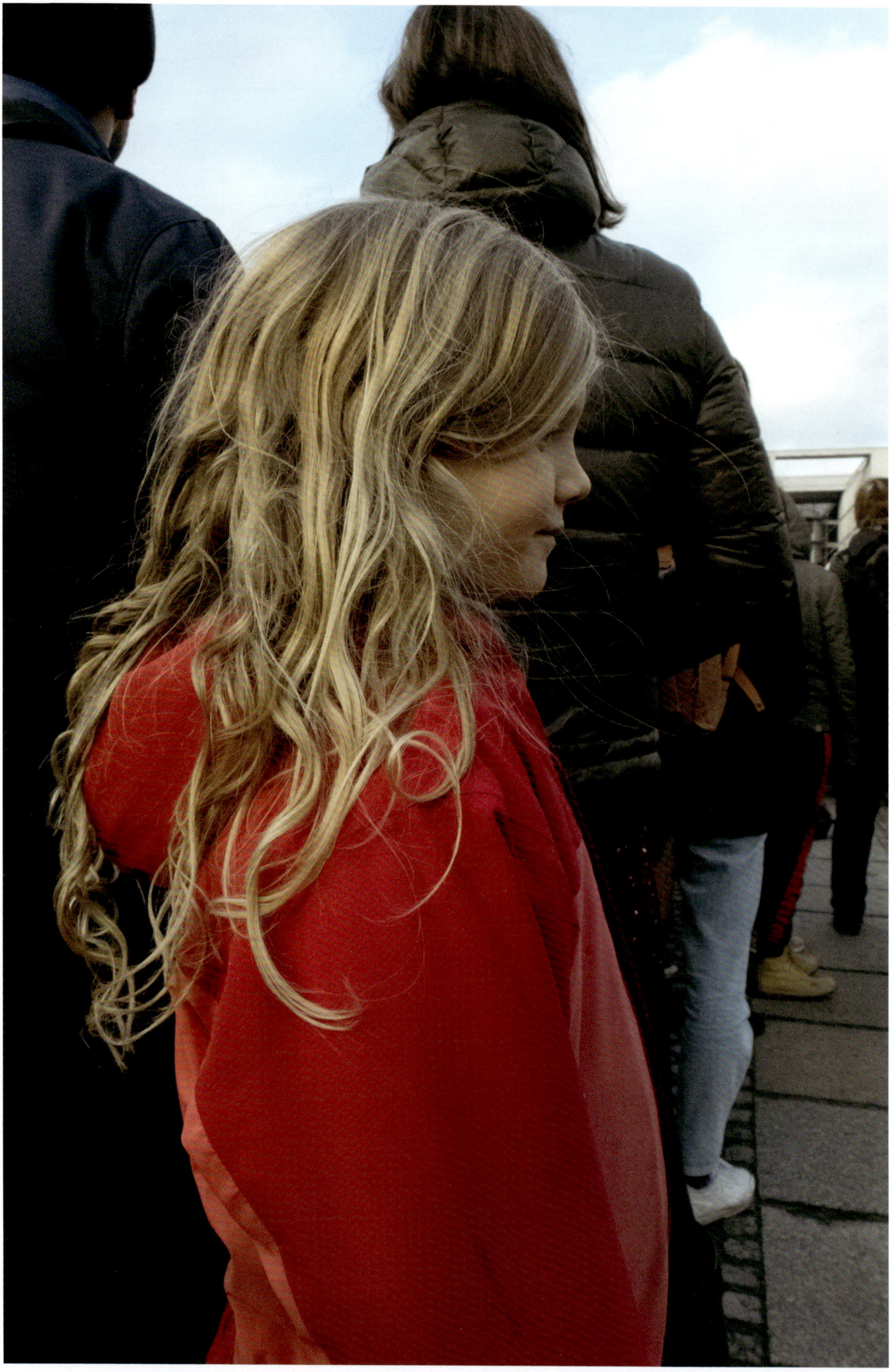

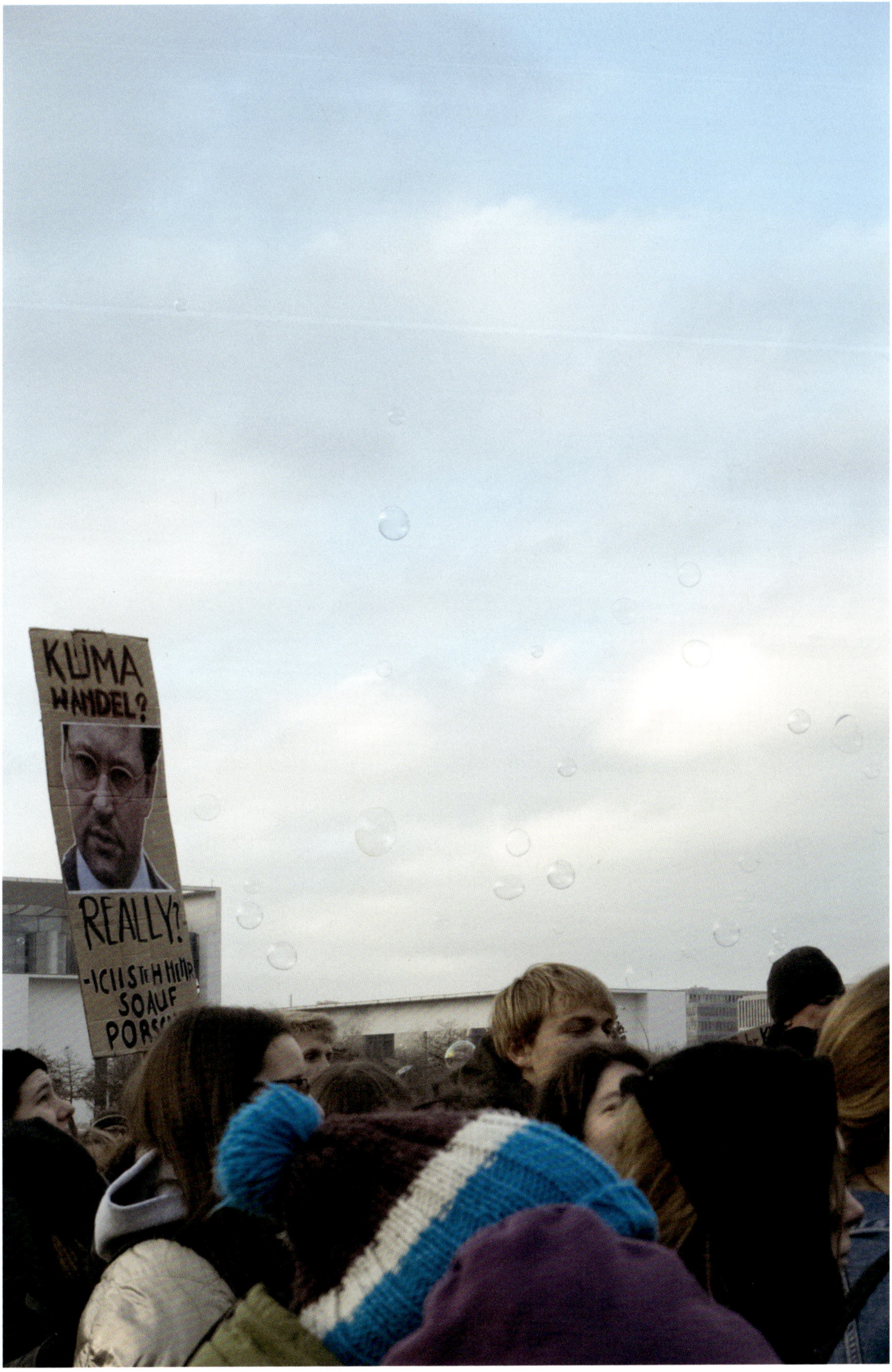
KLIMA
WANDEL?
REALLY?
-ICH STEH MEHR
SO AUF

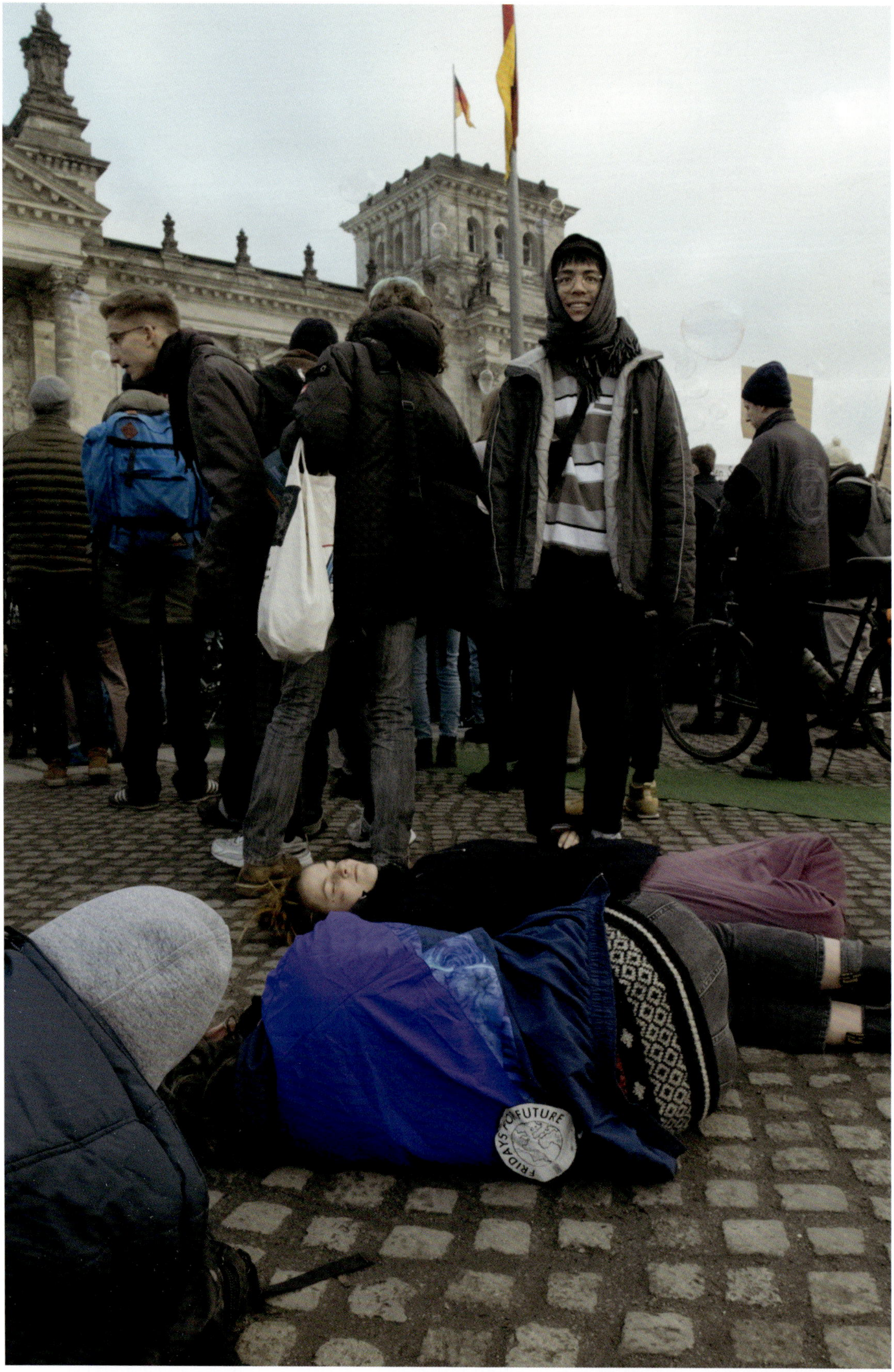
FRIDAYS
FUTURE

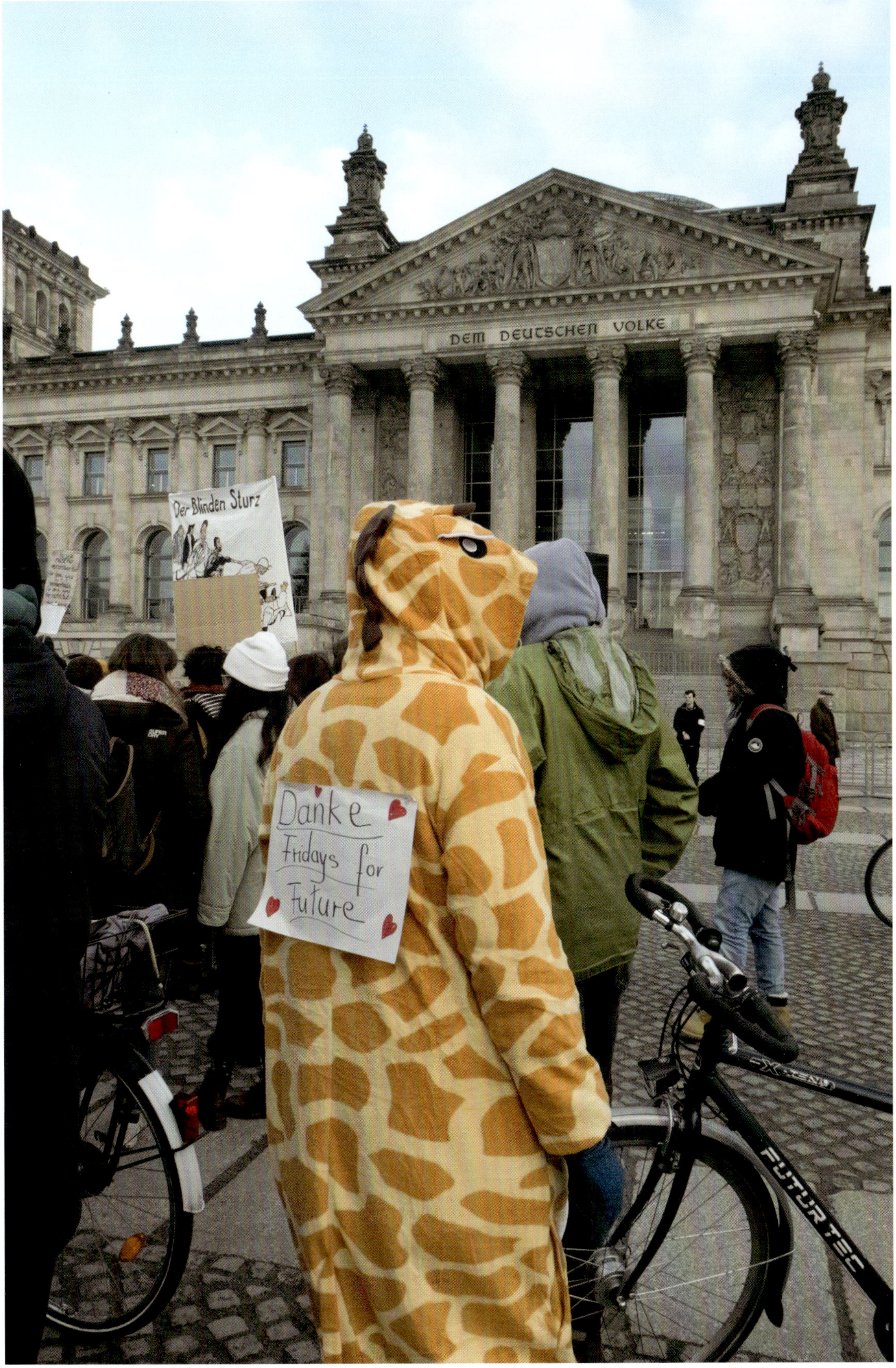
DEM DEUTSCHEN VOLKE
Der Blinden Sturz
Danke
Fridays for
Future
FUTURTEC

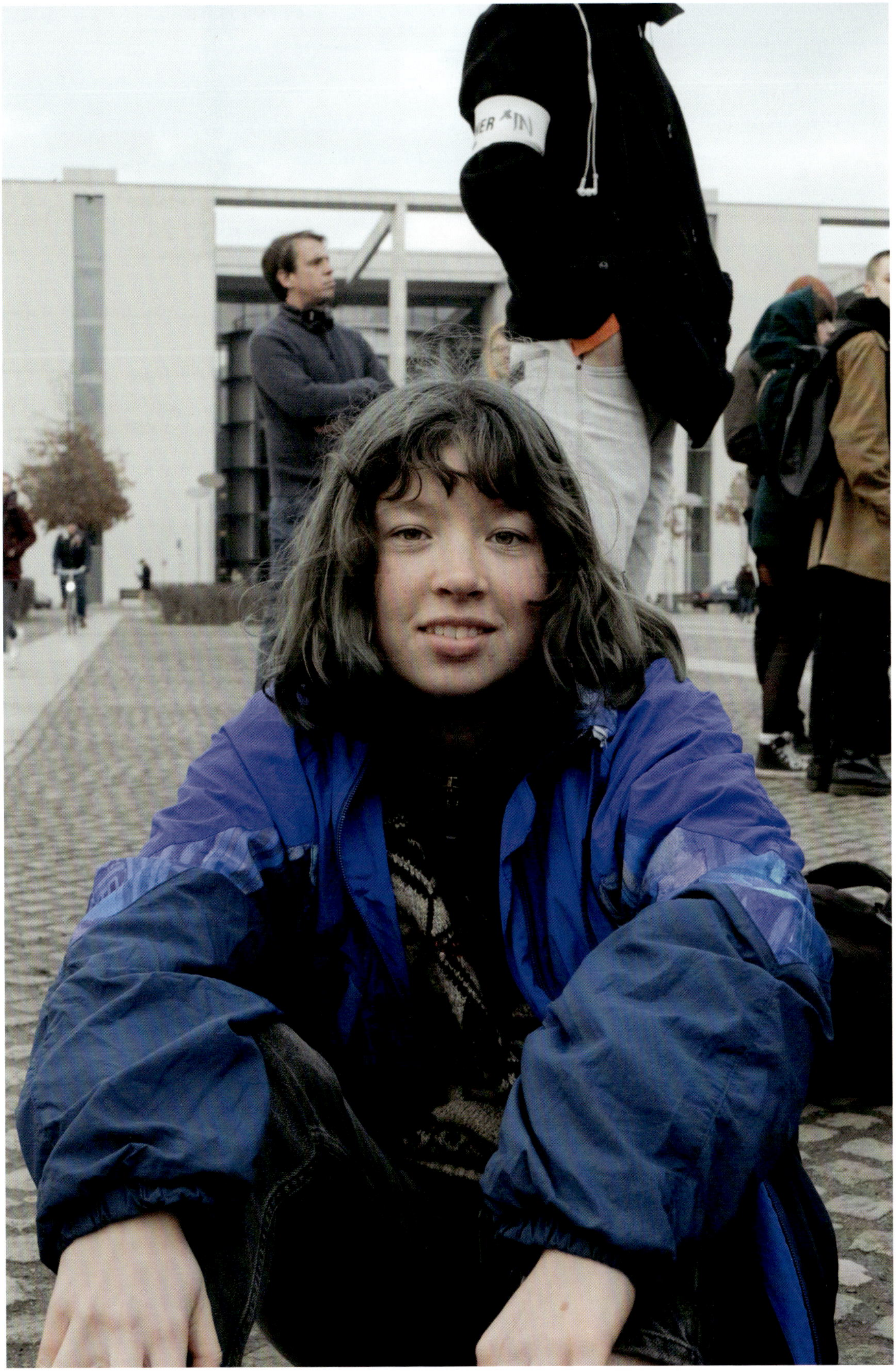

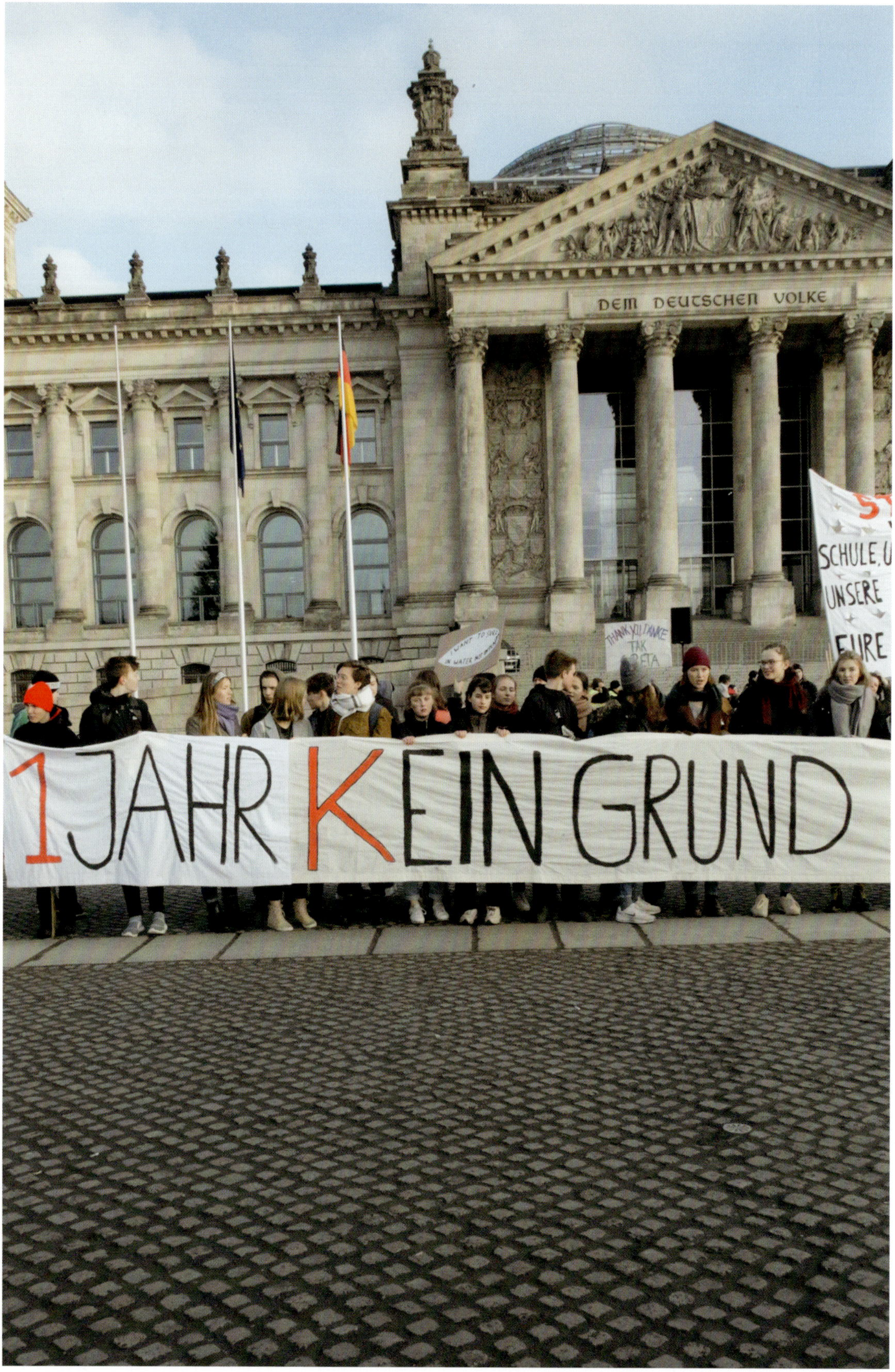
DEM DEUTSCHEN VOLKE
1 JAHR KEIN GRUND

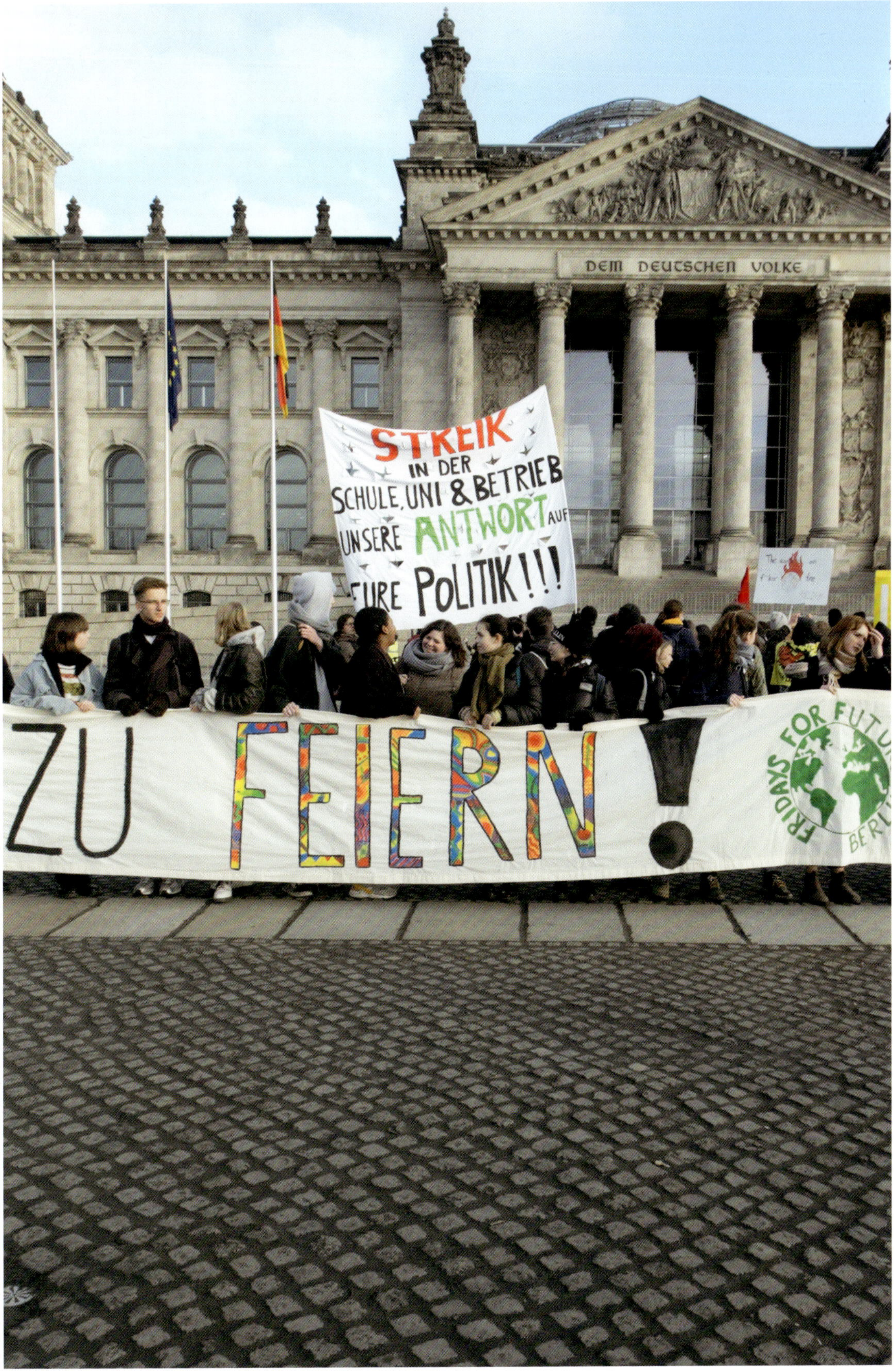
DEM DEUTSCHEN VOLKE
STREIK
IN DER
SCHULE, UNI & BETRIEB
UNSERE ANTWORT AUF
EURE POLITIK!!!
ZU FEIERN!
FRIDAYS FOR

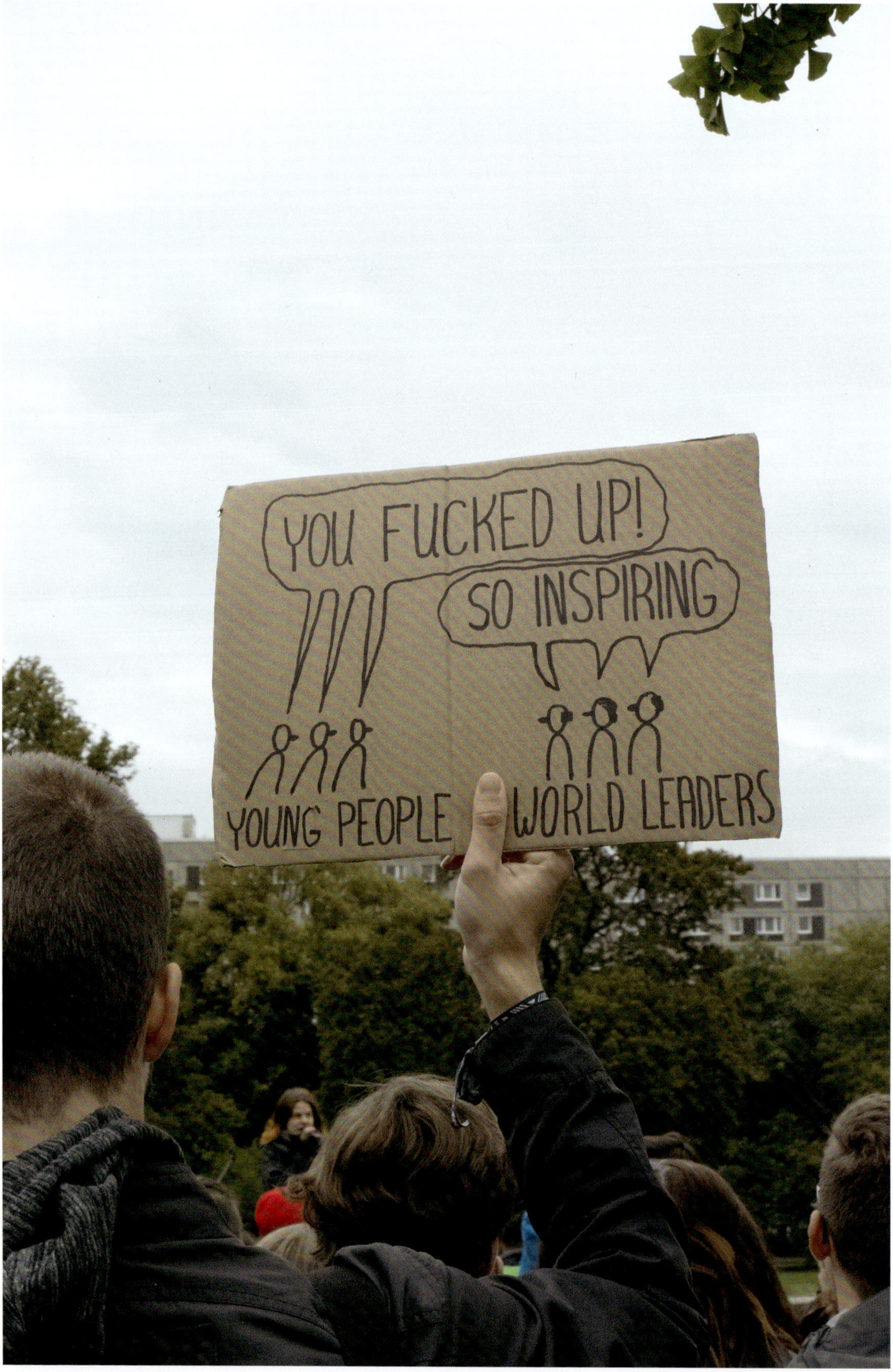
YOU FUCKED UP!
SO INSPIRING
YOUNG PEOPLE
WORLD LEADERS

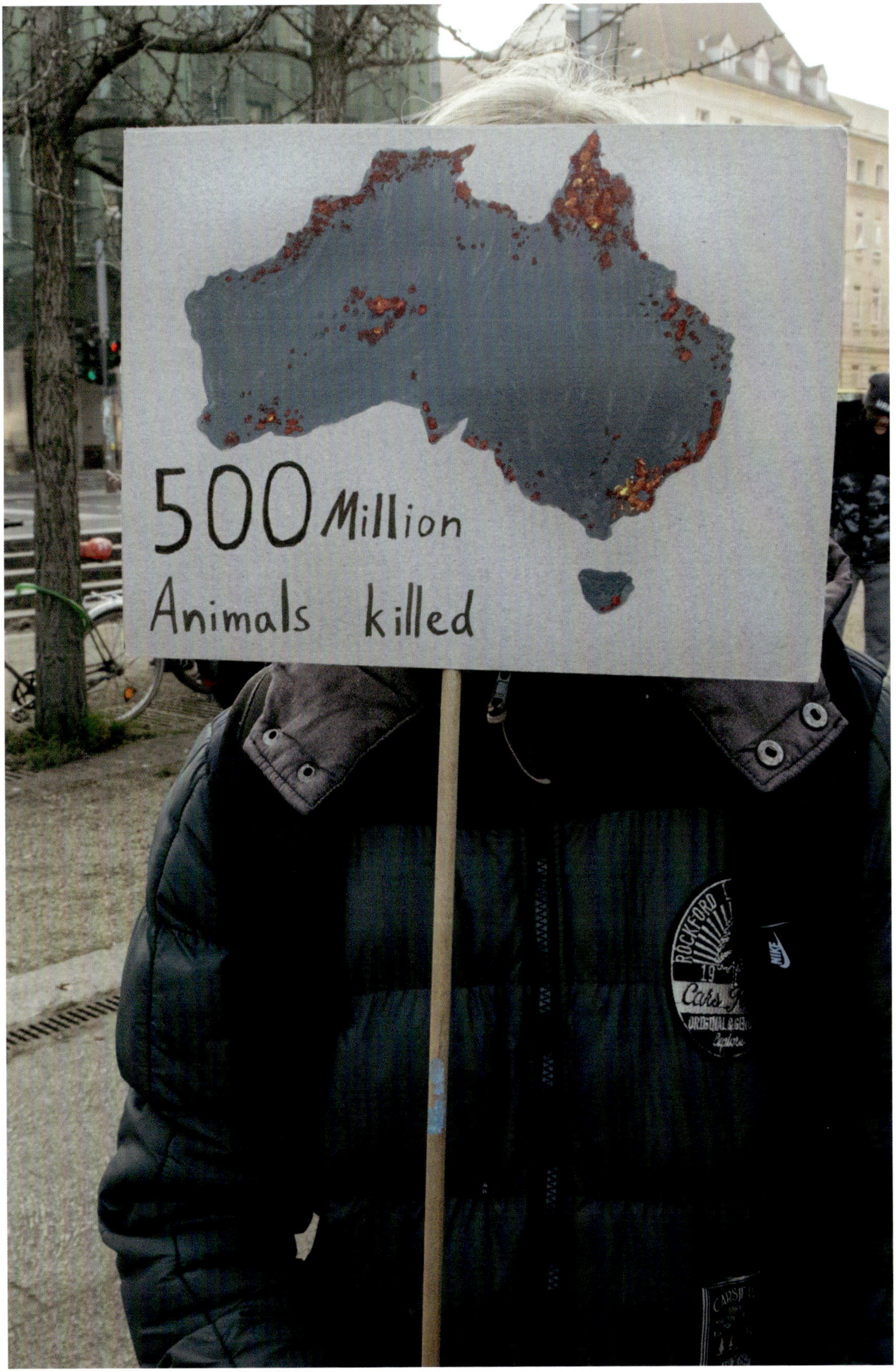
500 Million
Animals killed

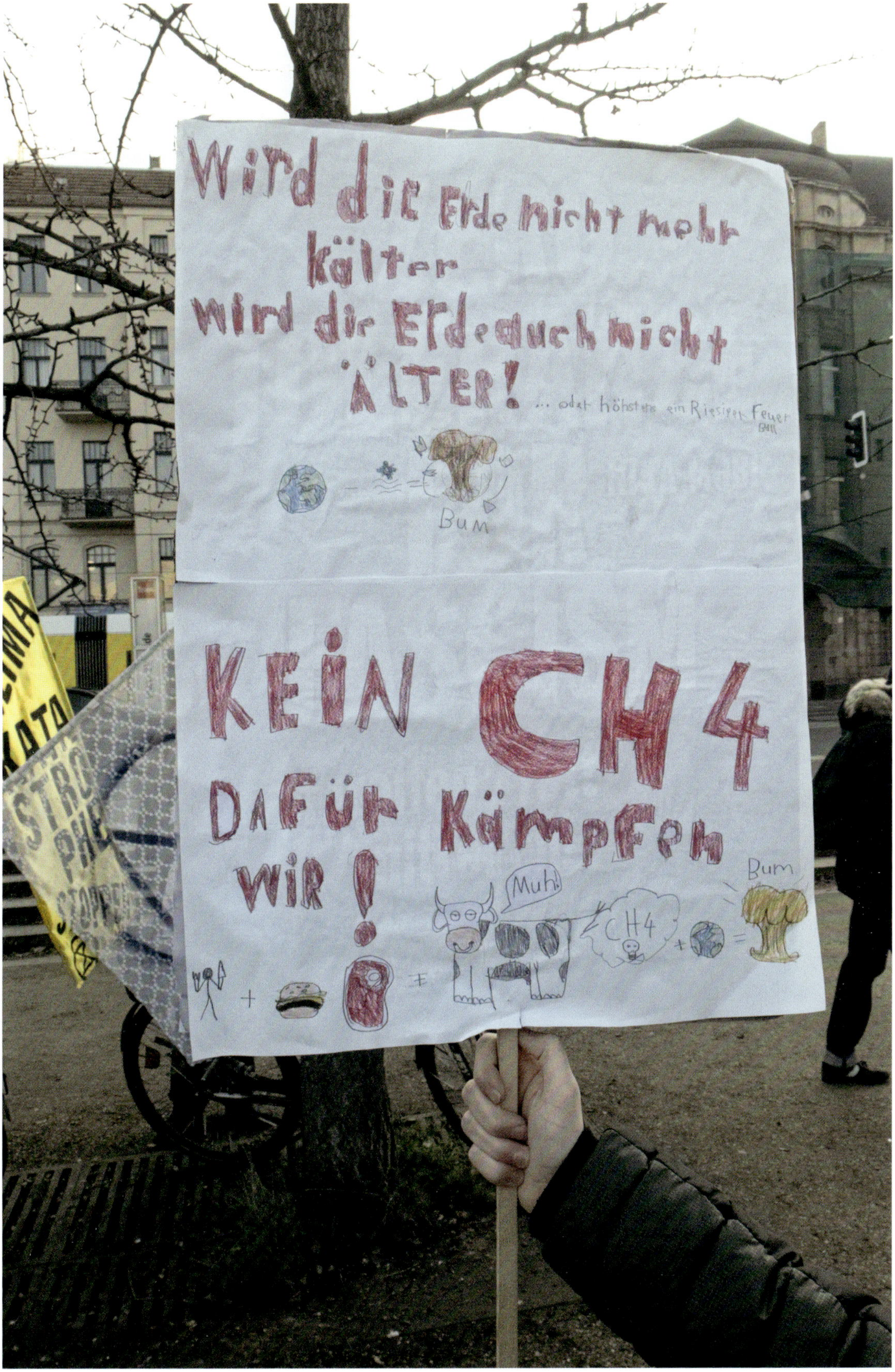
Wird die Erde nicht mehr kälter
wird dir Erde auch nicht ÄLTER!
... oder höhstens ein Riesigen Feuer Ball
Bum
KEIN CH4
DAFür Kämpfen wir!
Muh!
CH4
Bum

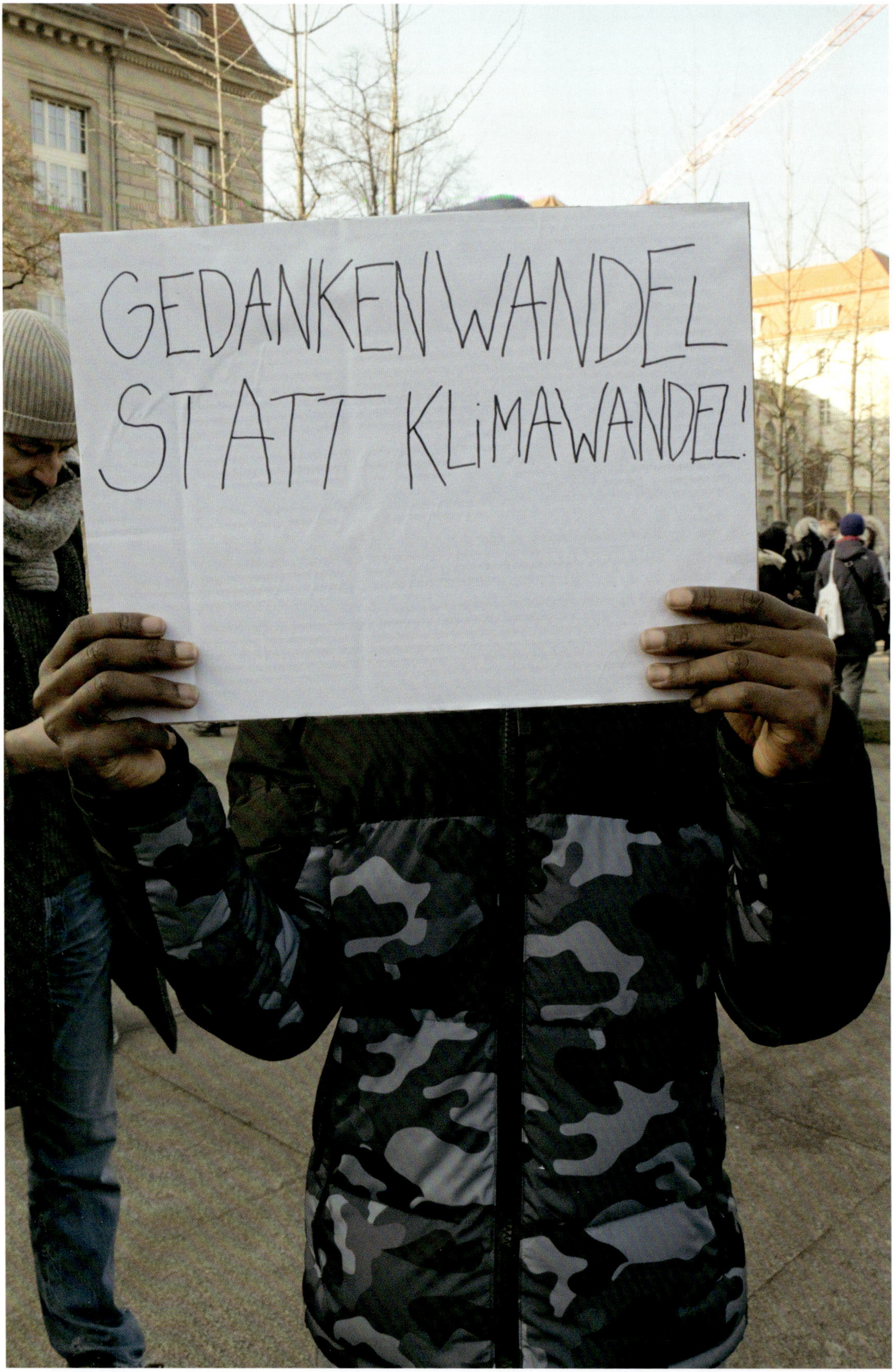
GEDANKENWANDEL
STATT KLIMAWANDEL!

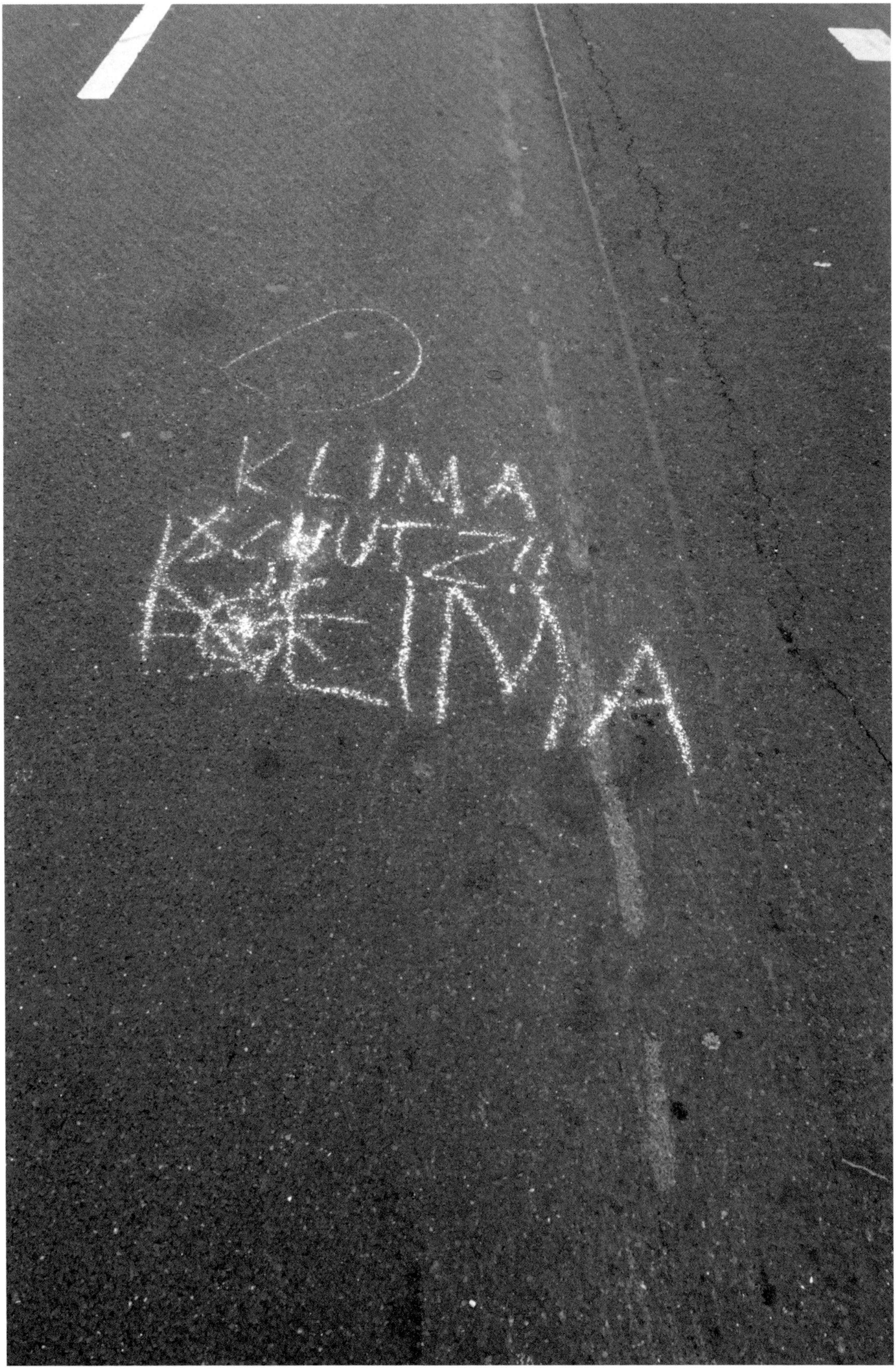
KLIMA

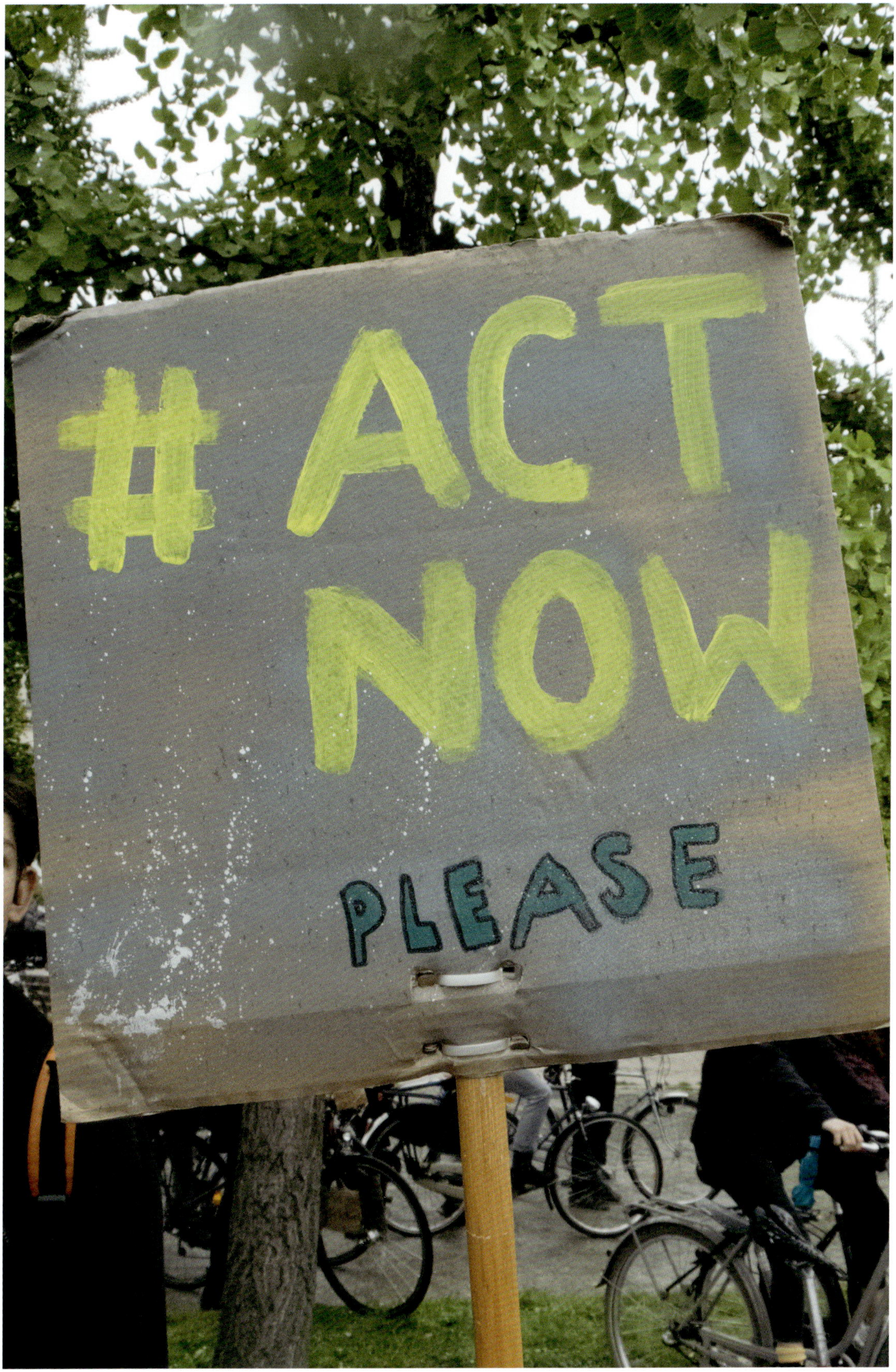
#ACT
NOW
PLEASE

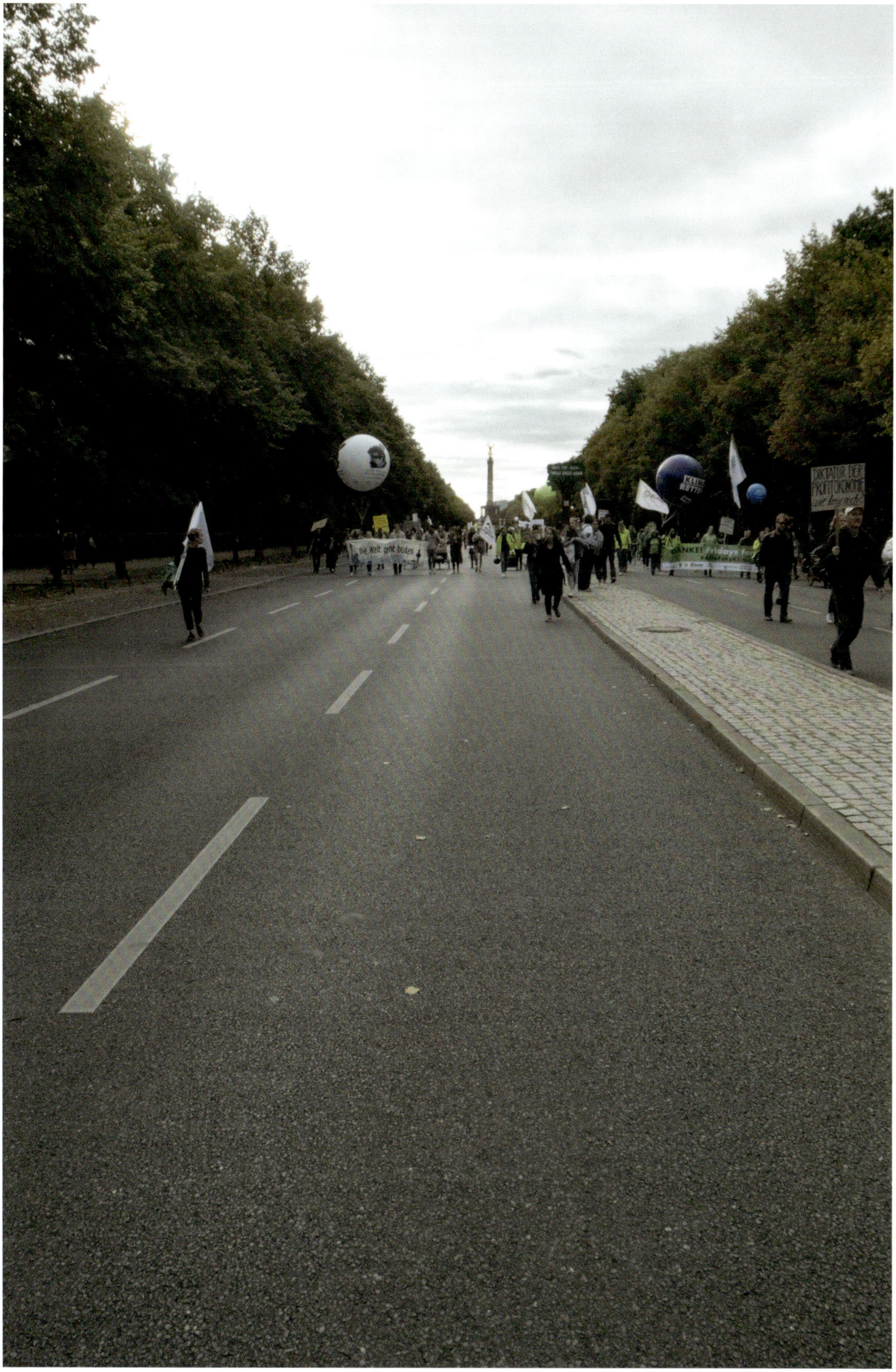
Welt geht baden
DANKE

Mit Texten von

KUNDGEBUNGEN UND DEMONSTRATIONEN IN BERLIN

Andrea Baumgartl

„FRIDAYS FOR FUTURE"-KUNDGEBUNGEN UND DEMONSTRATIONEN IN BERLIN

Am 1. Februar 2019 war ich das erste Mal dabei. Ein Schulstreik am Invalidenpark in Berlin. Wo der Invalidenpark liegt, musste ich erst lernen. Genau zwischen Verkehrsministerium und dem für Wirtschaft und Energie. Ein gut gewählter Ort. Auf dieser weitläufigen Fläche gibt es wenig, was die Bezeichnung Park rechtfertigt. Eine steinerne Rampe – der sogenannte Mauerbrunnen – ragt diagonal aus dem Boden hervor. Am Fuß dieser Rampe stehen während der Kundgebungen zwei, drei Polizeibeamte, um zu verhindern, dass zu viele Menschen gleichzeitig auf diese Rampe hinaufsteigen. Sonst gibt es auf dieser Fläche nur eine breite, niedrige Mauer, die, wie ich viel später im Jahr erst verstehen konnte, ein sehr großes, flaches Bassin begrenzt, das im Sommer mit Wasser gefüllt wird. Auf dieser, wunderbar als Bühne zu nutzenden Umrandung, stehen also Lautsprecher, ein Mikrofon und einige Kinder und Jugendliche. Pünktlich um 12 Uhr wird die „Fridays for Future"-Kundgebung eröffnet, werden die Teilnehmer begrüßt. Die Menge wird aufgefordert, gemeinsam die Sprüche der Bewegung zu rufen: *What do we want? – Climate justice! – When do we want it? – Now!* Und gemeinsam zu singen: *Kohlekonzerne – Baggern in der Ferne – Zerstören unsere Umwelt – Nur für'n Batzen Geld – Worin wir unsere Zukunft sehen? – Erneuerbare Energien! Das war noch viel zu leise, drum werden wir jetzt lauter! Kohlekonzerne...! Das war noch viel zu langsam, drum werden wir jetzt schneller! Kohlekonzerne...!* Die Bewegung hat sich seit ihren Anfängen entwickelt und verändert, sich vieles ausgedacht und unternommen, um die wöchentlichen Proteste zu gestalten. Ältere Schüler und Studenten bereiten die Freitage gemeinsam vor. Sie sind das ‚Orga-team' und treffen sich wöchentlich. Gelegentlich wird dazu aufgerufen, das Organisationsteam zu unterstützen, die Arbeit ist anstrengend und zeitaufwendig und dauert nun ja auch schon viele Monate an. Einige der jungen Organisatoren sind als Ordner eingeteilt, jemand moderiert, andere sammeln Spenden. Es gibt keine weitere Hierarchie, keine gewählten Vertreter, die das weitere Vorangehen der Bewegung bestimmen, alles geschieht sehr basisdemokratisch.

Die Arbeit des Organisationsteams bedeutet mehr, als lediglich freitags anwesend zu sein, die Tontechnik mit Hilfe eines Lastenfahrrades herbeizuschaffen, sie auf- und abzubauen, die Veranstaltung zu eröffnen, zu moderieren und abschließend sehr pünktlich um 14 Uhr offiziell wieder zu beenden. Die Vertreter sind zunehmend begehrte Gesprächs- und Interviewpartner in den Medien sowie auf Hauptversammlungen größerer deutscher Unternehmen, die in den Bereichen Energie oder Mobilität arbeiten.
Auch wenn um 14 Uhr die Kundgebungen beendet sind, geht es oft noch weiter. Solange es zu kalt war, um sich noch länger im Freien aufzuhalten, kam zum Ende jeder Kundgebung Herr Prof. Johannes Vogel, der Leiter des Naturkundemuseums Berlin, und lud alle ein, gleich nebenan bei sich im Haus, an Vorträgen, Diskussionen zu Themen des Natur-, Tier- oder Klimaschutzes teilzunehmen. Sobald es wärmer wurde, fanden auch direkt vor Ort weitere Veranstaltungen statt: Workshops zu Themen des Klimawandels, Hausaufgabenhilfe von älteren für jüngere Schüler, ein anderes Mal wurden, in Vorbereitung auf eine bevorstehende größere Demonstration, gemeinsam Transparente und Schilder gemalt.

Im Laufe der Monate wurden die zwei Stunden dauernden Kundgebungen immer organisierter. Für jeden Termin wurden bestimmte Aktionen vorbereitet, Themen und Schwerpunkte für die einzelnen Kundgebungen vorgeschlagen. An einem Freitag war zum Beispiel das Thema ‚Mode' gesetzt, mit mehreren Vorträgen: über den Wasserverbrauch für die Herstellung von Kleidung, ein weiterer über die Arbeitsbedingungen der Näherinnen in Ländern, in denen unsere Kleidung produziert wird. Schließlich berichtete jemand, dass es in der Mode seit einiger Zeit nicht mehr zwei oder vier Saisons gibt, sondern 52, das heißt, einige Unternehmen bringen in jeder Woche eine neue Kollektion in ihre Läden. An diesem Tag endete die Kundgebung mit einer Kleidertauschbörse. Die Teilnehmer hatten Decken mitgebracht, darauf breiteten sie Kleidung aus, die sie nicht mehr tragen wollten, oder die ihnen nicht mehr passte. Jeder konnte sich nehmen, was er wollte, niemand war gierig.
Von Anbeginn der Proteste gab es schon immer das ‚Open Mic': Jeder,

der wollte, konnte sich kurzfristig anmelden, um etwas ins Mikrofon zu sagen. In den vergangenen Monaten habe ich bei diesen wöchentlichen Kundgebungen am Invalidenpark Hunderten von sehr jungen bis nicht mehr ganz so jungen Rednern zugehört: Beiträge zu den verschiedenen Bereichen der Klima- und Umweltpolitik. Reden ganz unterschiedlicher Art: frei gehaltene Vorträge, komplett ausgearbeitete Referate vom Mobiltelefon abgelesen, gerappte Songs, Gedichte, Lieder, Aufrufe, Anklagen, Vorschläge zur Änderung unseres Verhaltens. Ich habe viele Vorträge gehört, die in einer sachlichen, ruhigen und sehr konzentrierten und selbstbewussten Art vorgetragen wurden, einige auch mit viel Wut und Verzweiflung. Diese Reden der Schüler haben mich oft sehr bewegt und beeindruckt.
Eine Möglichkeit für jeden Teilnehmer der Kundgebungen, weitere Ideen in die Gestaltung der wöchentlichen Versammlungen einzubringen, ist die ‚Ideenbox'. Regelmäßig rufen die Moderatoren dazu auf, Ideen aufzuschreiben und in die Box zu werfen, die vorne auf der Bühne steht. Eine der Aktionen, die seit einiger Zeit nun auf jeder Kundgebung durchgeführt wird, ist ein Stand, an dem fertig adressierte Postkarten an Politiker ausliegen. Dort kann man eine Nachricht schreiben, etwa an unsere Landwirtschaftsministerin, unseren Verkehrsminister oder auch an das Ministerium für Wirtschaft und Energie, welches sich ja direkt am Platz befindet. Sie werden gesammelt und von den Organisatoren an die Politiker weitergeleitet.

Eine große Leistung der „Fridays for Future"-Bewegung ist, sich nicht politisch vereinnahmen zu lassen. Soweit es mir bekannt ist, durfte noch nie ein Politiker bei den Veranstaltungen, Kundgebungen oder Demonstrationen reden. Einmal, es war in Vorbereitung auf die Europawahl im Mai 2019, welche die Bewegung zur Klimawahl ausgerufen hatte, sprach ein junger Student beim ‚Open Mic'. Er gab keine Empfehlung, eine bestimmte Partei zu wählen, er sprach nur davon, dass bestimmte Themen vielleicht manchen Parteien wichtiger seien als anderen und nannte in diesem Zusammenhang die Namen aller größeren Parteien – woraufhin die Moderatorin ihm das Mikrofon wegnahm. Die Bewegung hat sich die

Auflage gegeben: keine Nennung von Parteien. Da hilft dann im Zweifelsfall auch nicht, sie alle zu nennen. Parteiunabhängigkeit ist ein hohes, und wahrscheinlich nicht leicht zu verteidigendes Gut.

Es ist immer wieder eine sehr friedliche und harmonische Stimmung bei den Kundgebungen. Fast jeden Freitag verschenkt jemand Essen: foodsharing Kooperativen, Suppenküchen, die für eine Spende Suppe austeilen. Sie verwenden abwaschbares Geschirr. Und wenn es gerade keinen Löffel mehr gibt, holt eine junge Teilnehmerin aus ihrem Portemonnaie einen bunten Plastikeislöffel, wie es ihn in jeder Eisdiele gibt (wie lange noch?), heraus, und versucht, mit diesem sehr flachen Löffel, gemeinsam mit einer Freundin, aus einer Schüssel die Suppe zu essen. Oder es läuft jemand mit einem Beutel durch die Reihen: *Gerettete Möhren, wer möchte eine gerettete Möhre?*

Mir war und ist es eine große Freude, an den Demonstrationen und Kundgebungen teilzunehmen. Die jungen Leute tun dies viel bedingungsloser als wir älteren. Ich bin den Schülern und Studenten sehr dankbar, dass sie die Initiative ergriffen haben und etwas ändern wollen. Die ersten Male hatte ich noch etwas Schwierigkeiten, mit ihnen zu schreien: *Wir sind hier, wir sind laut, weil ihr uns die Zukunft klaut!* Aber nach kurzem Zögern hatte ich beschlossen: Auch ich habe ja hoffentlich noch eine Zukunft. Inzwischen bin ich fest überzeugt: Wir können alle gemeinsam für eine Zukunft kämpfen! Und ich weiß, dass die jungen Menschen nicht schwänzen, sondern viele Kilometer durch die Straßen laufen und sich die Kehle aus dem Hals schreien. Oder bei Kälte am Invalidenpark stehen und sich durch: *Hoch für den Klimaschutz, runter für die Kohle!* (dabei ist in die Hocke zu gehen) warm halten. Und ich habe gesehen, dass zuletzt in den Ferien ein Drittel mehr Kinder dabei waren als zu Schulzeiten. Ich war auf den Kundgebungen oft sehr bewegt und gerührt von den Äußerungen der Schüler. Und ich fühle mich auch schuldig, weil wir in den letzten Jahren die Entwicklungen ihren Lauf haben nehmen lassen. Weil wir im Grunde unseres Herzens schon lange wissen, dass wir so nicht weitermachen können, dass unser Lebensstil zulasten der zukünftigen

Generationen geht. Und das muss man sich anhören von den jungen Demonstranten. Und es aushalten, zu wissen, dass sie recht haben und wir es lange schon wissen, aber die Dinge haben laufen lassen.
Ich danke den Schülern dafür, dass sie auf die Straße gehen. Alle anderen kann ich nur ermuntern, ebenfalls teilzunehmen.

We are unstoppable. Another world is possible!

Bedanken möchte ich mich ganz herzlich bei allen, die sich und ihre Schilder haben fotografieren lassen. Schreibe ich ‚Schüler' meine ich natürlich auch alle Schülerinnen. Gleiches gilt für alle Personengruppen, es sind immer die Menschen aller Geschlechter gemeint: SchülerInnen, StudentInnen, OrganisatorInnen, WissenschaftlerInnen, ModeratorInnen, UnterstützerInnen, AktivistInnen, VertreterInnen, PolitikerInnen.
Die „Fridays for Future"-Bewegung finanziert sich ausschließlich durch Spenden. Auf der Webseite findet man weitere Informationen dazu.

Andrea Baumgartl › 1965 in Regensburg geboren.
Studium an der UdK in Berlin › lebt und arbeitet in Berlin.

APPELLATIVE FOTOKUNST ANTEILNAHME AM KLIMASCHUTZ

Enno Kaufhold

APPELLATIVE FOTOKUNST

ANDREA BAUMGARTLS ANTEILNAHME AM KLIMASCHUTZ

Demonstrationen jedweder Art gehören zum festen Bestand unseres Alltags – speziell in Berlin, wo sich die Zahl der Demonstrationen, kleinere wie größere, vertraute wie unvertraute, auf ein Niveau von jährlich mehr als 4000 eingepegelt hat. Die „Fridays for Future"-Demonstrationen zählen mit ihrer allwöchentlichen Regelmäßigkeit zu den ungewohnten. Ungewohnt allein schon deshalb, weil sich mit den schulpflichtigen Mädchen und Jungen eine Altersgruppe zusammenfand, die bislang als eine in dieser Entschlossenheit demonstrierende weniger auf sich aufmerksam gemacht hatte. Gemessen an ihrem kindlich-jugendlichen Durchschnittsalter bilden sie gewissermaßen die Enkelgeneration der Demonstrierenden, die Ende der 1960er-Jahre in der Bundesrepublik auf die Straßen gingen und in deren Fußstapfen sie treten. Damals waren es vornehmlich Studentinnen und Studenten, die sich gegen die gesellschaftlichen Konventionen des Nachkriegsdeutschlands wandten und für eine Liberalisierung des gesellschaftlichen Lebens auf allen Ebenen stark machten. Zu ihren Zielen gehörte die Demokratisierung der Gesellschaft im Allgemeinen wie der Hochschulen im Besonderen. Sie bezogen in hochpolitisierten Demonstrationen Stellung gegen den Krieg der US-Amerikaner in Vietnam, und forderten aber ebenso die Emanzipation der Frauen oder ein freizügigeres Sexualleben. Dass heute die erwähnte Enkelgeneration und mithin weit jüngere Menschen wie selbstverständlich auf die Straße gehen und sich so lauthals für den Klimaschutz engagieren, ist auch Konsequenz jener sozialen Veränderungen, welche die jungen Erwachsenen gegen Ende der 1960er-Jahre eingeleitet haben.

Ihre damaligen Demonstrationen müssen rückblickend als wegbereitend für die heutigen liberaleren Gesellschaftsformen gesehen werden.
Andrea Baumgartl gehört zur Zwischengeneration. Als Künstlerin, die vorzugsweise mit den Ausdrucksmitteln der Fotografie arbeitet, hat sie seit dem Frühjahr 2019 an den „Fridays for Future"-Demonstrationen regelmäßig teilgenommen, und zwar als überzeugte Sympathisantin, was die Ziele der Demonstrierenden betrifft, mehr aber noch als Fotografierende, die in Bildern festhalten wollte, was sie dabei beobachtete. Das soll hier das Thema sein, denn zum einen ist das nicht als selbstverständlich zu betrachten, und zum anderen führen ihre fotografischen Arbeiten zu grundsätzlichen Überlegungen, die untrennbar mit dem von ihr eingesetzten Medium, der Fotografie, verbunden sind. Wer Andrea Baumgartls künstlerische Arbeiten kennt, der darf und muss überrascht sein, weicht sie doch in der hier verwendeten Bildsprache, die in ihrem Duktus das verkörpert, was gemeinhin als dokumentarisch bezeichnet wird, von ihrer bislang praktizierten Bildsprache ab. Diese war – und wird es letztlich wohl auch bleiben – durchweg poetisch, breit auf Assoziationen ausgerichtet und letztlich geheimnisvoll in ihren Bildfindungen. Gar nicht zu sprechen von den von ihr gern gewählten, technisch gesprochen: Unschärfen, im Unterschied zur fotografischen Bildschärfe ihrer in diesem Buch vorliegenden Arbeit. Dieser Hinweis darf und sollte nicht so missverstanden werden, als habe sie sich damit vom Künstlerischen entfernt. Heute gilt es als ausgemacht, dass sich das Künstlerische in der Fotografie nicht an technischen Kriterien wie etwa der Unschärfe oder Schärfe festmachen lässt. Genauso wenig sagt die Verwendung bestimmter Kameratechniken oder die Methode des Fotografierens gemäß traditionellen

Vorstellungen des Dokumentarischen etwas darüber aus, ob ein Bild als künstlerisch oder nicht künstlerisch zu bewerten ist. Paradebeispiele dafür sind die namentlich gut bekannten Vertreter der Becher-Schule, die mit konventionellen Großbildkameras ganz in der Manier der traditionellen Fotografie arbeiten und deren Künstlerschaft gleichwohl nicht infrage gestellt wird.

Zugleich bewegt sich Andrea Baumgartl mit dieser Arbeit über die „Fridays for Future"-Bewegung ganz im Rahmen der Vorstellungen der Autorenfotografie, wie sie Ende der 1970er-Jahre im fototheoretischen Diskurs zum Programm wurde, als die Fotografie innerhalb des allgemeinen Kunstprozesses deutlich höhere Akzeptanz erlangte. Als Autorenfotografin wählte sie ihr Thema unabhängig von irgendwelchen Aufträgen oder sonstigen äußerlichen Verpflichtungen, arbeitete es über Monate kontinuierlich aus, indem sie immer wieder an den freitäglichen Demonstrationen teilnahm und dort fotografierte, und schließlich behielt sie auch die gestalterische Umsetzung ganz in ihrer Hand: Zur Durchführung dieses Projektes nach den Vorstellungen der Autorenfotografie ist noch das Buch in seiner Wertigkeit als eigenständiges ästhetisches Objekt hinzugekommen. Parallel zur traditionellen Präsentation einzelner Bilder fasst das Künstlerbuch, und um ein solches handelt es sich hier, ein Thema in der Anordnung der Fotografien visuell zusammen, unterstützt durch ein der Thematik und den Bildern angemessenes Layout und durch weitere Elemente einer entsprechend markanten Buchgestaltung.

Dass Andrea Baumgartl sich mit ihren Fotografien und jetzt mit diesem Buch ganz auf die Seite der Schülerinnen und Schüler stellt und gewissermaßen deren Partei ergreift, erinnert an die Geschichte der sogenannten sozialdokumentarischen Fotografie.

Das war und ist eine dezidiert appellative Fotografie, als deren Begründer die Amerikaner Jacob Riis und Lewis Hine gelten, die mit ihren Fotografien Ende des 19., Anfang des 20. Jahrhunderts auf für sie untragbare soziale Missstände hinwiesen. Riis zeigte mit seinen Bildern die prekären Lebenssituationen der Einwanderer in New York, und daran anknüpfend prangerte Hine die landesweit verbreitete Ausbeutung von Kindern durch Arbeit an. Handelte es sich dabei noch – auf die nachfolgende Geschichte dieser sozial engagierten Fotografie soll hier nicht eingegangen werden – um Teilbereiche des gesellschaftlichen Lebens sowie auf spezielle Regionen ausgerichtete Arbeiten, liegen die Dinge heute entschieden anders. Wie alles, was uns umgibt, mittlerweile internationalen wie globalen Einflüssen unterliegt, so betrifft der rasch voranschreitende Klimawandel, um dessentwillen die Schülerinnen und Schüler auf die Straßen gehen, jetzt die Menschheit in ihrer Gesamtheit, eben global. Insofern ist die Problemlage eine unvergleichlich ernstere, weil für alle Menschen lebensbedrohende.
Wie Andrea Baumgartls Bilder unverkennbar zeigen, nehmen in ihnen die von den Demonstrierenden mitgebrachten und von ihnen individuell beschrifteten Tafeln einen breiten Raum ein. Gleichwohl kommen die Mädchen und Jungen, die sie getragen haben, daneben deutlich zur Geltung. Sie präsentieren sich mit lachenden Gesichtern und zugleich angesichts des Fotografiert-Werdens auffallend unaufgeregt. Diese Bereitschaft, sich fotografieren zu lassen, ist heute in Anbetracht des gesetzlich verbürgten Rechtes am eigenen Bild in der Straßenfotografie – auch dieses Genre schwingt in den Fotografien der Künstlerin mit – eher ungewöhnlich. Begleitet und damit unterstützt werden die Jugendlichen, wie in den vorzugsweise aus kürzerer Distanz aufgenommenen Bildern, aber ebenso in den

Übersichten bietenden Einstellungen zu sehen ist, von einigen Erwachsenen, die sich ihnen angeschlossen haben. Wie gesagt, drängen sich die Wort gewordenen Proteste, die vorwiegend auf einfachsten Verpackungskartonagen aufgemalt worden sind, am deutlichsten auf. Mehr oder weniger prägnant formuliert, gleichen sie Slogans aus der Werbung, aber mit Statements, die alle in eine Richtung zielen: Schluss mit der ungehemmten wie verantwortungslosen Zerstörung der Erde und ihrer erneuerbaren wie nicht erneuerbaren Ressourcen als Ursache des unverkennbaren Klimawandels. Und auch ein gelegentlicher Wortwitz ist nicht zu übersehen. Interessanterweise überwiegt das Englisch, also die international am meisten verstandene Sprache. Angesichts des solchermaßen exponierten Einfallsreichtums, mit dem die Jugendlichen in ihren verbalen Verlautbarungen aufwarten, kann ihre schulische Ausbildung so schlecht nicht sein. Nicht allein die Reime und die Alliterationen, also das sprachlich-kulturell Vermittelte, fallen auf, sondern ebenso das Verständnis für knappe, werbetaugliche Wortspiele, deren Bedeutungsgehalt komplex ist und die deshalb von einem durchaus weiten Reflexionshorizont Zeugnis ablegen. Diese Jugendlichen haben sich intensiv mit den Ursachen wie Folgen des Klimawandels beschäftigt. Dass in den markanten wie kurzgefassten Texten auch Bedeutungsunsicherheiten mit in Kauf genommen werden, zeigen die wiederholt auftauchenden Tafeln, auf denen nicht allein ein Wandel in der Behandlung des Klimas gefordert wird, sondern mehr noch ein Systemwechsel. Dass sie damit ein hochkomplexes Thema ansprechen, liegt auf der Hand. Denn wie soll dieses andere System, das ja nur eine ganz neue sozial-politische Ordnung sein kann, aussehen? Darüber sind sich selbst die Erwachsenen im Unklaren, geschweige denn, dass es konkret verhandelbare Perspektiven gäbe.

Es ist nicht zu erwarten, dass sich das weltweit agierende und am Profit orientierte Großkapital von den demonstrierenden Jugendlichen in dem Maße beeindrucken lässt, dass es seine umweltschädigenden Aktivitäten von heute auf morgen einstellt. Nicht von ungefähr stößt die Politik, wie leidvoll zu konstatieren ist, immer wieder schnell mit ihren wohlgemeinten dirigistischen Maßnahmen an Grenzen. Die jüngste 25. UN-Klimakonferenz (COP 25) in Madrid hat das mit ihrem unentschiedenen Ausgang gerade wieder erkennen lassen. Ob und in welchem Umfang die in ihrer Summe wirksam werdenden Schutzmaßnahmen gegen den Klimawandel erfolgreich sein werden, ist nicht abschätzbar. Ganz sicher aber nehmen die Demonstrationen Einfluss auf das Bewusstsein für das Klimathema in allen gesellschaftlichen Gruppen. Mussten sich die Eltern der Studentinnen und Studenten, die im Zuge der 1968er-Bewegung auf die Straßen gingen, noch in ihrer Mehrheit den Vorwurf gefallen lassen, sie hätten nicht genügend dafür getan, den Nationalsozialismus zu verhindern, und hätten sogar aktiv mitgemacht, können die Mädchen und Jungen, die sich heute entschieden gegen die weitere Verschärfung des Klimawandels stemmen, späteren Fragen ihrer Kinder getrost entgegensehen. Denn – und das ist in Anbetracht der nur schleppend vorankommenden Maßnahmen gegen den Klimawandel zu befürchten – die Kinder von heute und ihre Kinder werden die Folgen buchstäblich ausbaden müssen, wenn man allein an den Anstieg des Meeresspiegels denkt. Sie, die Kinder von heute, haben schon jetzt aufbegehrt und mit den Mitteln aktiven Widerstand geleistet, die ihnen kraft Gesetzes eingeräumt und damit möglich waren. Sie können, wenn es um den glaubhaften Beweis dafür geht, unter anderem auf die Fotografien von Andrea Baumgartl verweisen. Insofern behalten diese, obwohl sie durchaus einen künstlerischen Impetus haben, ihren Dokument- und zugleich ihren Beweischarakter im traditionellen Sinn. Und das allen in diesen Tagen an Zahl zunehmenden Fake News zum Trotz. Zeigen ihre, um es so zu bezeichnen, welthaltigen Fotografien doch die unwiderlegbare Faktenlage, nämlich die allwöchentliche Präsenz der Jugendlichen bei den Demonstrationen und zugleich die verbalen Äußerungen auf den Schrifttafeln, mit denen sie sich zu Wort gemeldet haben. Was im Übrigen, das soll nicht unerwähnt bleiben, etwas Performatives hat. In dieser Hinsicht dürfte sich die von Andrea Baumgartl gewählte, naturgemäß statische Buchform nicht zuletzt gegenüber den bewegten Medien wie dem Fernsehen oder den Kanälen des Internets, in denen die flüchtigen Bilder dominieren, aufgrund ihrer materiellen Existenz als vergleichsweise nachhaltiger erweisen. Davon nicht zu trennen ist die – wie schon angesprochen – erst in fernerer Zukunft zu beantwortende Frage, ob und in welchem Umfang die Protestdemonstrationen der Jugendlichen auf die Entwicklung des Klimas tatsächlich Einfluss nehmen werden. Im Moment geht es jedoch primär um das Hier und Jetzt, wie es die Fotografien festhalten, mit denen Andrea Baumgartl den Zielen der jugendlichen Demonstranten bleibenden Ausdruck verleiht. So wie sie deren eminent politisches Handeln bildmächtig werden lässt, manifestiert sich zugleich auch in ihrem künstlerisch-appellativen Ansatz das Politische. Und das Politische hat in der Kunst neben dem unverzichtbar Ästhetischen immer wieder eine Rolle gespielt.

Enno Kaufhold › 1944 in Wildeshausen/Oldenburg geboren › Zweiter Bildungsweg, Studium der Kunst- und Fotografiegeschichte sowie Soziologie an der Universität Hamburg, Promotion. Seitdem freischaffende Tätigkeit als Fotograf, Publizist, Kurator und Dozent. › Lebt und arbeitet seit 1990 in Berlin.

DIE ANLIEGEN DER DEMONS TRIEREN DEN MENSCHEN SIND BERECH TIGT

Scientists for Future

DIE ANLIEGEN DER DEMONSTRIERENDEN JUNGEN MENSCHEN SIND BERECHTIGT >> STELLUNGNAHME VON WISSENSCHAFTLERINNEN UND WISSENSCHAFTLERN ZU DEN PROTESTEN FÜR MEHR KLIMASCHUTZ

Zurzeit demonstrieren regelmäßig viele junge Menschen für Klimaschutz und den Erhalt unserer natürlichen Lebensgrundlagen. Als Wissenschaftlerinnen und Wissenschaftler erklären wir auf Grundlage gesicherter wissenschaftlicher Erkenntnisse: Diese Anliegen sind berechtigt und gut begründet. Die derzeitigen Maßnahmen zum Klima-, Arten-, Wald-, Meeres- und Bodenschutz reichen bei weitem nicht aus.

Das Übereinkommen von Paris, meist als Pariser Klimaschutzabkommen bezeichnet, von 2015 (UN FCCC, 2015) verpflichtet die Staaten völkerrechtlich verbindlich, die globale Erwärmung deutlich unter 2 °C zu halten. Darüber hinaus haben alle Länder Anstrengungen versprochen, die Erwärmung auf 1,5 °C zu begrenzen.

Es kommt nun darauf an, die Netto-Emissionen von CO_2 und anderen Treibhausgasen schnell abzusenken und weltweit spätestens zwischen 2040 und 2050 auf null zu reduzieren (IPCC, 2018). Eine schnellere Absenkung erhöht hierbei die Wahrscheinlichkeit, 1,5 °C nicht zu überschreiten. Die Verbrennung von Kohle sollte bereits 2030 fast vollständig beendet sein, die Verbrennung von Erdöl und Erdgas gleichzeitig reduziert werden, bis alle fossilen Energieträger durch klimaneutrale Energiequellen ersetzt worden sind. Unter Berücksichtigung von globaler Klimagerechtigkeit müsste in Europa dieser Wandel sogar noch deutlich schneller ablaufen (IPCC, 2018; Global Carbon Project, 2018).

Auch wenn weiterhin Beteiligungs- und Diskussionsbedarf besteht: Jetzt muss gehandelt werden. Beides schließt einander nicht aus. Es gibt bereits viele gesellschaftliche und technologische Innovationen, die Lebensqualität erhalten und menschliches Wohlergehen verbessern können, ohne unsere natürlichen Lebensgrundlagen zu zerstören (siehe zum Beispiel Klima-Allianz Deutschland, 2018; WBGU, 2011).

In allen deutschsprachigen Ländern werden beim Umbau der Bereiche Energie, Ernährung, Landwirtschaft, Ressourcennutzung und Mobilität die notwendige Größenordnung und Geschwindigkeit nicht erreicht.

Deutschland wird die selbstgesteckten Klimaschutzziele für 2020 verfehlen (UBA, 2019) und auch die Erreichung der Ziele der Deutschen Nachhaltigkeitsstrategie für 2030 ist hochgradig gefährdet (Sachverständigen Rat für Umwelt, 2018). Zudem mangelt es weiterhin an einem wirksamen Klimaschutzgesetz. Österreich hat sich in seiner Klima- und Energiestrategie Ziele gesetzt, die dem Pariser Vertrag in keiner Weise gerecht werden (CCCA, 2018; Wegener Center für Klima und Globalen Wandel, 2018; Schleicher und Kirchgast, 2019) und selbst dafür sind weder die erforderlichen Maßnahmen noch die finanziellen Mittel vorgesehen (CCCA, 2018). Zugleich sind Bodenverbrauch und -versiegelung pro Person und Jahr in Österreich die höchsten in Europa (UBA, 2018).

Die Schweiz hat ihre Treibhausgas-Emissionen seit 1990 nur geringfügig verringert; gleichzeitig stiegen die im Ausland verursachten Emissionen erheblich an (BAFU, 2018). In der ersten parlamentarischen Debatte zur Totalrevision des CO_2-Gesetzes wurden die inländischen Reduktionsziele gestrichen und die Reduzierung der Schweizer Emissionen sollte durch Kompensation im Ausland erfolgen. Schließlich ist das Gesetz vorläufig gescheitert (Schweizer Parlament, 2018).

Die jungen Menschen fordern zu Recht, dass sich unsere Gesellschaft ohne weiteres Zögern auf Nachhaltigkeit ausrichtet. Ohne tiefgreifenden und konsequenten Wandel ist ihre Zukunft in Gefahr. Dieser Wandel bedeutet unter anderem: Wir führen mit neuem Mut und mit der notwendigen Geschwindigkeit erneuerbare Energiequellen ein. Wir setzen Energiesparmaßnahmen konsequent um. Und wir verändern unsere Ernährungs-, Mobilitäts- und Konsummuster grundlegend.

Vor allem die Politik steht in der Verantwortung, zeitnah die notwendigen Rahmenbedingungen zu schaffen. Insbesondere muss klimafreundliches und nachhaltiges Handeln einfach und kostengünstig werden, klimaschädigendes Handeln hingegen unattraktiv und teuer, zum Beispiel durch wirksame CO_2-Preise (EFI, 2019), Einstellung von Subventionen für klimaschädliche Handlungen und Produkte, Effizienzvorschriften und soziale Innovationen. Eine sozial ausgewogene Verteilung von Kosten und Nutzen des Wandels ist dabei unerlässlich.

Die enorme Mobilisierung der neuen Bewegungen („Fridays for Future" in

Deutschland und Österreich, „Klimastreik" in der Schweiz) zeigt, dass die jungen Menschen die Situation verstanden haben. Ihre Forderung nach schnellem und konsequentem Handeln können wir als Wissenschaftlerinnen und Wissenschaftler nur nachdrücklich unterstreichen.
Als Menschen, die mit wissenschaftlichem Arbeiten vertraut sind und denen die derzeitigen Entwicklungen große Sorgen bereiten, sehen wir es als unsere gesellschaftliche Verantwortung an, auf die Folgen unzureichenden Handelns hinzuweisen (siehe auch Ripple et al., 2017).
Nur wenn wir rasch und konsequent handeln, können wir die Erderwärmung begrenzen, das Massenaussterben von Tier- und Pflanzenarten aufhalten, die natürlichen Lebensgrundlagen bewahren und eine lebenswerte Zukunft für derzeit lebende und kommende Generationen gewinnen. Genau das möchten die jungen Menschen von „Fridays for Future" und „Klimastreik" erreichen. Ihnen gebührt unsere Achtung und unsere volle Unterstützung.

Über 26.800 Wissenschaftlerinnen und Wissenschaftler, vorwiegend aus Deutschland, Österreich und der Schweiz, hatten bis zum 22.3.2019 die Scientists for Future Stellungnahme unterzeichnet.

Fakten

1. Weltweit ist die Durchschnittstemperatur bereits um etwa 1 °C angestiegen (relativ zu 1850–1900) (IPCC 2018, S.6 A1). Rund die Hälfte des Anstiegs erfolgte in den letzten 30 Jahren (NASA 2018; IPCC AR5 Synthesis Report SPM).
2. Weltweit waren die Jahre 2015, 2016, 2017 und 2018 die heißesten Jahre seit Beginn der Wetteraufzeichnungen (NASA 2019).
3. Der Temperaturanstieg ist nahezu vollständig auf die von Menschen verursachten Treibhausgas-Emissionen zurückzuführen (US Global Change Research Program 2017, S. 14, Fig. ES.2; IPCC AR5 Synthesis Report SPM).
4. Bereits mit der aktuellen Erwärmung sind wir in vielen Regionen mit häufigeren und stärkeren Extremwetterereignissen und deren Folgen wie Hitzewellen, Dürren, Waldbränden und Starkniederschlägen konfrontiert (z. B. IPCC2012, Nat. Acad. Sci., Eng. & Med. 2016, IPCC 2018).

5. Die Auswirkungen der globalen Erwärmung sind zudem eine Gefahr für die menschliche Gesundheit (Watts et al. 2015, Watts et al. 2018). Neben den oben genannten direkten Folgen sind dabei auch indirekte Folgen der globalen Erwärmung wie Ernährungsunsicherheit und die Verbreitung von Krankheitserregern und -überträgern zu beachten.
6. Falls die Weltgemeinschaft die vom Pariser Abkommen angestrebte Beschränkung der Erwärmung auf 1,5 °C verfehlt, ist in vielen Regionen der Welt mit erheblich verstärkten Klimafolgen für Mensch und Natur zu rechnen (IPCC 2018).
7. Um mit hoher Wahrscheinlichkeit eine Erwärmung von 1,5 °C nicht zu überschreiten, müssen die Nettoemissionen von Treibhausgasen (insbesondere CO_2) sehr rasch sinken und in den nächsten 20 bis 30 Jahren weltweit auf null reduziert werden (IPCC 2018).
8. Stattdessen steigen die CO_2-Emissionen weiter. Mit den Vorschlägen, die weltweit derzeit auf dem Tisch liegen, wird die Erwärmung bis zum Ende des Jahrhunderts wahrscheinlich bei über 3 °C liegen und anschließend aufgrund anhaltender Emissionen und Rückkoppelungseffekten weiter zunehmen (https://climateactiontracker.org/global/temperatures/).
9. Bei derzeitigen Emissionen reicht das verbleibende globale CO_2-Emissionsbudget für den 1,5-Grad-Pfad nur für etwa 10 Jahre.
Auch für den 2-Grad-Pfad reicht es nur für etwa 25 bis 30 Jahre (MCC 2018, IPCC 2018).
10. Anschließend leben wir von einem „CO_2-Überziehungskredit", d. h. die ab dann emittierten Treibhausgase müssen später unter großen Anstrengungen wieder aus der Atmosphäre entfernt werden (z. B. Rogelj et al. 2018; Gasser et al 2015). Bereits die heute lebenden jungen Menschen sollen diesen „Kredit" wieder abbezahlen. Gelingt dies nicht, werden die nachfolgenden Generationen unter den gravierenden Folgen der Erderwärmung leiden.
11. Bei zunehmender Erwärmung der Erde werden gefährliche klimatische Kipp-Punkte des Erdsystems, d. h. sich selbst verstärkende Prozesse, immer wahrscheinlicher (Schellnhuber et al. 2016, Steffen et al. 2016, Steffen et al. 2018). Dies würde dazu führen, dass eine Rückkehr zu heutigen globalen Temperaturen für kommende Generationen nicht mehr realistisch ist.

12. Die Ozeane nehmen zurzeit rund 90 % der zusätzlichen Wärme auf. Sie haben zudem etwa 30 % des bisher emittierten CO_2 aufgenommen. Die Konsequenzen sind Meeresspiegelanstieg, Verlust von Meereis, Versauerung und Sauerstoffmangel im Ozean. Die konsequente Umsetzung der Ziele des Pariser Abkommens ist essentiell, um Mensch und Natur zu schützen und den Verlust von marinen Arten und Lebensräumen, besonders der akut gefährdeten Korallenriffe, zu begrenzen (IPCC 2018).
13. In vielen Bereichen werden menschliche Lebensgrundlagen durch Überschreitung der planetaren Belastungsgrenzen gefährdet (Steffen et al. 2015; Sachverständigenrat für Umweltfragen 2016). Mit Stand von 2015 sind zwei der neun Grenzen bedenklich überschritten (Klimaerwärmung und Landnutzungsänderungen), zwei weitere (Zerstörung genetischer Vielfalt (Biodiversität) und Belastung der Phosphor- und Stickstoffkreisläufe) kritisch überschritten (Steffen et al. 2015).
14. Zurzeit findet das größte Massenaussterben seit dem Zeitalter der Dinosaurier statt (Barnosky et al. 2011). Weltweit sterben Arten derzeit 100- bis 1000-mal schneller aus als vor dem Beginn menschlicher Einflüsse (Ceballos et al. 2015, Pimm et al. 2014). In den letzten 500 Jahren sind über 300 Landwirbeltierarten ausgestorben (Dirzo et al. 2014); die untersuchten Bestände von Wirbeltierarten sind zwischen 1970 und 2014 im Durchschnitt um 60 % zurückgegangen (WWF 2018).
15. Gründe für den Rückgang der Biodiversität sind zum einen Lebensraumverluste durch Landwirtschaft, Entwaldung und Flächenverbrauch für Siedlung und Verkehr. Zum anderen sind es invasive Arten, sowie Übernutzung in Form von Übersammlung, Überfischung und Überjagung (Hoffmann et al. 2010).
16. Die Erderwärmung kommt hinzu: Bei unveränderten CO_2-Emissionen könnten bis 2100 z. B. aus dem Amazonasbecken oder von den Galapagosinseln die Hälfte der Tier- und Pflanzenarten verschwinden (Warren et al. 2018). Auch für die tropischen Korallenriffe ist die Meereserwärmung der Hauptbedrohungsfaktor (Hughes et al. 2017, 2018).
17. Auch der Verlust an landwirtschaftlicher Nutzfläche und Bodenfruchtbarkeit, sowie die irreversible Zerstörung von Artenvielfalt und Ökosystemen, gefährden die Lebensgrundlagen und Handlungsoptionen

heutiger und kommender Generationen (IPBES 2018a & b, Secretariat CBD 2014, Willett et al. 2019, McIntyre et al. 2009, Albrecht & Engel 2009).

18. Insgesamt besteht durch unzureichenden Schutz der Böden, Ozeane, Süßwasserressourcen und Artenvielfalt – bei gleichzeitiger Erderwärmung als „Risikovervielfacher" (Johnstone & Mazo 2011) – die Gefahr, dass Trinkwasser- und Nahrungsmittelknappheit in vielen Ländern soziale und militärische Konflikte auslösen oder verschärfen und zur Migration größerer Bevölkerungsgruppen beitragen (Levy, Sidel & Patz 2017, World Bank Group 2018, Solow 2013).

19. Eine nachhaltige Ernährung mit starker Reduzierung unseres Fisch-, Fleisch- und Milchkonsums und eine Neuausrichtung der Landwirtschaft auf ressourcenschonende Lebensmittelproduktion sind für den Schutz des Klimas, der Land- und Meeresökosysteme notwendig (Springmann et al. 2018).

20. Nutztierhaltung erzeugt auf über vier Fünftel der landwirtschaftlich genutzten Fläche weniger als ein Fünftel der weltweit konsumierten Kalorien (Poor & Nemecek 2018) und hat einen erheblichen Anteil am Ausstoß klimaschädlicher Treibhausgase (FAO 2013). Da die landwirtschaftlich genutzte Fläche Dauergrünland, Dauerkulturen und Ackerflächen umfasst, und ein erheblicher Teil des Dauergrünlandes nicht in Ackerland verwandelt werden kann, ist auch folgender Vergleich relevant:
Über ein Drittel der weltweiten Getreideernte wird zurzeit als Tierfutter verwendet (FAO 2017, Daten für 2013).

21. Ein verstärkter Direktkonsum von pflanzlicher Nahrung reduziert den Bedarf an knapper Ackerfläche, erzeugt weniger Treibhausgase und hat zudem erhebliche gesundheitliche Vorteile (Springmann et al. 2016).

22. Die direkten staatlichen Subventionen für fossile Brennstoffe betragen jährlich mehrere 100 Milliarden US-Dollar (Jakob et al. 2015). Berücksichtigt man zusätzlich noch die nicht durch Steuern ausgeglichenen Sozial- und Umweltkosten (vor allem Gesundheitskosten durch Luftverschmutzung), wird die Nutzung fossiler Brennstoffe nach Schätzungen von Experten des Internationalen Währungsfonds (IMF) weltweit mit rund 5 Billionen US-Dollar pro Jahr unterstützt; das sind 6,5 % des Welt-Bruttoinlandsproduktes von 2014 (Coady et al. 2017).

23. Um dem Verursacherprinzip Rechnung zu tragen, müssten die Klimaschäden den Kosten der Verbrennung fossiler Brennstoffe zugerechnet werden. Eine Methode, mit der die Emissionen besonders effizient gesenkt werden können, sind z. B. CO_2-Preise. Solange eine Versorgung durch kostengünstige erneuerbare Energieformen noch nicht ausreichend erreicht ist, müssen die dadurch entstehenden Belastungen sozialverträglich gestaltet werden. Dies ist beispielsweise durch Transferzahlungen oder Steuererleichterungen für besonders betroffene Haushalte oder eine pauschale Auszahlung an die Bürgerinnen und Bürger möglich (Klenert et al. 2018).

24. Stark sinkende Kosten und steigende Produktionskapazitäten für bereits eingeführte klimafreundliche Technologien machen eine Abkehr von fossilen Brennstoffen hin zu einem vollständig auf erneuerbaren Energien basierenden Energiesystem bezahlbar und schaffen neue ökonomische Chancen (Nykvist & Nilsson 2015, Creutzig et al. 2017, Jacobson et al. 2018, Teske et al. 2018, Breyer et al. 2018, Löffler et al. 2017, Pursiheimo et al. 2019).

Gregor Hagedorn, Thomas Loew, Sonia I. Seneviratne, Wolfgang Lucht, Marie-Luise Beck, Janina Hesse, Reto Knutti, Volker Quaschning, Jan-Hendrik Schleimer, Linus Mattauch, Christian Breyer, Heike Hübener, Gottfried Kirchengast, Alice Chodura, Jens Clausen, Felix Creutzig, Marianne Darbi, Claus-Heinrich Daub, Felix Ekardt, Maja Göpel, Judith N. Hardt, Julia Hertin, Thomas Hickler, Arnulf Köhncke, Stephan Köster, Julia Krohmer, Helga Kromp-Kolb, Reinhold Leinfelder, Linda Mederake, Michael Neuhaus, Stefan Rahmstorf, Christine Schmidt, Christoph Schneider, Gerhard Schneider, Ralf Seppelt, Uli Spindler, Marco Springmann, Katharina Staab, Thomas F. Stocker, Karl Steininger, Eckart von Hirschhausen, Susanne Winter, Martin Wittau, Josef Zens

Scientists for Future (S4F, auch Scientists4Future) › ist ein überinstitutioneller, überparteilicher und interdisziplinärer Zusammenschluss von Wissenschaftlerinnen und Wissenschaftlern, die sich für eine nachhaltige Zukunft engagieren. › Darunter sind erfahrene Wissenschaftlerinnen und Wissenschaftler der Klimaforschung, Nachhaltigkeitsforschung, Biodiversitäts- und Transformationsforschung, einschließlich IPCC und IPBES Autorinnen und Autoren. › S4F ist eine dezentrale, sich selbst organisierende Basisbewegung („Graswurzel-Bewegung"). Sie ist in Deutschland, Österreich und in der Schweiz etabliert und vernetzt sich mit entsprechenden Initiativen in weiteren Ländern. › Mitte Februar 2019 wurde eine Stellungnahme ausgearbeitet und um Erstunterzeichnungen geworben. Das Ergebnis ist ein Gemeinschaftswerk, das von über 700 Wissenschaftlerinnen und Wissenschaftlern als Erstunterzeichnende mitgetragen wird.
https://www.scientists4future.org/about/team/

REDE BEIM UN-KLIMAGIPFEL 2018 (COP24) IN KATTOWITZ POLEN

Greta Thunberg

REDE BEIM UN-KLIMAGIPFEL, DEZEMBER 2018 (COP24) IN KATTOWITZ, POLEN

Mein Name ist Greta Thunberg, ich bin fünfzehn Jahre alt und komme aus Schweden. Ich spreche für *Climate Justice Now.*

Viele sagen, Schweden sei nur ein kleines Land und es spiele keine Rolle, was wir tun. Aber ich habe gelernt, dass niemand zu klein ist, um einen Unterschied zu bewirken. Und wenn ein paar Kinder auf der ganzen Welt Schlagzeilen machen können, indem sie nicht zur Schule gehen – dann stellt euch nur mal vor, was wir alle gemeinsam erreichen könnten, wenn wir es wirklich wollten.

Aber dazu müssen wir Klartext reden. Egal, wie unbequem das sein mag. Ihr sprecht nur von grünem ewigem Wirtschaftswachstum, weil ihr zu viel Angst habt, unpopulär zu sein. Ihr redet nur davon, mit denselben schlechten Ideen weiterzumachen, die uns in diesen Schlamassel gebracht haben. Selbst wenn es das einzig Vernünftige ist, die Notbremse zu ziehen.

Ihr seid nicht reif genug, zu sagen, wie es ist.

Selbst diese Bürde überlasst ihr euren Kindern. Aber ich kümmere mich nicht darum, beliebt zu sein, ich kümmere mich um Klimagerechtigkeit und den lebendigen Planeten.
Wir sind dabei, unsere Zivilisation zu opfern, damit einige wenige die Möglichkeit haben, weiter enorme Mengen Geld zu verdienen.
Wir sind dabei, die Biosphäre zu opfern, damit reiche Leute in Ländern wie meinem in Luxus leben können. Aber für den Luxus der wenigen bezahlen viele mit ihrem Leid.
Im Jahr 2078 werde ich meinen 75. Geburtstag feiern. Falls ich Kinder habe, werden sie diesen Tag vielleicht mit mir zusammen verbringen. Vielleicht werden sie mich nach euch fragen. Vielleicht werden sie fragen, warum ihr nichts unternommen habt, solange noch Zeit dazu war?
Ihr sagt, ihr liebt eure Kinder über alles. Und trotzdem stehlt ihr ihnen ihre Zukunft.
Und wenn es so unmöglich ist, in diesem System Lösungen zu finden, dann sollten wir vielleicht das System ändern.
Wir sind nicht hergekommen, um die Regierungschefs der Welt zu bitten, dass sie sich kümmern.

Sie haben uns in der Vergangenheit ignoriert und werden uns wieder ignorieren. Ihnen gehen die Entschuldigungen aus, und uns geht die Zeit aus. Wir sind hergekommen, um Sie wissen zu lassen, dass der Wandel kommt, ob Ihnen das gefällt oder nicht.
Solange ihr nicht anfangt, euch darauf zu konzentrieren, was getan werden muss, statt auf das, was politisch machbar ist, gibt es keine Hoffnung.
Wir können eine Krise nicht bewältigen, ohne sie als Krise zu behandeln. Wir müssen die fossilen Brennstoffe im Boden lassen, und wir müssen uns auf Gerechtigkeit konzentrieren.

Die wahre Macht gehört den Menschen.

Vielen Dank

Greta Thunberg › 2003 in Stockholm, Schweden, geboren › Die von ihr initiierten „Schulstreiks für das Klima" sind inzwischen zur globalen Bewegung „Fridays for Future" gewachsen. Ihr Einsatz für eine konsequent an den Erkenntnissen der Wissenschaft orientierte Klimapolitik findet weltweit Beachtung.

With contributions by

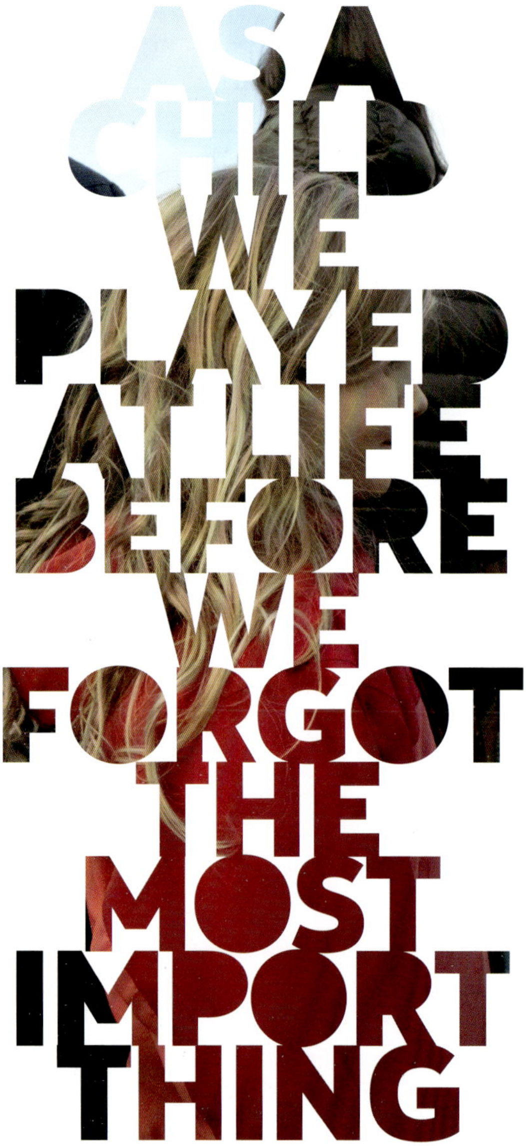

Julia Axthelm
POETRY SLAM AT THE "FRIDAYS FOR FUTURE" DEMONSTRATION IN BERLIN
18 OCTOBER 2019

As a child we played at life before we forgot the most important thing

Born,
loud noise by the ears,
the light of day
glares,
big hand, holding you
the first hour
as a human being
in this world.

Learned quickly how to love
the familiar faces of parents moving into the field of vision,
regular breathing when they're beside you.

Learned so much, in these days and hours,
long passed into oblivion.
So much was sensed, heard, seen, smelled and asked,
where all that comes from, what all that is.

And so discovered the best of friends:
The world.
Crawling on a meadow,
Squabbling with blades of grass,
Jumping through the air,
Wrestling with gravity,
In this manner, curious in low tones,
laughingly waking, finding the best friend and instantly in love.
Sometimes confused,
for the more you grow,
the more you see, love
and get to know.
And you learn bit by bit,
to distinguish earth as such
from those residing on it.
Or at least to separate and sceptically examine
a certain species, humans.

For it makes you prick up your ears,
when you hear your parents exchange serious words all of a sudden
about farming livestock and pollution,
and when you learn that clearing forest land means killing trees,
as you learn about exhaust emissions and animals in distress.

So you start to worry about the beloved earth,

making plans with the fervour of a child,
the infantile zeal, the point of view, save
electricity, save water, a day without turning
on the lights.

You watch and see increasingly more crises on
fewer and fewer meadows.
The older I get the more broken is our planet
and I ask:
is it time
is it true
if I say:
my best friend
is moribund.

Children.
They play.
Lovely.
"I love you,"
says a little child
to the earth in a park.
"I'm gonna get you,"
calls a small child
in a park
to another small child
and kills him in the game.

Plastic guns in children's rooms,
Paper money circulates through children's
hands,
Profit motives in children's heads.
I win,
you lose.
In a room, the child drones full-throatedly by
the toy car racing track.
Down in the courtyard children plant a seed.

On the street corner, a grown-up child climbs
behind the wheel of an SUV.
A thousand kilometres further on the military
command "shoot!"

Plastic guns become loaded weapons and
play money turns into an account.
Winning and losing means higher-faster-
further and stagnating.

Once fire-water-storm was only a game.
But it was probably played at school because
people played Monopoly at home too often.

Monopoly becomes real life,
and fire-water-storm as well.

They want to live their profit motive in their suits,
but the suits can look away,
when one hundred thousand kilometres away
the flames are already licking at the crowns,
when the waves are already sweeping over the
roofs.
They do not have to grow vegetables
where chimneys jut from the waters.
And they are no polar bear
drowning
in the sea.
They are merely hormone-driven humans,
beckoned by the Siren song of profit and
possession.
And with their hands they clutch at money
because in their world it is imperative
to get your hands on it,
those cold, grown-up children's hands,
which, instead of climbing trees and free-
thinking dreams,
now hold drafts of laws,
with which they govern our future, our life.
Children's hearts turn cold and the eyes of
grown-up children
examine whether these laws serve their interests.
Assessed in the light of these interests
the power plants are welcome to keep
devouring coal,
while we can forget about CO_2 neutrality and
hence our future
because they shy away from demonstrating
that you can rethink your way of thinking.
They would rather be embarrassed after the fact
that they put their signature to the death
sentence of our earth,
these letters will be held against them:
You preferred your life in luxury
to a liveable future.
You waged war on your own livelihood.

You said "Yes, yes, what you are doing is great"
to the children who screamed themselves hoarse
"we want to have a future"
and you replied to them "oh, great".
And then you did not do anything meaningful
because it was so much easier,
to simply underwrite
that not all villages survive,
that not all forests survive,
that the oceans are replete with plastic and drowned polar bears.
And because you probably do not linger much longer on the planet
When it is time to admit:
"Oh, by the way, those laws on climate were a pretty stupid idea."
When it is time to tell
Everyone will have understood by then.
And then everybody will sense the fears,
which already cause a few heavy hearts every day.
The fear and disappointment over
how many do not seem to care
about all the killing and all the destruction and that no one can stop them.
The despair caused by the fact that it seems impossible to so many people to simply say:
"Yes, my kind of thinking is completely wrong-headed and therefore there will be no future worth living."
I believe that a huge number of people know this in their heart of hearts.
If you were to say that you would not lose face.
It would be an act of courage
that would spare you the fate of being one of those idle bystanders in virtue of your signature.

The grown-up eyes read the draft of the law
that pretends to be about saving the future.
It will be insufficient to do so as the reader very well knows.
The reader also knows that everyone else knows.
But what is future to him, what changes is he to make?
His reputation with the youth is already in tatters.
Pollution is already on his conscience.
He might pause to reflect on winning.
He might dare to lower his eyes to the children.
He might consider how much meaning can be bestowed on money.
He might wonder:
What exactly will happen
if he puts his signature to this law?
If he were to pause he would recollect that in his youth he, too,
spent his days lying in the grass and his best friend was the earth itself.
If he were, briefly, to look out of the window to the sky
He might realise how marvellous, how wonderful life is.
A grown-up child forgets all that and signs the law.
Signs the death sentence of his erstwhile best friend.

The joy of living,
love,
feelings that make me dream up visions
that make me take heart and let me know
that I want to preserve this,
that I cannot remain silent and watch, cannot acquiesce
when people around us make decisions,
when they avoid the effort of changing things at any cost,
even if it costs the earth.
You underwrite each step to abject misery by signing your names
because you do not have visions.
And we scream at you, can't you hear, because nobody can bear to watch
while humans go and sell life on earth.

The verdict on this planet bears your signatures
and we will take to the streets
because we retain enough hope not to give up, not to give in
as long as something can be done.

Thinking of an apocalypse, will I have enough hope left to wish
that the metaphor "melting into tears" has some truth to it,
and not watch idly while something I love so much comes to an end,
while you, even at the very last, check your bank balance.

Julia Axthelm › Born 2002 in Berlin › Attends Heinz-Berggruen-Gymnasium, Berlin › Artistically and philosophically active

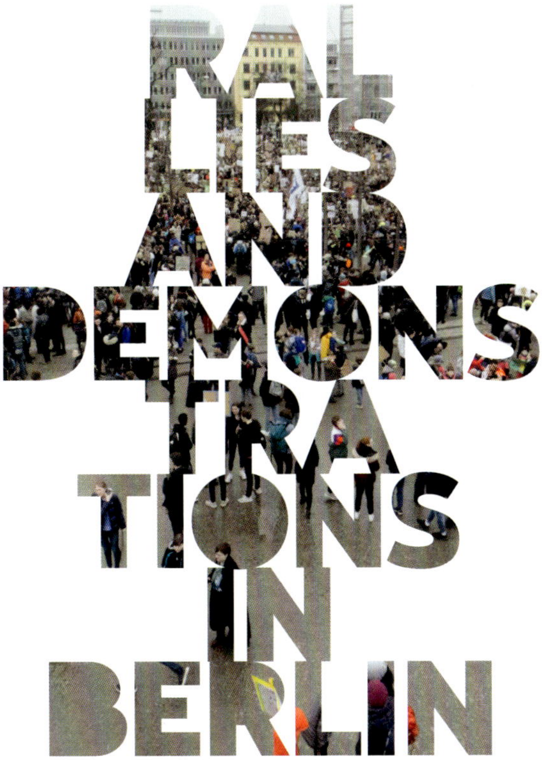

Andrea Baumgartl
"FRIDAYS FOR FUTURE" RALLIES AND DEMONSTRATIONS IN BERLIN

On 1 February 2019, I took part for the first time. A school strike at Invalidenpark in Berlin. The precise location of Invalidenpark was among the things I had to learn. It is situated between the Federal Ministry of Transport and the Federal Ministry for Energy and Economic Affairs. So the location has been chosen well. There is little on this expansive area that justifies the description of a park. A stone ramp – the so-called wall fountain – juts from the ground at an angle. At the foot of said ramp you can see two or three police officers whose job it is to prevent demonstrators from climbing it. Apart from the fountain, the entire area contains only a wide, low wall which, or so I learned much later that year, marks the boundary of a huge, shallow basin that holds water only in the summer months. This little wall lends itself really well as a stage for loudspeakers, a microphone and a number of children and youths. At 12 o'clock sharp, the "Fridays for Future" rally is opened, and the participants welcomed. The crowd is asked to join in the chants of the movement: *What do we want? – Climate justice! – When do we want it? – Now!* And to sing along: *Coal companies – digging far away – destroying our environment – only for heaps of money – where we see our future? – renewable energies! That was much too soft, so now we will get much louder! Coal companies...! That was much too slow, so now we will get much faster! Coal companies...!*

The movement has come a long way since its inception, inventing itself along the way, being creative in how to protest week after week. Older pupils and students prepare Fridays together. They are the "orga-team", meeting on a weekly basis. Occasionally, calls go up at the rally to support the organising team. The work takes time and effort and has been going on for a year now. Some of the young organisers work as stewards, some as moderators, some collect donations. There is no hierarchy, no elected representatives who determine policy or strategy. Everything is decided by direct democracy.
Working for the organising team comprises more than being present from beginning to end on Fridays. The sound equipment has to be fetched by cargo bicycle, installed and dismantled on site. The rally has to be opened, moderated, and finally it has to be officially closed at 2 p.m. on the dot. The members are increasing sought-after interview partners in the media and at

shareholders' meetings of large German companies in the segments of energy or mobility.
After the rallies have ended at 2 p.m. there is often some kind of post-game. While it was still cold, Professor Johannes Vogel, the director of the Natural History Museum Berlin, would turn up at the end of the rally and invite everyone to his house just down the road to join in discussions on issues concerning the conservation of nature or species, or climate protection. As it grew warmer outside, other events took place at Invalidenpark: workshops on questions of climate change, older students lending homework support to younger students or preparing impending larger demonstrations by painting placards and banners.

Over time the two-hour rallies became increasingly organised. For each date specific actions were prepared, issues and key points suggested. One Friday, for example, was dedicated to the subject of fashion. There were presentations on water consumption in the production of garments and on the working conditions of seamstresses in the countries where our clothes are manufactured. Finally, someone reported that for some time fashion no longer runs two or four seasons but fifty-two: namely that some companies launch a new collection in their shops every week. That day, the rally ended with a "swap": participants had brought blankets on which they displayed clothes they no longer wanted to wear or had outgrown. Everyone could take what they wanted. Nobody got greedy.

From the beginning, the protests had an "open mic" section: everybody who was so inclined could arrange to speak into the microphone at short notice. Over the course of the past months, I have listened to hundreds of young, and not quite so young, speakers at these weekly rallies at Invalidenpark, have heard them make their contributions to the debates on the various subjects of climate and environmental politics. The speeches varied greatly: speeches given off the cuff, without any notes, presentations read word for word off a mobile device, rap, poems, songs, appeals, accusations, proposals to change our behaviour. I listened to many lectures presented in an objective, calm, focused, confident way. Some contained rage and despair. The students' speeches often moved me and greatly impressed me.
Another way of participating in the preparation of future gatherings is the "box of ideas". Routinely the moderators appeal to the participants to write down their ideas and put them in the box at the front of the stage. One action resulting from such an idea, which is now a regular feature of each rally, is a stand where you can find postcards addressed to politicians. You can write messages, say, to our Minister for Agriculture or to the Ministry for Economic Affairs and Energy, which is right there at Invalidenpark. The postcards are then collected and passed on to the respective politicians.
The major achievement of the "Fridays for Future" movement is that it has successfully resisted being co-opted politically. As far as I know, no politician has ever been allowed to speak at the movement's rallies, events or demonstrations. Once, during the preparation for the European elections in May 2019, which the movement had proclaimed a climate election, a young university student spoke during the open mic session. He did not endorse any particular party; he talked only about certain issues that were perhaps more important to some parties than to others. And in this context, he said the names of all the major political parties – whereupon the moderator took the microphone from him. The movement has imposed this condition on itself: do not mention political parties. In that case it does not help to mention all of them. To be independent in terms of political party alignment is a tremendously important good that needs to be defended vigorously.
At the rallies and demonstrations there is a mood of peacefulness and harmony. Nearly every Friday people give away food: foodsharing cooperatives, soup kitchens, someone giving

out soup and asking only for a donation. They use crockery that can be washed. When spoons had run out one young participant got a little plastic spoon from her purse, the type they have at ice cream parlours (how long will that last?), and used it to share a bowl of soup with a friend by means of that very flat spoon. Or somebody would make the rounds with a bag of carrots crying: *Saved carrots. Who wants a saved carrot?*

It has been and still is my great pleasure to take part in these demonstrations and rallies. The young people do this much more unreservedly than we older folk. I am very grateful to the pupils and students that they have taken the initiative and want to change things.
For the first few rallies I had difficulties to take up their cry: *We are here, we are loud, because you steal our future!* But after a little hesitation I decided that I, too, hopefully have a future. Now I am firmly of the conviction: together we can all fight for our future!
And I know that the young people are not truanting, are not skiving off school, but walk the streets for many kilometres screaming their heads off. Or when it was too cold to stand around in Invalidenpark, they kept warm by shouting: *Up for climate protection, down with coal!* Doing so they jumped for the climate and squatted down against coal.
And I have seen that during the school holidays thirty per cent more children attended than during term. Often I was moved and touched emotionally by what the students had to say. I feel some guilt because we have let things play out for years. Because in our heart of hearts we have known for a very long time that we cannot carry on like this, that our way of life only works at the expense of future generations.
And you have to listen to these young demonstrators saying it, get an earful from them. To be able to stand that, to know that they are right and to know that we have known this for a long time and that we still let things run their course. I am very grateful for all the students taking to the streets. As for everybody else, I can only encourage you to take to the streets and participate in the protests.

We are unstoppable.
Another world is possible!

I would like to extend my heartfelt thanks to all who let me photograph them and their placards. › When I write "student" I take that to cover all genders of students. The same holds for other groups: I always refer to human beings of all genders: students, pupils, organisers, scientists, moderators, supporters, activists, proponents, representatives, politicians. › The "Fridays for Future" movement is financed exclusively by donations. Go to: www.fridaysforfuture.de

Andrea Baumgartl › Born 1965 in Regensburg › Studied at the UdK in Berlin › Lives and works in Berlin

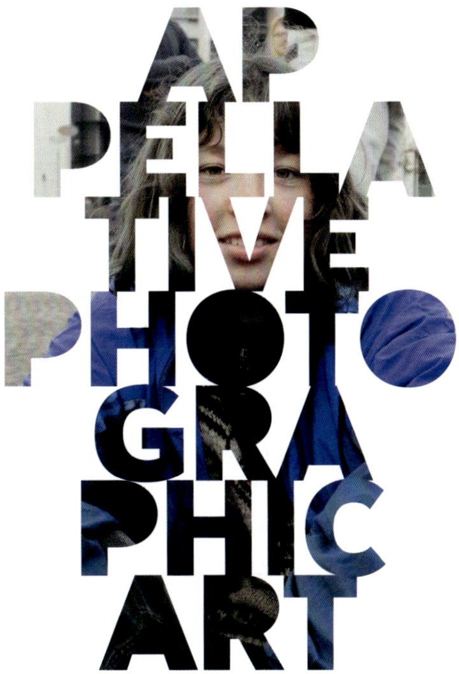

Enno Kaufhold

APPELLATIVE PHOTOGRAPHIC ART:
ANDREA BAUMGARTL'S PARTICIPATION IN CLIMATE PROTECTION

Demonstrations of every hue are an integral part of our everyday lives – especially in Berlin where the number of demonstrations, smaller as well as larger ones, familiar and strange ones, has reached a level of more than 4,000 per annum. The "Fridays for Future" rallies in their weekly regularity are among the more unfamiliar ones. They are unfamiliar for the sole reason that here is a group, girls and boys of school age, which had, before now, shown less resolve in demonstrating. Given their average age they represent the grandchildren of the protestors who marched the streets of West Germany at the end of 1960s and in whose footsteps they follow, as it were. Then it was mainly university students who turned against the conventions of post-war Germany, demanding a liberalisation of social interaction at every level. Among their aims was the democratisation of society in general and specifically the democratisation of the institutions of higher education. In highly politicised demonstrations they also took a stand against the US in the war in Vietnam, in favour of the emancipation of women and, among many other causes, a more open and permissive sexuality. The fact that this generation of grandchildren and thus much younger people take to the streets as if it were the most natural thing in the world and raise their voices for the cause of climate protection is a corollary of those social changes initiated by the young adults at the end of the 1960s. In retrospect, their demonstrations then have to be considered as trailblazing for today's more liberal societies.

Andrea Baumgartl is part of the "in-between generation". As an artist working primarily with photography, she has taken part regularly in the "Fridays for Future" rallies since the spring of 2019. She has participated as a sympathiser committed to the goals of the movement but even more so as a photographer wanting to record what she observed at these demonstrations. The latter is going to be my subject here because, for one thing, this is not to be taken for granted and, for another, her photographic works lead to fundamental issues, which are inextricably linked to the medium of photography. If you are familiar with Andrea Baumgartl's artistic practice you may, and even should, be surprised since she departs from the image vocabulary she has so far availed herself of by employing imagery that, at least in its characteristics, embodies what is commonly called documentary photography. Her usual style was – and probably will remain – poetic through and through, broadly oriented towards association and ultimately mysterious in the way she finds her images. That is to say nothing of the, technically speaking, out-of-focus images she has favoured, which form a stark contrast to the sharpness of her work in this volume. This point should not be misunderstood: she has not left behind her artistic approach. Today it is taken as read that the artistic aspect of photography does not consist in technical criteria such as being in or out of focus. Likewise, employing certain camera techniques or methods of photography that correspond to the traditional idea of documentary photography does not say anything about how a photograph is to be assessed artistically. Prime examples are the acclaimed paragons of the Bernd and Hilla Becher school, who work with conventional large-format cameras in the manner of traditional analogue photography and whose artistic prowess is never in doubt.

At the same time, with this work on the "Fridays for Future" movement Andrea Baumgartl operates in the spirit and programme of "auteur photography" as it was developed within the discourse on photographic theory in the late 1970s, when photography as a medium was much more widely accepted into the art world at large. As an auteur, the photographer chose her subject independent of any assignments or commissions and other external obligations. She worked on it continuously for months by participating in the rallies every Friday, taking photographs. And finally she alone retained control of implementing the design: in addition to conducting the project along the lines of auteur photography there is this book and its value as an autonomous aesthetic object. In parallel to the traditional mode of presentation of individual picture, the artist's book – and this book is nothing less – gives a summary of its subject in how the photographs are visually arranged, which, in turn, is supported by a layout suited to said subject and images as well as other elements of a correspondingly distinctive book design.

The fact that Andrea Baumgartl completely positions herself with the pupils and students in her photographs and now in this book, taking sides as it were, recalls much of the history of what is called social documentary photography. That was and still is a decidedly appellative kind of photography. The Americans Jacob Riis (born in Denmark) and Lewis Hine (born in Wisconsin) are considered the founders of this movement. They used their photographs from the end of the 19th and the beginning of the 20th century as a means to point out intolerable social wrongs. In his images Riis showed the precarious conditions in which immigrants lived in New York. Following on from this, Hine pilloried the exploitation of children in workplaces all across the United States. Without meaning to go over the entire history of this socially committed photography, it is clear that it dealt with certain classes and specific regions, while things are quite different today. As much as everything is now subject to international, even global, influences, so the rapidly increasing climate change – the reason these school children take to the streets – affects the human species in its entirety, hence globally. In this respect the situation at hand is incomparably more serious because it threatens the continued existence of all human beings.

As Andrea Baumgartl's images unequivocally show they afford a lot of space to the individually written placards and banners. Nevertheless the girls and boys carrying them come into their own. They present smiling faces and, given that they are very much conscious of being photographed, are strikingly relaxed. Their readiness to have their picture taken is rather unusual in the face of everything surrounding street photography (a genre that also resonates in these photographs) these days, including very strict rights relating to one's own image. Moreover the pictures show, both in the close range as well as in survey shots, that the youths are accompanied by a number of adult supporters. Yet the verbalised protests claim centre stage. Painted on the simplest packaging carton, more or less pithy formulations, they resemble advertising slogans that all point in one direction: stop the unfettered and irresponsible destruction of the planet and its renewable as well as not renewable resources that is the cause of undeniable climate change. Even the odd pun does not go unnoticed. It is interesting to see that the majority of the placards are in English, the international lingua franca. In light of the public and obvious wit and creativity the youths display in their verbal statements, their education cannot be totally deficient. Not only are rhymes and alliterations in evidence, and hence a not inconsiderable linguistic and cultural competence, but also an understanding of puns suitable for advertising, the significance of which is so complex it certainly bespeaks a wide horizon of reflective capacities. These youths have delved into the matter and acquired a deep understanding of the causes and effects of climate change. Those repeatedly occurring placards that not only demand a change in attitude and climate action, but rather more of a change in the system, show that the trenchant and brief texts embrace the risk of semantic uncertainties. It is obvious that demanding a change in the political system is a highly complex subject. For what is such a transformed socio-political order to look like? Even the adults cannot get a grasp on that easily, let alone come up with concrete proposals and perspectives from which to negotiate.

It is not be expected that the corporations that act globally and are motivated by nothing but profit are impressed by protesting youths to an extent that they abandon all activities that damage the environment overnight. It is no accident that we have to come to terms with the sad truth that politicians consistently fail with their dirigiste plans and measures. The recent 25th UN climate conference (COP 25) in Madrid, which ended in another stalemate, is just one more case in point. We have no idea whether and to what extent the international measures to mitigate or address climate change will be effective, if they are enacted at all. What is certain is that the demonstrations exert influence on the awareness of climate as a problem across all levels of society. While the parents of those students who took to the streets in the wake of the 1968 movement were often confronted with the accusation of not having done enough to prevent the Nazis from taking over, or had even actively participated in the Nazi regime, the girls and boys who are doing everything they can to resist an aggravation of climate change today can rest assured that they, at least, can look their children in the eye without compunction. For, given the decidedly sluggish response to climate change, it is to be feared that the children of today and their children after them literally will have to carry the can when the sea levels rise. They, the children of today, have already risen up and actively resisted by the means permitted to them by law. If proof were needed, they could point us to the photographs of Andrea Baumgartl. In this respect her photographs retain their documentary and hence evidentiary status despite their artistic impetus. And all that in defiance of the rapidly increasing amount of fake news. Her photographs – let us call them rich in reality – show the irrefutable state of affairs, namely the weekly presence of the young people at the demonstrations and at the same time the verbal statements on the placards with which they found their collective voice and spoke up. Incidentally, and this should not go unmentioned, there is something performative about this. In this respect, the book form chosen by Andrea Baumgartl, which is static by nature, is likely to prove comparatively more sustainable due to its material existence, not least in comparison to the moving media such as television or the channels of the internet, where fleeting images dominate. This is inseparable from the already mentioned question that will only be answered in the longer term: that is, whether and to what extent the protests and demonstrations by the youths will actually have an effect on the development of the climate. Right now, however, it is primarily to do with the present time captured in these images with which Andrea Baumgartl lends a lasting expression to the aims of the young demonstrators. In the same way that she allows their eminently political actions to become pictorially powerful, the political manifests itself in her appellative artistic approach. The political has always played a part in art alongside the indispensable aesthetic.

Enno Kaufhold › Born 1944 in Wildeshausen/Oldenburg › Enjoyed second-chance education, studied art history and the history of photography as well as sociology at Hamburg University where he completed his PhD. Since then he has worked as a freelance photographer, journalist, curator and lecturer. › Since 1990 he has lived and worked in Berlin.

THE CONCERNS OF THE YOUNG PROTESTERS ARE JUSTIFIED

Scientists for Future
STATEMENT OF SCIENTISTS AND SCHOLARS CONCERNING THE PROTESTS FOR MORE CLIMATE PROTECTION

The concerns of the young protesters are justified. At present, many young people are demonstrating persistently for climate protection and the preservation of our natural resources.

As scientists and scholars, and based on robust scientific evidence, we declare: these concerns are justified and supported by the best available science. The current measures for protecting the climate, biodiversity, and forest, marine, and soil resources, are far from sufficient.

The Paris Agreement of 2015 (UNFCCC 2015) obliges countries under international law to keep global warming well below 2°C. In addition, all countries have promised efforts to limit global warming to 1.5°C.

It is critical to immediately begin reducing net CO_2 emissions and to eliminate them to zero worldwide between 2040 and 2050 at the latest (IPCC 2018). A more rapid reduction would increase the probability of not exceeding the 1.5°C limit. The use of coal should be nearly ended by 2030, while the burning of oil and natural gas should be reduced simultaneously until all fossil fuels have been replaced by climate-neutral energy sources. Considering global climate justice, Europe must achieve this transistion more quickly (IPCC 2018, Global Carbon Project 2018).

While the need for participation and discussion remains, action must be taken now. Discussion and action are not mutually exclusive. Many social and technological innovations already exist which can maintain quality of life and improve human well-being without destroying our natural resources (e.g. Klima-Allianz Deutschland 2018, WBGU 2011).

In all German-speaking countries, neither the necessary scale nor speed of change are being achieved in the restructuring of the energy, food, agriculture, resource, and mobility sectors. Germany will fail to meet the climate protection targets it has set itself for 2020 (UBA 2019), and the achievement of the goals of the German Sustainability Strategy for 2030 is at high risk (German Council for Sustainable Development SRU, 2018). Moreover, there is still a lack of an effective climate protection law. Austria has set itself goals in its climate and energy strategy that do not in any way do justice to the Paris Agreement (CCCA 2018, Wegener Center für Klima und Globalen Wandel 2018, Schleicher and Kirchgast 2019) and even for this purpose, neither the necessary measures nor the financial means are provided (CCCA 2018).

At the same time, soil degradation and surface coverage per person and year in Austria are the highest in Europe (UBA 2018). Switzerland has reduced its greenhouse gas emissions only slightly since 1990; at the same time, emissions caused abroad have increased considerably (BAFU 2018). In the first parliamentary debate on the total revision of the CO_2 Act, the lower house proposed to abolish domestic reduction targets and to offset Swiss emissions abroad. In effect, the law has failed for the time being (Schweizer Parlament 2018).

The young people rightly demand that our society should prioritize sustainability and especially climate action without further hesitation. Without far-reaching and consistent change, their future is in danger. This change means, among other things: we will introduce renewable energy with new courage and the necessary speed; we will consistently implement energy-saving measures; and, we will fundamentally change our patterns of nutrition, mobility, and consumption.

Politicians in particular have a responsibility to create the necessary framework conditions in a timely manner. In particular, climate-friendly and sustainable action must become simple and cost-effective, while climate-damaging action must become unattractive and expensive, for example, through effective CO_2 pricing (e.g. EFI 2019), elimination of subsidies for climate-damaging actions and products, efficiency regulations and social innovations. A socially balanced distribution of the costs and benefits of change is essential.

The enormous mobilisation of the "Fridays for Future"/"Climate Strike" movement shows that young people have understood the situation. As scientists and scholars, we strongly support their demand for rapid and forceful action.

As people who are familiar with scientific work and deeply concerned about the current developments, we consider it as our social responsibility to point out the consequences of inadequate action (see also Ripple et al., 2017).

Only if we act quickly and consistently can we limit global warming, halt the mass extinction of animal and plant species, preserve the natural basis for life and create a future worth living for present and future generations. This is exactly what the young people of "Fridays for Future"/"Climate Strike" are calling for. They deserve our respect and full support.

More than 26,800 scientists, mostly from Germany, Austria and Switzerland, had signed the Statement Scientists for Future by March 22, 2019.

Facts

1. The global mean temperature has already risen by 1°C (relative to 1850 to 1900) (IPCC 2013, 2018). Half of the rise has occurred during the last 30 years (NASA 2018, IPCC 2014).
2. The years 2015, 2016, 2017, and 2018 were, globally, the warmest years in the modern record (NASA 2019).
3. The temperature rise is almost entirely due to human-made greenhouse gas emissions (U.S. Global Change Research Program 2017, IPCC 2013, 2014).
4. Already the current temperature rise increases the probability of extreme weather conditions in several regions of the globe, such as strong precipitation and heatwaves, leading to elevated rates of regional droughts, floods and forest fires (e.g., IPCC 2012, 2013, 2018, The National Academies of Sciences, Engineering, and Medicine 2016).
5. Global warming is a risk factor for human health (Watts et al. 2015, 2018). Besides the above-mentioned direct consequences, its indirect consequences include the lack of food security and the spread of pathogens and disease carriers.
6. If humanity fails to limit global warming to 1.5°C, as envisaged by the Paris Agreement,

additional severe consequences must be expected for humanity and nature at large in many parts of the world (IPCC 2018).

7. In order to restrict warming to the 1.5°C limit with high probability, net emissions of greenhouse gases (in particular CO_2) must be swiftly reduced and must, at the global level, reach zero within the next 20 to 30 years.

8. Instead, CO_2 emissions continue to rise. Given the policy proposals currently on the table, global warming is likely to cross 3°C by the end of the century and will increase afterwards due to continued emissions and positive feedback dynamics (Climate Action Tracker 2018).

9. Based on current emissions, the remaining CO_2 budget left for reaching the 1.5°C goal will last for about ten years. For the 2°C goal, the budget is likely to last for about 25 to 30 years (MCC 2018, IPCC 2018).

10. Afterwards, humanity lives on a "CO_2-overdraft-loan": any emitted greenhouse gases have to be removed later from the atmosphere with tremendous efforts (e.g., Rogelj et al. 2018, Gasser et al. 2015). Today's young people are already supposed to pay off this loan. If this fails, the following generations will suffer from the severe consequences of global warming.

11. Rising temperatures increase the probability of crossing climatic tipping points in the earth system dynamics, i.e., positive feedback loops will become more likely (Schellnhuber et al. 2016, Steffen et al. 2016, 2018). This would result in a situation where returning to the current temperature regime would become unrealistic for future generations.

12. Oceans are currently absorbing around 90% of the additional heat (IPCC 2013). They have furthermore absorbed about 30% of the CO_2 emitted so far. Consequences are rising sea levels, melting of sea ice, acidification and dissolved-oxygen depletion in the oceans. Meeting the goals set by the Paris Agreement is essential to protect humanity and nature, and to mitigate the loss of marine biodiversity and ecosystems, specifically the currently endangered coral communities (IPCC 2018).

13. The human basis of life is threatened in several areas by the crossing of "planetary boundaries". As of 2015, two boundaries are exceeded with a degree of uncertainty (climate and land use change) and two further boundaries are critically exceeded: the destruction of genetic variability (biodiversity) and the phosphorus and nitrogen biogeochemical cycles (Steffen et al. 2015).

14. We presently face the largest mass-extinction event since the era of the dinosaurs (Barnosky et al. 2011). Global extinction rates are 100 to 1000 times faster as compared to before humanity exerted its influence (Ceballos et al. 2015, Pimm et al. 2014). The past 500 years saw the extinction of more than 300 land-dwelling vertebrate species (Dirzo et al. 2014); the abundance of investigated vertebrate species has dropped on average by around 60% from 1970 to 2014 (WWF 2018).

15. Causes for biodiversity loss are on the one hand habitat destruction by agriculture, deforestation, as well as land consumption by settlements and roads. On the other hand, invasive species play a role, as well as depletion due to over-collection, overfishing and overhunting (Hoffmann et al. 2010).

16. Global warming adds to this: with undiminished CO_2 emissions, half of the plant and animal species of the Amazon basin or the Galapagos Islands, for example, can be expected to have vanished by 2100 (Warren et al. 2018). Similarly, global warming is the major threat to the survival of coral reefs (Hughes et al. 2017, 2018, IPCC 2018).

17. The loss of agricultural areas and soil fertility, as well as the irreversible destruction of biodiversity and ecosystems threaten the basis of life and limit the options of current and future generations (IPBES 2018a, 2018b, Secretariat of the CBD 2014, Willett et al. 2019, IAAST 2009a, 2009b).

18. Insufficient protection of soil, ocean, freshwater resources and biodiversity acts as a risk multiplier in the face of global warming (Johnstone and Mazo 2011). It increases the risk that water shortage and famine in many countries will trigger or aggravate social and military conflicts, and contribute to the migration of larger

human populations (Levy et al. 2017, World Bank Group 2018, Solow 2013).

19. A sustainable diet with reduced meat, fish and milk consumption, as well as a reorientation of agricultural methods to resource-saving food production, are necessary for the protection of land and marine ecosystems and the stabilisation of climate change (Springmann et al. 2018).

20. Meat production produces less than one fifth of the calories used worldwide on more than four fifths of the agricultural area (Poore and Nemecek 2018), and emits a significant proportion of greenhouse gases (FAO 2013). Since the agricultural area includes permanent pastures and meadows as well as croplands, and most of the former cannot be converted to cropland, another comparison is also illustrative: more than one third of the global cereal harvest is used currently as animal feed (FAO 2017).

21. A transition to increased direct consumption of plant-based foods will reduce both the need for cropland and the level of greenhouse gas emissions while providing additional health benefits (Springmann et al. 2016).

22. Direct government subsidies for fossil-based industries amount to more than 100 billion U.S. dollars per year (Jakob et al. 2015). Taking social and environmental costs (in particular health costs, but also air and water pollution) into account, global post-tax subsidies for fossil fuels are significantly higher. According to experts of the International Monetary Fund (IMF) they amount to about five trillion U.S. dollars per year – that is 6.5% of global gross domestic product (2014) (Coady et al. 2017).

23. According to the polluter pays principle, the cost of climate damages should be attributed to the burning of fossil fuels. One possible approach is the introduction of CO_2 prices. As long as a sufficient supply of low-cost renewable energies is not achieved, the resulting financial burden will need to be distributed in a socially responsible way. Examples are direct transfers or tax reductions for particularly affected households or lump-sum payments for citizens (Klenert et al. 2018).

24. Based on already established sustainable energy technologies, a strong reduction in costs and an increase in production capacities is possible. This would, in turn, render a change from burning fossils to an energy system fully based on renewable energy financially feasible and create new economic possibilities (Nykvist and Nilsson 2015, Creutzig et al. 2017, Jacobson et al. 2018, Teske et al. 2018, Breyer et al. 2018, Löffler et al. 2017, Pursiheimo et al. 2019).

Gregor Hagedorn, Thomas Loew, Sonia I. Seneviratne, Wolfgang Lucht, Marie-Luise Beck, Janina Hesse, Reto Knutti, Volker Quaschning, Jan-Hendrik Schleimer, Linus Mattauch, Christian Breyer, Heike Hübener, Gottfried Kirchengast, Alice Chodura, Jens Clausen, Felix Creutzig, Marianne Darbi, Claus-Heinrich Daub, Felix Ekardt, Maja Göpel, Judith N. Hardt, Julia Hertin, Thomas Hickler, Arnulf Köhncke, Stephan Köster, Julia Krohmer, Helga Kromp-Kolb, Reinhold Leinfelder, Linda Mederake, Michael Neuhaus, Stefan Rahmstorf, Christine Schmidt, Christoph Schneider, Gerhard Schneider, Ralf Seppelt, Uli Spindler, Marco Springmann, Katharina Staab, Thomas F. Stocker, Karl Steininger, Eckart von Hirschhausen, Susanne Winter, Martin Wittau, Josef Zens

Scientists for Future (S4F, also Scientists4Future) › A non-institutional, non-partisan, interdisciplinary association of scientists committed to a sustainable future. › Among them are experienced scientists in climate research, sustainability research, biodiversity and transformation research, including IPCC and IPBES authors. › S4F is a decentralized, self-organizing grassroots movement. It is established in Germany, Austria and Switzerland and it networks with corresponding initiatives in other countries. › From mid-February 2019, a statement was prepared and initial signatures were sought. The result is a joint effort that is supported by more than 700 scientists as the first signatories.
https://www.scientists4future.org/about/team/

SPEECH AT THE UN CLIMATE CHANGE CONFERENCE 2018

Greta Thunberg
SPEECH AT THE UN CLIMATE CHANGE CONFERENCE, DECEMBER 2018 (COP24) IN KATOWICE, POLAND

My name is Greta Thunberg. I am 15 years old. I am from Sweden.
I speak on behalf of *Climate Justice Now.*
Many people say that Sweden is just a small country and it doesn't matter what we do. But I've learned that you are never too small to make a difference.
And if a few children can get headlines all over the world just by not going to school, then imagine what we could all do together if we really wanted to. But to do that, we have to speak clearly, no matter how uncomfortable that may be.
You only speak of a green eternal economic growth because you are too scared of being unpopular. You only talk about moving forward with the same bad ideas that got us into this mess, even when the only sensible thing to do is pull the emergency brake.
You are not mature enough to tell it like it is. Even that burden you leave to us children. But I don't care about being popular. I care about climate justice and the living planet.
Our civilization is being sacrificed for the opportunity of a very small number of people to continue making enormous amounts of money. Our biosphere is being sacrificed so that rich people in countries like mine can live in luxury. It is the sufferings of the many which pay for the luxuries of the few.

The year 2078, I will celebrate my 75th birthday. If I have children maybe they will spend that day with me. Maybe they will ask me about you. Maybe they will ask why you didn't do anything while there still was time to act. You say you love your children above all else, and yet you are stealing their future in front of their very eyes.
Until you start focusing on what needs to be done rather than what is politically possible, there is no hope. We cannot solve a crisis without treating it as a crisis.

We need to keep the fossil fuels in the ground, and we need to focus on equity. And if solutions within the system are so impossible to find, maybe we should change the system itself.
We have not come here to beg world leaders to care. You have ignored us in the past and you will ignore us again.
We have run out of excuses and we are running out of time.
We have come here to let you know that change is coming, whether you like it or not. The real power belongs to the people.

Thank you.

Greta Thunberg › Born 2003 in Stockholm, Sweden › The "School Strike for the Climate" (Skolstrejk för klimatet) she initiated has grown into the global movement "Fridays for Future". Her dedication to a climate policy that is consistently oriented towards scientific findings is attracting worldwide attention.

Dank / Acknowledgements

Ganz besonders bedanken möchte ich mich bei allen, die sich und ihre wundervollen Schilder haben fotografieren lassen. /
Special thanks to all those who let me photograph them and their wonderful signs.

Herzlichen Dank an die Autoren / Many thanks to the authors
Julia Axthelm, Enno Kaufhold, Scientists for Future, Greta Thunberg.

Mein großer Dank für Hilfe, Rat und Unterstützung an /
My heartfelt thanks for help, advice and support to
Martin Assig, Thomas Busse, Volker Ellerbeck, Matthias Fuhrmann, Jutta Heeß, Andreas Gebhardt, Birte Kreft, Doris Mall, Anja Matzker, Ben Matzker, Lilli Matzker, Joachim Sartorius, Nina Schallenberg.

Impressum / Colophon

Texte / Texts
Julia Axthelm, Enno Kaufhold, Scientists for Future,
Andrea Baumgartl, Greta Thunberg

Übersetzungen / Translations
Volker Ellerbeck (DE-EN) für / for
Julia Axthelm, Andrea Baumgartl, Enno Kaufhold
Ulrike Bischoff (EN-DE) für / for Greta Thunberg, Fischer Verlag

Lektorat / Copyediting
Jutta Heeß, Diethelm Kaiser (DE)
Sarah Quigley (EN)

Korrektorat / Proofreading
Verena Simon (DE), Sarah Quigley (EN)

Konzeption / Concept
Andrea Baumgartl

Grafikdesign / Graphic Design
Anja Matzker

Lithographie / Lithography
Andreas Gebhardt Reproduktionen, Berlin

Papier / Paper
Circlesilk Premium White, 150g/qm; 100% RC,
FSC Recycled Credit GFA-COC-001203

Druckfarben / Print colours
Die Druckfarben sind nach umweltfreundlichen und ressourcenschonenden Kriterien ausgewählt, deren ordnungsgemäße Entsorgung oder Recycling selbstverständlich sind./
The printing inks have been selected depending on how environmentally friendly and resource-saving they are. Their proper disposal or, if at all possible, their recycling is a matter of course.

Verpackung / Wrapping
Trotz umfangreicher Suche und Recherche haben wir leider keine Alternative zu dem üblichen Einschweißen des fertigen Buches in Plastikfolie gefunden. Die Verwendung von Pergamin- oder Seidenpapier hätte einen größeren Energie- und Wasserverbrauch erfordert./
Despite our best efforts and comprehensive research we have been unable to come up with an alternative to the usual shrink-wrapping of the finished book in plastic film. The use of glassine or wrapping tissue would have required higher levels of energy and water consumption.

Herstellung / Production
Jens Bartneck / Kerber Verlag

Projektmanagement / Project Management
Verena Simon / Kerber Verlag

Gesamtherstellung / Printed and published by
Kerber Verlag
Windelsbleicher Str. 166–170
33659 Bielefeld
Germany
+49 521 950 08 10
+49 521 950 08 88 (F)
info@kerberverlag.com
kerberverlag.com

KERBER Publikationen werden weltweit vertrieben /
Kerber publications are distributed worldwide

ACC Art Books
Sandy Lane
Old Martlesham
Woodbridge, IP12 4SD
UK
+44 1394 38 99 50
+44 1394 38 99 99 (F)
accartbooks.com

Artbook | D.A.P.
75 Broad Street, Suite 630
New York, NY 10004
USA
+1 212 627 19 99
+1 212 627 94 84 (F)
artbook.com

AVA Verlagsauslieferung / AVA Distribution
Scheidegger
Obere Bahnhofstr. 10A
8910 Affoltern am Albis
Switzerland
+41 44 762 42 41
+41 44 762 42 49 (F)
avainfo@ava.ch

KNV Zeitfracht
Verlagsauslieferung / Distribution
kerber-verlag@knv-zeitfracht.de

Die Deutsche Nationalbibliothek verzeichnet diese Publikation in der Deutschen Nationalbibliografie: dnb.de. /
The Deutsche Nationalbibliothek lists this publication in the Deutsche Nationalbibliografie: dnb.de.

ISBN 978-3-7356-0663-1

www.kerberverlag.com

Printed in Germany